刑事法律诊所实训教程

主 编 冯凡英

郑州大学出版社

图书在版编目(CIP)数据

刑事法律诊所实训教程 / 冯凡英主编. — 郑州 : 郑州大学出版社, 2022. 3
ISBN 978-7-5645-7526-7

Ⅰ. ①刑… Ⅱ. ①冯… Ⅲ. ①刑法 - 中国 - 教材
Ⅳ. ①D924.04

中国版本图书馆 CIP 数据核字(2021)第 225776 号

刑事法律诊所实训教程
XINGSHI FALÜ ZHENSUO SHIXUN JIAOCHENG

策划编辑	王卫疆	封面设计	曾耀东
责任编辑	宋妍妍	版式设计	凌　青
责任校对	胥丽光	责任监制	凌　青　李瑞卿

出版发行	郑州大学出版社	地　　址	郑州市大学路 40 号(450052)
出 版 人	孙保营	网　　址	http://www.zzup.cn
经　　销	全国新华书店	发行电话	0371-66966070
印　　刷	郑州宁昌印务有限公司		
开　　本	710 mm×1 010 mm　1 / 16		
印　　张	17.25	字　　数	358 千字
版　　次	2022 年 3 月第 1 版	印　　次	2022 年 3 月第 1 次印刷

书　　号	ISBN 978-7-5645-7526-7	定　　价	58.00 元

作者名单

主　编　冯凡英

副主编　胡　伟　董士忠　李旭明

作者简介

冯凡英，中国人民大学研究生毕业，法学博士，副教授，主要承担刑法学、刑事法律诊所课程教学工作。

胡伟，西南政法大学研究生毕业，法学博士，副教授，主要承担刑事诉讼法、刑事法律诊所课程教学工作。

董士忠，华东政法大学研究生毕业，法律硕士，副教授，主要承担知识产权法、民事法律诊所课程教学工作。

李旭明，郑州大学研究生毕业，法学硕士，讲师，主要承担物权法、法律文书写作课程教学工作。

前言

如果要挑选近二十年来在中国大陆法学教育领域的热点话题和热点词汇的话，那就非“法律诊所”或者“法律诊所教育”莫属了。法律诊所教育，自21世纪初引入法学教育领域以来，对中国大陆的法学教育产生了广泛的影响。

2000年秋季，北京大学、清华大学等七所高等学校率先开设法律诊所课程；2017年3月，中国法学教育研究会法律诊所教育专业委员会的会员单位达到202家。在不到二十年的时间内，法律诊所教育模式在中国大陆获得迅猛的发展。法律诊所教育模式之所以如此快速在中国大陆法律教育中产生重要影响，根本原因在于其契合了法律专业人才培养的现实需要。法学专业是一个实践性很强的专业，学生分析问题、解决问题的实践能力本应是培养规格中的应有之义。传统的法律教育模式注重理论知识的传授，教师处于主导地位，学生只是教育的对象，学生虽然可能掌握较为系统的法学理论，但是在分析法律问题、处理法律纠纷或者案件方面的能力严重欠缺，法学专业毕业学生不能适应公安司法机关和律师事务所等法律服务部门工作岗位的现实需要。引入法律诊所教育模式之后，学生在教师的指导下，通过提供咨询或者办理案件，切实习得会见、案卷阅读和证据分析、事实调查、法律检索和研究、制作法律文书、案件辩护和代理等分析和解决实际法律问题的实践能力，成为兼具理论知识和实践能力的法律人才，也为社会主义法治建设做出了自己的贡献。法律诊所教育模式的引入，对于中国大陆法律教育具有极为重要的意义。

安阳师范学院于2016年秋季首次开设刑事法律诊所课程。为适应教学工作需要，我们组织撰写了这本《刑事法律诊所实训教程》教材。本书分为法律诊所原理、会见、阅卷、事实调查、法律研究、刑事案件律师法律文书写作、辩护、刑事代理、未成年人刑事案件辩护和律师职业道德共计十章。在大多数章中，设置教学案例，以“引言”概述该章主要内容，此后分别介绍该章的教学目的、教学设计、内容实施以及教学过程中的注意事项，以提高教材的实用性，直接服务于刑事法律诊所课程的实施。

本书由冯凡英担任主编，包括主编在内的四位作者都兼职从事律师工作，具有比较丰富的法律实践经验。本书撰写分工如下：冯凡英撰写第一章和第七章；胡伟撰写第二章和第三章；董士忠撰写第四至第六章；李旭明撰写第八至第十章。最后由冯凡英统稿。

需要指出的是，我们对于法律诊所教学模式研究和实践的时间很短，经验不足，书中一定存在不当之处，敬请方家批评指正。

编　者

2021 年 10 月 28 日

目　录

第一章

法律诊所原理

第一节 法律诊所教育的历史演进

法律诊所教育,已走过了半个多世纪的历程。

一、法律诊所教育的起源

一般认为,法律诊所教育(Clinic Legal Education)发源于20世纪60年代的美国。[①]

传统上,美国法律学习的途径有两种:学徒式教育和经院式教育。在学徒式法律教育中,新律师在律师办公室通过阅读法律的方式进行培训,培训的内容包括阅读案例、阅读法律实践相关文章、分析研究案例、起草诉状、观察有经验的律师办案,等等。对于学徒式教育的时间,美国各州要求不一。在经院式法律教育中,通过在法学院的学习习得律师需要的专业知识。在这一时期,学徒式教育方式占据教学教育的主导地位。[②]

1830年以后,律师在法学院的集中训练逐步取代学徒模式。原因在于,虽然学徒制培养出了最好的律师,但是学徒制在本质上是失衡的、狭隘的,并不能表明学生将具有合格律师的能力。人们认为,律师应当在学院接受系统的、统一的、规范化的训练,适于采用的教学方法主要是"案例分析教学法"。哈佛大学法学院院长兰德尔倾力推广的"兰德尔教学法"即"案例分析教学法",消除了传统法律知识

---

① 李敖:《互动教学法——诊所式法律教育》,法律出版社,2004,第3页。

② 李敖:《互动教学法——诊所式法律教育》,法律出版社,2004,第3页。

讲授的弊端，对学生法律思维能力的培养和法律共同体同质性的形成具有积极意义，但是，该教学法忽略了法律实践中其他领域诸如会见、咨询、事实调查、调解、谈判、起草文件中的许多基本技能，而且也忽略了在判断力、职业责任心以及理解法律和律师的社会角色等方面对学生的培养，从而受到一些学者的强烈抨击。

根据瑞克・威尔逊（Rick Wilson）的记录，诊所教育的思想，首先由俄国人亚历山大・鲁宾斯基（Alexander Lyubinsky）在1901年提出，他主张：法学院的法律诊所教学可以模仿医学训练的方法。① 1917年，威廉姆・罗威（William Rowe）阐述了"将具有'真实日常执业氛围'的律师事务所呈现给法学院及其学生"的重要性。此后，罗威对法律诊所方法在指导法科学生学习实体法和适用实体法方面的作用进行了论述，明确指出：从保护公众利益出发，应当像医学专业一样，为法学本科专业的学生建立法律诊所。②

随着法律诊所教育思想观念的传播和提高，法律诊所教育模式在实践中得以产生。1913年，哈佛大学成立了法律援助处，这可谓是法学院建立的法律诊所的雏形。③ 1928年，布拉德威（Brandway）在南加州大学创办了一个为期六周的法律诊所；1931年，布拉德威在杜克大学开设了第一个校内法律诊所，学生可以通过在诊所内的学习获得学分。布拉德威在杜克大学的学生查尔斯・米勒（Charles Miller）于1947年在田纳西大学建立了美国第二家校内法律诊所。20世纪40年代和50年代，美国几乎所有的法学院都按照杜克模式建立了法律诊所。20世纪60年代末和70年代初，美国福特基金会成立职业责任法律教育理事会，理事会提供大量资金以建立法律诊所项目，并鼓励尝试各种教育方法，这对于法律诊所教育方法在美国的发展发挥了重要的作用。④ 1969—1971年，将法律诊所学习计为学分的美国法学院数量从25所增加到80所。法律诊所教育，成为美国法学教育的普遍模式。

二、法律诊所教育的发展历程

法律诊所教育模式，兴起于美国，直至20世纪末才被引入中国的校园。

---

① Richard Wilson, Training for Justice: The Global Reach of Clinical Legal Education (2003—2004) 22 *Penn State International Law Review* 421.

② William Rowe, The People's Law Bureau (1920—1921) 15 *Illinois Law Review* 424, 434(5).

③ Lisa Zornberg, The Harvard Legal Aid Bureau: The Forgotten Tenant of Gannet House (*Harv. L. Rer*, Mar. 19, 1993), p. 7.

④ JP Ogilvy, Celebrating CLEPR's 40th Anniversary: The Early Development of Clinical Legal Education and Legal Ethics Instruction in U. S Law Schools (2009) 1 *Clinical Law Review* 1.

(一)法律诊所教育在外国的发展

与美国的情形类似,在澳大利亚、加拿大、智利、印度、南非和津巴布韦等国家,法律诊所教育在20世纪70年代获得迅猛发展,主要原因在于新法学院的建立以及年轻学者和活跃参与社会活动学生的涌现。在智利、印度、南非和津巴布韦,社区服务的需求以及国家对于法学院在法律服务中发挥作用的期望,在早期法律诊所的建立中发挥了关键作用。

在东欧、拉丁美洲、亚洲、非洲和南太平洋的其他国家中,法律诊所教育在20世纪90年代晚期得到了发展。得益于福特基金会的资助,法律诊所教育项目在法律人才教育培养和国家的司法体系中都发挥了显著作用。①

与法律诊所教育在相关国家取得迅猛发展的形势不同的是,在西欧一些大陆法系国家,法律诊所教育范围虽然得到了拓宽,但是这些国家"特别抵触法律诊所教育方面的创新",所以,法律诊所在这些国家遭受"冷落"。在德国,只有少数几所大学(如汉诺威、比尔菲尔德、洪堡大学)设有法律诊所。一个主要原因在于,为保障法律服务的高标准,法律禁止没有律师资格的人提供法律服务,所以,让学生处理真实案件并把为雇主提供法律意见的责任交给没有通过考试的大学生是不可能的。更为重要的是,大陆法系非常教义化的法律思维方式(和法律教学方式)、对大学系统化理论教育的高度重视、与普通法系国家不同的法官和律师选任机制,②排除了采用法律诊所教育模式的可能性。

(二)中国法律诊所教育的发展

中国法律诊所教育是由福特基金会首先酝酿和发起的。1999年12月6日,福特基金会在北京主持召开了"关于法律诊所教育课程的研讨会"。会后,福特基金会向全国各高等学校发出了《关于参加福特基金会召开的拟在中国法律院系中开展法律诊所教育课程会议的报告》。2000年1月,北京大学、清华大学、中国人民大学、武汉大学、中南政法大学、华东政法大学、复旦大学共七所高校向福特基金会提出参加法律诊所教育项目的申请;2000年4月底至5月初,七所高校选派的教师组成的法律诊所教师考察团赴美国进行了为期一周的考察和培训;2000年9月,七所高校同时开课,标志着法律诊所教育在中国拉开了序幕。2002年8月初,"中国法律诊所教育专业委员会"(the committee of chinese clinical legal education,CCCLE)成立。该委员会的成立,使法律诊所教育在中国大陆的发展方面发挥了极为重要的作用。根据该委员会的统计,截至2017年3月,中国法学教

---

① [澳]杰夫·吉丁斯:《推进正义的法律诊所教育》,袁钢译,中国人民大学出版社,2017,第30页。

② [德]阿什特里德·斯达德勒尔《德国法学院的法律诊所与案例教学》,吴泽勇译,《法学》2013年第4期,第56-58页。

育研究会法律诊所教育专业委员会的会员单位达到202家。

中国大陆各高等学校均根据学校的师资力量和其他资源等开设诊所。根据法律诊所教育专业委员会的统计，中国大陆各高等学校开设的诊所有社会弱者权利保护诊所、劳动者权益保护诊所、消费者权益保护诊所、公益诉讼诊所、妇女权益保护诊所、民事诊所、社区法律诊所、立法诊所和综合性法律诊所等，其中刑事法律诊所占10%左右。[①] 在诊所活动中，学生在老师的指导下，分别以参与诉讼活动和非诉讼活动的方式为当事人提供服务，维护当事人的利益，同时通过实践活动学习各种法律职业技能。法律诊所教育在中国大陆法律人才培养和社会主义法治事业中发挥着越来越重要的作用。

第二节　法律诊所教育的教学要素

法律诊所教育的要素，包括法律诊所教育的主体、诊所课程和法律诊所本身。

一、法律诊所教育的主体

法律诊所教育的主体，即从事法律诊所教育的人，包括学生和教师。

（一）法律诊所教育中的学生

在包括法律教育的中国传统教育方式中，教师为中心，在教育活动中占据主导地位，学生仅仅是教育的对象，教师与学生之间就是简单的“教”与“学”的关系。法律诊所教育提供的是与传统教育方式截然不同的教育方式。在诊所教育模式中，学生才是活动的中心，各种活动的设计要围绕“将学生培养成什么样的人才”“希望通过活动要学生获得哪些技能”等问题为中心，各种活动的具体实施必须以“学生在教育活动中可能遇到哪些问题”“怎么开展活动才符合学生的成长特点并且更加有效地使学生获取相关技能”等问题为中心。在诊所教育课程中，教师必须与学生进行充分、平等的交流，时刻关注学生的感受、需要和学生面临的问题。只有这样，才能充分发挥法律诊所教育课程在学生培养中的积极作用。

在诊所教育课程中，学生主要为当事人或者其他人员提供法律咨询、代写法律文书；在符合法律规定条件的前提下，学生可以接受委托代理诉讼或者仲裁案件。无论是代写法律文书，还是接受委托代理诉讼或者非诉讼案件，学生必须在指导老师（往往是执业律师）的监督、指导下进行；学生代理案件的最终责任由指导老师对客户负责。

---

① 徐岱：《刑事法律诊所教程》，高等教育出版社，2018，第7页。

法律诊所中的学生，因为尚未取得律师执业证书，所以，在代理诉讼案件时，处于普通公民的地位，相对于执业律师而言，享受的权利少而受到的限制较多。整体而言，法律诊所中的学生，在为他人提供法律服务的过程中，既享有一定的权利，又承担相应的义务。

法律诊所中学生的权利包括：①符合法律援助条件以及符合公民代理条件的，法律诊所接受当事人或者其法定代理人的委托后，指派符合条件的学生履行职务的，学生有权以公民的身份作为诉讼代理人或者作为非诉讼代理人参与案件办理；②诊所学生有权在诊所办公室接待当事人，有权复印当事人提供的材料，有权与当事人交换通信地址和联系电话；③诊所学生有权为当事人起草法律文书；④接受委托后，诊所学生有权出席法庭，参加法庭调查、法庭辩论；⑤学生对委托人的无理要求有权予以拒绝。

诊所学生在提供咨询服务或者为委托人办理案件过程中，除遵守法律规定的律师应尽义务之外，还应当遵守法律诊所制度规定的义务：①在第一次会见委托人时有义务告知委托人，由诊所学生在教师的指导下为其代理案件，只有在委托人认可以后才可以接受该案件；②诊所学生必须在委托人的授权范围内行使代理人的权利，不得超越代理权限；③诊所学生必须保守在办案过程中知悉的国家秘密、当事人的商业秘密和个人隐私，不得在课堂讨论过程中泄露当事人的姓名、其他信息和资料；④诊所学生有忠于事实真相的义务，对于案件事实必须通过深入调查、收集证据的方式进行认定，不得作伪证或者唆使当事人作伪证；⑤为避免证据的灭失，学生只能收取当事人提供的证据的复印件或者复制品，不得收取原件或者原物；⑥对于起草的所有法律文书，学生交指导老师审阅后才可以交给当事人或者在其他场合使用；⑦学生在会见、调查、出庭时必须如实记录，如实填写诊所办案表格，在案件办理结束后及时结案和将材料整理归档；⑧学生在办案过程中应当坚持团队协作的原则，与团队其他成员分工负责、精诚合作。①

（二）法律诊所教育中的指导教师

教师负责具体项目的实施、教学内容的传授和职业技能的培训，在法律诊所教育活动中居于主导地位。相对于传统教育模式，法律诊所教育课程要求指导教师具备全新的教育理念、扎实的理论基础和娴熟的法律职业技能。

诊所指导教师应该具备全新的教育理念。诊所教育模式要求重视学生的主体地位而不是将学生当作教育对象，诊所教育模式的重要目的是学生法律职业技能的培训和向社会提供法律服务而不是知识的传授，目标的实现依赖于由一个具体项目分解而成的各种前后衔接、相互联系的实践活动的有效开展。指导教师必须对此有正确的认识，这是教师正确指导从而有效开展法律诊所教育活动的前提和基础。

---

① 甄贞：《法律诊所教育在中国》，法律出版社，2002，第75-78页。

诊所指导教师应当具有扎实的理论基础。这里的理论基础,包括两方面:一方面是指法学专业理论。教师只有具备扎实的专业理论基础,才能对于纷繁复杂的各种法律制度和抽象的法律规定正确理解,才能迅速、正确辨别当事人遇到的纠纷或者案件的法律关系的性质,为尝试解决当事人法律纠纷、提供法律帮助的诊所学生进行正确指导。另一方面是教育教学理论。指导教师只有掌握一定的教育教学理论,才能掌握和恰当运用教育原理,掌握学生成长规律,对于诊所教育过程中学生遇到各种困惑,选择适当的引导方式,恰当加以解决。

诊所指导教师应当具有娴熟的法律职业技能。诊所教育既是专业教育又是职业教育,教学内容包括法学理论和法律规范知识,更为重要的是解决问题的法律职业技能。要实现通过诊所教育课程引导学生习得解决问题的法律职业技能的目标,指导教师如果不具备这些技能,对于实践中可能遇到的各种问题缺乏预见或者不具备解决这些问题的经验、技巧,是不可想象的。

基于以上要求,法律诊所的指导教师主要组成部分是法学院教师队伍中具有律师执业经验的教师。为弥补法学院指导教师的不足,可以考虑从行政机关、公安司法机关的工作人员中遴选既有法学理论基础、又有丰富执业经验、兼备投身法律诊所教育事业热情的专家担任法律诊所的指导教师。

需要特别注意的是,相对于其他教育活动,诊所教育中指导教师的责任重大。在诊所教育活动中,教师不仅进行课堂教学,还要把更多精力用于学生实践活动的指导。诊所教师在指导学生办理实际案件过程中,要参加学生与当事人的首次面谈,听取或者评论关于面谈的反馈意见;定期与学生讨论承办的案件,就案件的处理提出指导意见;对学生起草的相关法律文书、谈话笔录、取证笔录和其他文件进行阅读、评论,对于学生起草的关系当事人重要利益的法律文书进行审查修改后才能让当事人使用或者提交行政司法机关;在学生作为代理人参加庭审时,指导教师应该旁听,听取和评论庭审情况;教师应当对诊所进行管理。① 在学生作为辩护人参加刑事诉讼活动时,诊所教师尤其需要指导学生严格遵守法律法规和司法机关的各种规定,切实防范法律风险,对于学生出具的辩护意见要严格把关。

二、法律诊所课程

法律诊所教育的的课程内容,分为理论和实践两大组成部分。整体而言,一门完整的课程包含课程目标、课程结构和课程评价等内容。②

---

① 参见甄贞:《法律诊所教育在中国》,法律出版社,2002,第80-83页。

② 孟军、甄贞:《刑事法律诊所课程》,北京师范大学出版社,2015,第23-24页。

（一）法律诊所课程的目标

法学教育的整体目标内涵丰富，即培养德、智、体、美、劳全面发展，掌握马克思主义基本理论，具备扎实的法学专业知识功底，具备法律职业劳动观念、劳动心态和劳动技能，具有一定的创新创业能力和较强实践能力，法治理念执着、基础理论扎实、实践能力过硬、胜任基层实务的应用型、复合型人才。法律诊所课程的培养目标应当支持该整体培养目标。与其他课程相比，法律诊所课程侧重于基于律师角色应当具备的职业思维、职业技能和职业伦理。具体而言，法律诊所课程的培养目标包括以下几个。

（1）训练学生习得律师职业基本技能。通过诊所课程，引导学生在实践过程中运用已经掌握的法学理论、结合法律制度规定分析法律关系、解决法律问题的实际技能，即通过模拟训练和实际办理案件，引导学生掌握与当事人会见、提供咨询、调查取证、研判证据、法律分析和推理、谈判、与行政司法机关进行沟通、法庭辩论、撰写法律文书等基本技能。

（2）引导学生学习律师执业准则，培养高尚的律师职业伦理和责任心。在社会主义法治建设中，作为为社会提供法律服务的专门工作者，律师队伍是一支重要力量。律师严格遵守职业道德和职业伦理，具有极为重要的意义。所以，《律师法》明确要求律师必须遵守宪法和法律，恪守律师职业道德和执业纪律。在法律诊所课程的教学过程中，指导教师要指导学生严格遵守法律法规和律师行业的规章制度，培养自觉遵守各项制度的良好习惯，为将来从事律师执业奠定良好的道德基础。

（3）向社会提供法律服务。这主要是指在真实当事人法律诊所中，学生在执业教师指导下，接触实际案件，为当事人提供法律咨询、起草法律文书、代理案件，从而维护当事人合法权益，为建设和谐社会做出贡献。

（二）法律诊所课程的内容

法律诊所课程教学内容一般包括两个部分，即课堂教学和实践指导。课堂教学内容，不是法学基础理论，而是法律专业技巧的传授、与法律实践直接相关法律规范的含义讨论、法律分析的一般方法和步骤、在法律实践活动可能遇到的普遍性问题的处理方式和方法的探讨。概括而言，课堂教学内容是服务于法律实践的，为实践活动的开展奠定基础。

相对而言，实践指导占据法律诊所课程的主要部分，这是由诊所课程侧重于实践能力培养的目标所决定的。如上文指出的那样，为培养学生的实践能力，老师指导学生开展模拟训练或者实际办理案件，从而习得各种实践能力。在刑事法律诊所中，教师要指导学生进行法律咨询、事实调查、证据收集、证据分析、法律分析、确定基本辩护主张、拟定出庭质证和辩论提纲、参加法庭调查和法庭辩论、修改辩护意见，等等；必要的时候，指导教师直接带领学生办理案件。通过模拟训练或者实际案件的办理，培养学生的法律实践能力，同时培养学生的正义观念、律师职业伦理感和社会责任心。

（三）法律诊所课程的评价体系

确立科学的课程评价体系，开展客观、科学、合理、有效的教学评价，是保证乃至提升课程质量的重要条件。法律诊所课程迥异于传统课程，所以，其要求采用全新的评价体系。

法律诊所课程评价的对象或者内容，为学生在课程实施过程中的行为表现以及通过行为呈现出的对于相关法律法规和其他制度理解程度、正确运用理论分析问题解决问题的能力以及通过行为表现出的行为态度。为此，需要科学、全面设计评价项目以及各具体项目成绩在评价体系中所占的比例。具体评价项目应当包括学生在诊所值班出勤状况、对当事人提供咨询的表现、识别和分析法律关系的正确性和敏锐性、为当事人提供的解决方案和起草的法律文书的合法性和科学性、在代理案件过程中的行为表现、起草的向行政司法机关出具的法律文书的合法性和科学性以及与小组其他成员在工作上积极合作的表现，等等。

由谁对学生进行评价，这就是法律诊所课程的评价主体问题。根据评价主体，法律诊所课程的评价包括以下几个方面。

（1）自我评价。参加诊所课程的学生，对于自己在课程实施活动中的表现、自己对于相关法律法规的理解运用能力、自己对于在课程实施活动中遇到的困难和问题有全面、生动和细致的了解，这为学生进行自我评价奠定了基础。在自我评价时，学生可以全面回顾和总结自己从事法律实践活动的全过程，总结利弊得失，总结经验教训，供老师和其他同学参考；向学院和老师提供建议，以使其改进诊所课程实践活动的设计或者实施，提高诊所课程的效率。

（2）教师评价。教师作为法律诊所课程的承担者，是课程实施过程中学生各项活动的指导者，其对于各项活动的目标、内容、活动要求有清楚的了解，对于学生在活动中表现出来的对于相关法律和制度的理解和运用、分析问题解决问题的能力、对于相关法律关系的识别能力和灵敏度、提供解决问题途径和起草的法律文书的合法性和科学性、在代理案件过程中的庭审准备和庭审过程中的表现，都有生动、真切的认识。一般而言，教师的评价客观、公平、全面，容易得到学生的认可。从这个角度而言，教师评价是对学生评价的最为重要的组成部分。

（3）小组同学评价。无论是模拟训练还是实际办理真实案件，一个学生不可能单独完成，由三名或者更多学生组成的小组是进行模拟训练和案件代理的基本单位。一个小组中，由组长根据训练或者案件性质，将项目任务分解，并将具体任务恰当分配给每个小组成员，每个成员按照计划设定的时间和标准完成自己承担的具体任务，小组的成员之间协调配合、团结合作，共同完成一个整体任务。每个成员与其他成员之间，或者共同完成一个具体任务，或者前后相继完成不同的任务，所以对于其他成员在课程进展过程中展现的能力、水平、责任感和合作态度有较为清楚的认识，这是小组成员之间相互评价的基础。

(4)当事人评价。在真实当事人法律诊所中,当事人的评价为课程评价的一个因素。当事人带着法律问题寻求诊所学生的帮助,要求提供法律咨询服务、提供解决问题的办法、起草法律文书、对于不同解决途径做出大致的预计,从而选择合适的解决问题的途径;在形成委托关系的情况下,则是由法律诊所的学生代理民事或者行政案件,或者在刑事案件中提供代理或者辩护服务。无论如何,当事人解决问题、维护权益的愿望较为迫切,期望学生最大程度维护自己的权益,甚至为处理结果设定具体的目标。当事人时刻关注诊所学生的言语和行动,对学生的表现观察细致,是奠定当事人评价的基础。但是,当事人可能专注考虑切身的利益,其做出的评价在相当程度上可能受到问题处理结果或者案件裁决结果的影响,而不甚客观。所以,科学设定当事人评价在诊所课程评价中所占的比例,是在设计课程评价体系时必须全面考虑和恰当解决的问题。

三、法律诊所教育的平台

法律诊所教育,除主体、课程外,还要求以一定的平台作为要素。这里的平台,主要是指在学校内设立的以供进行诊所教育的空间和设备。

(一)法律诊所的教室

法律诊所课程中,理论教学活动与其他课程一样当然可以使用传统的教室。但是,诊所教育的主要活动是实践活动。在模拟训练中,需要学生单独或者学生小组进行技巧训练、模拟练习、证据分析、案件讨论,等等,这就需要适应实践活动特点的教室。除需要一个学生进行的实践活动外,多数实践活动以小组为单位进行,所以,适于召开圆桌会议的教室就是最好的教室。在这样的教室中,往往设置数个圆桌,每个圆桌周围配备数张凳子,适于每个小组围坐在一起讨论。桌凳应该是活动的而不是固定的,这样,根据活动的需要,可以任意组合,适于开展分组讨论、对抗辩论、自由发言等活动。现在各法学院普遍配备的模拟法庭,适于进行模拟审判,是诊所教室的重要类型。

(二)法律诊所的资料室

法律诊所的资料室可以分为两个部分:图书资料室和档案资料室。法律诊所的图书资料室在功能上与一般的图书资料室没有什么区别,但是其专门用于存放与诊所教育课程直接相关的法律、法规、法律解释、其他规范性文件、最高司法机关的公报和发布的指导案例,以及书籍、期刊、报纸等。随着电子资源的出现和数量的增加,选择配备适当的电子资源成为法律诊所资料室建设的重要内容。法律诊所的图书资料室专供法律诊所的学生和指导教师使用,便于法律诊所教学活动的开展。

档案资料室,用于存放诊所承办案件所形成的资料。这些资料包括接待笔录、当事人提供的相关材料的复印件和复制品、学生起草的法律文书、调查笔录、阅卷笔录、会见笔录、庭审提纲、庭审笔录、代理意见、辩护词、裁决文书,以及学生填写的其他记录、评价表,等等。这些资料中,重要的是接待笔录、当事人提供的材料、学生出具的分析意见、法律文书以及裁决文书,这些材料无论是否涉及国家秘密、商业秘密和个人隐私,都应当严格保密,不向诊所学生和指导教师以外的任何人公开。由此可见,诊所专用的资料室在诊所教育活动中具有重要作用。

(三)法律诊所的接待室

法律诊所的接待室,是专门用于接待前来寻求法律帮助的人员的场所。求助者在接待室进行登记、咨询、等待会见等。接待室也通常是办理委托手续、填写表格、盖章、整理材料归档的地方。接待人员往往由参加诊所课程的学生轮流担任。通过接待工作,学生人际交流的能力和初步识别法律关系的能力得到提高。

(四)法律诊所的设备

开展法律诊所课程尤其是实践活动,除办公桌、办公椅、档案柜等普通办公用品外,诊所还必须配备以下设备:

(1)电话。电话是重要的联系工具,用于电话咨询、预约当事人,与指导教师、行政司法机关联系,等等。有条件的诊所,应当设置并向外公布电话号码以向公众提供咨询服务。

(2)打印机、复印机、传真机、扫描仪。在实践活动中,往往需要相同格式的各种表格,需要复制相同的文字材料供不同学生或者不同小组使用,需要复制、复印或者扫描当事人提供的文书或者其他材料以供学生使用或者留存,需要对已经制作的文件进行修改完善,需要向行政司法机关出具多份完全相同的文书……这些是法律诊所不可或缺的设备。有条件的诊所,还应当配备摄像机,主要用于记录学生实践活动并在此后进行评估,并让学生回顾自己的表现以进行改进。

第三节 法律诊所的教学模式

在法律诊所教育发源地的美国,法律诊所选择的案件一般来源于专门从事法律援助工作的法律援助中心,诊所教育活动提供的法律服务实际上是为这些案件中贫困的当事人提供的法律援助的组成部分。也许正是基于这个因素,一部分美国学者认为只有学生参与真实案件的这种模式才称得上"诊所式"教育模式。与此相对,也有学者认为不应当根据案件的"真实性"划分诊所与非诊所,应当根据教学内容和教学方法进行划分,只要是以分析解决案件的方式培训律师执业技巧与职业道德的形式,都属于"诊所式"教育模式。[①] 根据中国大陆法律教育的情

① 李傲:《互动式教学法——诊所式法律教育》,法律出版社,2004年,第7页。

况，本书认为应当采用相对广义的法律诊所的概念，凡是采用分析解决案件的方式培养职业技巧与职业道德的教育模式，都属于法律诊所教育模式。

一、虚拟的法律诊所

虚拟的法律诊所，即向学生提供大量的案件材料，让学生承担不同角色，老师指导学生通过法律实务模拟训练学习法律职业技能和职业道德。

在虚拟法律诊所中，老师提供的案件材料是进行教育活动的基础。这些材料，可以是由指导老师以具体的课程培养目标为指导、以培养特定的专业技能为中心而编写的“典型”的案件材料，也可以是指导老师或者他人已经完成代理的真实的案件材料（可以是经过加工的材料，也可以是原始的材料）；可以是一个案件的全部材料，也可以是从一个案件的全部材料中挑选出来的、只呈现个别或者少数问题的部分材料。但是，重要的是，为保证诊所教育培养学生专业技能目标的有效实现，这些材料呈现的案情不能是“一目了然”的，呈现的问题不能是“简单明了”的，即：这些材料呈现的案情必须有一定的复杂性，呈现的问题必须经过相当深入的思考和分析、研判，才能提出解决方案。理想的案件材料，往往同时呈现实体问题和程序问题，是保证虚拟法律诊所教育活动效果的重要基础。

虚拟的法律诊所中，学生分别承担不同的角色，从事诉讼、上诉、谈判、调解、会见与咨询等类型的实践活动，掌握不同的专业技能和技巧。

相对而言，虚拟的法律诊所的最大优点在于其成本低、无风险，教师和学生负担较轻，学习进程很容易控制。虚拟法律诊所的不足在于，这种模式毕竟是虚拟的训练，学生面对的只是案件材料而不是活生生的当事人，学生知道自己就是在“演戏”而不是从事真正的社会实践，学生不能得到人际交往方面的锻炼。

二、真实当事人的法律诊所

真实当事人法律诊所，即设立于法学院内、学生在老师指导下向有需求的真实案件当事人提供法律服务并通过法律服务学习法律职业技能和职业道德。

在真实当事人法律诊所中，有法律帮助需求的案件当事人提供的纠纷和案件是进行教育活动的基础。当事人面临的纠纷和案件千差万别、丰富多彩，需要解决的问题具体而一般又比较迫切。但是，法律诊所毕竟是进行法律教育的活动，所以，能够纳入诊所学生服务范围的案件必须符合一定条件，这需要指导教师根据诊所的专业方向、教育目标和学生特点在学生接待获取信息的基础上进行遴选。一定案件经过遴选进入服务范围，真正的服务才得以开始。

相对而言，真实当事人的法律诊所的最大优点在于其提供给学生的是真实的纠纷和案件，展示的是实实在在的问题，学生面对的是活生生的当事人，学生在代理过程中需要处理各种可能出现的问题,从而切实提高解决问题的专业技能。真实当事人法律诊所的问题在于,需要投入很大的工作量,影响因素复杂从而进程难以控制。最重要的是,在处理纠纷和代理案件过程中,需要与不同主体打交道,要特别注意防范可能出现的法律风险。

刑事法律诊所如果采用真实当事人法律诊所的模式,还面临一个“没有法律职业资格的学生担任辩护人的范围”的问题。根据《刑事诉讼法》第三十三条的规定,没有律师职业资格的学生担任辩护人,必须由人民团体或者犯罪嫌疑人、被告人所在单位推荐。而在犯罪嫌疑人、被告人辩护权不断得到强化的形势下,刑事法律援助的范围不断扩大,司法机关和司法行政机关持续推进刑事案件律师提供法律援助工作的范围,学生获得推荐担任刑事案件辩护人的范围进一步缩小,刑事专业的真实当事人法律诊所的存在空间被进一步压缩。

三、校外法律诊所

校外法律诊所是学生在校外从事法律工作的教育模式。校内法律诊所设置在校外的法律机构中,学生在法律机构专门工作人员和校内指导教师的指导下,办理真实的法律事务,从而习得法律职业技能。

在校外法律诊所中,法律专门机构的工作任务是进行教育活动的基础。不同法律专门机构性质不同,其专门工作任务不同,提供给学生进行实践的工作目标、工作要求也就千差万别:律师事务所的工作是为各种机关、企业事业单位和自然人提供诉讼或者非诉讼法律服务;立法机关的工作是围绕立法进行的调查调研、草案起草、征求意见、专门讨论、修改法律草案、法律实施的效果调查;执法机关的工作是行政法律执行、行政复议和行政诉讼;检察机关的工作是追诉犯罪和进行法律监督,保障法律正确实施;法院的工作是依照法律规定行使审判权,对民事案件、行政案件和刑事案件进行审理作出裁决……在这些机构中设立的法律诊所,为学生从事实践活动提供了广阔的空间。

相对而言,校外法律诊所的最大优点在于其提供给学生的是真实的、专门的工作任务,要处理的是实际问题,学生在这些机构的专门工作人员指导下完成不同的工作任务,既可以减轻这些机构工作人员的工作压力,也能从这些实务专家身上学到更具实用性的专业技能和崇高的法治情怀及敬业精神。校外法律诊所的设置和良好运行,也是法学院实现服务社会的重要途径,是法律机构和法学院实现“双赢”的重要方式。校外法律诊所的问题在于,需要投入较大的工作量,影响因素较多而进程比较难以控制。与法律机构通过长期合作,基于相互理解的基础,建立长期、稳定、良好的合作关系,是设置校外法律诊所的必要条件。

第二章

会 见

引言

律师的职责是在法律规定的范围内为当事人提供法律服务。律师会见当事人是解决当事人所面临的法律问题的最初阶段，也是律师提供法律服务的第一步。会见的成功与否，将在很大程度上决定后期辩护活动的走向。成功的会见，可以在辩护律师与犯罪嫌疑人、被告人之间建立相互信任的关系，为获得更全面、更详细的案件信息打开大门。相反，会见的失败，则会在双方之间产生隔阂，无法从犯罪嫌疑人、被告人处获得案件信息。在实务操作中，会见犯罪嫌疑人、被告人是律师执业过程中的一项日常性工作，在辩护过程中，可能会进行多次会见。因不同诉讼阶段的任务和目的不同，会见的地点、方式、步骤及技巧也会存在差异。此外，律师会见犯罪嫌疑人、被告人的原因多种多样，有的不仅仅是为了了解案件具体情况。根据刑事法律诊所的教学特点，这里所说的会见是指辩护律师会见在押的犯罪嫌疑人、被告人，并向他们了解案件情况，与他们进行辩护意见的沟通。

教学目的：本主题的教学目的在于通过模拟会见当事人的过程，使学生了解会见当事人的重要性，在模拟和总结的过程中掌握会见当事人的基本技能，以及学会处理会见时可能遇到的问题与困难。通过不同会见场景的模拟逐步提高学生的人际沟通能力、问题分析能力和归纳总结能力，为今后法律实务中的实案代理与辩护打好基础。

教学设计：在本主题的课堂设计与实践中，主要采用模拟训练教学法向学生展示律师会见当事人及提供法律咨询的全过程，通过会见前的准备和预设问题的方法，将学生引入互动式、讨论式的教学中，提高学生的参与兴趣，使学生在模拟掌握会见当事人与为当事人提供法律咨询的技巧。最后，由教师对模拟过程进行归纳和总结，并做好课堂评估。

内容实施:教师在课前或课中向模拟不同角色的学生提供会见的案例资料,组织学生分组,在课堂按照分配的角色进行模拟。模拟过程可以根据需要,采用多组同时进行或多组先后模拟的方式。模拟会见的时间由教师根据课堂教学的需求灵活安排。

注意事项:一是相关法律法规、司法解释的准备。会见当事人是律师通过自身掌握的法律知识对当事人所陈述的事实进行分析并提出意见的过程,法律知识的储备显得尤为重要,因此要求学生必须在会见前对一些涉及会见的法律法规及司法解释进行掌握。主要包括:《中华人民共和国刑法》及其修正案,《中华人民共和国刑事诉讼法》《关于办理死刑案件审查判断证据若干问题的规定》《公安机关办理刑事案件程序规定》《人民检察院刑事诉讼规则(试行)》《关于适用〈中华人民共和国刑事诉讼法〉的解释》等。二是做好会见前的心理准备,会见毕竟是与犯罪嫌疑人进行面谈,其出于对自身处境的考虑,会见时不仅会陈述事实,更重要的是他们会咨询一些直接关系其犯罪成立与否、罪刑的轻重等问题,他们往往会期盼从会见的律师口中得到某种程度的解答,而律师往往会因案件进展程度、自身对事实的判断以及对法律的理解,并不能给出明确的答复,这会激起当事人的激愤情绪,进而会直接影响会见的效果,为此,要求学生必须做好会见前的心理准备。三是准确掌握会见的法律规制,法律对律师的会见做出了相应的规范要求,这既是出于对律师的保护,也是对律师的约束。所以会见前必须掌握法律对会见的基本要求,特别要清楚一些禁止性的规范要求。

案例

2014年5月3日13时许,被告人刘某因怀疑其子被害人高某某(男,2008年10月13日出生)偷拿家中的钱,遂在广东省潮州市潮安区某镇的出租屋内对高某某进行责问,因高某某不承认偷拿家中财物而心生气愤。刘某叫高某某把衣服脱光,先用皮带抽打高某某,见高某某还不承认偷拿家中的钱,刘某更加气愤,又持塑料管持续殴打高某某的头部、背部、四肢等部位,致高某某全身多部位不同程度受伤,直至塑料管折断才停止。当天16时许,高某某因被殴打受伤而出现身体不适的症状,刘某遂将高某某送至医院抢救,经医生抢救无效高某某死亡。医生遂向公安机关报警,刘某于当天在医院内被公安民警带回审查。经查,高某某的死因符合全身体表广泛钝性暴力损伤造成创伤性、失血性休克联合心脏挫裂伤死亡。①

① 案件来源:中国法院网(http://www.chinacourt.org/article/subjectdetail/id/MzAwNEiqNIABAA%3D%3D.shtml)。

案情分析：本案是一起父母在教育未成年子女过程中，因采取不当的教育方式，对未成年子女实施无节制的殴打，最终酿成子女死亡的惨剧，是典型的家庭暴力刑事案件。根据刑法的相关规定及当前的刑事政策，对由于恋爱、婚姻、家庭矛盾引发的刑事案件，一般酌情从宽处罚，家庭暴力案件从其诱发因素上看，属于此类刑事案件。但是，相对于涉及对未成年人实施暴力的家庭暴力刑事案件，由于未成人自我保护能力的缺乏，在家庭暴力中受到的伤害相较于成年人来讲会严重得多，所以，出于对未成人的保护，司法对于针对未成年人家庭成员实施暴力的被告人，根据案件的具体情况，可以依法从严惩处。

本案审理的被告人刘某虽有犯罪事实，但其没有故意伤害自己的儿子，强调自己不可能故意伤害自己的亲生儿子，当时只是想教育一下孩子。根据调查了解，被害人高某某自小在安徽老家由爷爷、奶奶抚养，而被告人刘某夫妇则带女儿在潮州市潮安区打工生活，案发前两三个月刚将被害人高某某带到潮州市潮安区上学。由于外出打工的父母与留守儿童的长时间分离，缺乏经常性的沟通，无论是在情感上还是在生活习惯上均容易出现分歧，重新一起生活时，极易产生矛盾。而且这类父母一般都是受教育程度较低，忙于生计，缺乏教育子女成长的正确方法，这一现实情况可能也是导致本案发生的一大因素所在。在案件发生后，父母都会懊悔不已，面临失去孩子的痛苦和刑罚制裁的双重压力，情绪很难平静。会见时，有的不想进行诉说，有的难以接受法律与生活习惯的矛盾，这就会增加会见的难度，与这类当事人进行会见需要相当高的技巧。

课前准备：将诊所学生进行分组织（自愿组合或抽签排定），通过抽签的方式选出不同角色的小组，分别形成律师组、当事人组、观察员组。其中，当事人组在可能的情况下可以直接邀请真正当事人参与。观察员组的主要任务是观察模拟会见的过程，找出模拟过程中出现的问题，并经过小组讨论提出解决问题的方案。

要点提示：本主题的重点是模拟会见带有激烈情绪的当事人，训练掌握应对这类当事人的技巧。因此，在选择当事人的模拟对象时，要求充分表现出这类当事人的特征。最好的方式是找一个如此类似的当事人。

回顾与总结：各小组汇报会见前的准备情况，包括：不同角色模拟的学生是如何设计会见的问题和角色扮演的；模拟前的法律检索情况；模拟前案件的研讨情况；模拟过程中小组内的分工情况。参加模拟的各组学生根据扮演的不同角色汇报模拟过程中的感受。不同角色小组对对方的模拟表现互相评价，相互指出存在的问题，并给出解决问题的具体建议。教师结合教学内容、学生在会见中的表现以及学生发言的情况进行总结，围绕会见过程中出现的问题与学生展开深入交流，提出改进会见技巧的途径。

第一节 会见概述

根据《刑事诉讼法》第39条的规定，辩护律师可以同在押的犯罪嫌疑人、被告人会见。其他辩护人经人民法院、人民检察院许可，也可以同在押的犯罪嫌疑人会见。

一、刑事诉讼会见概述

在社会交往中通常意义上的会见一般称接见或拜会。凡身份高的人士会见身份低的，或是主人会见客人，这种会见一般称为接见或召见；凡身份低的人士会见身份高的人士，或是客人会见主人，这种会见一般称为拜见。刑事诉讼中的会见具有普通意义会见的一般特征，但是，与普通意义上的会见存在显著差异，其会见时双方的身份不存在高低之区别，而是平等的。

（一）刑事诉讼会见与会见权

刑事诉讼中的会见，是指刑事诉讼过程中，辩护人在接受犯罪嫌疑人、被告人的委托或法律援助机构的指派后，为了解案件事实而与犯罪嫌疑人、被告人进行当面接触，听取犯罪嫌疑人、被告人陈述的诉讼活动。律师会见是刑事诉讼会见中最常见的一种，律师为了解犯罪嫌疑人、被告人涉嫌的罪名及有关案件情况，听取犯罪嫌疑人或者被告人对所指控罪名的意见和辩解理由，从而更好地为犯罪嫌疑人提供法律帮助，更好地为犯罪嫌疑人、被告人辩护的一种活动。律师会见犯罪嫌疑人或者被告人，是律师为犯罪嫌疑人、被告人提供法律帮助和进行辩护必须进行的一项重要工作，是律师参与刑事诉讼，行使辩护权的重要内容。律师会见基于不同的部门法律规定，其含义也不尽相同。刑事诉讼法规定律师会见的目的是为了保障犯罪嫌疑人、被告人的诉讼权利，体现的是一种法律制度。律师法将律师会见作为一种权利加以规定，强调的是律师依法所享有的会见犯罪嫌疑人、被告人的权利。

律师会见当事人是律师辩护权得以实现的重要保证，它是律师会见权的实行手段行为。律师会见权是指在刑事诉讼过程中，律师依法所享有的会见犯罪嫌疑人、被告人的权利。律师会见权是律师在刑事诉讼活动中的一项极为重要的权利。律师的会见权产生于两个方面：一是当事人的委托，基于委托授权关系而形成的权利；二是法律的赋予，律师在刑事诉讼过程中可以基于其特殊的法律地位而享有的一种权利。前者以委托关系的存在为前提，设置这种委托授权的目的有二：一是弥补被追诉人的辩护权在行使时受到阻碍，如因羁押使得人身自由受到限制而无法充分实现自我辩护；二是弥补被追人的辩护能力不足，如因年龄或生理原因导致的不会辩护、不能辩护，还有如因法律知识的欠缺导致不知辩护。后者是基于法律的规定而赋予律师的权利。基于会见权，律师会见犯罪嫌疑人或者被告人，是律师为犯罪嫌疑人、被告人提供法律帮助和进行辩护必须进行的一项重要工作，是律师参与刑事诉讼，行使辩护权的重要内容。通过会见，律师可以了解到翔实的有关犯罪嫌疑人、被告人涉嫌的罪名及案件情况，听取犯罪嫌疑人或者被告人对指控罪名的意见和辩解理由，从而能更好地为犯罪嫌疑人提供法律帮助，更好地为犯罪嫌疑人、被告人辩护。

（二）刑事会见的特征

刑事诉讼过程中会见的严肃性和规范性明显不同于普通意义上的会见，律师会见当事人不仅要实现会见的目的任务，而且还要严格遵守相关法律对会见程序的规定。刑事诉讼会见也不同于民事诉讼和行政诉讼中的会见，民事诉讼与行政诉讼中被告人基本上是不会被限制人身自由的，代理人与被告人的会见限制少、自由程度高。相比较而言，刑事诉讼中律师会见当事人具有以下几个明显特征。

1. 会见犯罪嫌疑人或被告人在刑事诉讼活动中具有基础性地位

律师介入刑事诉讼的核心目的就是帮助犯罪嫌疑人或被告人实现辩护。围绕此目的的实现，法律赋予了律师在刑事诉讼过程中的广泛权利，如为犯罪嫌疑人或被告人提供法律帮助、咨询的权利；对侵犯犯罪嫌疑人或被告人的人身权利和财产权利的行为提出控告的权利；对程序性事项提出申请的权利；阅卷的权利；参与法庭调查、辩论的权利。这些权利的实现程度与律师对案件事实和诉讼活动的掌握程度直接相关。律师掌握案件事实和诉讼活动的途径主要有：犯罪嫌疑人、被告人的讲述；阅卷查寻；调查。基于律师与犯罪嫌疑人的特殊关系，律师获得案件事实和诉讼活动事实的最佳途径就是通过犯罪嫌疑人、被告人的讲述，因为犯罪嫌疑人、被告人是案件事实或诉讼程序的经历者，他们的陈述会更为接近事实真相，这是律师行使其他辩护权的基础。

律师会见犯罪嫌疑人、被告人是律师介入刑事诉讼过程的必经环节。一般情况下，律师在接受委托或指派后，应当毫不迟疑地与犯罪嫌疑人、被告人进行会见，通过会见掌握案件事实，并听取犯罪嫌疑人、被告人的诉讼要求和辩护意见，为实施辩护打下基础。同时，律师会见对控辩双方的诉讼活动都能起到推动作用：一方面，犯罪嫌疑人、被告人在会见律师后，会增加辩护信心，有了律师的帮助，他们会得到便利的、有效的辩护，从而刺激其辩护意识的觉醒；另一方面，律师会见表明律师已经实质性地介入刑事诉讼过程，律师与控诉或审判机关也就进入实质性对抗阶段，司法机关为保证案件审理的正确性，会积极地与辩护律师进行接触，主动听取辩护律师的意见。

律师会见不仅建立起与犯罪嫌疑人、被告人的联系，而且也为律师与其他诉讼参与人建立联系打下基础。通过会见听取犯罪嫌疑人、被告人的陈述，律师能掌握与案件有关的其他诉讼参与人的基本信息,这方便了律师的调查取证工作的开展。会见也能为犯罪嫌疑人、被告人建立起与其近亲属或法定代理人的联系,特别是那些被羁押的犯罪嫌疑人、被告人。律师会见可以帮助他们与家属之间进行有效地沟通,这既有利于提升犯罪嫌疑人、被告人对案件本身及案件处理可能结果的认识,也有利于犯罪嫌疑人、被告人的近亲属或法定代理人对不涉及案件的事项的处理,以维护犯罪嫌疑人、被告人的其他合法权益。

2. 会见是犯罪嫌疑人、被告人诉讼权利实现的重要保证

律师会见与犯罪嫌疑人、被告人诉讼权利的实现有着密切的联系。刑事诉讼法已经写入了尊重与保障人权的内容,刑事诉讼中最需尊重与保障的人权就是犯罪嫌疑人、被告人的人权,他们处在强大的国家公权力的追诉之下,其人权最易为行使追诉权的司法机关所忽视。为此,我国刑事诉讼法全面规范了犯罪嫌疑人、被告人的诉讼权利,如辩护权、控告权、申诉权、获得在帮助权等。但是,由于他们一直处在被追诉的地位,多是被动地参与诉讼,特别是在被采取了刑事强制措施后,其人身自由处在被限制的状态之中,这必然会制约其诉讼权利的行使。通过与律师的会见,他们能及时掌握诉讼的进展情况,并向律师表达其诉讼愿望与诉求,从而在律师的帮助下充分实现自己的诉讼权利。

3. 律师会见是律师介入刑事诉讼的形式与实质的统一

从形式上看,律师会见是律师与犯罪嫌疑人、被告人直接见面接触,让律师与犯罪嫌疑人、被告人面对面地交谈,直接听取犯罪嫌疑人、被告人的陈述。律师可以说是除司法机关的办案人员外,唯一能与犯罪嫌疑人、被告人在几乎不受阻碍的情况下直接接触的人。从形式上实现了律师介入刑事诉讼的全面性。但会见不简单是律师与犯罪嫌疑人、被告人的直接接触,它还有其实质内容,即会见的目的性。律师会见犯罪嫌疑人、被告人具有多重目的,主要包括:通过与犯罪嫌疑人、被告人直接接触,听取犯罪嫌疑人、被告人对涉嫌犯罪事实的陈述;了解犯罪嫌疑人、被告人对所指控犯罪的认罪与否;犯罪嫌疑人、被告人对罪刑轻重的态度;获得有关的证据线索;与犯罪嫌疑人、被告人在辩护上达成一致意见,等等,这些目的的实现,是律师在刑事诉讼中充分、有效辩护的前提。

二、会见的相关法律分析

会见不仅为实现有效辩护打下基础,而且也是司法机关与犯罪嫌疑人、被告人进行沟通的另一渠道。司法机关的询问或讯问在手段、方式、场景等方面不同于辩护人的会见交谈,出于对司法机关的畏惧或警觉,犯罪嫌疑人、被告人在被询问或讯问时,往往不会全面陈述案件事实,而在与辩护律师会见时,犯罪嫌疑人、被告人出于对辩护律师的职业信任或辩护期盼,则会向其全面陈述案件事实,甚至于一些

诉讼要求或请求。也就是说,辩护律师会从犯罪嫌疑人、被告人处得到较司法机关更为详尽的案件事实或诉讼要求,辩护人在会见后一般都会形成初步的辩护意见,这种辩护意见提交给司法机关后,就会帮助司法机关更为深入地了解案情及犯罪嫌疑人、被告人的诉讼要求,这无疑有助于司法裁判的准确性和公正性。为此,我国刑事诉讼法和其他重要部门法对与会见有关的问题作出了详细规定。

(一)会见时间

辩护人在什么时候能会见犯罪嫌疑人、被告人,特别是公诉案件中辩护人介入刑事诉讼的时间,历来是司法界和学界普遍关注的一个问题。站在犯罪嫌疑人、被告人的角度上讲,第一时间会见辩护人,更有利于维护其合法权益。而站在司法机关,特别是侦查机关的角度上看,为防止犯罪嫌疑人、被告人利用律师会见阻碍诉讼的顺利进行,最好是等到案件事实基本查清之时才让犯罪嫌疑人、被告人见到其辩护人。从尊重与保障人权的角度上看,刑事诉讼中辩护人应当是在第一时间会见到犯罪嫌疑人、被告人,这样做有利于犯罪嫌疑人、被告人辩护权的行使。我国1997年《刑事诉讼法》一方面规定辩护律师介入刑事诉讼的时间是"案件移送审查起诉之日起",另一方面,又规定在侦查阶段,犯罪嫌疑人可以聘请律师提供法律咨询等帮助。这样的规定使得在侦查阶段律师的地位很尴尬,虽然接受了委托,但却不能实际地为犯罪嫌疑人进行辩护,实践中导致侦查阶段的律师仅能为犯罪嫌疑人提供基本的法律咨询等帮助,难以协助当事人行使辩护权。

为保障犯罪嫌疑人在侦查阶段辩护权的行使,2018年的《刑事诉讼法》第三十四条规定:"犯罪嫌疑人自被侦查机关第一次讯问或者采取强制措施之日起,有权委托辩护人。"这一规定明确了律师在侦查阶段就可以辩护人的身份介入刑事诉讼,既然是以辩护人的身份介入刑事诉讼,当然就可以行使辩护权。这就为辩护律师在侦查阶段能在第一时间会见到犯罪嫌疑人提供了法律保障。而且,这种会见并不再是提供简单的法律咨询等帮助,而是可以进行实质性的辩护帮助,尽管此时的会见权还不能完整实现,如,侦查阶段辩护律师会见时不可以向犯罪嫌疑人核实有关证据。实际上,2007年的《律师法》第三十三条中就已经规定,犯罪嫌疑人自侦查机关第一次讯问或者采取强制措施之日起,受委托的律师有权会见犯罪嫌疑人、被告人,并可以了解有关案件情况。但因《律师法》效力不及《刑事诉讼法》,所以实践中司法机关会用种种借口阻挠律师在侦查阶段的会见。

(二)会见的安排

2012年《刑事诉讼法》颁布实施前,"会见难"一直是我国刑事诉讼中的几大难题之一,其原因有三:一是安排会见的主体不明确。特别是在侦查阶段的会见,一般都是由侦查机关自己安排,而侦查机关出于各种考虑阻挠律师会见的情况屡见不鲜。二是会见交流自由得不到保障。原《刑事诉讼法》第九十六条中规定:"律师会见在押的犯罪嫌疑人,侦查机关根据案件情况和需要可以派员在场。"这一规定实际上赋予了侦查机关对律师会见的监视权,“根据案件情况和需要”很容易被侦查机关做出扩大性的解释,实践中,侦查机关一般都会派员到场,这就严重干扰了律师与在押犯罪嫌疑人的交流。三是会见缺乏法律保障。即使在审查起诉阶段和审判阶段,很多地方的看守所也会以各种理由拖延安排或直接拒绝安排律师会见。为解决“会见难”的问题,2007 年修订的《律师法》第三十三条中规定:“律师会见犯罪嫌疑人、被告人,不被监听。”但是,很多地方的办案机关以《律师法》与原《刑事诉讼法》存在冲突为由抵制《律师法》的规定,《律师法》的这一规定在实施中的效果并不理想。为彻底解决“会见难”的问题,2018 年《刑事诉讼法》在会见许可、会见安排主体、会见安排时间、会见交流自由等问题上都做出了详细规定。

就会见许可问题,2018 年《刑事诉讼法》第三十九条第三款列举了两类需要经侦查机关许可才能会见的案件,即:危害国家安全犯罪、恐怖活动犯罪案件。其他类型的案件一律不需要经过侦查机关的许可即可会见。这其中,危害国家安全犯罪是指涉及《刑法》分则第一章规定的“危害国家安全罪”的案件。恐怖活动犯罪应依据《刑法》及刑法修正案中有关恐怖活动犯罪的规定进行认定,罪名包括“资助恐怖活动罪”“组织、领导、参加恐怖活动罪”“(为恐怖犯罪)洗钱罪”和“编造、故意传播虚假恐怖信息罪”等。对于一些以恐怖目的或恐怖手段实施的其他犯罪行为,如杀人、放火、爆炸、投毒、决水、劫持航空器等,是否属于恐怖活动犯罪案件,应当参照 2011 年 10 月 29 日第十一届全国人大常委会第二十三次会议审议通过的《全国人大常委会关于加强反恐怖工作有关问题的决定》的规定,该决定第二条规定:“恐怖活动是指以制造社会恐慌、危害公共安全或者胁迫国家机关、国际组织为目的,采取暴力、破坏、恐吓等手段,造成或者意图造成人员伤亡、重大财产损失、公共设施损坏、社会秩序混乱等严重社会危害的行为,以及煽动、资助或者以其他方式协助实施上述活动的行为。恐怖活动组织是指为实施恐怖活动而组成的犯罪集团。恐怖活动人员是指组织、策划、实施恐怖活动的人或恐怖活动组织的成员。”

就会见安排主体及安排时间问题,《刑事诉讼法》第三十九条第二款规定:“辩护律师持律师执业证书、律师事务所证明和委托书或者法律援助公函要求会见在押的犯罪嫌疑人、被告人的,看守所应当及时安排会见,至迟不得超过四十八小时。”这一规定一方面明确了看守所是安排会见的主体,改变了以往事实上由侦查机关安排会见的做法,另一方面明确了安排会见的时间,即至迟不得超过四十八小时。与此同时,《刑事诉讼法》第八十五条第二款中规定:“拘留后,应当立即将被拘留人送看守所羁押,至迟不得超过二十四小时。”这一规定明确了羁押场所,即看守所。这就决定了辩护律师会见在押的犯罪嫌疑人、被告人只能在看守所进行,自然,看守所也就成为安排会见的主体,虽然看守所在机构设置管理上仍属于公安系统,但它毕竟不是案件的具体侦查机关,这有利于消除侦查机关对会见的阻碍。

就会见交流自由问题,《刑事诉讼法》第三十九条第四款中规定:“辩护律师会见犯罪嫌疑人、被告人时不被监听。”《刑事诉讼法》的这一规定吸收了有关司法解释和《律师法》的规定,明确指出辩护律师会见时不被监听,保证会见交流自由。监听一般是指在违反辩护律师自愿的前提下,对会见过程与会见内容进行的任何形式的窃听、窃照或监视。不被监听可以从两个方面进行理解:一是司法机关在辩护律师会见时不得以安装窃听器的方式进行监听;二是辩护律师会见时有权拒绝司法机关工作人员在场。

(三)会见内容

会见的目的是了解犯罪嫌疑人、被告人涉嫌的罪名及有关案件情况,听取犯罪嫌疑人、被告人对指控罪旬的意见和辩解理由,从而能更好地为犯罪嫌疑人、被告人提供法律帮助,为其后的辩护做好准备。为保证此目的的实现,《刑事诉讼法》第三十九条第三款中规定:“辩护律师会见在押的犯罪嫌疑人、被告人,可以了解案件情况,提供法律咨询等;自案件移送审查起诉之日起,可以向犯罪嫌疑人、被告人核实有关证据。”2020年《公安机关办理刑事案件程序规定》第四十二条规定:“公安机关应当保障辩护律师在侦查阶段依法从事下列执业活动:(一)向公安机关了解犯罪嫌疑人涉嫌的罪名和案件有关情况,提出意见;(二)与犯罪嫌疑人会见和通信,向犯罪嫌疑人了解案件有关情况;(三)为犯罪嫌疑人提供法律帮助、代理申诉、控告;(四)为犯罪嫌疑人申请变更强制措施。”这些法律法规明确了辩护律师会见时的交流内容,除可以为犯罪嫌疑人、被告人提供法律咨询等帮助外,可以了解有关案件情况及涉嫌的罪名,并向司法机关提出意见;可以代理申诉、控告;可以代为申请变更强制措施;在案件移送审查起诉后可以核实有关证据。这些规定有力地提高了律师会见的实质意义。

三、会见的基本问题

刑事诉讼按照管辖分工和任务内容分为不同的阶段,我国刑事诉讼一般分为立案、侦查、审查起诉、审判和执行等五个阶段。五个阶段中律师的介入不仅在内容和方式上存在明显差异,而且在介入后的辩护行为和辩护职责上也存在较大差异。这些差异决定了律师会见亦因不同阶段而在内容、方式和要求上有所区分。新刑事诉讼法及司法解释等的相关规定,在保障律师会见权等权利方面有了重大突破和改观,为维护犯罪嫌疑人和被告人的合法权益、确保刑事司法的公平正义发挥了很大的积极作用。但是,值得注意的是,实践中的律师会见会因诉讼阶段的不同存在难易的差别,一般来讲律师会见的难度系数随着诉讼阶段的推进呈递减趋势。侦查阶段会见的难度最大,特别是侦查机关提请批准逮捕之前的这个期间。审查起诉阶段相对要减少了许多限制性规定,而在案件进入审判阶段后,律师会见被告人则基本上比较顺利。

（一）侦查阶段的会见

根据《刑事诉讼法》[①]第三十九条、《公安机关办理刑事案件程序规定》第四十二条的规定，辩护律师可以同在押的犯罪嫌疑人会见和通信，向犯罪嫌疑人了解案件有关情况；为犯罪嫌疑人提供法律帮助、代理申诉、控告。律师在侦查期间会见，有权向犯罪嫌疑人了解涉嫌的罪名，了解有关案件情况，了解侦查机关对其采取强制措施的情况及期限，了解侦查人员有无刑讯逼供或以威胁、引诱、欺骗的方法违法收集证据的行为。律师通过会见时了解到的情况，可以为犯罪嫌疑人提供法律咨询；有权代理其提出申诉、控告；辩护律师认为不应对其进行刑事追究的，可以代理申诉，请求侦查机关撤销案件；如果发现侦查人员有侵犯公民诉讼权利和人身侮辱的行为，可以代理犯罪嫌疑人提出控告；有权代为申请取保候审；有权代为申请解除或变更强制措施。

上述两个条文可从以下四个方面来理解：一是关于会见许可。首先要区分辩护人的身份特征，既律师身份的辩护人与非律师身份的辩护人。对于非律师身份的辩护人在会见犯罪嫌疑人、被告人时必须经过批准，而辩护律师的会见则无须批准。其次要区分案件性质，对于一般刑事案件，辩护律师持“三证”（即律师执业证书、律师事务所证明和委托书或者法律援助公函）即可要求在看守所会见犯罪嫌疑人，无须经过侦查机关的批准。对于危害国家安全犯罪、恐怖活动犯罪案件，律师会见犯罪嫌疑人时必须经过侦查机关批准。二是关于会见的内容。在侦查阶段辩护律师可以向侦查机关及犯罪嫌疑人了解案件有关情况，有权向侦查机关提出意见，从而维护犯罪嫌疑人的合法权益。在侦查阶段，律师还可以就其了解的案件情况与侦查机关沟通，从而帮助侦查机关明确侦查方向，准确惩罚犯罪。注意会见的内容限于“了解”、提供“帮助”和提出“意见”，如：有权向犯罪嫌疑人了解涉嫌的罪名；了解有关案件情况；了解侦查机关对其采取强制措施的情况及期限；了解侦查人员有无刑讯逼供或以威胁、引诱、欺骗的方式向其收集证据等违法行为；根据会见时了解的情况，有权为犯罪嫌疑人提供法律咨询（如涉嫌罪名的实体问题、犯罪嫌疑人在侦查过程中的权利义务问题等）；有权代理其提出申诉、控告；如果受托律师认为不应对其进行刑事追究，可以代理申诉，请求侦查机关撤销案件；如果发现侦查人员有侵犯公民诉讼权利和人身侮辱的行为，可以代理犯罪嫌疑人提出控告；有权代为申请取保候审；有权代为申请解除或变更强制措施。而不能进行实质性的活动，如核实证据、调查证据。三是关于会见的保障。看守所负有及时安排律师会见犯罪嫌疑人的义务，并且立法对上述时限予以明确规定，看守所安排律师会见犯罪嫌疑人的时间大为缩短（至迟不得超过四十八小时）。四是关于会见

---

① 本书中未明确标注年份的《刑事诉讼法》，均为2018年第三次修正版《刑事诉讼法》，下同。

的方式。律师会见犯罪嫌疑人的方式上具有秘密性,不再需要侦查人员陪同,不被监听,这样有利于律师和犯罪嫌疑人之间充分交流,相互信任,从而更好地维护犯罪嫌疑人的合法权益。但是,对于非律师辩护法律并不享有该项权利,所以在实践中司法机关在非律师辩护人会见时,派员在场并不违法。

另外,还需注意两种情况下的会见,即:会见未被羁押的犯罪嫌疑人和被监视居住的犯罪嫌疑人。对于未被羁押的犯罪嫌疑人,受聘受托律师无须经侦查机关批准有权直接会见犯罪嫌疑人。对于会见被监视居住的犯罪嫌疑人的程序适用《刑事诉讼法》第三十九条第一款、第三款和第四款的规定。

(二)审查起诉阶段的会见

审查起诉阶段的会见与侦查阶段的会见有两大不同之处:一是在会见形式上再无任何阻碍。审查起诉阶段辩护律师会见在押犯罪嫌疑人,无论是否涉及危害国家安全、恐怖活动等犯罪,都无须经过人民检察院的批准或安排。同时,会见时人民检察院不得派员到场。二是会见在实质内容上也实现了全面性。在此阶段,律师会见犯罪嫌疑人时,有权询问案件事实,听取犯罪嫌疑人的陈述和辩解;有权核对有关证明犯罪嫌疑人有罪、无罪、罪轻、罪重的材料,询问犯罪嫌疑人有无新的人证、物证及证据线索;有权向犯罪嫌疑人了解案件情况,如羁押期限、有无受到刑讯逼供、有无随案被扣押、冻结的财产等。辩护律师根据会见了解的内容,有权向人民检察院提出证明犯罪嫌疑人无罪、罪轻或者减轻、免除其刑事责任的辩护意见。对于不应追究刑事责任的,建议人民检察院作出不起诉决定,若随案有扣押、冻结财产的,在作出不起诉决定后,有权要求人民检察院予以解除。若羁押期超过法定期限的,有权要求解除或变更强制措施,若办案人员有刑讯逼供等违法行为的,有权代为控告。

(三)审判阶段的会见

审判阶段辩护律师会见被告人不受任何限制,无须由人民法院开具证明,人民法院和看守所也不应派员在场。律师会见被告人有权询问被告人是否同意做他的辩护人,进一步确定委托关系;有权听取被告人的自行辩护意见,并将律师辩护意见告知被告人;有权询问被告人有无证明自己无罪、罪轻、或者减轻、免除其刑事责任的证据及证据线索;有权告知其审判程序、享有的权利,等等。律师根据了解的情况,可以依法进行调查,收集相关证据,参与刑事审判,依法为被告人进行辩护,从而维护被告人的合法权益。

四、实践中存在的问题

《刑事诉讼法》修改后,对会见的相关问题基本上有了法律上的明确规定,但律师会见权依然无法完全实现,与会见有关的问题,如会见的安全保障、会见的人员数量和身份的要求问题、会见时辅助人员的参与问题等,都会影响会见的实效性的实现。

实践中,辩护律师会见权实现的完整性还有待提高,尤其是在职务犯罪中,办案单位往往以“涉案金额巨大”为由,长期不安排律师会见。又比如律师并无保障自身会见权的途径;律师、看守所在会见时各自应当承担的职责不够明确等。律师会见监督配套制度缺失,律师、侦查部门和看守所三者之间的工作衔接不到位。辩护律师会见制度的有效实施,还需律师与侦查部门、看守所有机配合,相互监督制约。但是从目前顶层设计看,相关监督配套机制几乎是空白,最终导致三者之间的工作衔接存在诸多问题。具体表现为律师启动会见权所需要的初始知情权缺失。尽管修改后的《刑事诉讼法》规定辩护律师在侦查阶段接受当事人委托后可凭“三证”会见犯罪嫌疑人,但是律师不知道案件究竟是一般案件还是特别重大案件,只得预先向侦查部门了解确定后才能行使会见权,这实质上使自行会见权受到一定限制。

能否带实习律师进入会见场所也需要进一步明确。《刑事诉讼法》和《律师法》都未对实习律师介入刑事诉讼作出规定,而实践中实习律师帮助执业律师处理一些非诉讼事务已经非常普遍,如协助其他执业律师处理文书、递交材料、进行阅卷、开庭等活动。就目前来看,一般认为实习律师不得独自承办律师业务,在刑事诉讼中,实习律师不能单独前往看守所会见犯罪嫌疑人、被告人,必须以陪同身份与执业律师前往。

对于需要聘请翻译人员的刑事案件(包括犯罪嫌疑人或被告人系聋哑人的案件),翻译人员须经办案机关批准,才能随同律师前往看守所进行会见。一般情况下,律师应提供翻译人员的身份信息、资格证书以及其单位开具的工作证明,载明案由以及会见的时间地点等信息,交办案机关确认批准。一般情况下,一次会见须交一次材料进行一次审批,但不同看守所有不同的规定,刑事律师在办理案件时应对此予以关注。

实践中,律师在进行会见时,除实习人员、翻译人员以及侦查阶段三类犯罪的办案人员外,其他人员不能随同律师进行会见。对于被采取刑事拘留或逮捕强制措施的犯罪嫌疑人或被告人,其家属只能在开庭的时候见上他们一面,家属的探访亦只能在案件判决生效后进行。故律师在进行会见活动时,禁止携带家属或其他无关的人员。

第二节　会见手续的办理

2012 年颁布实施的《刑事诉讼法》取消了一般案件辩护律师会见犯罪嫌疑人、被告人的批准程序。2018 年《刑事诉讼法》第三十九条第二款规定:“辩护律师持律师执业证书、律师事务所证明和委托书或者法律援助公函要求会见在押的犯罪嫌疑人、被告人的，看守所应当及时安排会见，至迟不得超过四十八小时。”据此规定，辩护律师会见在押的犯罪嫌疑人、被告人只需持有“三证”，即：律师执业证书、律师事务所的证明、委托书或者是法律援助公函。实践中，不同地方的看守所在会见程序、手续要求方面的确有所不同，因此导致不少律师会见有“撞板”的情况，但律师被拒绝安排会见更多是因为他们的确存在相关手续不符合刑事诉讼法等法律法规的规定。

而刑事诉讼法所规定的律师会见手续与司法机关要求律师会见时提交的材料直接相关，根据法律法规的规定要求，在刑事诉讼的不同阶段，会见时提交给相应司法机关的材料是有所差异的。侦查阶段律师会见在押犯罪嫌疑人时，需要向两个部门提交相关材料，即：侦查机关的预审部门和看守所。向预审（律师接待室）提交的材料有：授权委托书（刑事诉讼格式文书十九）或者法律援助公函；律师执业证；律师会见在押犯罪嫌疑人、被告人专用介绍信（刑事诉讼格式文书八）；涉及国家秘密的案件，填写《会见涉密案件在押犯罪嫌疑人申请表》。向看守所提交的材料有：授权委托书（刑事诉讼格式文书十九）或者法律援助公函；律师执业证；律师会见在押犯罪嫌疑人、被告人专用介绍信（刑事诉讼格式文书八）；办案机关出具的《安排律师会见非涉密案件在押犯罪嫌疑人通知书》（实践中，对非涉密案件一般不再出具该通知书）或《准予会见涉密案件在押犯罪嫌疑人决定书》。审查起诉阶段律师会见在押犯罪嫌疑人时，也需要向两个部提交相关材料，即：检察院和看守所。向检察机关提交的材料有：委托书（刑事诉讼格式文书五）或者法律援助公函；律师执业证；律师事务所出具的《律师事务所函》（刑事诉讼格式文书二）。向看守所提交的材料有：委托书（刑事诉讼格式文书五）或者法律援助公函；律师执业证；律师会见在押犯罪嫌疑人、被告人专用介绍信（刑事诉讼格式文书八）；起诉意见书复印件（在有些地方并不要求提供）。审判阶段律师会见在押被告人时，应向法院和看守所提交相关材料，其中，应向法院提交：委托书或者法律援助公函；律师执业证；律师事务所出具的《律师事务所函》（刑事诉讼格式文书二）。应向看守所提交：委托书（刑事诉讼格式文书五）或者法律援助公函；律师执业证；律师会见在押犯罪嫌疑人、被告人专用介绍信（刑事诉讼格式文书八）；起诉书副本或法院的裁判文书。

根据《刑事诉讼法》第三十九条第二款的规定，以及上述相关法律法规的要求来看，辩护律师在会见犯罪嫌疑人前应注意办理三种手续。其中，律师执业证书自不必多言，它是律师正式执业的基本条件，其获得多与司法行政行为有关。委托书是辩护律师与犯罪嫌疑人、被告人之间的委托关系存在的证明，它在自愿的基础上，由律师与犯罪嫌疑人、被告人或者是其法定代理人、近亲属协商签订。律师事务所证明是由辩护律师所在的律师事务所开具的，用以证明律师与犯罪嫌疑人、被告人之间存在委托关系及律师的执业身份的文件。法律援助公函是由法律援助机构开具的,用以指派援助律师及证明律师介入刑事诉讼的身份文件。

一、签订委托书、建立委托关系

委托书是指犯罪嫌疑人、被告人或其监护人、近亲属同意并委托律师提供辩护帮助的证明文书。我国《刑事诉讼法》第三十三条中规定,犯罪嫌疑人、被告人除自己行使辩护权外,还可以委托一至二人作为辩护人。辩护制度是现代刑事诉讼的重要制度之一,犯罪嫌疑人、被告人委托辩护人帮助行使辩护权是有效辩护的重要保障。犯罪嫌疑人、被告人的委托是执业律师介入刑事诉讼的两种途径之一,目前,我国法律只规定了两种律师介入刑事诉讼的途径,即:法律援助机构的指派和犯罪嫌疑人、被告人的委托。

(一)委托时间

关于犯罪嫌疑人、被告人委托辩护人的时间,我国《刑事诉讼法》第三十四条明确规定:犯罪嫌疑人、被告人自被侦查机关第一次讯问或者采取强制措施之日起,有权委托辩护人。被告人有权随时委托辩护人。本条将公诉案件犯罪嫌疑人、被告人委托辩护人的时间提前到侦查阶段,即自犯罪嫌疑人被侦查机关第一次讯问或者采取强制措施之日起,也就明确了侦查阶段律师的辩护人地位,有利于犯罪嫌疑人辩护权的行使。同时,为保证犯罪嫌疑人、被告人能够获得辩护帮助,该条第二款进一步明确了司法机关的告知义务,即,侦查机关在第一次讯问犯罪嫌疑人或者对犯罪嫌疑人采取强制措施的时候、人民检察院自收到移送审查起诉的案件材料之日起三日内、人民法院自受理案件之日起三日内,应当告知犯罪嫌疑人、被告人有权委托辩护人。

(二)委托权主体

根据《刑事诉讼法》第三十三条第一款规定,犯罪嫌疑人、被告人有权委托辩护人。但是,考虑到实践中有些犯罪嫌疑人、被告人处在被羁押状态,其委托辩护人的权利无法正常行使,虽然《刑事诉讼法》第三十三条第二款中规定司法机关对在押的犯罪嫌疑人、被告人的委托请求有转达的义务,但是,法律没有明确应将请求转达给谁,也没有明确如果司法机关不及时转达会有什么的制裁措施,也就是说此种情况下,犯罪嫌疑人、被告人对司法机关的故意不转达行为缺乏有效救济手段,无救济则无权利。也正是基于此种考虑,第三十三条第三款直接规定:犯罪嫌疑人、被告人在押的,也可以由其监护人、近亲属代为委托辩护人。注意,这里只是代为委托,能否最终建立委托关系,还得经在押的犯罪嫌疑人、被告人的同意确认。另外,对于那些无行为能力或者限制行为能力的犯罪嫌疑人、被告人的委托辩护人的权利,只能由其法定代理人行使,此时,其法定代理人无须经犯罪嫌疑人、被告人的同意即可与律师签订委托协议。

（三）委托书的签订

刑事诉讼实务中常见的委托书有《刑事辩护委托书》《刑事授权委托书》等。依据法律规定，一般情况下律师会见在押的犯罪嫌疑人、被告人，只需持“三证”即可进入看守所进行会见，但在实践中，“三证”中的委托书往往不是一份单一的文件。如上所述委托书经常是由在押的犯罪嫌疑人、被告人的近亲属代为签订的，这就要求需要证明“近亲属”关系的存在，此时则须在委托书后附上近亲属与犯罪嫌疑人、被告人的关系证明副本，如结婚证、户口本等。同时，为证明该委托书系近亲属本人签署的，还须提供委托人身份证明。所以在没有犯罪嫌疑人、被告人本人委托的情况下，委托书应附上委托人与在押人员的关系证明以及委托人本人身份证明，通过关系证明材料证明委托人有为在押人员委托辩护律师的权利，而委托人本人身份证明则用于证明该委托系其本人行为。

刑事辩护律师应有较高的证据意识，对上述材料要有充分的认识和准备。刑事司法实务中，司法机关对委托书可能还会有一些特殊的规定：如辩护律师第一次会见在押的犯罪嫌疑人、被告人时，可以持由近亲属签订的委托书，而在此之后，一些看守所就会要求提供由犯罪嫌疑人、被告人自己签订的委托书，以此证明其同意聘请律师，否则不予安排会见。为避免第二次及以后会见被拒绝，辩护律师最好在第一次会见到犯罪嫌疑人、被告人时，询问其对委托的意见，并要求其在委托书上亲自签订或者捺手印，以此正式与之建立委托关系。

建立委托关系的确定必须以书面形式表现出来，关于委托关系的书面表现形式，在司法部《关于下发〈律师刑事诉讼格式文书〉标准样式的通知》（司法通〔2001〕051 号）文件中，统一规范了四种格式文书。

刑事诉讼格式文书四：

为犯罪嫌疑人提供帮助的委托协议

编号：（由律师事务所统一印编）

委托人（犯罪嫌疑人本人或者其近亲属）经与＿＿＿＿＿＿律师事务所协商，达成如下协议：

一、＿＿＿＿＿＿律师事务所指派＿＿＿＿＿＿律师为犯罪嫌疑人＿＿＿＿＿＿提供法律帮助。

二、委托律师权限：（具体列明律师可以从事的事务）

三、根据《律师业务收费办法》的规定，委托人向＿＿＿＿＿＿律师事务所缴纳委托费＿＿＿＿＿＿元。

四、本委托协议有效期自双方签订之日起至本案侦查终结止。

五、本委托协议如需变更，另行协商。

委托方（签字）：

受托方：

（律师事务所章）

年 月 日

注：本委托协议一式二份，由委托人、律师事务所各持一份。

该格式文书适用于在侦查阶段犯罪嫌疑人聘请律师为其提供法律帮助。因为1997年的《刑事诉讼法》规定，在侦查阶段犯罪嫌疑人可以聘请律师，但此时的律师不具有辩护人的身份，所以只能从事为犯罪嫌疑人提供法律咨询、帮助的工作，于是，也就有了此格式文书。2012年的《刑事诉讼法》明确了侦查阶段律师的辩护人身份，不再仅仅是提供法律咨询或帮助，在侦查阶段还可以正式签订委托辩护协议。因此，从节约犯罪嫌疑人的诉讼成本上看，没必要另行签订此种帮助性质的委托协议。实践中，可能会出现“提供法律帮助”与“辩护”的分离，也就是说，犯罪嫌疑人可能在侦查阶段会委托律师为其提供一些帮助或咨询，之后不一定接着委托该律师作为其辩护人，所以此种格式文书还会适用。

刑事诉讼格式文书五

委 托 书

编号：（由律师事务所统一印编）

委托人（犯罪嫌疑人本人或者其近亲属）根据法律的规定，特聘请__________律师事务所律师__________为__________案件__________的辩护人。本委托书有效期自即日起至__________日止。

委托人：

年 月 日

注：本委托书一式三份，由委托人、律师事务所各持一份，交人民检察院或人民法院一份。

刑事诉讼格式文书五的委托书是由委托单方签字确认的，用以证明委托书所记载的律师与之存在委托关系。根据2012年《刑事诉讼法》第三十三条第四款规定要求，辩护律师在接受委托后，应及时告知司法机关，此处的告知就是向司法机关递交委托人签名的委托书。实践中，一案件的犯罪嫌疑人、被告人可能会委托一名律师作为辩护人进行完所有的诉讼阶段，而不同诉讼阶段相对应的是不同的司法机关，所以委托书需要分阶段签订，每一阶段都需要三份。

刑事诉讼格式文书七

委托协议

编号:(由律师事务所统一印编)

委托人(犯罪嫌疑人本人或者其近亲属)经与__________律师事务所协商,达成以下协议:

一、__________律师事务所指派__________律师担任__________案件的被告人(犯罪嫌疑人)__________的辩护人。

二、根据《律师业务收费办法》的规定,委托人__________向律师事务所缴纳委托费用__________元。

三、本委托协议有效期自双方签订之日起至__________止。

四、本委托协议如需变更,另行协商。

委托人(签字):

受托方:

(律师事务所章)

年 月 日

注:本协议书一式二份,由委托人、律师事务所各持一份。

刑事诉讼格式文书七的委托协议是由犯罪嫌疑人、被告人与律师事务所签订,其内容除涉及指派律师外,还涉及委托费用等问题。它是用以约束委托人与律师事务所的委托权利与义务,不具有对外的法律效力。它与格式文书五相配套,格式文书五是向司法机关证明委托辩护关系的文书。

刑事诉讼格式文书十九

授权委托书

编号:(由律师事务所统一印编)

委托人(犯罪嫌疑人本人或者其近亲属)根据《刑事诉讼法》第九十六条(2018《刑事诉讼法》第三十四条)的规定,特聘请__________律师事务所律师,为涉嫌__________案件的犯罪嫌疑人__________的律师。

本委托书有效期自即日起至本案侦查终结止。

委托人(签名):

年 月 日

注:本委托书一式三份,由委托人、律师事务所各持一份,交侦查机关一份。

刑事诉讼格式文书十九的授权委托书是专门为犯罪嫌疑人在侦查阶段委托律

师而设计的文书，它与格式文书四是配套的，格式文书四面向的是律师事务所，在与律师事务所签订了格式文书四后，委托人需要签订格式文书十九用以向司法机关（侦查机关）证明其与律师之间的委托关系，辩护律师用此委托书向司法机关证明其介入刑事诉讼的身份及职权范围。

二、填写格式会见文书

签订委托书、建立委托关系，受委托律师即具有了会见的资格。完成会见活动还须进一步办理会见时所需持有的相关证明或公函，包括由受委托律师所在律师事务所或法律援助机构开具的具有证明委托关系存在的函，以及由受委托律师所在律师事务或法律援助机构所开具的会见犯罪嫌疑人、被告人专用的介绍信或会见函。实务中，律师事务所的证明文书的版本主要有《律师会见在押犯罪嫌疑人、被告人专用介绍信》（下称《介绍信》）、《律师会见在押犯罪嫌疑人、被告人的函》（下称《函》）以及《律师会见在押犯罪嫌疑人、被告人证明》（下称《证明》），部分律师认为上述三份函件其所表达的意思以及所起的作用均一致，故在实际使用中亦不做区分。然而，司法部《关于下发〈律师刑事诉讼格式文书〉标准样式的通知》（司法通〔2001〕051号）中统一规定了19种律师办理刑事案件时的常用文书，其中《介绍信》以及《函》涉及以下几种。

刑事诉讼格式文书一

律师事务所函

〔　〕第　号（由律师事务所统一印编）

（所要提交的侦查机关）：

本所接受__________的委托，指派__________律师，担任__________________案件犯罪嫌疑人__________的律师。

特此函告

（律师事务所章）

年　月　日

附：授权委托书一份。

刑事诉讼格式文书二

律师事务所函

〔　〕第　号（由律师事务所统一印编）

（所要提交的机关）：

本所接受__________的委托，指派__________律师担任你院办理的____

________案件被告人(犯罪嫌疑人)____________的辩护人。

特此函告

（律师事务所章）
年　月　日

附:授权委托书一份。

格式文书一、二的区别在于:格式文书一是向公安机关提交的,格式文书二则是向检察院或人民法院提交的。此两种文书与先前签订的授权委托书共同向司法机关证明律师的辩护人身份,身份证明是前置性的手续,正式会见时所要提交的是下列两种文书之一:

会见犯罪嫌疑人、被告人时向看守所、羁押场所提交的是刑事诉讼格式文书八。

刑事诉讼格式文书八

律师会见在押犯罪嫌疑人、被告人专用介绍信

〔　〕第　号(由律师事务所统一印编)

(看守所):

根据《中华人民共和国刑事诉讼法》第三十九条,第四十三条、第一百八十七条以及《中华人民共和国律师法》第三十条的规定,现指派我所____________律师前往你处会见____________案的在押犯罪嫌疑人(被告人)____________请予安排。

特此函告

（律师事务所章）
年　月　日

侦查阶段会见犯罪嫌疑人前向侦查机关提交的是格式文书九。

刑事诉讼格式文书九

律师会见在押犯罪嫌疑人的函

〔　〕第　号(由律师事务所统一印编)

(侦查机关):

根据《中华人民共和国刑事诉讼法》第三十九条以及《中华人民共和国律师法》第三十条的规定,我所____________律师拟前往____________会见____________案的在押犯罪嫌疑人____________。

时间：______年______月______日______时，请予安排。

特此函告

（律师事务所章）
年 月 日

如果是涉及国家秘密的案件，会见在押的犯罪嫌疑人先应侦查机关提出会见申请，向侦查机关提交格式文书十二。

刑事诉讼格式文书十二

会见在押犯罪嫌疑人申请书（涉及国家秘密案件用）

〔 〕第 号（由律师事务所统一印编）

申请人：______律师事务所______律师

通信地址或联系方法：

申请事项：会见在押犯罪嫌疑人

申请理由：犯罪嫌疑人________因涉嫌________一案被拘留（逮捕）。我接受犯罪嫌疑人或其家属________的聘请，拟会见在押犯罪嫌疑人。鉴于该案涉及国家秘密，根据《中华人民共和国刑事诉讼法》第三十九条规定，提出申请，请予批准。

此致

申请人：
（律师事务所章）
年 月 日

尽管在上述格式文书中均有“会见”这一关键词，但在具体格式文书的最后注解中，已标明了文书的具体用途：《介绍信》用于“会见犯罪嫌疑人、被告人时向看守所、羁押场所提交”；《函》则是用于“侦查阶段会见犯罪嫌疑人前向侦查机关提交”。可见，《介绍信》便是《刑事诉讼法》第三十九条中所列明的“律师事务所证明”，与《函》的用途有根本区别，至于《证明》可用于会见，更无法律依据。实践中，看守所电脑中均备存了司法部颁发的文件，只要一比照，发现不同后即可据此拒绝安排会见。

具体会见时，还需要向羁押场所提供律师本人的身份证明，即“中华人民共和国居民身份证”。实践中，在会见时律师被要求提供身份证原件，供查验或换取所区出入证明，如果不能提供身份证，羁押场所会不予安排会见。看守所所区实际为公安与武警共同管理的地方，日常出入人员较多，故需要通过身份证对比律师证、工作证以验明身份或者将律师证押在值班室以换取通行电子卡，也是可以理解的行为。况且，此时身份证仅作为出入所区的证明，并非会见需提供的材料，也就是说身份证虽不是《刑事诉讼法》所规定的会见“三证”之一，但是，会见时亦是不可或缺的，律师亦不必以诉讼法关于“三证”即可会见的规定与工作人员进行争执。

三、会见流程

会见流程如下图所示：

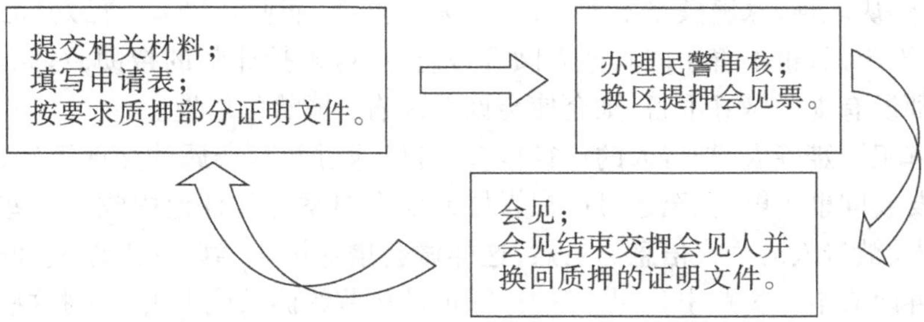

实践中，上图所示流程中每一步都由不同的窗口办理。

第三节　会见技巧

律师在接受犯罪嫌疑人、被告人及其近亲属的委托后，依据《刑事诉讼法》的规定，有权同在押的犯罪嫌疑人、被告人进行会见。会见犯罪嫌疑人、被告人，是律师刑事辩护业务的基本工作，甚至是侦查阶段、审查起诉阶段律师的主要工作。如何发挥会见的作用，不仅与法律法规的规定有关，更与会见的技巧有关。律师会见不单单是让委托人看律师工作的公式化的客套，成功的会见会对律师澄清案件疑点，发现新的辩护要点大有裨益。实践中，有的律师会见时会出现这样那样的问题，有的律师会见直接变成了流于形式的履行公事。律师会见应当注意哪些问题？律师会见有哪些禁忌？这是法律法规所不能规范，需要辩护律师具备一定的实际操作能力。

一、会见前的准备

接受委托以后，不去会见犯罪嫌疑人、被告人，不仅委托人不答应，而且有悖职业道德。但是，实践中有些律师却是为了会见而会见，有些即便是会见了，但因没有目的，没有中心，会见的实际效果差，这些都是典型的没有做好会见前的准备工作。实际上,会见前有很多准备工作需要认真对待。

(一)了解犯罪嫌疑人、被告人

犯罪嫌疑人、被告人的违法犯罪多与其个人性格、成长经历、家庭及社会关系、职业环境等有关,了解这些方面的情况,既可以对全面把握犯罪事实有帮助,也可以提示辩护律师在会见时与犯罪嫌疑人、被告人交谈方式的选择,以及发问的范围和方向。掌握了这些情况,会见交谈时就可以接近自己与犯罪嫌疑人、被告人的情感,在交谈过程中,能自然地表现出对犯罪嫌疑人、被告人的同情和理解,这样一来就可以打开其心结,让其能畅所欲言。实践中,有些犯罪嫌疑人、被告人性格内向,成长经历坎坷,家庭关系不和谐,社会关系复杂,职业环境差,导致其心理畸形发展,既不愿意,也不善于向其他人倾诉,甚至抵触辩护律师的帮助,对此,如果会见时律师没有提前做好准备,则会使会见交谈陷于尴尬的境地。

了解犯罪嫌疑人、被告人的途径很多,可以通过与其亲属的交谈了解,也可以向其朋友或同事了解,甚至还可以在媒体或他人对案件的评论中收集一些有关犯罪嫌疑人、被告人的个人信息。当然,这样做会增加辩护律师的工作量,增加辩护律师的诉讼成本。实践中,一些辩护律师正是从节约诉讼成本出发,对这些案外的信息和材料不去收集,结果不仅不能实施有效地辩护,降低办案质量,而且,还会影响整个社会对律师职业的态度。于此,作为一名称职、敬业的律师,不可忽视会见前对犯罪嫌疑人、被告人的调查与研究。

(二)了解案情

在接受委托或指派后,辩护律师就可以实质性介入案件之中。为做好辩护,律师必须全面地了解案情,向侦查机关询问或阅卷是了解案情的第一步。为保障辩护律师的案件知悉权,《刑事诉讼法》明确了辩护律师的阅卷权,《刑事诉讼法》第三十八条规定,辩护律师在侦查阶段可以向侦查机关了解犯罪嫌疑人涉嫌的罪名和案件有关情况;第四十条规定,辩护律师自人民检察院对案件审查起诉之日起,可以查阅、摘抄、复制本案的案卷材料。据此,辩护律师在侦查阶段虽然没有阅卷权,但可以通过向侦查机关询问以了解案件情况;在审查起诉和审判阶段,享有完整的阅卷权。经过询问或阅卷,辩护律师对案件可以形成一个初步的认知,只要仔细分析研究,完全可以发现案件的疑点难点,完全可以列出详尽的发问提纲,完全可以避免无用的流于外表的会见徒劳。

除向办案机关了解案件情况外,还可以通过犯罪嫌疑人、被告人的近亲属了解案件情况。犯罪嫌疑人、被告人的近亲属或多或少的知道一些案件事实,即便是不知道案件事实,他们至少会掌握一些犯罪嫌疑人、被告人的个人情况,这对于弄清犯罪嫌疑人、被告人的犯罪行为发生的客观情势很有帮助。因此,在会见犯罪嫌疑人、被告人之前,最好先见其近亲属,从侧面了解一些案件事实。

(三)列出会见提纲

会见前拟定会见提纲，按照会见提纲开展工作，能增强会见的针对性。一般而言，会见提纲主要包括以下内容：向犯罪嫌疑人、被告人说明律师的职责，征求犯罪嫌疑人、被告人委托辩护的意见，告知犯罪嫌疑人或被告人享有的诉讼权利；征询犯罪嫌疑人、被告人对起诉书的意见，重点是对起诉书指控的犯罪事实的意见，以及对起诉书列举的证据和适用法律方面的意见；向犯罪嫌疑人、被告人核对阅卷中发现的矛盾和疑点；询问犯罪嫌疑人、被告人有无新证据、新线索；询问犯罪嫌疑人、被告人有无投案自首、坦白交代等情节；核实犯罪嫌疑人、被告人的身份和年龄，以及犯罪时间和被拘留、逮捕的时间，查清犯罪嫌疑人、被告人犯罪时是否已经成年，侦查、起诉是否超过法定期限，以及有无剥夺诉讼权利的情况：如果犯罪嫌疑人、被告人推翻原供，还应对其原因作出分析和核实，并对犯罪嫌疑人或被告进行正确地引导，等等。实践中，虽然法律没有对会见的时间进行限制，但是，不能因此而拖延过长，从提高办案效率的角度出发，会见在押的犯罪嫌疑人、被告人时，尽量在会见前将提纲的部分内容直接体现在笔录中，节省会见时笔录记录的时间，留出更多的时间记录犯罪嫌疑人、被告人的陈述。

现给出两种提纲格式以供参考：

格式一：×××涉嫌××案侦查阶段会见提纲

一、自我介绍，告知工作范围

二、征询×××对所聘请律师的意见。如表示同意应让其在聘请律师的《授权委托书》上签字确认。

三、向×××了解有关案件的情况，包括以下内容（内容一或内容二）：

内容一：

1. 因涉嫌什么罪被关押？何时被拘留？何时被批准逮捕？
2. 何时收到起诉书、传票等？
3. 对起诉书所记载的内容有何异议？
4. 被侦查机关审讯了几次？时间？
5. 有无被刑讯逼供？是否需要投诉、控告等？
6. 请陈述犯罪经过。
7. 问细节。
8. 问家庭情况。

内容二：

1. 是否参与以及怎样参与所涉嫌的案件。
2. 如果承认有罪，陈述涉及定罪量刑的主要事实和情节。
3. 如果认为无罪，陈述无罪的辩解。
4. 被采取强制措施的法律手续是否完备，程序是否合法。

5. 被采取强制措施后其人身权利是否受到侵犯,人格是否受到侮辱等。

四、将会见记录交×××阅读或者向其宣读。确认无误后让其在笔录上签名。

1. 告知其可以通书信,写悔过书等。

2. 转达家人的问候及其他。

3. 有何事情需要我转达你家人的?

4. 其他提问。

5. 结束。(核实记录与我陈述一致,情况属实)

格式二:刑事案件会见笔录提纲

1. 询问犯罪嫌疑人、被告人的基本情况。

2. 自我介绍。问是否同意接受委托?(如果同意,则在委托书上签名)

3. 告知相关权利、义务,提醒犯罪嫌疑人、被告人要如实回答以便更好地为其辩护。

4. 因涉嫌什么罪被关押?何时被拘留?何时被批准逮捕?

5. 何时收到起诉书、传票等?

6. 对起诉书所记载的内容有何异议?

7. 被侦查机关审询了几次?时间?

8. 有无被刑讯逼供?是否需要投诉、控告等?

9. 让犯罪嫌疑人、被告人陈述犯罪经过。

10. 询问犯罪动机、犯罪时的主观状态、犯罪过程中的细节问题等。

11. 告知其可以通书信,写悔过书等。

12. 其他提问。

13. 转达家人的问候及其他。

14. 询问是否有转达家人的事项。

15. 确认笔录并签字或捺手印。

(四)确定会见随同人员

根据《刑事诉讼法》的规定,犯罪嫌疑人、被告人可以委托一至二名辩护人。实践中,虽然犯罪嫌疑人、被告人可能只委托一名辩护律师,但律师合作办案普遍存在。从办案需要来看,辩护律师最好联合其他律师或者实习律师一起办案,特别是会见在押的犯罪嫌疑人、被告人,因会见时间、场所的特定性,以及安全问题,带上辅助人员,能有效地避免会见事项的遗漏。《刑事诉讼法》及《律师法》对律师会见时的人数并没有作出强制规定,有的律师出于不想麻烦其他律师,或者为节约费用的考虑,可能出现一个律师会见的情形。不过,有些看守所出于安全的考虑,会要求律师会见必须二人,绝大部分看守所在会见人数上也没有禁止性要求。基于此,建议律师会见一定二人以上。二人以上会见,既可以防止犯罪嫌疑人、被告人借机外逃,又可以使律师不发生意外伤害,还可以在犯罪嫌疑人、被告人翻供时有个证人。实践中，犯罪嫌疑人、被告人趁律师会见之机突然外逃的案件时有发生，一旦犯罪嫌疑人、被告人外逃，律师就会被追究法律责任；还有些犯罪嫌疑人、被告人因精神、情绪或出于其他目的，在会见时会突然攻击会见律师，给律师造成人身伤害；还有些犯罪嫌疑人、被告人为规避法律的制裁，故意将翻供说成是辩护律师的唆使，对于这些问题，一名律师会见是难以应对的。所以，有必要带上一名辅助人员，可以是同业律师，也可以是实习律师。

当然，辩护律师在会见时切忌带上犯罪嫌疑人、被告人的家属，或者是安排与家属同一时间会见。作为家属出于对犯罪嫌疑人、被告人的生活情况、身体情况，以及未来前景的关心，非常希望律师会见时能带上自己以便与犯罪嫌疑人、被告人见上一面。实践中，有些家属虽然被告诫会见时不得在场，但真正到会见时，有的可能是看守所把守不严，有的可能是家属与看守所监管人员串通，一些家属可能尾随会见律师而进。家属一旦进入见到犯罪嫌疑人、被告人后，很有可能出现一些辩护律师无法掌控的事情，这不仅会给会见带来不便，而且会增加辩护律师的风险。为避免不必要的麻烦，辩护律师没有必要告知犯罪嫌疑人、被告人家属准确的会见时间。

二、会见时应注意事项

会见在押的犯罪嫌疑人、被告人与普通的会见不同，其不仅具有很强的针对性，而且还存在一定的风险性。常言道：细节决定成败。会见能否达到目的，将风险控制在最小范围内，这需要会见律师在会见时做好一系列细致性的工作。

（一）风险规避

法律赋予了辩护律师会见权，行使会见权是辩护活动的主要内容之一。为保障辩护律师会见权的实现，新《刑事诉讼法》从多个方面规范了司法机关的行为，如：不得对律师的会见进行监听、及时答复或安排律师的会见请求、保障律师会见的安全等。法律为律师的会见提供了切实的保障，但作为会见律师应当有风险意识，一方面，权利行使不能没有界限，不得滥用权利；另一方面，律师不仅是犯罪嫌疑人、被告人的帮助者，也是犯罪嫌疑人、被告人利用的对象。具体来讲，应做好以下几个方面的防范。

1. 切忌携带与案件无关的物品或文件

律师在会见时，除了会见手续材料及会见必备的工具外，禁止携带其他的物品或文件。实践中，常见一些律师在接受犯罪嫌疑人或被告人近亲属的委托后，会应其近亲属的要求携带一些物品（如衣服、生活用品等）或"家信"转交给犯罪嫌疑人、被告人，其实，这种做法既不合法，也会给会见律师带来危险。尽管有些信件并不涉及案件本身，仅系家属对于在押人员的精神安慰，但考虑到相关法律的规定，律师对于该请求均应拒绝。《刑事诉讼法》虽然没有明确规定禁止会见律师携带这类“家信”，但是，作为会见律师，有时并不能全面了解在押的犯罪嫌疑人或被告人的家庭状况，以及家人涉案的程度，这样的“家信”有时并不能取到对犯罪嫌疑人或被告人的慰藉作用，相反，有时会增加其抵触情绪，而给会见时的交谈带来不必要的麻烦。再者，会见律师有时并不能全面理解“家信”的内容，在一些看似平常的“家信”中，有时会隐藏一些暗示，很有可能演变为串供，这无疑是给会见律师设下了陷阱。

对于物品的携带，如食物、饮料、香烟等，一方面，法律法规及看守所的规定要求不准会见律师擅自转交物品，所携带物品必须经看守所查验；另一方面，携带物品的风险极大。虽然物品经过了看守所的查验，但有些地方的看守所由于条件和技术有限，不能对律师所携带的物品进行全面地检查，一旦出现意外，会见律师的法律责任不会因经过了看守所的查验而减轻。会见律师更不可能对犯罪嫌疑人或被告人的近亲属所交与的物品进行鉴定，有时完全是在不知情的情况下携带了危险物品，但是，不知情并不能免除法律责任。实践中，经常发生因律师会见时携带转交的物品而致犯罪嫌疑人或被告人出现意外的实例。2015 年，广州地区有数起因律师传递进的食物而致犯罪嫌疑人、被告人意外伤残甚至死亡的案件，几位律师因此而受到处罚。

除了与案件本身无关的物品和“家信”外，会见时更不能携带案件的证据材料。看守所的大门就是警戒线，就是红灯，就是雷区。无论何种证据，何种信件，律师均没有权利私自传递。犯罪嫌疑人、被告人的供述与辩解材料、上诉状等，最好通过看守所审查以后传入传出。如果律师私自传递证据材料，那么《刑法》第三百零六条已经张网以待。实践中，有的律师收取高额律师费，为犯罪嫌疑人、被告人铤而走险，不惜以身试法，最后被以辩护人毁灭证据、伪造证据、妨害作证罪追究责任。

2. 严格在授权范围内提供法律服务

律师提供的法律服务来自两个方面的授权，一是法律，二是当事人。法律的授权一般较为固定和显见，当事人的授权则多是概括性的授权。实践中，律师对法律的授权把握较为准确，一般不会违法为犯罪嫌疑人、被告人提供法律服务。而对当事人的授权，一方面因当事人对法律的不了解；另一方面当事人因寻求法律帮助的目的多样而且隐蔽，导致律师在提供法律帮助时往往会留下后遗症。基于此，在实际操作中律师一般不要主动提供法律服务，只在犯罪嫌疑人、被告人提出要求后作出，即使是犯罪嫌疑人、被告人提出了请求，也应注意在提供法律服务时必须征得其同意或者通知其本人

3. 不轻易下结论和做承诺

实践中，犯罪嫌疑人、被告人经常会向辩护律师询问某一问题的结果，他们也

希望从辩护律师的口中得到他们想要的结论，但事实是辩护律师是辩护人而不是裁决者，案件审理过程中变数很多，有些是辩护律师无法左右的。一些辩护律师往往担心犯罪嫌疑人、被告人对自己的信任度降低，而迎合犯罪嫌疑人、被告人的旨趣作出一些让其兴奋的结论甚至承诺，这种做法是非常危险的，一旦结果与先前的结论相反，或承诺无法实现，不仅会招致犯罪嫌疑人、被告人的指控，而且最终会损害辩护律师的社会声誉，甚至有损整个律师界的声誉。因此，在会见交谈时，遇到犯罪嫌疑人、被告人的询问，一定要慎重对待。

首先，在了解的事实不全面的情况下，不要轻易下结论。辩护律师可能会在会见前进行了阅卷、展开了初步调查，但这并不能保证对案件事实的全面掌握，会见时，犯罪嫌疑人、被告人经常会就有关证据的真伪、事实存在与否、案件的结果等询问辩护律师，这时，辩护律师可以所了解到的事实为基础对其进行分析，切忌直接向犯罪嫌疑人、被告人作出结论性的判断。

其次，避免为犯罪嫌疑人、被告人作决定。在会见时，对于案件的发展方向、解决途径与方式、诉讼权利的选择与放弃、证据的提供等问题，辩护律师可以向犯罪嫌疑人、被告人进行利弊分析，可以告知其所有可能的后果，引导犯罪嫌疑人、被告人作出决定。切忌自作主张为犯罪嫌疑人、被告人作决定。

再次，不向犯罪嫌疑人、被告人作任何承诺。犯罪嫌疑人、被告人找律师寻求法律帮助，经常会问辩护律师："能否判我无罪？""能否从轻判罚？""最多能判几年"等问题，针对这些询问，辩护律师如果直接作出否定或不确定的回答，可能会影响到犯罪嫌疑人、被告人对自己的信任；如果承诺能争取到无罪或从轻判决，虽能一时取得犯罪嫌疑人、被告人的信任，但是一旦结果与承诺的内容相反，就无法向犯罪嫌疑人、被告人交代。所以，律师不能对案件结果给当事人以明确的承诺。影响案件结果的因素非常多，当事人是否有虚假陈述，证据是否充分，对方的证据，对方的背景，法官的心证，以及其他一些非法律因素，等等，无一不影响案件的判决结果。律师虽然不能给犯罪嫌疑人、被告人以案件结果的承诺，但律师应该承诺：会以自己的经验与专业技能，尽最大努力去争取有利的诉讼结果。

4. 要为自己留有余地

趋利避害是每一个人的自然属性。会见时，犯罪嫌疑人、被告人一般都会重点陈述对自己有利的事实，对自己不利的事实一般会有所隐瞒，要么直接不陈述，要么简要陈述。对此，辩护律师切忌轻易地依据犯罪嫌疑人、被告人所做的陈述作出判断，应注重证据的完整性，犯罪嫌疑人、被告人的陈述只是证据的一种而不是唯一。现实生活中出现的真实案件与课堂教学案例不同，证据的变化性较大，案件的最终结果随时处于变动之中。辩护律师在与犯罪嫌疑人、被告人会见交谈时，只需对其陈述的案情进行客观的法律分析，将其所陈述事实的可能结果告知犯罪嫌疑人、被告人，不轻易依据他们的陈述作出断言。

（二）会见交谈前的告知

犯罪嫌疑人、被告人不都是懂法之人，更不是律师，不可能对其在诉讼中的权利义务有全面了解，否则也不会聘请律师帮助其进行辩护。随着程序公正观念的增强，法律法规设定了更为详细的诉讼程序规则，司法机关也在不断规范着自己的诉讼行为，这些都会给犯罪嫌疑人、被告人的自行辩护增加难度。作为律师，正是因为精通这些诉讼规则和程序，才被聘请为辩护人的。所以，在会见交谈之前，有必要向犯罪嫌疑人、被告人告知这些其本应该享有的诉讼权利及应当履行的诉讼义务，以及诉讼程序，让犯罪嫌疑人、被告人"心中有数"。如：给犯罪嫌疑人、被告人讲明辩解的性质，增强其自我辩护的信心；告知其享有回避申请权，对一些与其有利害关系的检察官、侦查人员及审判人员，犯罪嫌疑人、被告人可以申请其回避；对一些有疑问的鉴定，告知其有申请重新鉴定的权利；告知犯罪嫌疑人、被告人对于侦查人员的刑讯逼供行为有控告的权利；如果是准备出庭接受审判，则告知被告人开庭的阶段，律师应当告知一般审判的几个阶段，即法庭调查、法庭辩论、最后陈述、评议宣判，以及每一个阶段被告人应注意的问题；告知被告人，公诉人宣读起诉书以后，会征求其对起诉书的看法，会对其进行讯问，在宣读每份证据以后，其有质证的权利；遇到疑难问题，公诉人、其他被告的辩护人询问时，一定不要紧张，一定听清以后再回答，如果没有听清或者没有听明白发问者的意图，一定让其再次陈述其发问内容，以便准备作答，等等。这些告知，不仅会拉近辩护律师与犯罪嫌疑人、被告人的距离，也会减轻犯罪嫌疑人、被告人的诉讼压力，以便让其更为轻松地参与诉讼，更好地维护其权益。

当然，会见时的告知内容不能仅限于诉讼权利，还应向犯罪嫌疑人、被告人讲明其在诉讼过程中应履行的义务，以及为争取有利地位应作出的一些努力。《刑事诉讼法》明确规定，犯罪嫌疑人、被告人应如实回答侦查人员、检察人员及审判人员的提问（或讯问），即如实回答的义务，不能为了逃避处罚而隐瞒案件的真实情况；在符合法定条件的情况下接受逮捕、拘留、监视居住、取保候审、拘传等强制措施，接受侦查人员的讯问、搜查、扣押等侦查行为，就是说如果侦查人员的侦查行为完全符合法律的规定，而且在程序上也无违法之处，那么犯罪嫌疑人应当积极配合并且予以接受；对于侦查人员的讯问笔录经核对并确认没有错误应当签名或盖章；接受检察机关的起诉，依法出庭并接受法庭审判；对于人民法院已经生效的判决、裁定，有义务执行或协助执行，等等。另外，为了给自己创造从轻、减轻甚至免除处罚的机会，告知犯罪嫌疑人、被告人可以自首、立功；可以与被害人进行和解；可以自愿认罪，等等。这些告知，可以让犯罪嫌疑人、被告人对自己的罪与罚有一个清楚的认知，方便其进行权衡。

（三）展开有效的会见交谈

会见交谈是会见的实质阶段，交谈的方式和技巧直接关系会见的效果。如何做好交谈,历来都是执业律师谈论较多的话题,结合实践经验,会见交谈的顺利展开至少可以从以下几个方面努力。

1. 简洁、融洽的开场白

会见交谈的开场白主要是让犯罪嫌疑人、被告人放松或缓和气氛,也是律师执业的基本的礼节和习惯。因羁押环境、对辩护律师的期待,以及急于了结案件,在会见交谈之前,在押的犯罪嫌疑人、被告人通常会产生急躁、烦闷的情绪。这种情绪不利于犯罪嫌疑人、被告人对案件进行回忆陈述,常出现一些犯罪嫌疑人、被告人在交谈时,纠缠于案件的某一方面,而不能对案件进行整体性考虑,在此种情况下,会见律师不可能通过与之交谈获得更多的案件信息。因此,在会见交谈伊始,消解犯罪嫌疑人、被告人的不良情绪,稳定其心态至关重要,这就需要有一个简洁、融洽的开场白。

营造一个简洁、融洽的开场白,会见律师自身的心态是关键。在押犯罪嫌疑人、被告人不同于普通民众,作为律师,首先应明确自己的帮助者的身份,除了不能将自己视为司法人员外,也不能因自己是法律专业技术人员而表现出对犯罪嫌疑人、被告人的不屑情绪,更不能以其他公众对犯罪行为的态度而对待犯罪嫌疑人、被告人。其次,会见律师不能将与犯罪嫌疑人、被告人的会见交谈视为寻找辩护点的金钥匙,要知道,会见只是获取案情的途径之一,不能完全依赖会见,避免会见的急迫心态出现,应以一个平常的心态与犯罪嫌疑人、被告人进行会见交谈。

开场白的方式多种多样,根据犯罪嫌疑人、被告人的具体情况选择一个合适的开场白方式至关重要,一个恰当的开场白会消除犯罪嫌疑人、被告人的疑虑,拉近距离,建立信任,使沟通更有效。实践中,有几种常见的开场白方式可供参考:①寒暄式,俗称“嘘寒问暖”,寒暄的内容十分广泛,如天气、身体、爱好、工作,等等。但是具体内容要针对不同的会见对象而有所选择,选取话题必须自然。比如可从犯罪嫌疑人、被告人的口音推测出籍贯,确定其籍贯后,话题自然就有了,与之聊聊每一个地方的特色,上到天文地理,下到人情风俗。②提问式,以这种方式开场,要避免提出对方可能会回答“不”的问题,而且提的问题尽量避开案件本身。比如可以问一些犯罪嫌疑人、被告人的个人及家庭的基本情况,问一些近期的生活状况,问一些基本的法律常识以及他们对律师职业的了解,等等。③讲故事式,某些时候讲一个有趣的事或者笑话开场(甚至可以讲你来看守所的路上所遇到的有趣的事,如堵车、婚丧之事等),也能收到很好的效果。但这样做时,你一定要明确自己的目的并不只是让犯罪嫌疑人、被告人笑一笑,你所讲的事必须与你会见的目标相关,或者能够直接引导犯罪嫌疑人、被告人去考虑你为他提供的法律服务。④引用介绍人式,假如能找到一个犯罪嫌疑人、被告人比较熟悉、信赖的,对他有较大影响的人(近亲属除外),那么你就可以这么说:“×××,您的同学(朋友)×××跟我谈了你的经历,并希望我能为你提供帮助。”这对建立起犯罪嫌疑人、被告人对辩护律师的信任很有帮助。

2. 学会聆听

从心理学角度看，由于长期被关押在封闭的场所、法律知识的贫乏、对承办案件的司法工作人员的不信任；等等，这几个因素让犯罪嫌疑人、被告人在心理上承受着极大的压力，会出现两个极端：一些犯罪嫌疑人、被告人会产生极大的防备心理，总担心说多了会对自己不利；而另一些则是极度脆弱，对案件处理失去信心，甚至产生消极厌世的情绪。对此，作为辩护律师不仅要善于开导，而且还应具有倾听他们陈述的耐心，即使有时犯罪嫌疑人、被告人所谈的内容与案件并不相干。要做到这一点，就要求律师在会见时要调整自己的神态、语速、语调，调低自己的姿态，避免让犯罪嫌疑人、被告人对律师产生不必要的"敬畏"感觉，以朋友的身份倾听他们的陈述和诉说。

听是辩护律师在会见过程中获取案件信息的最主要方式。如何听？这与一般的会见交谈没有什么两样。

第一，应做到在观察中倾听，也就是常说的用"眼"听，即听的时候要注意观察，对犯罪嫌疑人、被告人的语气、语态、肢体语言及面部表情等进行观察。根据心理学原理，人在说话时常会伴随有一定的表情或肢体动作，这些表情和肢体动作有时能反映出其陈述的动机和目的，甚至能反映其陈述内容的真实性、全面性。作为犯罪嫌疑人、被告人，其特殊的身份地位会让其对外界产生一定程度的戒备(包括辩护律师)，他们会有意隐瞒或夸大某些事实，引导辩护律师向其所希望的辩护路径靠拢，并按其想要的结果进行辩护。如果辩护律师不能觉察出这些，很有可能被犯罪嫌疑人、被告人牵着鼻子走，从而失去辩护人的独立地位。

第二，在听的过程中要思考，即用"脑"听。会见交谈不能仅局限于听取犯罪嫌疑人、被告人的陈述，更重要的是要弄清犯罪嫌疑人、被告人对案件事实及证据的基本认知，避免出现辩护时的"各奔东西"。实践中，经常出现犯罪嫌疑人、被告人承认有罪，而辩护律师却进行无罪辩护，或者相反。这种不一致，主要原因就在于辩护律师没能领会犯罪嫌疑人、被告人的真实意图以及其对案件的基本认知。因此，会见时，最好带上一名辅助人员，以免由于既要听又要记录，而耽搁了思考。

第三，要让犯罪嫌疑人、被告人感觉到你是在认真地聆听他的陈述，增强犯罪嫌疑人、被告人陈述的自觉性与自信心。在出现犯罪嫌疑人、被告人不愿意或陈述不上来时，要鼓励他，甚至可以用提示性的语言帮助其回忆事实经过，还可以根据情况让犯罪嫌疑人、被告人对某些令人迷惑或陈述粗略的部分进行补充。当然，在这个过程中需要注意：尽量不要直接打断犯罪嫌疑人、被告人的陈述，如果确有必要应在其陈述完后再进一步询问；利用多种方式与犯罪嫌疑人、被告人进行交流，甚至可以通过眼神、肢体语言等表现出你对其陈述的认知；对犯罪嫌疑人、被告人的陈述进行提示时，应把握分寸与时机，既不要随意打断其陈述，也不要对其进行诱导。

3. 做好记录

记录(亦称笔录)是刑事会见中必不可少的一项活动,它对正确理解犯罪嫌疑人、被告人的陈述,进一步澄清事实,寻找辩护要点,解答犯罪嫌疑人、被告人的问题,等等,都有很大的作用。此外,在许多情况下,会见时辩护律师对于犯罪嫌疑人、被告人的咨询无法立即作出十分准确、肯定的解答,只能先行记录下来,会见后再进行分析和整理,因此,一份详细和规范的会见记录既是对犯罪嫌疑人、被告人所陈述的事实的固定化,也是方向和要点的重要来源。当然,刑事会见记录与其他的会见记录不同,它需要更完整、更格式化的进行记录。一份完整的、规范的会见记录一般应由三个部分组成:辩护记录首部,居中写明"会见犯罪嫌疑人/被告人笔录",内容包括会见时间、地点、会见人、被会见人、案由、会见阶段和记录人。正文,内容即为律师会见犯罪嫌疑人、被告人时的谈话记录。尾部,被会见人签名、日期。简明格式如下:

会见犯罪嫌疑人/被告人笔录(第×次)

时间:　年　月　日　时　分至　时　分

地点:

会见人(律师):

被会见人:

案由:

记录人:

笔录内容:

年　　月　　日

正文(即笔录内容)是会见笔录的核心,是辩护律师与犯罪嫌疑人、被告人谈话内容的记录。主要包括以下内容:

(1)委托关系的确认。向犯罪嫌疑人、被告人表明身份,出示委托书,告知犯罪嫌疑人、被告人受何人委托为其提供法律帮助;询问其是否同意聘请本律师(如果同意,应在委托书上签名确认)。

(2)告知犯罪嫌疑人、被告人如实陈述对律师辩护的作用。

(3)询问犯罪嫌疑人、被告人的个人情况,如曾用名、出生年月、民族、党派、文化程度、婚姻家庭、有无受过刑事处分、被刑事处分的罪名、期限。

(4)询问犯罪嫌疑人、被告人是否实施过被指控的犯罪,如果实施,则让其陈述实施的详细过程。

(5)询问犯罪嫌疑人、被告人是否承认有罪,如果承认有罪,则让其陈述涉及定罪量刑的主要事实和情节,包括:犯罪的时间、地点、方法、手段、目的、动机、结果等。

(6)询问犯罪嫌疑人、被告人是否存在罪轻或者从轻、减轻、免除刑事责任的情形。如:年龄状况、精神状态、犯罪形态、犯罪后的悔罪表现等。

(7)如果犯罪嫌疑人、被告人自认为无罪,则询问是否存在证明无罪的材料和意见。

(8)询问被采取强制措施的过程及相关手续。包括被采取强制措施的时间、地点、司法机关,同时询问其是否收到相关法律文书等。

(9)询问犯罪嫌疑人、被告人被采取强制措施期间其人身权利、诉讼权利的保障问题。如:是否受到过刑讯逼供;是否有诱供情形;对讯问笔录是否核对、补充;是否看到或收到作为证据使用的鉴定结论;是否申请过重新鉴定但却被驳回或置之不理等。

(10)询问犯罪嫌疑人、被告人其对犯罪事实的陈述是否与其对侦查机关的供述一致。

(11)解答法律咨询,告知相关权利、义务。

(12)有无需要代为申诉、控告的事宜。

(13)其他需要了解的情况,如:身体状况、生活需要等。

(14)让其核对本次会见笔录,确认无误后签署意见并逐页签名确认。

(15)会见时若侦查机关派员在场,应在笔录中注明。

会见笔录示例:

会见笔录

问:你叫×××?

答:是。

问:我是×××律师事务所律师受×××委托(指派),律师事务所指派我为你提供法律帮助。代理申诉、控告、申请取保候审,作为你的辩护人,我们将根据法律和事实,维护你的合法权益。对此,你是否同意?

答:同意。

律师:根据法律规定,你在侦查、审查起诉及法院审理阶段依法享有下述权利并应承担如下义务。

权利:

1. 犯罪嫌疑人自被侦查机关第一次采取强制措施之日起,有权聘请律师为你提供法律帮助。

2. 案件自移送审查起诉之日起,有权委托辩护人。

3. 对于与案件审理有利害关系的人员,有权申请回避。

4. 有权使用本民族语言文字进行诉讼的权利。

5. 被羁押的犯罪嫌疑人及其法定代理人、近亲属和聘请的律师有权申请取保候审。

6. 侦查人员对与本案无关的问题的讯问,有权拒绝回答。

7. 要求解除强制措施的权利犯罪嫌疑人及其法定代理人、近亲属或者犯罪嫌疑人委托的律师对于公、检、法相关采取强制措施超过法定期限的,有权要求解除强制措施。

8. 申请补充鉴定或者重新鉴定的权利对用作证据使用的鉴定结论,犯罪嫌疑人可以申请补充鉴定或重新鉴定。

9. 核对笔录的权利,讯问笔录应当交犯罪嫌疑人核对,笔录记载有遗漏或者出错,犯罪嫌疑人可以提出补充或者纠正。

10. 对侵权行为提出控告的权利对于公、检、法人员侵犯公民诉讼权利和有人身侮辱行为的,有权提出控告。

11. 获得赔偿的权利犯罪嫌疑人的人身权利,财产权利因公、检、法机关及其工作人员违法行使职权受到损害的,有权获得赔偿。

义务:

1. 如实回答的义务犯罪嫌疑人对侦查人员的提问应当如实回答。

2. 在符合法定条件的情况下接受逮捕、拘留、监视居住、取保候审、拘传等强制措施,接受检察人员的讯问,搜查、扣押等侦查行为。

问:以上权利和义务你是否听清楚?

答:

问:你的姓名,出生年月日,籍贯哪里? 现住那里?

答:

问:你是什么时间被刑事拘留或逮捕的?

答:

问:公安机关认为你涉嫌×××犯罪,你认罪吗?

答:

问:你至今一共做过几次笔录? 每次笔录是否均核对无误后签字?

答:

问:你把本案的具体情况如实向我陈述一遍,不得作伪证,否则是要承担法律责任的! 你听清楚了吗?

答:

问:你现在可以开始讲述了!

答:(为保证记录的完整,提示犯罪嫌疑人、被告人不要说得太快,尽量将事实经过回忆完整)

问:你还有什么需要补充的吗? (如:案发时有何物被扣押有无扣押清单,是否有见证人和你本人签名?)

答:

问:侦查机关的讯问人员是否对你采取过暴力或暴力相威胁的行为? 是否有

欺骗、诱惑你供述案情？你身上有没有受伤？

答：

问：你向本律师陈述的情况是否与侦查机关的供述相一致？

答：

问：本律师有没有让你作伪证或改变口供的行为？

答：

问：你现在身体状况如何？是否需要衣物？是否需要寄钱给你？

答：

问：还有什么需要补充的吗？

答：

问：根据最高人民法院、最高人民检察院、司法部关于适用普通程序审理“被告人认罪案件”的若干意见，我们根据你的情况，建议你自愿认罪，不仅可以简化审理程序，同时可以酌情予以从轻处罚，你是否同意？

答：

问：你放心，我们会依法为你辩护，希望你在法庭面前好好认罪，忏悔你的罪行，最后得到法庭的宽大处理。

答：

问：今天的会见到此为止，我把刚才你所陈述的内容给你念一遍，你看看是否有遗漏或出错，如果没错，请你签字确认。

答：好。以上笔录我看过，和我讲的一样。

签名：

年　　月　　日

三、会见后的总结

会见后及时作出总结是会见过程不可或缺的一个环节。通过与犯罪嫌疑人、被告人会见交谈，辩护律师可能会得到一些先前阅卷和调查所没了解到的事实和情节。对会见交谈得来的信息进行整理，并与先前的信息进行对比，找出案件的疑点、难点，这样会更为全面地把握案件情况，为下一步的辩护活动做好准备。

（一）整理犯罪嫌疑人、被告人的陈述

辩护律师在会见时因忙于记录，一般没有时间对会见交谈的内容进行深入的思考，如果想从犯罪嫌疑人、被告人的陈述中找到一些案件的实质性问题，就必须在会见结束后对所记录的犯罪嫌疑人、被告人的陈述进行整理。整理犯罪嫌疑人、被告人的陈述笔录就是对案件事实的再认识，犯罪嫌疑人、被告人是案件最直接的

关系人，他们对案件事实的陈述虽然有时会带有一定的偏向，但是他们毕竟是违法犯罪行为的实施者，他们对事实的描述会更接近真相，从他们自己的陈述中更容易了解到他们违法犯罪的动机、目的及实施过程，以此为基础，辩护律师更容易找到辩护的关键点和方向。

整理会见交谈笔录时，最好是与参与记录的辅助人员一起分析。记录人在记录时，原则上要求犯罪嫌疑人、被告人如何陈述就如何记，但并不总是原原本本地记录犯罪嫌疑人、被告人的陈述，有时会因口语与书面语以及方言的区别，记录人会用通用的语言进行记录，甚至用他们所理解的意义作记录，所以，事后整理笔录时必须让记录人回忆记录内容的本来意义，避免理解的偏差。再者，记录人会因记录陈述内容完整性的需要，在记录时会就一些他不明白的地方要求犯罪嫌疑人、被告人重复或补充陈述，这实质上是与犯罪嫌疑人、被告人交流的一种方式，对于这些内容，记录人更能准确地把握其实际意义。当然，与记录人一起分析整理会见笔录，也能避免辩护律师因单打独斗而偏向性地理解案件事实。

（二）信息比对，找疑难点

每一个案件总有一些疑点、难点，而这些疑难点可能正是辩护的关键点，要找出这些疑难点，就必须对众多信息进行比对。犯罪嫌疑人、被告人的陈述只是获取案件信息的途径之一，而且犯罪嫌疑人、被告人出于防备心理，陈述的事实会有所侧重，所以，辩护律师对他们的陈述内容必须进行甄别，而甄别犯罪嫌疑人、被告人所陈述事实的最好办法就是将其与通过其他途径得来的信息进行比对。同时，在比对的过程，辩护律师自然会发现控辩双方对案件事实认识的差异，而这种差异既是案件的焦点所在，也是案件的疑难点。只要攻克了案件的疑点难点，其他问题可能迎刃而解。针对一个具体的案件，犯罪嫌疑人、被告人为何要实施犯罪？有没有作案时间？犯罪是否既遂？以什么手段犯罪？为何要采取如此手段或方法？对犯罪是什么态度？为何供词前后反复？等等，这些关系犯罪的成立与否，量刑轻重的关键问题，犯罪嫌疑人、被告人的陈述往往会与被害人的陈述、侦查结论、控诉人的控诉意见有所出入，通过比对，可以找出控辩双方的分歧所在。另外，对有些术语，如："踩点""以贩养吸""黑了谁""出出气"等，因参与诉讼的身份不同，理解上也会有所差异。除此之外，有时涉及专业比较强的案件，犯罪嫌疑人、被告人往往是该领域的专家，起码比较熟悉该专业流程，比如金融、医疗卫生等方面的专业知识，他们陈述的专业性很强，辩护律师如果只从他们的陈述中去理解，很可能被犯罪嫌疑人、被告人牵着鼻子走。

律师会见犯罪嫌疑人、被告人的过程，也是从他们身上捕捉辩护思路的过程。起诉意见书、起诉书、一审判决书中可能没有认定的法定从轻情节，可能没有发现的酌定从轻情节，但在犯罪嫌疑人、被告人的陈述中，律师可能会发现。比如，被告人先投信声明自己是杀人凶手，而后被侦查机关抓获，应当是自首；被告人协同公安机关抓获同案犯二人，应为立功；被告人不是希望被害人死亡，没有极力追求，而是采用了放任态度,应为间接故意杀人,主观恶性相对较小;被告人之所以捅被害人20多刀,是因为被害人强奸了她,对她肆意进行了凌辱,被害人有过错;供词前后反复,是由于在侦查阶段存在刑讯逼供情况。将会见笔录中有关这些方面的内容进行研究,能帮助辩护律师准确把握辩护方向。

(三)做好总结,确定下一次会见的目标

工作总结是对一定时期内的工作加以总结,分析和研究,肯定成绩,找出问题,得出经验教训,摸索事物的发展规律,用于指导下一阶段工作的一种书面文体。它所要解决和回答的中心问题,不是某一时期要做什么,如何去做,做到什么程度的问题,而是对某种工作实施结果的总鉴定和总结论,是对以往工作实践的一种理性认识。通过它,可以全面地、系统地了解以往的工作情况,可以正确认识以往工作中的优缺点,可以明确下一步工作的方向,少走弯路,提高工作效益。

辩护律师可以根据案件情况,随时会见犯罪嫌疑人、被告人,法律并没有限定会见的次数。事实上,一次会见也不能解决所有问题,每一次会见后,都有可能发现遗漏。通过对前一次会见的总结,发现不清楚的地方以便确定下一次会见的目标,使得下一次会见能做到有的放矢。

第三章

阅 卷

引言

阅卷,即查阅司法机关编制出的所有案卷材料,其方式包括查阅、摘抄和复制。阅卷是辩护律师的一项重要诉讼权利,也是刑事辩护的一项重要内容。阅卷的目的,是全面了解司法机关所掌握的案件事实和证据,发现其中存在的问题,确认对犯罪嫌疑人、被告人的指控是否可靠、充分,收集辩护的证据材料,选择辩护的途径,为辩护和质证做好准备。在当前辩护律师调查取证权受限较多的情形下,阅卷是最好的了解案情和证据的途径,特别是我国当前的刑事诉讼仍以案卷笔录为中心的背景下,阅卷是辩护律师全面了解案情、获取证据材料的主要方式。充分的阅卷是有效辩护的前提和基础,也是一项艰苦而细致的工作,要求辩护律师必须高度重视、认真对待、反复进行。

教学目的:本部分教学通过模拟阅卷训练,培养学生的阅卷意识,锻炼学生的阅卷技巧,提升学生的阅卷能力。

教学设计:本部分的课堂设计,主要采用模拟训练教学法向学生展示律师阅卷的全过程,通过阅卷前的准备和预设问题的方法,将学生引入互动式、讨论式的教学中,提高学生的参与兴趣,使学生在模拟过程中掌握阅卷的技巧。最后,由教师对模拟过程进行归纳和总结,并做好课堂评估。

内容实施:教师在课前或课中向学生提供几组案例资料,组织学生分组,在课堂按照分组情况分别进行阅卷模拟。模拟过程可以根据需要,采用多组同时进行或多组先后模拟的方式。模拟阅卷的时间由教师根据课堂教学的需求灵活安排。

注意事项:一是相关法律法规、司法解释的准备,阅卷是律师通过自身掌握的法律知识对司法机关整理形成的案卷材料进行分析并提出意见的过程,法律知识的储备显得尤为重要,因此要求学生必须对一些涉及阅卷的法律法规及司法解释进行掌握。主要包括:《中华人民共和国刑法》及其修正案,《中华人民共和国刑事诉讼法》《关于办理死刑案件审查判断证据若干问题的规定》《人民检察院刑事诉讼规则(试行)》《关于适用〈中华人民共和国刑事诉讼法〉的解释》等。二是做好阅卷前的准备工作,辩护律师一般应当先阅卷,在基本了解案情和证据之后,再进行其他活动,如会见。对于案情复杂、证据材料较多、阅卷时间紧迫的案件,也可以在会见了解基本案情、明确争议焦点后,再有重点、有目的地进行阅卷。三是准确掌握阅卷的法律规制,法律对律师的阅卷作出了相应的规范要求,这既是出于对律师的保护,也是对律师的约束。所以阅卷前必须掌握法律对阅卷的基本要求,特别要清楚一些禁止性的规范要求,如:应当注意保管卷宗材料、防止丢失,不能私自拆封、损毁,不能进行修改、篡改,不能在证据原件上做任何标记;对阅卷中知悉的国家秘密、商业秘密、个人隐私,应当保密,对在执业过程中生而知悉的委托人和其他人不愿意泄露的情况和信息,也应当保密,特别是对公安司法机关没有掌握的犯罪嫌疑人、被告人的其他违法犯罪行为,辩护律师负有保密义务,不能检举、揭发,但对于委托人或者其他人准备或者正在实施的危害国家安全、公共安全以及其他严重危害他人人身、财产安全的犯罪事实和信息除外;审查起诉期间刑事案件的有关材料和处理意见属于秘密事项,辩护律师在审查起诉阶段对阅卷所获得的案件材料和信息负有保密义务,应当妥善保管,不得遗失,也不得对外公开;辩护律师通过阅卷所获得的案件证据和证人情况,不得透露给包括当事人在内的其他任何人。

案例1

安阳市公交车杀人案:2013年8月19日15时05分,一辆安阳市区至安阳县北郭乡的公交车上发生一起持刀抢劫杀人案。车上33名乘客,15人被捅伤,其中2人在救治途中死亡,其余13人被送往附近医院救治。安阳市公安局迅速启动命案侦破机制,400名警力赶赴现场。2013年8月20日下午14时许,犯罪嫌疑人周××已在安阳市辛村镇被抓获,被抓当时仍穿作案时的血衣。11月25日,安阳市检察院以被告人周××犯故意杀人罪、以危险方法危害公共安全罪,向安阳中院提起公诉。安阳中院公开审理了此案,并当庭作出判决。被告人周××的行为已构成故意杀人罪、以危险方法危害公共安全罪,且犯罪手段极其残忍,情节特别恶劣,后果及罪行极其严重。判决被告人周××犯故意杀人罪,判处死刑,剥夺政治权利终身;犯以危险方法危害公共安全罪,判处有期徒刑8年;数罪并罚,决定执行死刑,剥夺政治权利终身。

案例2

冯某某故意伤害案:2012年4月8日,冯某因经济纠纷与张某打架斗殴,在此过程中,冯某将张某打伤,经鉴定张某系轻伤,2012年7月公安机关以冯某涉嫌故意伤害犯罪对其立案侦查。2012 年 12 月侦查终结移送审查起诉。

案例 3

闫某某醉酒驾驶案:闫某于 2014 年 10 月 6 日驾车时被查,经现场检测符合醉酒驾车。2014 年 10 月 16 日,安阳市公安局以涉嫌危险驾驶犯罪对闫某立案侦查。2014 年 11 月 20 日侦查终结移送审查起诉。

第一节　阅卷的目的、范围和内容

阅卷权是刑事辩护律师的一项重要诉讼权利,对于诉讼结构的优化、犯罪嫌疑人和被告人权利的保障及公正审判都具有重要的意义。辩护律师通过对案件材料的查阅、摘抄、复制,可以确认对犯罪嫌疑人、被告人的指控是否可靠、充分,收集有利于辩护的证据资料,选择有效的辩护途径。在我国辩护律师调查取证权受限,又没有配套的私人侦探制度的情况下,阅卷权更是辩护律师获取辩护证据材料的主要来源。《关于律师作用的基本原则》第二十一条规定:“主管当局有义务确保律师能有充分的时间查阅当局所拥有或管理的有关资料、档案和文件,以便使律师向其委托人提供有效的法律扶助。应当尽早在适当时机提供查阅卷宗的机会。”从刑事辩护的国际标准看,辩护律师的阅卷权应当是全面、完整的阅卷权,否则,不能称之为真正的阅卷权。因此,参考国际标准,保障辩护律师的阅卷权,既是保障当事人合法权益、维护司法公正的需要,也是顺应国际司法潮流的需要。“公平的裁判是建立控辩双方平等的基础之上的。辩护律师只有在通过查阅案件材料的基础之上,才能有的放矢地开展针锋相对的辩护,才能真正实现控辩平衡的原则。”①作为辩护律师,做好阅卷工作是一个称职辩护律师的起码要求,如何阅卷历来都是律师行业讨论的热点。

一、阅卷的目的

实践中,不少律师在接到案子后,一般会先跟犯罪嫌疑人、被告人直接接触,如果犯罪嫌疑人、被告人在押,则会跟家属接触,通过与他们的接触初步了解案件的情况。通过与犯罪嫌疑人、被告人或者其亲属接触了解案情,就像一个医生门诊一样,只有病患的口头描述,而且,这种描述多带有偏向性,实际情况怎么样,其实不

---

① 江平:《江平文集》. 中国法制出版社,2000,第 793 页。

清楚，这就需要阅卷。阅卷要达到的整体目的就是进一步查证案件事实，具体来讲其目的主要有以下几个。

1. 熟悉案情，寻找真相

辩护律师在与当事人建立委托关系后，经过询问当事人初步了解案情，不过此时所了解到的只是案情的一部分。刑事案件不同于民事案件，民事案件的事实必须由当事人所提供的证据材料来证明，而刑事案件的事实则多由侦查机关收集的证据材料去证明，这就决定了阅卷工作的不可或缺性。但是根据现行的法律规定，在侦查阶段，辩护律师是没有阅卷权的。尽管按照《刑事诉讼法》规定，辩护律师在侦查阶段，可以去向侦查机关了解案情，以及到目前为止侦查所获知的情况。但是在实践中，侦查机关出于保密或是对辩护律师的不信任，一般不太愿意告知他们所掌握的案件情况。在现阶段，辩护律师最好的、最直接的获知案情的办法就是等待审查起诉阶段去阅卷。

根据《刑事诉讼法》第三十九条的规定："辩护律师自人民检察院对案件审查起诉之日起，可以查阅、摘抄、复制本案的案卷材料。"这一条实际上就是辩护律师获得阅卷权的一个法律上的授权，也是辩护律师获悉案情的一个基础。面对一个复杂的案子，如何在比较短的时间里熟悉基本的案情？虽然辩护律师在阅卷前听取了犯罪嫌疑人、被告人及其他诉讼参与人的陈述，但是，这些陈述并不能使他们确信案件事实，犯罪嫌疑人、被告人的陈述是不是完整的事实？犯罪嫌疑人、被告人的亲属给出的说明是否就是案件的真实细节？证人的陈述是否全面、有没有偏向？从其他诉讼参与人那里所了解到的案件事实与侦查机关所掌握的事实有没有区别？有多大的区别？这一切都需要辩护律师去打开案卷，只有在了解了双方的材料之后，才有可能真正熟悉案情，寻找到真相。

2. 简化案卷，方便办案

刑事案件不仅对程序要求严格，对实体也要求做到精细，这样一来，即使是一般的刑事案件，其案卷内容也是非常丰富的。对于一些涉及团伙犯罪、集团犯罪或者是经济类的犯罪，案卷内容更为复杂。这就给律师的辩护带来了很大不便，在辩护过程中，即使是在庭审阶段，辩护律师不可能将所有案卷材料携带到场。为了方便办案，辩护律师必须对案卷进行简化，而要做到简化，就必须对案卷有一个整体性认识和把握，这就要求辩护律师必须对案卷材料进行研读，唯有如此才能找到案卷的核心内容，做到精简。如果能够将一个案件的案卷读薄了，不仅方便办案，更能寻找到辩护的重点。一些有经验的律师常说，阅卷就是读书，要像读红楼梦一样，开始是一本薄薄的书，越读越厚，到后来，慢慢地反复读以后，就变得越读越薄了，阅卷也是这个过程。

3. 探寻到控方指控的依托，发现对辩方不利的证据，为辩护做好准备

这是从控方角度出发考虑的。辩护律师作为诉讼双方其中的一方，当我们拿

到了公安机关或者是侦查机关的起诉意见书,它在书面上指控,或者描述了这么一个犯罪过程,而其描述必然有其根据,也就是说他们会用一些他们认为是真的证据来证明其描述的犯罪事实,这些证据对于辩护方来说都是不利的证据。作为辩护律师怎样判断他们指控的对或不对?这就需要从公安机关或检察机关所收集到并使用的证据着手,找到其所提供的证据的破绽,也既以其矛攻其之盾。除此之外,辩护律师还应在案卷中找到除了指控的证据之外,还有没有一些相关的、其他的一些对我们不利的证据,存在可能加重犯罪嫌疑人罪责的情形,为辩护时的防御做好心理准备,以防在庭审时被控方弄得措手不及。

4. 寻找对辩方有利的证据,发现控方指控的瑕疵或缺陷

这是阅卷的最为重要的目的。如果阅卷的时候,辩护律师仅仅看到了对控方有利的证据,而没有看到对控方不利的证据,那说明辩护律师是缺乏辩护水平的。事实上,案卷材料中的事实和证据,有有利于控方的,也有不利于控方的,有利于控方的证据当然是辩护律师所不能左右的,而不利于控方的证据正是辩护律师进行辩护的着眼点。同时,辩护律师自己所掌握的证据也有有利的和不利的之分,哪些有利,哪些不利都需要经过阅卷对比后去判断。所以作为一名辩护律师,在阅卷的时候,经常会出现类似于人格分裂的状态。

阅卷的最终目的就是固定证据、核实案情、趋利避害、启发思维。所谓固定证据就是,通过阅卷以后,我们可以把那些对我们有利的证据固定好,然后将案情做实。在这个过程中,通过寻找、比对控辩双方的有利或者不利的证据,从趋利避害的角度出发,千方百计去抑制控方证据效能,发扬辩方证据的力量,进而启发辩护思维。

二、阅卷的范围

刑事诉讼从开始到结束,是一个不断向前运动、逐步发展的过程,在这个过程中,按照一定顺序进行的相互连接的一系列行为,可以划分为若干相对独立的单元,通常将这不同的单元称之为诉讼阶段。刑事诉讼阶段的特点是每一个阶段都是一个完整的独立程序,有其自身的直接任务和形式。目前,我国一般将刑事诉讼基本上划分为立案、侦查、起诉、第一审、第二审和执行等阶段,此外还有死刑复核程序和审判监督程序两个特殊阶段。我国法律又根据不同诉讼阶段的任务要求,规范了每一阶段辩护律师介入案件的程度和方式。阅卷作为辩护律师介入案件的主要方式之一,不同的诉讼阶段,辩护律师的阅卷权存在有差异,主要表现为阅卷权的有无和阅卷范围的差异。

(一)侦查阶段:律师没有阅卷权,案卷材料属于国家秘密

《保守国家秘密法》第九条规定:“下列涉及国家安全和利益的事项,泄露后可

能损害国家在政治、经济、国防、外交等领域的安全和利益的，应当确定为国家秘密：……（六）维护国家安全活动和追查刑事犯罪中的秘密事项；……”另据公安部《公安工作中国家秘密及其密级具体范围的规定》、最高人民检察院《检察工作中国家秘密范围的规定》，“正在侦察、预审的刑事案件的具体方案、重要案情和侦察、预审工作情况”，“泄露后妨碍和影响检察工作的案件材料”属于国家秘密，不得对外泄露。这里所提及的“不得泄露”，所指的是侦查机关以外的任何单位和个人，辩护律师当然包括在内。据此可知，在侦查阶段，辩护律师是不享有阅卷权的。《刑事诉讼法》虽然规定在侦查阶段，律师可以经由犯罪嫌疑人的委托，以辩护人的身份介入刑事诉讼，但是，同时又规定，此时的辩护律师能向侦查机关了解犯罪嫌疑人所涉嫌的罪名，而不能查阅案卷材料。

（二）审查起诉、审判阶段：案卷材料

我国2018年《刑事诉讼法》第四十条规定：“辩护律师自人民检察院对案件审查起诉之日起，可以查阅、摘抄、复制本案的案卷材料。其他辩护人经人民法院、人民检察院许可，也可以查阅、摘抄、复制上述材料。”对本条文的理解可以从以下三个方面展开：一是辩护人有权查阅、摘抄、复制案件的案卷材料。其中，如果是辩护律师要求查阅、摘抄、复制案件的案卷材料，无须经过许可，人民法院、人民检察院应当提供。如果是其他辩护人要求查阅、摘抄、复制案件的案卷材料，则必须经人民法院、人民检察院许可。二是辩护人只能在人民检察院对案件审查起诉之日起方可查阅、摘抄、复制案件的案卷材料，即可以在审查起诉阶段、审判阶段行使这项权利，不包括侦查阶段。三是辩护人可以查阅、摘抄、复制的材料范围为案卷材料。本条所称案卷材料一般指侦查机关向人民检察院移送审查起诉时或者检察院向人民法院提出公诉时，所移送的装订成册的材料。既包括案卷中的诉讼文书、技术性鉴定材料，也包括案卷中的书证物证、证人证言等各种证据材料；既包括案卷中指控犯罪的材料，也包括装订在案卷中的能够证明犯罪嫌疑人无罪、罪轻的各种材料。总之，该条将辩护人的阅卷范围做了明显扩充，而且不再区分审查起诉阶段和审判阶段，只用了一个时间接点，即“人民检察院对案件审查起诉之日起”。

尽管本条款以“辩护人”作为主语，但检察院机关、人民法院也应当履行其应尽的义务，协助律师实现这项权能。《关于律师作用的基本原则》第二十一条规定：“主管当局有义务确保律师能有充分的时间查阅当局所拥有或管理的有关资料、档案和文件，以便使律师能向其委托人提供有效的法律协助。应该尽早在适当时机提供这种查阅的机会。”在这里“确保律师能有充分的时间查阅当局所拥有的或管理的有关资料、档案和文件”是主管当局的义务。[①] 2007年颁布的《律师法》

---

① 顾永忠：《刑诉法再修改：完善辩护制度势在必行》，《法学家》，2007年第4期，第28-33页。

第三十四条规定:“受委托的律师自案件审查起诉之日起,有权查阅、摘抄和复制与案件有关的诉讼文书及案卷材料。受委托的律师自案件被人民法院受理之日起,有权查阅、摘抄和复制与案件有关的所有材料。”可以看出,这两部法律有一个明显的不同,即:《刑事诉讼法》用“可以”二字来描述辩护律师的阅卷权,《律师法》则直接用“有权”二字来描述辩护律师的阅卷权。这是因为两部法律在基本宗旨上存在差异,《律师法》侧重于对律师执业权利的保障。当然,这种细微的区别并不代表对辩护律师阅卷权的否定,为了保证辩护律师阅卷权能的实现,人民检察院和人民法院又在其部门规则中进行更为详细的规范。

2012 年 10 月 16 日,由最高人民检察院第十一届检察委员会第八十次会议通过的《人民检察院刑事诉讼规则(试行)》第四十七条第一款规定:“自案件移送审查起诉之日起,人民检察院应当允许辩护律师查阅、摘抄、复制本案的案卷材料。”该条款中明确用“应当”二字来要求人民检察院必须保证辩护人的阅卷权能。同时,该条第二款中又进一步明确了阅卷的范围,即“案卷材料包括案件的诉讼文书和证据材料”。为保证辩护人阅卷权的实现,第四十九条规定:“辩护律师或者经过许可的其他辩护人到人民检察院查阅、摘抄、复制本案的案卷材料,由案件管理部门及时安排,由公诉部门提供案卷材料。因公诉部门工作等原因无法及时安排的,应当向辩护人说明,并安排辩护人自即日起三个工作日以内阅卷,公诉部门应当予以配合。查阅、摘抄、复制案卷材料,应当在人民检察院设置的专门场所进行。必要时,人民检察院可以派员在场协助。辩护人复制案卷材料可以采取复印、拍照等方式,人民检察院只收取必需的工本费用。对于承办法律援助案件的辩护律师复制必要的案卷材料的费用,人民检察院应当根据具体情况予以减收或者免收。”该条从安排阅卷的主体,材料提供的主体,以及阅卷的时间、地点、工具手段、费用等,多方面保证辩护人阅卷权的实现。

2012 年 11 月 5 日,最高人民法院审判委员会第 1559 次会议通过的《关于适用〈中华人民共和国刑事诉讼法〉的解释》第四十七条第一款规定:“辩护律师可以查阅、摘抄、复制案卷材料。其他辩护人经人民法院许可,也可以查阅、摘抄、复制案卷材料。合议庭、审判委员会的讨论记录以及其他依法不公开的材料不得查阅、摘抄、复制。”为保证辩护人阅卷权能的实现,在该条的第二款中规定:“辩护人查阅、摘抄、复制案卷材料的,人民法院应当提供方便,并保证必要的时间。”条文中用“应当”二字来表明人民法院保障辩护人阅卷权的义务。复制案卷材料可以采用复印、拍照、扫描等方式。需要注意的是,在死刑复核阶段,最高人民法院一般不允许辩护律师阅卷。

法律上用“案卷材料”四个字来规范阅卷范围,问题是,“案卷材料”的基本范围是什么?包括哪些内容?是否包括侦查机关移送的侦查卷宗?如果是的话,就意味着辩护人有可能了解详尽的案件破获过程,既可能会有助于挖掘刑讯逼供等非法讯问行为,也可能会造成部分技术性侦查手段的泄露,这显然是侦查机关不愿意看到的。再有,是否包括审委会、检委会、合议庭对于案件的内部讨论,甚至是领导的批示告示?很显然,司法部门不会赞同将辩护人的阅卷权延伸至此。实践中,对阅卷的范围可以从它的物理范围和材料范围两个方面去把握。

物理范围上看,阅卷范围往往会涉及副卷、卷宗封面、实物及密卷等。卷宗经常会包括很多种类型,除了我们一般看到的侦查机关整理编制出的卷宗之外,有些案件可能还有副卷。这些副卷没有装订在正式的案卷的卷宗里面,但是它又作为附件随卷移送。如一些经济类犯罪的案件,因涉及的票据、发票等比较多,侦查机关一般会以副卷的形式将其另行装订,但是,这些材料又是重要的证据,所以阅卷时一定要引起重视,应列入阅卷范围。对于卷宗封面,实践中往往不会引些辩护律师的注意,一些律师出于经济和辩护方向的考虑,往往只查阅、摘抄、复制案卷中他们认为最重要的证据材料,而忽视了案卷中的辅助性的内容,如案卷封面。实际上,案卷封面有时会含有一些重要的信息,如第一次补充侦查、第二次补充侦查,封面里会记录有时间、办案人、装卷人,等等,这些东西都有它的特定的信息、含义在里面,所以在查阅、复制、摘抄时一定不要轻易遗漏。对于一些实物证据,案卷中只会以照片的形式表现出来,很多辩护人在阅卷的时候,可能比较满足于看图片。实际上很多时候照片和实物不一定相符,尽管照片的旁边放了一个尺度,但是可能也还是不会有那种直接的观感,所以阅卷应包括查看实物证据。对于一些涉密的证据材料,一般不会在阅卷范围之内。根据最高人民检察院《检察工作中国家秘密及其具体范围的规定》及司法实践中的具体做法,检察院一般不允许辩护律师查阅、摘抄和复制下列材料:涉及国家秘密的证据材料;可能影响到其他案件侦查的证据材料;可能暴露特殊侦查手段的证据材料;与案件有关的特情人员的材料;检察院的内卷材料。根据最高人民法院的司法解释,审判阶段中辩护律师的阅卷不包括合议庭的评议笔录、审判委员会的讨论记录及与本案无关的其他案件线索材料。

至于阅卷的材料范围,根据《刑事诉讼法》第五十条的规定,证据的类型一共是包括八种,这八种证据就是案卷材料的类型范围。物证如刀、枪这些有形物;书证不但要看它的内容,还要看它的存在形式;至于证人证言、被害人陈述以及犯罪嫌疑人被告人供述和辩解等言词证据可能是阅卷的重点,但实践中有经验的律师,会对其他的一些实物证据,或者说客观证据可能会更加重视一些;鉴定意见,勘验、检查、辨认、侦查实验的笔录,视听资料等,比如一些如责任认定书、评估报告、一些因果关系分析报告等,这些材料也是阅卷的应有范围,都需要仔细地分析。同时,因这些证据往往具有很强的专业性,辩护律师有可能并不知晓相关专业知识,遇到这种情况,最好先不去看里面的内容,而是在形式上对其进行规范性审查。案卷材料的类型除上述证据材料外,在二审的阅卷中还涉及一审法院卷,这里面包括庭审的录音、录像、庭审的笔录、上诉状、一审辩护律师的辩护词、抗诉书、附带民事诉讼的上诉状,还有一审法庭的调查笔录,以及一审其他随附的相关一些程序性资料。

三、阅卷的内容

阅卷的范围决定了阅卷的内容,依据法律规定,辩护律师的阅卷范围是比较广泛的,实践中,辩护律师只要提出阅卷要求,人民检察院和人民法院一般都会将所有卷宗交给其进行查阅,司法机关所编制的案件卷宗一般会依据材料的性质对材料进行分类,大致有证据类、司法文书类、情况说明类等。辩护律师的阅卷也可以依此作出。不过,这并不是说在阅卷时律师对所案卷材料都一视同仁,均匀用力,实际上,阅卷应有重点。

(一)阅证据材料

作为刑事案件,所有事实都必须有证据证明,而且证据本身也必须是查证属实的。所以查阅、摘抄、复制证据材料是阅卷的重点内容。审查证据主要是审查证据的“三性”:真实性、合法性、关联性。但是实际上,对于不同的证据类型、如何判断不同类型证据的合法性、真实性和关联性,其重点是不一样的。而且证据跟证据之间,普遍地存在一种联系,单个证据往往有时候并不具有独立的证明力。所以这就需要普遍地去关注证据跟证据之间的联系。首先要关注的就是证据的资格审查,也就是证据证明资格,它的收集程序、主体、客体、过程、保存和使用是否符合规范。在这一系列的过程里面,它反映了证据的合法性,非常重要。不管是对客观证据的收集,还是言词证据的收集,首先都涉及一个合法性即证据资格问题,其次就是证据内容真实性。《刑事诉讼法》第五十五条对证据的证明标准作了一些原则性的规定,阅卷实质上涉及整个刑事诉讼法证据学的范畴,它实际上是对一个辩护律师,如何审查证据的能力的一个综合性的判断,而不仅仅是把证据从厚变薄的那么简单。关于阅卷重点里面的一些个性化重点,在最高人民法院《关于适用〈刑事诉讼法〉的解释》的第六十九条至第九十四条中,都有具体的规定。里面对于不同类型的证据如何进行审查,都做了一些详细的规定,这实际上也明确了辩护律师的阅卷内容。

1. 物证、书证

对于物证、书证,根据上述规定,重点考虑它的原始性质、证据收集程序的合法性,以及物证、书证在保管过程中是否被污染。对物证、书证的审查,辩护律师有时会遇上一些不太熟悉的相关领域,比如说生物学领域,涉及一些实物样本、标本,比如血迹、体液、毛发、人体组织、指纹、足迹、字迹等。对这样一些书证、物证,在阅卷以后,可能还要去请教一些相关的专家,甚至提请相关的专家证人出庭,并申请重新鉴定。

2. 证人证言

证人证言是刑事诉讼中最为常见、应用最为广泛的证据,律师在法庭上质证的重点一般都是证人证言,甚至有时是法官认定案件事实的主要依据,所以,对证人证言的审查至关重要。阅卷的目的是为了在法庭上打赢证据仗,对于相关的证人证言,一旦发现了问题,也就对辩护律师提出了问题。辩护律师是否要去取证?是否要传证人到庭?是否一定要落实直接言词证据?证人证言的说法和被告人之间供述与辩解之间,关联性程度如何?存在哪些矛盾的地方或者一致的地方?为什么会有这样的情况?这些问题都需要辩护律师去进行比对。还有取证的合法性问题,对证人取证地点有没有问题?能否进行补正?这些可能还要结合相关的录像进行审查。对于被害人的陈述,也跟证人证言一样,同样存在前述的问题。

3. 被告人的供述

对于被告人的供述与辩解,跟一般的言词证据的收集要求具有一些共性。但是对于被告人供述的收集要求,法律规定也有一些不一样的规定,特别是对非法证据排除这一类规定,被告人的供述如果是采取刑讯逼供、肉刑或者变相肉刑,就绝对排除。而对证人证言和被害人陈述,法律要求绝对排除是采取暴力和威胁的方法。那么在阅卷的过程中,就要去关注相关的笔录背后的录像。当然,还有一些细节,比如第一次笔录是否告知了权利义务?“签字画押”是否存在疑问?是否按照《刑事诉讼法》所规定,拘留、逮捕24小时之内,进行了提审?这些内容实际上都反映了侦查机关是否违法的问题。所以我们看被告人的笔录,不仅要看他的供述,而且要看他的辩解。这些细节,对于辩护律师而言,都是很重要的。

对于言词证据的审查,在查阅证人证言、被害人陈述、被告人供述等,还要审查相关人员的签名。一是询问或讯问人员的签名,法律上明确要求询问或讯问时,侦查人员不得少于两个人。实践中,经常出现一份询问或讯问笔录虽有两个侦查人员的名字,但却是一个人的笔迹,这反映出询问或讯问时可能存在违法。二是被询问人或被讯问人的签名,一般情况下被询问人或被讯问人会在笔录里面写上“以上笔录我看过,与我讲的一样”这一句话,有时这句话可能看不出什么问题,但是,有些犯罪嫌疑人或被告人往往会利用标点符号来做文章,如曾有一被告人在这句话的最后打一个感叹号,然后这个感叹号的顶上弯一下,看上去像一个问号,后来证实,这是他有意地给自己将来辩解做的一个记号,实际上反映了他在特定无奈的情况之下,被迫签字的内心真意。所以一些经验丰富的辩护律师,在阅卷时不会放过任何蛛丝马迹。

4. 鉴定意见

查阅鉴定意见,主要是从它的资质上审查,如相关检材的采集程序、保管过程,以及鉴定的依据等,是不是具有排他性?样本的合理性是不是达到法律所要求的量?对有些鉴定意见经过查阅,确定要不要申请鉴定人出庭,或者申请专家辅助证人出庭的问题。对一些特殊事项,有时会出现多个鉴定意见,甚至多个鉴定意见还是前后有矛盾,这时需要辩护律师在阅卷时找出其中的矛盾之处,利用这些矛盾将一些鉴定意见推翻。另外,有些案件可能前后鉴定次数较多,或是鉴定事项较多,经常出现办案人员将文书文号写错,互相之间否定甚至造假等情形。此时,若辩护律师因不小心而忽略一个文号,或某个字的引述差异,都可能出现一个颠覆性的错误。所以律师在阅读分析鉴定意见时,一定要小心谨慎。

5. 勘验、检验笔录

勘验与检验是重要的侦查手段,勘验与检验笔录也是重要的证据。同时,因勘验、检验是侦查机关自行作出的,所以法律对勘验、检验的程序作出了严格要求,侦查机关何时启动侦查、处理程序都有一整套严格规定,违反这些规定可能会导致勘验、检验所得来的证据被排除。这实际上指示辩护律师在阅卷时对勘验、检验笔录的审查方向,也就是说阅卷时应当注意其实施的行为是否正当、合法,是否符合程序及规定。除了注意见证人的程序、签名、过程等,还要注意有时会出现补充(包括事后补充情形)、再次勘验的问题。有经验的刑事律师经常能在这里发现很多问题,实践中通过勘验笔录本身的漏洞而推翻指控的情形并不少见。

6. 辨认、侦查实验笔录

辨认、侦查实验笔录则涉及主持人、见证人、过程方法、气候条件、数量、对象等因素。在辨认笔录中,不仅需要特别注意辨认有无暗示、对象是否足够、被辨认人有无具体身份信息等形式要件是否规范,更重要的是考虑其实质内容与其他证据间的关联性问题。

7. 电子证据、视听资料

电子证据、视听资料由于最高院在相关司法解释中都作了非常详细的规定,在此就不再展开了。

(二)阅司法文书

司法文书(judicial records)是指侦查、检察、审判、公证等司法机关在处理各类案件的各个环节、步骤上形成与使用的专用文书。主要包括具有法律效力的文书,如判决书、裁定书等;也包括不直接发生法律效力,但对执行法律有切实保证作用的文书,如诉状等。司法文书作为书面依据和凭证,代表国家意志,适用法律,惩罚罪犯,保护公民,调整国家、集体(团体)、个人之间的法律关系,保障社会秩序,其制作须严格遵循法律规定,确定生效之后的判决书、裁定书等,在执行上具有强制性。司法文书的种类很多,可以按参与诉讼活动的不同职能的机关来分类。

1. 侦查机关文书

侦查机关使用的司法文书主要有:控告、检举书,控告、检举笔录,自首书,讯问、勘验、检查、搜查笔录,立案报告,案件侦查终结报告,拘留证,提请批准逮捕书,逮捕证,通缉令,起诉意见书等。辩护律师能查阅的主要有:立案报告,各类笔录,提请批准逮捕书,逮捕证,通缉令,侦查终结报告,起诉意见书等。这其中,立案报告是根据控告、检举、自首材料或公安机关侦查发现的犯罪案件,经初步审查和侦查,确认有犯罪事实需要追究刑事责任时写出的报告,用以确定案件的成立和指导侦查工作,它也是侦查机关对案件的最初认识。各类笔录一般都作为证据使用,所以也是证据材料的一部分。案件侦查终结报告是侦查机关经过侦查、预审,已经破案,确认被告人的犯罪事实已经查清,证据确实和充分,应依法追究其刑事责任时写出的上报材料,简称破案报告。它反映案件的全部侦查活动情况与侦查结果,可以作为起诉的依据,它可以向辩护律师完整地展示案件的侦办过程和案件事实及证据情况,阅卷时应予以重视。提请批准逮捕书是侦查机关写出的逮捕人犯的书面请求,送检察机关审批。在逮捕请求获得批准后,侦查机关便依此制作逮捕证。提请批准逮捕书和逮捕证及拘留证向辩护律师展示出犯罪嫌疑人、被告人的人身自由限制状态。起诉(免于起诉)意见书是侦查机关对于立案的案件,经侦查、预审终结,认为被告人的行为已构成犯罪,依法提出的应追究(或因某种原因不追究)其刑事责任的书面意见。连同有关案卷和证据材料一起移送检察机关审查,这也是辩护律师阅卷时首先要看的材料。

2. 检察机关文书

检察机关使用的司法文书主要有:起诉(免于起诉)决定,批准(不批准)逮捕决定,起诉书,抗诉书,补充侦查意见书等。

起诉(免于起诉)决定是检察机关认为被告人的犯罪事实已经查清,证据确实和充分,应依法追究(或因某种原因不追究)刑事责任而作出的书面决定,用于发给侦查机关、被告人及其所在单位和被害人。

起诉书一般是检察院机关根据侦查机关的意见,经审查认为需要对犯罪嫌疑人提起诉讼追究刑事责任而作出的决定,又叫公诉书。它清楚地显示了控诉部门的控诉理由,所以阅卷时也是重点要看的材料。

批准(不批准)逮捕决定是检察机关审查侦查机关的提请批准逮捕书后作出的决定,用于发送侦查机关。

抗诉书是地方检察机关认为本级审判机关的一审判决或裁定确有错误时,向上一级审判机关提出重新审理的书面请求。

补充侦查意见书是检察机关对侦查机关提请批准逮捕的人犯的案卷材料,经审查后认为证据不足或主要犯罪事实不清时,作出的要求侦查机关补充侦查的书面意见。

3. 审判机关文书

审判机关使用的司法文书主要有:开庭通知书,案件审理终结报告,调解书,判决书,裁定书,执行通知书,审判庭笔录,合议庭评议笔录,宣判笔录,刑事判决布告等。

开庭通知书是审判机关于开庭审理案件前,将开庭时间、地点预告检察机关、辩护人、证人等的书面通知。

案件审理终结报告是审判人员将案情及处理意见提请上级审批时写的书面报告，简称审结报告或结案报告。

调解书是审判机关对于通过调解方式处理的民事纠纷案件所作出的与判决书具有同等法律效力的文书。

判决书是审判机关对于审理终结的案件，向诉讼当事人作出的处理决定。其内容为：根据已经查明的事实、证据和有关的法律规定，确定被告有无犯罪、犯何种罪，适用何种刑罚或免除刑罚等。判决书用于当庭宣告，并送达当事人和提起公诉的检察机关。

裁定书是审判机关在案件审理或判决执行过程中，就诉讼程序或部分实体问题所作出的处理决定。如：对于缺乏罪证和被告人行为不构成犯罪的案件，经向自诉人说服撤回自诉而自诉人不接受时，审判机关则可用裁定书予以裁定驳回，将裁定书发给当事人；进行二审的审判机关，对于不服一审判决的上诉或抗诉案件，经审理后认为原判决在认定事实和适用法律上正确、量刑适当时，可用裁定书驳回上诉或抗诉，维持原判。

审判庭笔录是书记员对法庭审判的全部活动所作的笔录。它是记录审判工作和制作判决书的重要依据，又是二审审判机关审查原审全部审判活动的重要依据。

合议庭评议笔录是审判人员在案件审理终结，退庭对案件进行评议时所作的笔录。需要注意的是，合议庭的评议笔录是不允许查阅的。宣判笔录是审判机关在宣告判决时所制作的笔录。

执行通知书是审判机关对于被判处死刑缓期执行、无期徒刑、有期徒刑、拘役的罪犯交付执行时制作的文书，送达监狱或其他劳动改造场所执行。

第二节　阅卷的方法与技巧

如何阅卷，并无固定的程式，既因案件的难易程度而异，又与个人的阅卷习惯有关。各人各法，各案有各法，能实现阅卷的目的即可。不过，这其中也有基本的规律和方法可循。

一、阅卷的准备工作

阅卷前的准备工作不可或缺，其直接关系阅卷能否顺利进行，甚至关系阅卷目的的实现。做好以下的准备工作，可以使阅卷达到事半功倍的效果。

第一，细读起诉意见书或起诉书。根据起诉书、起诉意见书的指控来确定阅卷的重点和方向。在阅卷之前，第一张纸想看的可能就是起诉意见书或者是起诉书。因为起诉意见书或起诉书是对于整个犯罪事实的一个基本描述，所以可以省力地寻找阅卷方向。虽然起诉意见书不列举具体的相关细节和证据,但是一般会将相关证据目录列在起诉意见书后面。通过仔细审读起诉意见书的用词,了解控方的指控,这一点对我们形成阅卷思路是很重要的。实践中,一些侦查机关或检察机关出于方便自己的考虑,他们写的起诉意见书越来越简单,越来越模糊,这可能给辩护律师的阅卷思路造成一些混乱。但是,我们也都能够从起诉意见书的字里行间里面寻找一些指控的信息,特别是包括他们描述的事实经过、引用的相关法条等。不管多简单,它基本的事实是会有的。

第二,仔细研读犯罪嫌疑人或被告人的陈述与辩解。除了前面所说的利用起诉意见书或起诉书确定阅卷思路和方向外,还有一个方法就是进行多次会见,反复听取犯罪嫌疑人或被告人的陈述与辩解,从其陈述与辩解中确定阅卷的思路和方向。因为犯罪嫌疑人、被告人的陈述与辩解,会描述出一个可能与侦查机关所描述的完全不同的事情的经过,比如描述侦查人员在审讯过程中对自己违法取证的过程,这就为辩护律师提供了阅卷的思路与方向。

第三是确定阅卷次数及每一次的阅卷目的。阅卷就像读书一样,对于一些简单的、通俗易懂的书籍,一次就能读懂,而对一些理论深奥、情节复杂的书籍可能需要多次反复的阅读才能领悟其意思,刑事案件的卷宗就是一本内容丰富、情节复杂的书,要完全读懂它,就必须经过多次反复的阅读。一般来说,律师阅卷应该不少于两次。这个所谓的不少于两次,第一次是寻找与指控有关的这些证据,就是通过阅卷,找到与指控一致这个方面的这些内容或者证据;第二次阅卷主要是寻找与控方的证据发生矛盾的证据。通过这两次寻找、两次阅卷,大体可以把案卷的焦点问题寻找出来。当然,有些阅卷,在制作阅卷笔录之前,还要有一个通读的过程。切忌漫无目的地阅卷,一定要带着目的去阅卷,这样更能集中力量就某一问题进行重点突破。

阅卷是精细的工作,粗枝大叶地翻看卷宗是得不到什么有价值的东西的。练就一双火眼金睛,能从拉控方的材料中找出控方的纰漏,这不是一日所能达到的,所以,要想把阅卷工作做好,还要储备足够的生活经验和阅卷经验。实际中我们经常会发现,一些年轻的助理去阅卷的时候,他看过之后反馈来的经常是"这个案子很简单、很清楚,没什么问题"的结论,但是仔细一看,却发现这个案卷材料存在很多问题,这是什么原因呢?这就是经验,既包括办案经验,也包括生活经验。所以,阅卷需要一个非常重要的知识储备,就是生活经验和阅历。一个人的阅历越多、越丰富,他就更容易发现其中的生活逻辑问题,阅卷的经历越多,就越能较轻松地发现卷宗中的关键问题。

二、阅卷的一般要求

长期以来,我国刑事案件的办理奉行是"以卷宗为中心"的模式,无论侦查、起诉、审判、辩护等各环节，阅卷是所有案件工作的重中之重，占据了办案人、辩护人绝对的时间和精力。当前，我国提出了以“审判为中心”的诉讼制度改革，其中一项就是要强化以“庭审为中心”，在这一前提下，所有的诉讼资源、诉讼时间、诉讼效率都要向庭审进行倾斜，庭审工作的高效性更加要求辩护人要加强庭前工作，做好全面充分的准备，其中最为重要的依然是阅卷这一基础工作。

第一，阅卷应及时实行。刑事诉讼法规定，案件自审查起诉之日起，辩护人、诉讼代理人律师可以查阅、复制与案件有关的全部证据材料，律师在接受当事人委托后，如果是在审查起诉阶段、审理阶段，应当马上与办案机关取得联系，要求查阅复制卷宗材料。至于是先会见还是先阅卷的问题，没有一个固定的答案，一般说来，在查阅案卷材料后再与犯罪嫌疑人、被告人会见，这样做会更有利于与犯罪嫌疑人、被告人的会见与沟通效果。现在大部分公检单位开通了律师服务平台，可以利用网络平台进行阅卷预约，节省工作时间和提高效率。

第二，阅卷要全面、完整。有些案件的卷宗材料特别多，有的律师会对其中的材料挑挑拣拣，舍弃一部分自己认为无用的，只看对犯罪嫌疑人、被告人有利的材料，还有一些共同犯罪的案件，有的律师只复制与自己当事人有关的证据材料。这样的做法不利于了解全部情况，也无法准确审查证据情况，应当复制全部的案件材料，一页都不能少，甚至是卷宗的封面、封底都要复制。有些时候办案人员在讯问、询问或其他办案工作中，会将一些信息随手记录在材料的边角或者背面，对于这样的信息需要高度注意，往往这些有可能是侦查机关无法、不便或者不愿收集的对被告人有利的证据线索信息。在全面阅卷的基础上，辩护律师应当把有利于和不利于犯罪嫌疑人、被告人的事实和证据一一查明，从正反两个方面进行核查和论证，对控诉方的证明体系是否达到定罪的证明标准进行评估，从而形成初步的辩护意见。全面阅卷是后续重点阅卷的基础，缺乏对案卷的整体把握，就难以厘清案卷中的重点所在。

第三，阅卷要跟踪诉讼的进程。主要是在退回补充侦查后重新移送审查起诉环节、案件提起公诉环节、延期审理届满环节，可能会有新的证据出现。律师要跟踪案件的进展，对新的证据材料查阅复制，不要有所遗漏。特别是提起公诉之后，公诉人由于忙碌可能对一些证据不进行装卷，散落着就移交到了法院，律师一定要向法官或根据起诉书的证据名称进行核验，确定有无新的证据需要查阅复制。

第四，阅卷要认真细致。前已述及，刑事案件的卷宗内容丰富，除大量的事实和证据材料外，还有相当数量的诉讼文书，以及一些侦查机关所作出的情况说明。虽然强调要求阅卷要有重点，但不是说非重点的内容就可以不阅或粗略地查看一下，对所有案卷材料都应当谨慎对待，认真研读。对于直接影响定罪量刑的事实和证据，当然是阅卷的重点，需要更多的精力反复阅读、逐一核实，以便从浩繁的案件材料中找到辩护的突破口，寻找对犯罪嫌疑人、被告人有利的蛛丝马迹，发现侦查机关所列证据存在的问题，证明案件事实证明的不足。特别是犯罪嫌疑人、被告人的供述、被害人的陈述、证人证言等言词证据，需要在阅卷时重点关注，注意前后陈述的不同、甚至矛盾之处，查清这些言词证据内容的变化过程及原因。对于案卷中的诉讼文书及各种法律手续，虽然它们不能直接证明案件事实，但是有时会否定一些证据的证明力，有时也会帮助辩护律师厘清辩护思路，所以在阅卷时对这些内容也应慎重对待，千万不可忽视。这其中，侦查机关的起诉意见书、检察院的起诉书，是侦查、控诉机关的总结性材料，对其进行认真研读，方便辩护律师迅速全面地了解基本案情，明了侦查机关和控诉机关的意见和结论，会让辩护有的放矢；拘留证、逮捕证、传唤证等法律手续，明确记载了案件的进程，对这些法律手续进行仔细查阅，会发现侦查机关在侦办案件过程中的违法之处，如超期羁押、非法拘禁等，也能让辩护律师明确侦查机关对案件事实的认定过程，这就方便辩护律师准确掌握侦查机关和起诉机关对案件事实的基本认识。另外，通过这些诉讼文书和法律手续，辩护律师还可以掌握侦查、起诉阶段罪名的发展变化，以便从中发现案件定性及证据方面可能存在的问题，寻找辩护的根据和契机。

第五，阅卷时应以无罪推定的法律思维，以怀疑的态度和眼光对控诉方所指控的事实和证据进行全面审查、质疑。对犯罪嫌疑人、被告人的口供、被害人的陈述、证人证言等言词证据，应从细微之处进行甄别，找出其收集程序、前后内容中存在的违法和矛盾之处。

第六，阅卷时应注意理顺与检察院或法院之间的关系。实践中，检察院或法院可能出于其他因素的考虑，会对辩护律师的阅卷设置一些障碍，这就需要辩护律师及时与之沟通，既要坚持原则，也要注意分寸，避免将关系搞僵。如果是检察院或法院办案部门故意阻挠，则可以向其上级主管机关或其上级机关反映，要求依法纠正。

第七，做好保密工作。辩护律师摘抄、复制出来的案卷材料要妥善保管，防止案卷丢失、外泄。对于其他辩护律师就相关案件请求提供案卷材料的，必须要有其所在律师事务所开具的调查专用介绍信。在检察院、法院内部阅卷时，对原卷宗应注意保持其原样，不能对其进行修改、篡改，也不能在其上作任何标记，对已经装订成册的案卷材料不能私自拆封、损毁。另外，辩护律师在阅卷中知悉的国家秘密、商业秘密及个人隐私，应当予以保密。

第八，阅卷时必须做笔录。

三、阅卷方法与技巧

律师工作是一项亲历性非常强的工作，无论是资深专家，还是新秀，对案件的深度了解、辩护思路的最终确定，无一不是从一点一滴、日复一日的阅卷工作中做起的，阅卷质量的高低，决定了我们辩护工作的深度和效果。当然，具体到个案及某一个辩护律师，其阅卷有不同的要求，自然也就有不同的阅卷方法。在此，仅选取一些常用的方法与技巧对学生进行训练。

(一)循序渐进地读卷

先“通读”,再“精读”,最后进行“深读”,循序渐进。一般情况下,在第一次阅卷时,辩护律师都会“通读”案卷。在刚刚拿到案卷材料的时候,或第一次正式和犯罪嫌疑人、被告人沟通案件前,对全案证据材料有一个大致的翻阅,主要是了解案件的证据体系,预测一下证据的薄弱环节和办案机关工作走向,在与犯罪嫌疑人、被告人进行交流时,会简要介绍证据体系的情况,对办案机关大体办案时间有一个预判,安抚当事人的焦躁情绪。

通过“通读”了解基本案情后,以后的阅卷就可以有重点、有针对性地进行,这就需要“精读”案卷。要对卷宗的证据材料进行精细阅读,对证据的“三性”进行审查,对证据的证明对象进行分析、提炼,总结证据矛盾点,探索案件证据链条和所能证明的法律事实。在这个过程中,对于律师的工作经验、工作效率、工作质量有较高的要求。要求辩护律师熟练各类证据的审查方法,找出证据漏洞。法律规定的八种刑事证据种类,律师只要掌握证据法学的基本知识,掌握法律、司法解释对证据的规定,基本就可以知道审查的重点和方法。

比如,对言辞证据的审查重点是:是否属于非法证据、瑕疵证据,证据之间矛盾所在,证明力度的高低。在审查犯罪嫌疑人供述辩解时,要结合侦查机关的提讯证进行,查清提讯证上记录的提讯次数与在卷笔录次数是否一致,有无告知诉讼权利,必要时要申请调取全程同步录音录像等;审查证人证言时,要审查证人作证的时间是否适当、地点是否符合法律规定、证人本人与案件的利害关系,证人作证能力、证明内容是否客观;对鉴定意见的审查,不能仅仅审查鉴定的形式要件,更重要的是对鉴定过程、技术标准、操作程序等实体审查,这方面会涉及多个领域的专业知识,财税、法医学、枪支鉴定、价格鉴定、文痕鉴定等等,律师必须要严格细致地审查把握,有时候要借助专家论证予以进一步分析。我们现在提倡要提高刑事辩护的技术含量,应当首先从这些地方下功夫。对现场勘验的审查,不是只审查现场情况与当事人供述的是否基本一致,还要注重审查现场提取的证据,是否能与其他证据相互印证,比如,凶杀案现场提取的血液有无鉴定,是否为被害人、当事人所留,现场血迹的种类、分布、范围、高度、颜色等是否符合客观规律,能够与言辞证据一致,等等。

在“精读”的过程中,律师要运用到法律逻辑思维,就是弄清楚每一份证据存在的价值和意义。比如,一个杀人焚尸的案件,除被告人供述外,没有其他直接证据予以证明,能不能进行认定呢?对此不能机械地以只有“被告人供述,无法定罪”予以判断,要围绕被告人供述的所有内容,去找到一切可以与之相互印证的其他间接证据来进行判断,比如被告人供述的作案工具、焚尸用的火源等,这些都是有助于建立内心判断的一些证据,公诉人、法官是这样的逻辑,律师也应该有这样的逻辑,才能“先立后破”。因此,明白证据的价值和意义,运用法律思维来对案件进行客观的审查才是律师辩护的常态。

经过了对卷宗的仔细审查后，律师对案件应当有了一个基本理性的认识和判断，同时也发现应该能够发现案件存在的问题，这之后就需要进一步地"深读"案卷材料，带着律师发现的问题去检索、解释、突破。结合具体的案情找到辩护的突破口，特别是在一些新型案件、民刑交叉的经济案件中，在定罪、定性的问题上，往往会涉及烦琐的部门规章、地方法规，这些信息资料的收集研判会极大影响案件的走向，甚至会产生是否构成犯罪的问题。

（二）多种方法相结合使用

第一，快速翻阅与重点查看结合。快速翻阅是指在拿到案卷材料后，要在仔细研读起诉书的前提下第一时间概括地阅看案卷，其目的是能够迅速获悉检察机关指控的犯罪事实是否清晰，证据是否充分，犯罪性质和罪名的认定是否正确等问题。通过快速翻阅及时掌握主动权，便于作出下一步案件审理的计划安排。现在有些审判人员拿到案卷后，往往不是迅速阅看，而是拖到要用时再看，这样很容易出问题，甚至误事。重点查看，就是要静下心来集中精力，对案件关键证据着重审查，结合其他证据形成观点。

第二，表述性材料与书证、物证等证据对照。证人证言、被害人陈述及被告人供述是以语言文字形式对行为、事物、事件所作的表述，由于人的感官认识能力及对事物认知的局限性和表述的差异性，上述材料往往与真实情况有一定出入，甚至相差很大。这也是许多审判人员面对说法不一的材料而时常感到难以认定的原因，总希望对某一事物的各种表述都能基本一致，高度一致更好。一旦不一致就举棋不定，不知如何认定。因此，应当把表述性材料与书证、物证等材料结合起来，通过对照、印证，确定案件事实的真伪。

第三，阅卷与实地查看相结合。刑事案件都有案发现场，通过现场所获取的证据对案件认定往往有极为重要的作用。但由于受各种客观条件的限制，从案卷材料和现场提取的物证中有时并不能真正了解现场的实际情况，影响判断甚至误导。有经验的办案人员善于从实际出发，亲临现场，实地查看。

（三）分类整理案卷材料

虽然侦查机关或控诉机关会对案卷材料进行分类整理并装订成册，但他们的整理，一是为了满足格式的需要，二是方便其诉讼。作为辩护律师，我们阅卷的目的是发现事实和证据存在的问题，所以就不能完全依据他们对案卷的分类来进行阅卷。这里介绍几种常见的分类整理方法。

第一，列表排序法。对于不是特别疑难复杂的案卷，我通常会在阅卷后将案卷全部"打散"，然后按案件发生及诉讼进行的时间顺序，重新整理被告人供述、证人证言以及其他证据，以此尽可能地还原案件的侦查过程和侦查人员的办案思维的形成过程。通过审视侦查过程，我们会发现很多正常情况下，按原先装卷顺序所不能发现的有价值线索,对案件的合理怀疑亦会浮出水面。对于疑难复杂的案件,因其涉及面广,材料庞杂,这就需要对案件从纵横两方面进行审查,可以用列表的方式对案卷材料进行梳理。特别对多人犯罪、一人犯多罪、证人较多的案件,涉嫌的犯罪之间存在冲突,口供前后不一致,证人证言相互矛盾等现象时有发生,通过列表,能较为清楚地对这些证据进行比对,找出其中不协调、不一致的地方,以便揭示矛盾,判断证据的真伪。

第二,提纲挈领法。为尽快了解全案的情况,做到总揽全局、心中有数,辩护律师一定要提起案卷中纲领性的材料,以此为基础展开阅卷。辩护律师可以先查阅各个诉讼阶段的总结性诉讼文书,如立案报告、侦查终结报告、起诉意见书、起诉书等,这些诉讼文书是侦查机关和检察机关对案件的总结,也是案卷中纲领性的材料。辩护律师通过对总结性诉讼文书的查阅,能清楚侦查机关和控诉机关的意见和主张,了解基本的案情和证据。在此基础上,可再进一步扩大阅卷范围,全面地了解案情和证据。除了侦查机关和控诉机关的总结性诉讼文书外,犯罪嫌疑人、被告人的供述和辩解也可以用来作为纲领性的材料。犯罪嫌疑人、被告人的供述和辩解不仅是侦查机关和控诉机关的办案直接依据,而且也是辩护的立足点。阅卷时,先查阅犯罪嫌疑人、被告人的供述和辩解,从中发现能够证明其无罪或罪轻的证据和线索,及时调整辩护策略和方向。在此基础上,进一步扩大阅卷范围,以这些供述和辩解作引子,对全案的事实和证据进行对比。

第三,择要索引法。对于案件材料较多的,可择其要点制作索引表,以方便辩护律师查找和使用。在制作索引表时,注意应将证据材料所在的卷宗编号、证据名称、证人名字及身份、证据取得的时间和地点等基本情况列明。对于一些关键证据的核心内容,最好是原文抄录下来,以便随时查阅和引用。

第四,画图法。对于一些复杂案件,因涉案主体较多、证据众多、关系复杂,其他方法可能无法将众多的材料进行分门别类,这时可以利用图画来梳理,对图示的方法来说明案情。

第五,归纳总结法。辩护律师全面查阅案卷后,需要对案卷材料进行归纳总结。一是要列明已有的证据材料及其所要证明的事项;二是要总结出事实证明的不足之处,列明需要进一步查阅和调取的材料;三是要列明案件的争议焦点,形成初步的质证和辩护意见,为撰写辩护词、发表辩护意见奠定基础。

(四)针对不同材料的性质与作用确定阅卷的内容

1. 对诉讼文书、技术性材料的审查

所谓的诉讼文书、技术性材料,指的是案卷里面不涉及案情本身的拘留证、逮捕证、鉴定结论等材料。一般情况下,阅卷的时候很容易忽视这些材料。但是,如果辩护律师能对这些材料多加留心,也许会有意外的惊喜。

刑事诉讼中对于“期限”的要求非常严格。传唤证、拘留证、逮捕证等法律文

书,能够说明当事人在不同阶段的身份,也可以证明侦查人员的行为是否违法,当事人的交代是否构成自首。对于这些文书,辩护律师要注意它时间上的衔接、罪名上的变化。如果当事人是在排摸阶段被侦查机关传唤,主动交代了自己的犯罪行为,根据法律规定,属于自首情节。如在起诉书中未认定当事人自首的,可以根据侦查机关的传唤证、拘留证上注明的时间判断其是否具有自首情节。从案卷材料中发现一个小小的问题,抓住办案单位的把柄,能够为辩护律师的工作带来很大的帮助,从而给当事人带来利益。

立案审批表、拘留证、逮捕证上罪名的变化(结合最终起诉书指控的罪名)也需要留意。一般情形下,罪名的变化是因为办案人员对行为的定性认识不准,但是也存在一些其他的原因。当事人的如实交代是罪名变化的重要原因之一,还有可能是侦查机关的管辖权冲突,也就是部门之间的利益之争。抓住案卷材料的一些重大问题,辩护律师可以光明正大地与控方进行交易,从而维护当事人的权益,这样,控方不但不会记恨辩护律师,还会感谢辩护律师的配合。

鉴定意见(包括责任认定书、评估报告等)虽然专业性比较强,但辩护律师不能因为自己不专业而放弃。相关法律对鉴定意见的形式要求非常严格,但是在一些案件中,公诉人对这一方面的规定不熟悉、不重视,所以往往能让辩护律师发现问题。一般情况下,鉴定意见可能存在的问题主要包括:鉴定书的文号;鉴定机关的资质;鉴定人的资质;鉴定人的数量;签名、印章、鉴定时间;鉴定的过程;是否送达并告知当事人权利。一些程序上存在的问题,虽然不会对案件的定性产生影响,但是在审判实践中往往会体现为量刑上的从宽。如在一起重大责任事故案件中,案卷里面有一份某机关的整改通知书,但是该通知书上并没有签收的字样,而是在下面注明"由于单位负责人不在,其他人不同意签收,因此交给工人转交"。留置送达的确是送达的一种方式,但是,必须有其他在场人的签字证明,如果是转交的话,也应注明转交人的详细身份。该单位的"生产日记"可以证明,当天负责人一直在厂里。这说明通知书是一份事后补的假书证。

对被告人来说是犯罪证据的鉴定意见,有时候也可以作为被告人罪轻的证据。在一起故意伤害致死的案件中,"法医鉴定结论"中描述受伤的部位大多都是皮外伤和软组织挫伤,而起诉书中所称被告人用脚踩被害人胸部,根据常识,用脚踩胸部,一般情况下会导致肋骨断裂,但是被害人胸部仅有皮外伤,肋骨完好,这说明被告人的打击力度是有限的,并非要致被害人于死地,而导致被害人死亡的部位是头部,是被害人遭到被告人击打后头部撞击地面形成的,从被告人对受害人的打击部位和打击力度可以看出,其伤害他人的主观恶性较小,致死是意外事件。通过以上分析我们可以得出一个结论:看似无用的诉讼文书卷,其实大有文章可做,一定不能掉以轻心。

2. 对言词证据的审查

言词证据主要包括被告人供述、被害人陈述、证人证言,也就是通常所说的

“口供”或者“笔录”。在传统的观念里面,口供被视为“证据之王”,往往构成案卷材料的主要内容。起诉书对案件事实部分的描述,绝大部分来自对言词证据的整理。在研究言词证据的时候,首先需要认识到以下几个问题:①言词证据大多是通过当事人对事件的回忆来制作的。人的记忆并不是绝对可靠的,经常会出现混乱、模糊、错误,甚至是遗忘,尤其是对时间久远的一些事情的回忆。②办案人员在记录当事人讲述的时候,难免会帮助他组织和整理语言,留下记录人自己的痕迹。③对于同一事件的描述,在案卷中会有多个人的多份笔录,如果这些笔录讲述的内容完全一致,毫无疑问,办案人员没有客观真实地记录当事人的陈述;如果存在太多的重大差异,则说明其中部分言词证据的可信度值得怀疑。以上三点综合起来就是:言词证据具有不稳定性。只要花时间将案卷中所有的言词证据反复做对比,认真推敲,一定可以找出其中的漏洞。

在言词证据的审查中,形式和内容同样重要。审查言词证据的形式时需要注意以下几个方面。

第一,笔录的制作时间。笔录形成于案件的哪个阶段,关系被告人是否具有自首等情节的问题。笔录制作持续的时间,关系侦查程序是否违法的问题(超过了法定的时间,属于变相的刑讯逼供)。

第二,笔录制作人及在场人。实践中,经常会出现一位侦查人员的名字同时出现在“被告人供述”和“被害人陈述”中的现象,侦查人员在发现问题后,做了修改,但也可以只是换了个名字,而忘了让被告人加上指模。这明显地告知辩护律师,修改是在事后进行的。同时意味着,这个侦查人员在审讯的时候,在两个审讯室走动,要么其中一份笔录是只有一个侦查员在场的时候制作的。很多时候,我们的侦查人员制作笔录的时候没有养成签名的习惯。尽管绝大多数的笔录上记录了两个侦查人员的名字,但是实际上除了记录人员的笔迹,很少有另一名在场的侦查人员的签名。这是一个很明显的证据瑕疵,侦查机关无法证明在场的侦查人员是两人,如果无法证明这一点,那就违反了《刑事诉讼法》的规定,从理论上来说,就是非法的证据,应当排除。

第三,笔录制作的地点。不管是犯罪嫌疑人、被告人,还是证人,在不同的地点询问或讯问会有不同陈述,在一个相对自由的环境下,他们对侦查机关的询问或讯问会显得从容,陈述的事实往往更接近真相,相反,如果在一个封闭的,足以让其失去人身自由的环境中询问或讯问,犯罪嫌疑人、被告人及证人往往出于对侦查机关的畏惧,不得不作出侦查机关想要的陈述。通过对笔录制作地点的审查,能找到对笔录的质疑对象。

第四,是否告知当事人权利义务。根据法律规定,侦查人员在第一次讯问犯罪嫌疑人或询问证人的时候,必须告知其权利义务。阅卷的时候,留心笔录里面是不是有这样的记载。一般来说侦查人员不会遗漏这一项内容,但是,实践中不排除某些侦查人员可能想公报私仇,为了参与案件的侦查,没有告知犯罪嫌疑人有申请回避的权利。在法庭上,辩护律师虽无法举证侦查人员和犯罪嫌疑人之间的私人恩怨,但是,可以侦查人员“未告知犯罪嫌疑人权利”为由,对该侦查人员参与提讯的讯问笔录提出质疑。

第五,笔录的签名。一份形式上合格的笔录,最少应当有三个以上的签名:两名侦查人员,一名当事人。关于侦查人员签名的问题,前面已经讨论过,这里说说当事人签名的问题。当事人的签名,是最容易被律师忽视的问题。几乎所有的笔录,最后的话都是一样的“以上内容我看过(向我宣读过),和我所说的一致。某某某,年月日”。所以阅卷人一般都不重视这句话。但是,为了在以后的庭审中申辩,有的当事人会在签名上做一些手脚。比如“和我所说的不一致”等等,如果侦查人员马虎大意,这样的笔录就会作为证据移交到法院,给律师的辩护带来机会。

第六,笔录是否有修改、添加内容的痕迹。实践中,经常会发生当事人对笔录内容提出质疑的事情,有些当事人说笔录中的一些对自身不利的话他并没有说过,不知道怎么回事就出现在了笔录之中。如果当事人的说法是真实的,那就意味着侦查人员对已经制作完毕的笔录添加了新的内容。这一做法看似不可思议,在现实生活中却是有可能发生的。某些侦查人员破案心切,不惜以身试法,伪造证据。因此,在审查言词证据的时候,一定要留心笔录的书写是否流畅,字体大小是否基本一致,笔迹风格是否统一,墨迹的深浅是否一致。如果在笔录中出现了不和谐的字迹,而又没有被告人加盖指模确认,那就需要引起阅卷人的警惕。如果我们确信笔录可能存在伪造之处,那么可以向法院申请进行笔迹鉴定。辩护律师的申请不一定会被法院采纳,但是通过这一招敲山震虎,可以对法院最终判决的结果起到有益的帮助。笔录的内容因案件不同而千差万别。每一份放进案卷的笔录都是为了证明该案件的某一个或几个点,能不能互相印证就是关键了。公诉人要得出的结论是可以互相印证,而我们要得出的结论就是笔录中关键事实的冲突。一起案件事实的基本要素包括:时间、地点、人物、经过。判断当事人陈述的内容的真伪以及可信度,可以通过以下几个方面进行:研究当事人在不同时间所做的不同笔录中的差异;比较不同当事人对同一事件的陈述的差异;结合案卷中其他证据材料(书证、物证等),找出当事人陈述的矛盾之处;结合当事人的人生经验,找出其陈述的矛盾之处;结合辩护律师的人生经验,找出当事人陈述的矛盾之处。

在审查言词证据的内容时,我们还需要留意,侦查人员的发问是否带有威胁和诱导的色彩。

3. 对其他案卷材料的审查

案卷材料中还有书证、照片等其他证据材料。同样要从形式和内容两个方面来认真审查,不能掉以轻心。以照片为例,照片是对案发现场或物证的一个客观反映。在审查照片的时候,应结合案件具体情况和生活经验来作出判断。在一起特大交通肇事案中,被告人驾驶的客车坠入悬崖,车上22名乘客死亡。辩护律师根据现场图片中山路边上的防护墩被撞散的情况,在法庭上指出:如果防护墩按照国家标准设计，这一起坠崖的事故完全可以避免，导致22人死亡的直接原因，在于腐败的“豆腐渣”工程！这种辩护可以为被告人获得量刑的有利地位。在案卷材料中，还有一类所谓的“证据”，那就是由侦查机关制作的“情况说明”“抓捕经过”等。尽管这些材料不属于法定的证据种类，但是在案件的审理中，却起到了非常重要的作用。对此，辩护律师一方面要严肃指出这些材料不应作为证据使用，一方面又要给予足够的重视，发现其内容上存在的问题，以子之矛，攻子之盾。

在所有的案卷材料审查完毕之后，辩护律师还需要站在整个案件的高度，来分析一下：指向被告人犯罪的材料有哪些？非法证据排除之后还剩下哪些？现有的证据是否能够形成完整的证据链条？案卷材料中缺失了哪些关键性的证据？通过对全案证据材料的综合分析，如果能够确信证据链条断裂的话，可以“证据不足”为由，维护当事人的合法权益。

第三节 阅卷笔录的制作

阅卷笔录，对于辩护律师自己全面的了解案情，梳理案情，对办案进行指导，作为开庭重要的素材，都有着非常重要的意义。阅卷笔录可以成为律师办理刑事案件中除了开庭之外的非常重要的环节之一，当然这个阅卷笔录其实就是开庭的重要素材之一。我们开庭的时候都会看到，公诉人出庭的时候，手里总是会有一份或薄或厚的材料，基本上整个庭审都不离其手，这个就是公诉案件审查报告，是集工作记录、证据摘录、案情分析、出庭提纲、答辩意见等于一体的工作材料，案结后会保存在检察内卷之中，一个标准规范、质量高的审查报告是可以完全反映案件在审查起诉阶段全部工作和公诉机关作出认定的全部过程。辩护律师在阅卷时也应当以公诉标准，甚至高于公诉标准来制作阅卷笔录，这样至少在庭上可以与公诉人达到在阅卷工作上的能力和技术上的平衡，避免出现庭审中跟不上公诉人节奏的尴尬。

一、阅卷笔录的内容

阅卷笔录的题头应写明案件受理情况，包括接受委托的时间、委托人基本情况、委托人与犯罪嫌疑人、被告人的关系、利益冲突审查情况、受理时的诉讼环节等。主干内容应当包含以下基本的十个方面，每位律师根据自己的办案风格可以适当增加内容，但不应当去减少以下内容：

第一，犯罪嫌疑人、被告人的基本情况。包括姓名、性别、民族、身份证号码、文化程度、家庭住址，前科情况，涉嫌罪名及采取强制措施的情况、羁押地点等。

第二，被指控犯罪事实的基本情况。包括案件的发生时间、地点，侦查机关的立案、破案时间，由此事实侦查机关及起诉所认定的罪名，侦查机关及起诉所认定罪名的构成要件，存在的量刑情节，可能的刑罚幅度，经阅卷后辩护律师所认定的事实及罪名等。

第三，认定事实的主要证据，对全案证据进行摘抄、归纳，对部分证据的质证意见。存在的指控证据证明力强的，在卷宗中标记并适当摘录。对证据进行分组归纳，分析论证证明对象或不能证明起诉书指控的事实。在阅卷笔录中，占最大篇幅的应当就是证据的摘录。对于证据的摘录，既要避免那种"蜻蜓点水"的形式化笔录，也要避免"全搬照抄"的第二卷宗式笔录。证据的摘抄、组合、排列，比较高的境界是与公诉人在庭审出示的证据达到一种契合，也就是说辩护律师要摸到公诉人指控案件的脉络，这对辩护律师在法庭上的质证和辩护是有利的。根据高检院公诉人出庭规范以及工作实践中经验来看，对于证据的摘抄、组合方法主要有以下几种：按照证据证明力大小，按照先客观证据后主观证据、先证明力强后证明力弱的顺序。比较常见的是命案案件，常按照案发现场勘验笔录（证实案发）、鉴定意见（确定尸源、比对排查嫌疑人）、书证、物证、证人证言（确定犯罪嫌疑人）、被告人供述与辩解的顺序进行出示。还有被告人自首的案件，特别是先供后证的案件，会把被告人供述放在最前面出示，更有利于清楚地证明案件事实。按照犯罪构成要件，较为典型的就是职务犯罪案件中的受贿案件，一般会按照主体证据、职务便利证据，收受贿赂的证据、谋取利益的证据进行组合、出示。按照侦查工作逻辑，一些特殊案件，侦查机关通过一件反常的事情打开案件突破口，从而查实犯罪的，会根据这样一个侦查突破口进行与侦查工作向对应的证据出示方法，逐步揭开犯罪事实。

在证据摘抄中，还有一些技巧和要求，有利于我们更加清楚地提炼事实，如分项事实分项举证：一人多次作案的，按照起诉书指控的犯罪事实，分项举证，不能全部按照证据种类堆在一起；多人多次交叉作案运用归纳图表，更加简便，常见的盗窃、抢劫案件，有助于快速排除当事人没有参与的作案；靠言辞证据定案的，要用对比表反映出言辞之间的矛盾，如参与人数较多的寻衅滋事、故意伤害、故意杀人案等。

第四，犯罪嫌疑人、被告人的供述和辩解。犯罪嫌疑人、被告人的供述和辩解往往能表明其犯罪的主观状态，这部分内容主要从犯罪嫌疑人、被告人的讯问笔录中获取，最好是同时记录下辩护律师在会见时询问笔录中所记录的相关内容。

第五，犯罪嫌疑人、被告人辩解的依据。如果说犯罪嫌疑人、被告人的辩解是辩护的起点，那么支撑其辩解的依据则是辩护活动的一根主线，找出辩护的主线是辩护活动展开的首要任务。这根线往往就暗含在案卷材料之中，阅卷时应详细记录犯罪嫌疑人、被告人在不同场合、不同时间所提出的辩解理由。而且，有时这种辩解是犯罪嫌疑人、被告人在不经意间做出的陈述，这需要辩护律师细心地去推敲分析。

第六,控方证据体现中有无矛盾和漏洞,是否足以驳斥犯罪嫌疑人、被告人辩解。即对控方证据的质证意见和相应分析。辩护律师应当对控方指控的事实进行逐笔分析,应对证据的合法性、关联性和真实性进行质疑。控方的证据体系能否形成完整的证据锁链,是否存在矛盾和漏洞;被告人的辩解是否有其他证据的证明。

第七,有无法定和酌定情节。法定情节,系法律明文规定,在量刑时必须考虑的因素。法定的从轻、减轻或者免除处罚情节:犯罪未遂、中止,在共同犯罪中起次要或辅助作用的从犯,系被胁迫诱骗参加犯罪的胁从犯等,又聋又哑人或盲人的,犯罪以后自首、立功、坦白,系未成年人、限制刑事责任能力的精神病人等。另外,可判处死刑的刑事责任年龄,必须在实施犯罪的时候已年满18周岁。审判的时候已满75周岁的人,不适用死刑,但以特别残忍手段致人死亡的除外。酌定情节,系虽无法律的明文规定,但根据刑事政策和审判实践经验,在量刑时可以酌情考虑的因素。一般包括:犯罪动机、起因;犯罪手段;犯罪时的环境和条件,特别是当时的政治、经济形势和社会治安状况;犯罪造成的危害后果;犯罪侵害的对象情况(被害人是否有过错);犯罪前的一贯表现;犯罪后的态度(退赃、退赔及主动接受财产刑处罚等)。

第八,适用法律情况。重点记录起诉意见书和起诉书中所引用的刑法、刑事诉讼法规定及相关司法解释的法条,联系案件事实初步判断其适用是否准确。

第九,诉讼程序和法律文书中存在的问题。从侦查机关的侦查过程中发现程序性违法事实,例如,超期羁押、非法取证、刑讯逼供等。从相关法律文书的格式中发现纰漏,以此否定某些法律文书认定的事实。

第十,同案犯罪嫌疑人、被告人的有关情况。在共同犯罪中的地位和作用,并关注可以共用的辩护证据。

第十一,有罪或无罪、此罪或彼罪、重罪或轻罪的分析。阅卷后,辩护律师应对案件事实有一个初步的判断,从罪的有无、罪的类型、罪的轻重等方面形成辩护思路。

第十二,制定辩护方案,是否申请法院调查、是否自行调查取证、是否申请证人出庭、形成何种辩护观点及意见等。

显然,阅卷笔录不是一次性完成的,会一直跟踪记录到案件结案之后,根据进展进行补充和调整。

二、阅卷笔录的制作方法

会不会做阅卷笔录,是区分律师是仅仅将案卷变薄,还是通过阅卷去发现事实真相、将案卷变薄并加工编撰案件法律事实的重要分水岭。就像一名编辑,他仅仅是将书本做一个简化,从厚变到薄,还是能通过编辑整理、内部加工,最后编纂、创作形成一本全新的书,是衡量一个编辑水平高低的重要因素。

一般而言，阅卷笔录的第一部分，是基本案情介绍，内容包括被告人身份、犯罪事实、指控罪名、被告人辩解等相关基本信息。第二部分，是制作阅卷笔录时，书面所要反映的核心内容。其一是据以定罪量刑的情节，其中既包括控方情节，也包括辩方情节，这些内容都要从案卷中一一寻找出来。其二为言词证据的前后矛盾之处，同供不一、同证不一、供证不一的情形，都要一一列明。其三是构成犯罪的五要素，时间、地点、人物、过程及结果要齐全。没有争议之处列明一次即可，有疑问、争议之处每次都应仔细比对、列明。其中，对于前后矛盾、前后完全相同之处，也应当予以特别的关注，前者反映了相关言词证据的变化，后者则存在复制粘贴的可能。同时，结合前述纵向、横向比对方法，大体就可能形成我们的辩护思路。制作相关笔录时应尽量使用原文摘录的方式。原文往往会以一问一答形式展开，在对原文进行摘录时，应尽量遵循原文形式，不要用自己语言进行概括加工。当然，若证据明显没有证明意义，可以通过附带加标记方式进行概括性说明。

制作阅卷笔录，究竟有无模板，每个律师都有他自己制作阅卷笔录的技巧，并且会因个案而异，不存在一个放之四海而皆准的模板。有时案件在定性方面发生争议，制作阅卷笔录会更注重于定性的问题；有时案件因定量发生争议，阅卷笔录的重心会偏向于定量问题；有时案件在核心证据间出现争议，此时制作阅卷笔录又是另一种证据比对的方法。目前，检察机关制作他们的阅卷笔录——审查报告是有模板的，并且较之律师的阅卷笔录，他们的审查报告更为详细，审查报告是有一个随着案件的不同而有所不同的模板。律师的阅卷笔录是没有权威的模板的，不过，阅卷笔录也是可以存在这样一个基本的框架和模板的。按照这样的一个框架去阅卷，会有利我们在阅卷时发现问题，厘清案件事实、争议问题，也比较省时省力。在这里，简单介绍几类模板。

第一类为普通刑事犯罪，即传统犯罪。一般而言，普通刑事犯罪包括以下五个部分：犯罪嫌疑人基本信息（包括身份、住址、前科、强制措施等）；控方的指控内容；犯罪嫌疑人的主要辩解；列明针对指控内容、主要辩解在案卷中所找到的相应的事实、证据等材料；提出分析意见并计划下一步工作。

第二类为走私、贩私、金融、税务等经济类犯罪。制作这类犯罪的阅卷笔录时，在格式上仍应遵循上述制作普通刑事犯罪阅卷笔录的方法。同时，针对该类犯罪书证特别多的特点，需要将重点放在书证及其复印件的审查上。对于大多数的经济类犯罪，口供主要用于证明客观行为与主观犯意之间的联系，对于行为本身的法律性质的判断，则更多地需要通过大量的书证，一环扣一环地进行分析。特别是阅卷中涉及具体的经济法、部门法，需要我们在阅卷时尽可能找到具体的规定。当然，对于证人证言、被告人口供与相关的书证及鉴定结论等证据之间的联系，是阅卷摘录的重点。最后，律师还应围绕控方指控和犯罪嫌疑人辩解两方面，进行证据摘录。在阅卷过程中，有可能会出现既不是控方指控，也不是犯罪嫌疑人辩解的第三种情形，此时律师应当分析该情况出现的原因及对案件可能的影响，在阅卷时以附加材料的方式,予以注明。

第三类为常见的职务类犯罪。职务犯罪,特别是受贿类犯罪的阅卷。目前对于此类犯罪,侦查人员制作的笔录的形式上,其实已经很难发现明显的缺陷。我们所说的缺陷,并不是指形式上或实质上的缺陷,而是指笔录中明显不合常理的反常之处。因为职务犯罪,特别是受贿类犯罪,主要是依靠口供来定案的。因此对于职务类犯罪,我们应当紧紧地围绕着证人与犯罪嫌疑人两方口供的比对差异,并联系相关事实,以表格形式清晰地将其表现出来。实际上,有或没有的基本事实,笔录很难明显看出,需要关注的,往往是合理性。一方面,结合法律和司法解释的规定,对犯罪构成要素的关注非常重要;另一方面,根本不存在的事实要"说"成是存在的,总会在某些地方留下不易发觉的破绽,这就需要辩护律师高度的注意力和丰富的生活经验、办案经验来支撑,无法找到一个标准的发现问题的阅卷记录的模式。

比较容易的阅卷笔录,主要还是普通刑事犯罪和职务犯罪,它们考验的是律师的生活经验和观察问题的注意力,在工作量上是相对轻松的。当然,有些职务犯罪不仅涉及一般的生活经验,还与当事人及相对人所处行业的特殊情况有关联,对于这些问题,律师当然应当注意到。而经济类犯罪,更多是考察律师了解相关关联学科的专业程度。所以律师是活到老,学到老,遇到案件中不太了解的某些问题,我们应当及时向他人请教,或者搜集有关专业的、权威的知识。

以上所列的三个模板,都是按照犯罪类型进行分类。另外还可以被告人数量、犯罪次数为分类标准制作阅卷笔录方法。

多被告案件、存在多节同类犯罪事实的案件,一般主张通过列表、横向比对的方式来进行阅卷。这种阅卷笔录模板,更多的是通过直观形式对案件的时间、地点、人物、过程、结果、原因等因素进行一一分析、对比,找出相同点和不同点,然后再结合前面讲到的时间上纵向比较、事实上横向比对方法,一般就能很快发现控方指控的依据是否充分。

总而言之,制作阅卷笔录的方法,"戏法人人会变,各有巧妙不同"。归根结底,我们是要通过阅卷实现我们的阅卷目的——熟悉案情,寻找真相,简化案卷,方便庭审,找到控辩双方有利和不利证据,从而得以夯实案情、趋利避害的建立一个攻防体系。事实上,也就是律师通过制作的阅卷笔录,可以一目了然看到案件中的问题,形成新的办案思路,为我们的下一步工作提供一个方向。

附1:

阅卷笔录的通用格式

时间:________年________月________日________时至________时。

地点:北京市________人民法院刑事审判庭。

案由:故意伤害。

被告人：周________，男，________岁，________市________县人，一汉族，北京市________中学学生，住昌平县________路________号________楼________房。因故意伤害于________卯________年________月________日被拘留，________月________日被取保候审。________卯________年________月________日公安机关移送审查起诉，________人民检察院于________月________日提起公诉。

一、案件事实及被告人陈述

1. 起诉认定的事实："被告人于________年________月________日晚7点30分左右，在________市红星礼堂看电影时，与值班人员田________发生口角，相互厮打，被在场人员拉开后，被告人认为吃了亏，返回家中拿了水果刀再次跑进礼堂，将田________左时部及右手第一腕关节砍伤。经医院诊断：被害人田________左时软组织切割伤，并前臂外侧皮神经损伤；右手第一掌腕关节断裂，伸姆长肌脖断裂，第一掌骨基底骨折。"（卷宗第6页）

2. 被告人周________陈述："________年________月________日吃过晚饭后，我到图书馆看书，听说红星大礼堂演电影。约7点半左右，我跑到大礼堂，见电影已经开演，于是我就沿后排往前走。这时坐在最后排边座的一个人拉了我一下，问我干什么的？我说'看电影'。我又问'演什么电影？'那个人不耐烦地说：'你自己看嘛！'我嫌他态度不好，就你一句我一句地吵起来。在吵架过程中，那个人朝我打了一拳，致使我退后4米远，坐到地上。这时过来了几个人，将我们拉开了，我感到吃了亏，就回家拿了水果刀返回礼堂。那个人见我拿着刀，就站起来夺刀，我就朝他砍了一刀。之后，我就被带到电影院值班室了。"（卷宗第11页）

二、有关证据

1. 水果刀一把（照片）。（卷宗第24页）

2. 刑事科技鉴定结论：水果刀上所粘血液，与受害人田________的血型一致。（卷宗第28页）

3. 北京市第________中级人民法院刑事科学技术鉴定书（1卯8）________中法伤鉴字第________号《关于对田________伤情的认定意见》："________年________月________日对受害人田________的伤情进行检查发现，右拇指掌腕关节处有一约4cm长瘢痕，右拇指功能基本丧失，左前嘴皮肤有一约3cm的瘢痕。左前臂皮肤感觉减退。根据上述情况认为：田________的伤情符合《人体重伤鉴定标准（试行）》第2章第6条第11款的规定，构成重伤。"

法医：王________

________年________月________日

4. 医院病情记录。（卷宗第31页）

________年________月________日22:00，田________，男性，20岁，红星电影院门卫。晚8时执勤时右手及左时部被砍伤，流血不止，来院急诊。查体见：左时前内侧见约3.5cm皮肤裂伤，皮下浅静脉断裂。右手第一掌关节背侧有约4cm长抖行刀口，关节面外寡，远端关节软骨部分受损，指背血管断裂，伸拇长短肌脖断裂。诊断为：右手切剑伤，右时部切割伤。

医生：________

三、案件性质及认定根据本案定性为：故意伤害罪。

认定根据：

1.《人体重伤鉴定标准（试行）》第二章第六条第十一款：拇指挛缩畸形，不能对指和握物。

2.《刑法》第二百三十四条："故意伤害他人身体的，处三年以下有期徒刑拘役或者管制。犯前款罪，致人重伤的，处三年以上十年以下有期徒刑；致人死亡的或者以特别残忍手段致人重伤造成严重残疾的。处十年以上有期徒刑、无期徒刑或者死刑。本法另有规定的，依照规定。"

四、案件情节及法律有关规定

1.法定从轻情节：《刑法》第十七条第四款规定："对照前三款规定追究刑事责任的不满十八周岁的人犯罪，应当从轻或者减轻处罚。"

2.酌情从轻情节：被告人归案后认罪态度较好。

3.其他情况：被告人正在________中学读书，系中学学生。在校学习期间，遵纪守法，学习成绩较好。同学、教师反映均好。

阅卷人：________

________年________月________日

附2：

阅卷笔录

时间：2012年10月29日10时30分至11时10分。

地点：长春市南关区人民法院刑事审判庭。

案由：故意伤害罪、寻衅滋事罪、窝藏罪。

被告人：胡××，男，1987年8月12日出生，身份证号码：2206211×××××××，吉林省长春市人，汉族，无业，文化程度初中，住吉林省长春市南关区。因涉嫌故意伤害罪于2011年10月16日被长春市公安局南关分局刑事拘留，于同年11月22日被长春市南关区人民检察院依法逮捕。2012年02月21日公安机关向南关区人民检察院移送审查起诉，期间因事实不清、证据不足，于2012年3月20日退回公安机关补充侦查，同年4月19日再次移送审查起诉，普陀区人民检察院于2012年05月29日提起公诉。

一、案件事实及被告人陈述

1.起诉书认定的事实

"2011年10月14日下午，被告人方××与高××在本区沈家门街道新开路的一家棋牌室玩牌，因赢钱后钱的归属问题发生了争吵。当天晚上，被告人方××得知高××和杨××带人在找他，先纠集胡××、王××、王××、吴××、兰××在沈家门寻找高××、杨××,尔后又通过"小宋"联系到高华××和杨××,并约定在本区沈家门街道天丰楼门口见面。被告人胡××等各拿一把刀,在沈家门新开路等高××、杨××。期间被告人吴××发现高××、杨××往东河菜场方向走去,被告人方××等6人便分两路前去拦截。被告人兰××、吴××率先追上高××、杨××,被告人兰××将刀扔在地上,欲与杨××对打。随后赶到的被告人胡××上前掐住杨××的脖子,并用刀砍杨××。杨××伸手夺刀时和被告人胡××一起摔倒在地,随后赶到的被告人方××、王××、王××见状立即上前参与打斗,被告人方××朝××背部连砍数刀,被害人杨××随即逃离现场。被告人王××朝高××砍了一刀,高××当即受伤倒地。尔后,被告人方××、王××、兰××等人开车逃离定海……2011年10月15日下午,被告人王涛在沈家门抓获,其余7名被告人在被告人袁久文家中被抓获"(起诉书第3~4页)

2. 被告人胡××供述(第2次,共13页)

2010年8月份的一天晚上,我跟齐××在平阳浦街上走到板桥路桥头的时候,我们就坐在板桥头那聊天了,齐××跟我讲他最近上网都没有钱了,我说我也没有钱了,齐××就说:"要不我们去搞点钱花花?"……他指着那家小店说:"我们去抢这家店"……后来因为对面棋牌室一直开着,齐××跟我说今天算了,明天再来好了,于是我们离开了。第二天晚上,我先去敲门,然后以买香烟为理由,待老板转身拿时,我冲到柜台里,顺手拿起柜台上的一把剪刀逼住老板,小店老板看我用剪刀逼住他,就想来抢我手上的剪刀,被我用剪刀刺了一下。齐××转身叫我快点拿钱,齐龙飞又让我再拿两包香烟……齐××叫小店老板蹲在地上……(证据卷宗第84~96页)

3. 被告人齐××供述(第6次,共10页)

我和我老乡曹××没有钱花了,我就主动向曹××提出说:"平阳浦板桥头那边有一家小店,我观察有一段时间了,那家店平时晚上较晚关门的,而且小店老板是个老头,带了一副很厚的眼镜,看上去呆呆的,我们就去抢这家小店"。曹××也听我的。我跟曹××说:"你等会儿假装去买一点东西,然后问一问小店什么时候关门,看清楚小店老板把钱放在小店的什么位置,我们好方便抢劫。"……我拿过那把剪刀对着小店老板的脖子,吓唬他:"不要出声"……我们逃到较远处数了一下钱,大概有1900元左右,还有两包蓝色的利群香烟……

二、有关证据

1. 辩论笔录(照片)。(卷宗第89~106页)

2. 长春市南关区价格认证中心价格鉴定结论书,长春市公安局南关区分局物证鉴定室指纹鉴定书。(证据卷宗第102~109页)

3. 证人语言:齐××等。(证据卷宗第2~26页)

4. 被害人夏××的陈述。

5. 勘验、检查笔录:现场检查记录。

三、案件性质及认定根据

本案定性为：故意伤害罪。

认定根据：

1.《刑法》第二百六十三条："以暴力、胁迫或者其他方法抢劫公私财物的，处三年以上十年以下有期徒刑，并处罚金。"

2.《刑法》第二十五条第一款："共同犯罪是指二人以上共同故意犯罪。"

四、案件情节及法律有关规定

1. 法定情节：本案虽系共同犯罪案件，但纵观本案，被告人胡××从一开始就受本案第一被告人方××主使，完全听命于被告人方××，整个犯罪过程中相对于被告人兰××、吴××而言，并未积极主动地寻找、追赶二名被害人，且在打斗过程中也未砍伤任何一名被害人，可见被告人胡××在本案中只起到次要作用，应当认定为从犯，应当从轻或减轻或免除处罚。

2. 酌情从轻情节：①被告人归案后认罪态度、悔罪态度较好；②被告人系初犯、偶犯，建议合议庭酌情从轻处罚。

阅卷人：×××律师事务所

××律师

二〇一七年九月二十九日

第四章

事实调查

引言

事实调查是刑事诉讼中最为艰难的工作之一，也是法律人必须具备的基本技能之一。案件的事实真相只有一个，但通往发现唯一真相的道路却异常曲折，甚至常常会因为建构的"案件事实"与案件事实真相相左导致冤假错案发生。因此，事实调查工作需要慎之又慎。

教学目的：事实调查是律师参与诉讼必须具备的基本技能，也是司法人员的基本技能。本章旨在介绍诉讼中的"法律事实"含义，阐述律师在诉讼中收集、审查判断证据以及运用证据证明案件要件事实的基本技巧和方法，指导学生学会从律师工作的角度掌握发现案件事实和证明案件事实的基本技能。

教学设计：采用理论学习与实践相结合的教学方法，通过向学生提供具体案例并指导开展事实调查工作实践训练，让学生掌握事实调查基本技能，并增强对事实调查的认知和体悟。

内容实施：向学生提供具体案例，指导开展事实调查工作，从已知证据出发引导学生拟出证据调查提纲，完成证据的收集工作，并对证据进行审查判断，最后形成证据运用方案和证明思路。

注意事项：①事实调查是在系统的基础理论和方法论指导下运用具体操作技巧展开的，切忌将其仅仅视为一种操作技术或方法去掌握；②要认真实施案例指导中的每一个训练步骤，通过对具体个案的完整训练，达到窥斑知豹、举一反三的效果，防止浮光掠影的浮夸学风。

案例

颜×祥、高×庆保险诈骗罪案例①

（一）案件基本情况

1. 在先发生的民事诉讼案

2015年3月20日，颜×祥报警至岳阳市湘阴县公安局交通警察大队，并报案至中国人民财产保险股份有限公司。在交警和中国人民财产保险股份有限公司的勘查人员进行调查时，颜×祥称：其驾驶湘H5581货车载着李某某和高×庆运送水泥，李某某和高×庆坐在货车后货箱内。行驶至一处水塘时，路况不好，让高×庆下车在车外指挥车辆时，车辆突然向右侧翻进水塘，高×庆躲闪不及被压倒致其一条腿骨折。高×庆在交警向其进行调查时，对事实的描述与颜×祥一致。后交警队出具事故认定书认定颜×祥负事故的全部责任。2016年1月7日，高×庆以颜×祥、中国人民财产保险股份有限公司益阳市分公司为被告，向湖南省湘阴县人民法院提起民事诉讼，并提交了相关证据。该院于2016年3月16日作出一审判决，认定高×庆是在车外进行指挥时发生事故并受伤的事实，判决："一、原告高×庆因此次交通事故所造成的损失为156974元，由被告中国人民财产保险股份有限公司益阳市分公司在机动车强制责任险内赔偿110204元，在第三者责任商业保险范围内赔偿40232.5元，共计赔偿150436.5元；二、由被告颜×祥赔偿原告高×庆6537.5元（已支付），其多支付的35870.03元待被告中国人民财产保险股份有限公司益阳市分公司款项到账后由本院扣留返还。"

被告中国人民财产保险股份有限公司益阳市分公司在一审中认可肇事车辆投保交强险和商业第三者责任险的事实，但认为不应当按照原告诉求在交强险和商业三者险中赔付，只能按照车上乘员险赔付2万元。一审的抗辩理由是：①交警大队事故认定书认定事故发生时间与向保险公司报案的时间不一致；②事故现场的调查不完善，除了伤者和驾驶员，没有当场救助人员的询问笔录；③当时事故现场路面情况与受伤情况不吻合；④事实是高×庆应在车辆上，下车指挥车辆不符合实际情况。因其事实抗辩没有被支持，故提起上诉，认为一审判决认定"高×庆是在车外进行指挥时发生事故并受伤的事实"不清，证据不足，判决结果错误。

岳阳市中级人民法院二审法官面对本上诉案件，必须审查的问题是：一审判决认定的案件事实究竟是否真实？如果案件事实不同于一审法院认定的事实，则一审属于认定事实错误、适用法律错误，二审应当如何适用法律？显然，对案件事实

---

① 参见湖南省湘阴县人民法院（2016）湘0624民初33号《民事判决书》、湖南省桃江县人民法院（2016）湘0922刑初439号《刑事判决书》、湖南省益阳市中级人民法院（2017）湘09刑终60号《刑事裁定书》。

真相的调查认定决定了二审法院寻找法律的方向。二审法官在深入调查后，发现了新的证据，案件事实呈现出完全不同的景象：2015 年 3 月 20 日，颜×祥驾驶湘 H5581 货车载着李某某和高×庆运送水泥，李某某和高×庆坐在货车后货箱内。行驶至一处水塘时，因路基不稳，车辆突然向右侧翻进水塘中。在此过程中，李某某跳车，高×庆随车翻进水塘致其一条腿骨折。参与现场救人的村民以及当时同车的李某某均证实，翻车时高×庆是在车上而不是在车外的路上。

2. 在后发生的刑事诉讼案

在发现事实真相后，中国人民财产保险股份有限公司益阳市分公司以颜×祥、高×庆涉嫌保险诈骗罪向公安机关报案。湖南省桃江县公安局经侦查认为，犯罪嫌疑人颜×祥、高×庆涉嫌保险诈骗罪共同犯罪，移送检察机关审查起诉。检察机关根据公安机关查明的案件真实，以保险诈骗罪向法院提起公诉。湖南省桃江县人民法院（2016）湘 0922 刑初 439 号《刑事判决书》认为，“被告人颜×祥作为投保人，被告人高×庆作为受益人，共同对发生的保险事故编造虚假原因，骗取保险公司钱财，数额巨大，其行为均已构成保险诈骗罪。桃江县人民检察院对被告人颜×祥、高×庆犯保险诈骗罪的指控成立”，判决：“一、被告人颜×祥犯保险诈骗罪，判处有期徒刑三年，并处罚金人民币二万元。罚金限在本判决生效后十日内缴纳。二、被告人高×庆犯保险诈骗罪，判处有期徒刑二年，缓刑二年六个月，并处罚金人民币一万元。罚金限在本判决生效之日缴纳。”

一审判决后，颜×祥提出上诉，湖南省益阳市中级人民法院作出（2017）湘 09 刑终 60 号《刑事裁定书》，驳回上诉维持原判。

3. 在先民事诉讼案的二审程序

新证据颠覆性地改变了对案件事实的认识，也导致适用法律规范的根本性改变。此后，湖南省岳阳市中级人民法院将中止审理的民事二审程序重新启动，二审以刑事案件中查明的证据以及案件事实为基础，改判中国人民财产保险股份有限公司益阳市分公司在车上乘员险保险限额范围内赔偿高×庆 2 万元，颜×祥赔偿高×庆其他损失 13 余万元（即不再适用《机动车交通事故责任强制保险条例》第三条的规定，以及一审适用的商业第三者责任险的合同约定，适用的法律规范发生了改变）。

（二）发现事实和寻找法律的思维路径分析

本组案例是由两个案件的四个诉讼程序组成，包括一个民事案件的一审、二审和一个刑事案件的一审、二审。在这个案中案里，既涉及证据收集、事实认定等发现事实的过程，又涉及寻找法律的过程，还涉及事实认定与法律适用的相互影响。因此，它们非常适合作为法律诊所的实训素材，用以揭示法官或律师在处理案件时发现事实和寻找法律的思维脉络。

1. 证据是实现客观真实的案件事实、发现的案件事实与证明的案件事实相互贯通的关键

证据的收集、审查、运用以及对案件事实的认定,都属于事实调查的范畴。查明案件事实是诉讼必须面对的难题,其复杂程度往往超出一般人的想象,因而需要高度谨慎,绝大多数错案都是因为错误认定案件事实造成的。而证明和认定案件事实依赖于证据,事实认定又直接影响选择适用的法律规范,三者共同影响着司法裁判的结果。"打官司就是打证据"的含义即在于此。

本案民事一审、二审判决结果完全不同,根本原因在于一审、二审的证据改变以及因证据改变导致对案件事实认定的改变。一审中的证据有:原告高×庆对事发事实的证言、颜×祥对事故发生事实的自认、交警队的调查笔录和事故认定书、颜×祥车辆投保交强险和商业第三者责任保险的保险单、伤情司法鉴定(伤情评定为10级伤残)、损失证明(伤后休养7个月,1人护理3个月,出院后后续治疗检查费2000元,后期手术拆除左股骨钢板手术费8000元)等。这些证据按照诉讼法规定经过质证、认证等查证程序后,被一审法院予以认定和采信,用证据证明了"高×庆是在车外进行指挥时发生事故并受伤的事实"。显然,一审法官认定的案件事实是运用证据加以证明的"证明的案件事实",但"证明的案件事实"与"客观真实的案件事实"并不一致,以建构起来的"证明的案件事实"作为判决的小前提,造成了法律适用错误和裁判结果错误。二审法官经过调查,探索出"发现的案件事实",后经刑事程序中公安机关的侦查,获取了反映"客观真实案件事实"的新证据——参与现场救人的村民以及当时同车的李某某的证言——证明高×庆是在车上而不是在车外的路上受伤,从而重新形成由新的证据证明的"证明的案件事实"。由于该"证明的案件事实"与案件的客观真实情况相一致,基于该"证明的案件事实"选择适用法律规范以及裁判各方权利义务就更为客观、公平。

2. 寻找法律以案件事实为基础,案件事实决定了选择适用法律的方向

寻找适用于待决案件的法律规范以确立裁判大前提的过程,是法律论证过程。法官或律师展开法律论证工作,通常以已经发现的案件事实为基础,借助于直觉、对案件事实的认知、对案件法律关系或案件性质的判断、对拟适用法律规范的分析推导,最终选择并确定裁判大前提。

本案民事一审、二审法官或律师寻找法律的具体思维路径一般如下:

首先,以证据和案件事实作为寻找法律的出发点。无论一审法官还是二审法官,其寻找法律的出发点都是证据和案件事实,差别仅在于:一审法官认定的案件事实是高×庆系在车外路边受伤,二审法官认定的案件事实是高×庆系在车上受伤。

其次,审查原告请求权基础与案件事实能否相互涵摄和归入——即审查原告主张适用的法律规范的构成要件与本案事实的一致性或吻合度。通过把法律规范构成要件与案件事实进行分析比对,认定请求权基础与待决案件事实是否能够相

互涵摄和归入:如果答案是肯定的,则确定以原告主张适用的法律规范作为本案裁判的法律大前提;如果答案是否定的,则法官就必须重新审视案件事实的性质或特征,重新对拟适用的法律规范进行解释或漏洞补充,或者寻找到新的能够涵摄所查明的待决案件事实的新法律规范,以确立裁判大前提。本案一审法官确立的裁判小前提是该车辆投保有交强险和商业三责险、该车辆发生交通事故属于保险事故、高×庆因在车下路边受伤而属于车外第三者。据此选择适用的法律规范是第三者责任保险的相关规定(包括《中华人民共和国民法通则》第一百零六条第二款、第一百一十九条,《中华人民共和国侵权责任法》第十六条、第二十四条、第四十八条,《中华人民共和国道路交通安全法》第七十六条,《机动车交通事故强制责任保险条例》第三条、《最高人民法院关于审理人身损害赔偿案件适用法律若干问题的解释》第十七条第一、二款和第二十、二十一、二十二、二十三、二十四、二十五、二十八条,《最高人民法院关于审理道路交通事故损害赔偿案件适用法律若干问题的解释》第十六条等)。一审判决形成了法律规范大前提与案件事实小前提相互涵摄和归入的假象,掩盖了事实认定错误的瑕疵以及由此产生的适用法律错误、判决结果错误的系统性错误。本案民事二审程序中法官同样遵循了上述思维路径,差别在于:案件事实被新证据证明为高×庆系在车上受伤,其不属于车外第三者;案件事实的改变就需要二审法官根据新的案件事实重新寻找法律——即保险公司承保的车上乘员险适用于车上发生保险事故的人,承保的交强险和商业第三者责任险适用于车辆本体之外发生保险事故的第三人;高×庆受伤时是在车上而非在车外(被新证据证明的新事实);所以,对高×庆的赔偿应当适用车上人员保险责任的法律规定——新事实决定法官必须重新寻找适用的法律规范。二审法官是在对案件事实形成新的"证明的案件事实"之认识的基础上,重新选择了与新的案件事实相匹配的法律规范。

最后,以确定适用的法律规范为裁判大前提,以证据证明并被二审法官认定的案件事实为小前提,按照三段论规则推导出二审判决。二审判决对各方法律责任认定的结果发生巨大变化的原因,在于二审认定的证据发生改变、由证据所证明的案件事实发生改变,以及因证据和事实的改变决定所选择适用的法律规范发生改变。

3. 刑事诉讼中法官或律师发现事实、寻找法律的思维路径

刑事案件法官或律师同样需要完成发现事实和寻找法律的工作,其发现案件事实和寻找法律的思维过程与民事案件法官的思维过程基本一致。不同于民事案件之处在于:

第一,法官或律师通常以检察机关或自诉人提出的定罪量刑请求权基础(即请求适用的刑法规范)作为切入点展开法律研究工作。

第二,刑事案件中,法官或律师需要从定罪和量刑两个层面去发现定罪事实和量刑事实,收集相关证据,并分别寻找定罪和量刑各自适用的法律规范。在本案

中,被告人颜×祥、高×庆在民事案件中的虚假陈述如果没有被发现,则案件性质仅仅是民事法律关系性质;而在他们的虚假陈述被发现后,新的证据和新的案件事实将寻找法律的方向引入到刑事法律领域,也成为追究两被告人刑事责任的事实基础。

总之,法官或律师需要认真审查证据、发现事实,对证据和案件事实小心求证,避免偏听偏信,避免主观臆断,疏忽或认识能力的局限都可能导致对案件事实产生片面的或错误的认识,从而必然造成对案件事实定性错误、适用法律错误以及裁判结果错误。

在刑事诉讼中,事实调查总是围绕刑事诉讼的任务和目的展开的。我国《刑事诉讼法》第二条规定:"中华人民共和国刑事诉讼法的任务,是保证准确、及时地查明犯罪事实,正确应用法律,惩罚犯罪分子,保障无罪的人不受刑事追究,教育公民自觉遵守法律,积极同犯罪行为作斗争,维护社会主义法制,尊重和保障人权,保护公民的人身权利、财产权利、民主权利和其他权利,保障社会主义建设事业的顺利进行。"事实调查旨在实现"准确、及时地查明犯罪事实"之发现事实的任务,为"正确应用法律,惩罚犯罪分子""保障无罪的人不受刑事追究"的刑事诉讼目标奠定坚实的事实基础。由于刑事诉讼的各类主体在诉讼中的职能不同,其进行事实调查的内容各有侧重,目的可能并不完全一致,但侦控辩审各方从不同角度对事实调查作出的努力,有利于最终发现事实真相。

第一节 事实调查概述

无论是在刑事诉讼、行政诉讼还是在民事诉讼中,事实调查都是人们对客观存在的案件事实在事后进行主观认识的过程。人们在事后对案件事实的主观认识与案件事实本身的客观真实情况是主观与客观、认识与被认识的关系;人们对客观存在的案件事实的认识过程,遵循实践—认识—再实践—再认识的认识发展规律和真理的相对性原理;对案件事实认识的正确程度取决于主观认识与案件事实本身客观真实情况的符合度或一致性程度。

由于人类认识能力的局限性,以及个体认识能力的差异性,人们对已经发生的案件事实能够认识到何种程度、主观认识和案件客观事实之间会产生多大偏差,并不是一个容易把握的问题。瞎子摸象、刻舟求剑等寓言虽非真实发生的事件,但却揭示了人类在认识客观事物时常常会在认识结果上产生偏差的客观现象。因此,在诉讼领域,对案件事实的认识和判断,往往比对法律适用问题的判断更加困难。事实调查面对的就是这样一个认识论领域的难题。

一、事实调查

(一)何谓事实

在诉讼领域,对于何谓事实,应当从哲学层面延伸至法律层面去认识其具有的不同含义和层次。

1. 客观真实的案件事实

任何案件一经发生,即成为不以人的意志为转移的客观实在。对于这种哲学层面的事实,我们可以称之为"客观真实的案件事实"或"案件本身的客观真实"。已经发生的案件事实作为不以人的意志为转移的客观存在,会因为时空变换、时过境迁而被湮没在时光的隧道里。但是,已经发生的案件事实如果进入诉讼程序,就成为人们在诉讼中认识的对象,侦控辩审各方就必须对案件事实进行再认识,以发现、还原或推定案件事实。

2. 发现的案件事实

当案件事实成为客观存在的自在之物后,案件事实的调查人员(包括侦查人员、公诉人、审判人员和辩护人,甚至是鉴定人员)需要借助于自身的主观认识以及相关人员的主观认识(比如证人、鉴定人)去发现、还原或推定案件事实。此时再现的案件事实,已经是打上人的主观烙印、被人的主观认识形塑了的"重构的案件事实",站在调查者的角度而言,就是被"发现的案件事实"。"发现的案件事实"是案件调查人员对"客观真实的案件事实"形成的认识,是案件调查人员自认为查明的案件事实,可以为建构"证明的案件事实"提供线索、创造条件。

"发现的案件事实"可能是与"客观真实的案件事实"相一致的正确认识,也可能是与"客观真实的案件事实"大相径庭的错误认识,也可能是正误参半的片面认识。诉讼实践中,"发现的案件事实"是经过人们主观认知重构而展现出来的事实,是受到人们的认知能力、表达能力、理解能力、记忆能力等各种主观因素制约所"重构"出来的事实。

"发现的案件事实"未必是用证据证明的事实——人们对案件事实的发现存在多种途径:有的是通过符合常识(经验法则)的经验获得;有的是依据侦查实验等科学实验获得;有的是通过合法证据证明获得;有的是通过获取非法证据证明获得;有的是通过逻辑推理形成的"构想"获得;有的是通过直觉获得;有的甚至是人们主观构想的虚假幻象;等等。因此,"发现的案件事实"并不完全具备法律上的或诉讼程序上的价值,从"发现的案件事实"到"证明的案件事实",相互之间仍然有很大距离。例如,以刑讯逼供获取的被告人供述,虽然侦查人员通过这一非法证据查明了案件的真实情况,但在没有收集到其他证据的情况下,被告人供述所证明的案件事实还没有达到"证明的案件事实"的程度,因为以刑讯逼供非法手段获取的被告人供述有可能被依法作为非法证据予以排除,在无法提供其他合法证据证明其查明的案件事实的情况下,法院仍然不能认定被告人有罪。

在司法实践中,人们有限的认识能力以及证据本身存在的状态制约着人们的认识水平和认识活动,有的案件的真相——客观真实的案件事实——可能永远都无法被发现。

3. 证明的案件事实

"证明的案件事实"是人们在诉讼过程中,依据一定的法律规则、法律程序,用形式上合法的证据证明的案件事实,类似于有的学者所称的"法律事实""法律真实"之类的表述。"法律事实是依照法律程序、被合法证据证明了的案件事实,是人们能够认识或已经认识的具有法律意义的事实,而不是完全客观的事实。司法中认定的法律事实一定是涵盖在立法确立的制度框架之内的。"[①]陈光中教授认为,"法律真实,又称形式真实或形式法律真实,是指司法工作人员运用证据认定案件事实要求达到法律所规定的真实程度。法律真实可能与客观真实相一致,也可能与客观真实相背离。"

从认识论的角度而言,"证明的案件事实"是办案人员借助于证据证明而形成的主观认识事实,属于主观认识的范畴。"同一个案件的法律事实可能有几个,但案件的客观事实是永远不变的,只有一个。当法律事实与客观事实相符合时,即对事实的认定是正确的;反之则是错误的。"[②]从诉讼程序论的角度而言,"证明的案件事实"是司法人员依据一定的法律规则、经过法定程序、用形式上合法的证据,通过规范证明的方式而形成的"法律事实",是遵循诉讼法规范和证据裁判原则的产物。

"证明的案件事实"越接近"客观真实的案件事实",二者的一致性就越高,人们在诉讼中对案件事实认定的偏差就越小;"证明的案件事实"与"客观真实的案件事实"偏差越小,人们对案件事实判断的正确性就越高,形成冤假错案的可能性就越小。反之亦然。在司法实践中,很多刑事错案都是依据"证明的案件事实"(即"法律事实")做出的判决,但最终发现其错在"证明的案件事实"与"客观真实的案件事实"大相径庭。因此,无论是辩护律师还是司法人员,都应当对"证明的案件事实"慎之又慎地去反复审视,稍有不慎就会造成颠覆性错误。我们不能想当然地认为,司法实践中具体案件是依据一定的法律规则、经过法定程序、用形式上合法的证据形成"证明的案件事实"并在此基础上作出的裁判,案件事实因经过了司法机关的多重程序审查而几乎不会出错。恰恰相反,几乎所有的刑事错案都是因为"证明的案件事实"与"客观真实的案件事实"出现原则性偏差造成的。因

① 许身健:《法律诊所》,中国人民大学出版社,2014,第135页。

② 陈光中:《刑事诉讼法》,北京大学出版社、高等教育出版社,2012,第158页。

此,所有诉讼主体尤其是司法机关应当努力“坚持法律事实与客观真实相统一。”①

“证明的案件事实”与“发现的案件事实”同属于人们主观认识的产物,都是被人们主观认识形塑了的“重构的案件事实”,但其不同于后者之处在于:

第一,“证明的案件事实”必须是以形式上合法的证据证明的事实,没有证据证明或者以非法证据证明的事实,通常只能属于“发现的案件事实”。

第二,“证明的案件事实”属于规范评价的案件事实,也就是说,“证明的案件事实”是各诉讼主体在诉讼过程中,按照特定的法律规则、法律程序对证据和案件事实进行了法律规范评价并被法律认可的案件事实,是规范证明后确认的法律事实。

第三,从“发现的案件事实”走向“证明的案件事实”的彼岸,并不是一个坦途,其间有很多艰难的证明工作需要完成。案件调查人员虽然可能通过“发现的案件事实”查明了案件真实情况,甚至发现了“客观真实的案件事实”,但“查明案件事实并没有完成证据调查的全部任务,因为调查者不仅要自己明了案件的真实情况,而且要用合法的证据来证明案件的真实情况。”②因此,从“发现的案件事实”到“证明的案件事实”,诉讼主体需要跨越一个收集证据并运用证据证明案件事实的鸿沟。

(二)何谓事实调查

1. 事实调查的含义

事实调查是办案人员为了查明和证明案件事实,调查收集与案件事实有关的各种证据的有目的的活动。在认识发展过程中,事实调查跨越了从“客观真实的案件事实”到“发现的案件事实”再到“证明的案件事实”三个环节。本章所述事实调查即指在三个环节相统一的语境下,为证明案件事实而进行的证据发现、证据收集、证据运用等工作。

在刑事诉讼中,控、辩等诉讼主体只能通过“客观真实的案件事实”遗留下来的证据或线索去发现案件事实;在发现案件事实的过程中,控、辩等诉讼主体需要有目的、有意识地按照法律规定收集各种证据,为诉讼做好准备;在最后的诉讼证明环节,控、辩等诉讼主体需要按照法律规则、法定程序,运用合法的证据、经验法则和严密的逻辑推理,最终构建起来“证明的案件事实”,并希望据此说服法官或促使法官形成内心确信,从而形成有利于自己一方的司法裁判。

2. 事实调查的主体

在刑事诉讼中,侦查人员、检察官、法官和律师等调查人员是事实调查的主体。由于他们在诉讼中所处地位和承担的职责不同,在事实调查工作中各自调查的侧

① 参见2005年5月最高人民法院《关于增强司法能力提高司法水平的若干意见》。
② 何家弘:《证据调查》,法律出版社,1997,第89-90页。

重点和方法也不相同:侦查人员从揭露和证实犯罪的角度收集证据和再现案件事实;检察人员侧重于从审查起诉角度审查案件事实和证据;辩护律师则是从辩护职能出发,侧重调查和收集证明犯罪嫌疑人、被告人无罪、罪轻、减轻或免除刑事处罚的证据,以维护当事人的合法权益;审判人员则是通过控辩双方参与的庭审活动调查案件事实和证据,并在此基础上作出定罪量刑的裁判。侦查人员、检察人员、审判人员进行事实调查属于司法行为,是行使侦查权、检察权、审判权的职权行为,具有法律赋予的强制性;而辩护律师在事实调查活动中享有的是诉讼权利,对任何被调查者不具有法律强制性①,因此调查取证的难度更大,更需要一些处理人际关系的技巧。

律师参与刑事诉讼的地位不同于其他主体,其职能定位也有所不同,事实调查工作的侧重点也会存在差异。本章主要从律师担任辩护人和刑事代理人的视角,展开对事实调查的讨论。

第二节 事实调查的本质、目的、基本任务和遵循的基本原则

在刑事诉讼中,从律师的角色而言,律师既是证据和案件事实的发现者,也是案件事实的证明者,事实调查工作的重心始终在于证据的收集和运用。

一、事实调查的本质

"打官司就是打证据",证据是诉讼的核心和灵魂,是证明案件事实的依据,是司法裁判的基础。因此,为了诉讼而展开的事实调查,在本质上就是证据调查。事实调查与证据调查不同之处在于,事实调查的目的是获得"证明的案件事实",证据调查的目的是获得用于证明"证明的案件事实"的合法证据,二者之间存在目的与手段的关系。

二、事实调查的目的

事实调查的目的,在于查明案件事实,获得合法证据,并运用在事实调查中获得的合法证据证明案件事实,将"证明的案件事实"展示给诉讼各方主体,以使已

① 律师向法院申请调查令,使律师的调查取证活动借助于法院而获得了一定的强制性,但律师在调查工作中仍然是在行使辩护权利,而不是国家司法权。

方在诉讼中所主张的事实得到法庭的认可和支持，从而获得有利于己方的司法裁判。

三、事实调查的基本任务

“证明的案件事实”是人们在诉讼过程中，依据一定的法律规则、法律程序，用形式上合法的证据证明的案件事实，其性质是法律事实。事实调查的办案人员必须围绕建构“证明的案件事实”这个目的，以完成诉讼证明为目标，合法地收集和运用证据，这就是事实调查的基本任务。在事实调查过程中，办案人员首先应当将证据的收集、运用和对案件事实的证明纳入实体法、程序法规定的范式之中，力求获得充分的证据；其次应当运用收集到的证据完成对案件事实的诉讼证明工作。“查明案件事实是证明案件事实的前提和基础，但查明案件事实并不等于证明案件事实，后者往往比前者的要求更高且难度更大。”“但是对证据调查者来说，查明事实只是完成了调查任务的一部分，更重要的任务是证明案件事实，即用合法证据来证明调查者已经查明的案件事实。”①

四、事实调查遵循的基本原则

事实调查是刑事诉讼中专门的调查活动，以获得“证明的案件事实”与“客观真实的案件事实”高度一致为认识目标，以惩罚犯罪分子、保障无罪的人不受刑事追究为目的和任务。因此，刑事诉讼中的事实调查应当遵循下列基本原则：

（一）实事求是原则

实事求是是查明和证明案件事实的认识规则，是指导调查者发现证据、收集证据、判断证据、运用证据以及对案件事实进行证明和评价的基本原则。实事求是原则高度概括了法律对司法证明活动的本质要求，即尊重案件事实的真相。无论刑事案件、行政案件还是民事案件，办案人员进行查证、取证、举证、质证、认证等事实调查活动都必须实事求是，这样才能正确认识案件事实，才能为案件的正确裁判奠定事实基础。

实事求是原则要求办案人员在事实调查中要客观、全面、细致地取证、举证、质证，要客观地评价由证据证明的法律真实。首先，办案人员不能自己主观臆断，凭借经验主义形成的想象或凭借本本主义形成的理论推演去虚构案件事实，主观臆断会因缺乏客观性而导致致命的认识错误。其次，办案人员不能偏听偏信，被当事人的说辞或部分证据所误导，要通过全面收集能够反映案件事实全貌的各方面的

① 何家弘：《证据调查》，法律出版社，1997，第1-2页。

证据,多角度审视证据和案件事实,千万要避免各执一词的认识偏差。再次,办案人员应避免思维定式干扰,因为办案人员在诉讼中所处的地位和承担的职责不同,其对案件的态度和思维角度也不同,由此导致其在事实调查工作中具有一定的心理倾向,从而影响客观、全面地开展事实调查工作。思维定式往往左右侦查、起诉、审判等司法机关的取证、举证、质证和认证倾向,导致不自觉地出现认识上的主观性、片面性;而辩护律师由于担负证明犯罪嫌疑人、被告人无罪、罪轻、减轻或免除刑事处罚的辩护职责,也存在思维定式干扰,往往不能客观、全面地开展事实调查工作,甚至不能客观、正确地对待侦控机关已经获取的证据。最后,办案人员更不应该违背诚实信用原则和良知,不能以身试法,在调查中指使、强迫当事人或证人作伪证,甚至自己直接操刀制造或使用虚假的物证、书证等伪证,试图捏造事实栽赃陷害他人或试图逃避法律责任,误导诉讼发展方向。

(二)合法性原则

在全面依法治国的背景下,我国的立法进程不断加快,司法体制改革如火如荼,对各类诉讼程序以及司法机关自由裁量权限制的法律、法规、司法解释不断出台,司法机关事实调查行为越来越多地受到各种规范的限制,律师的调查取证权利和能力在不断地增强。这是中国走向法治的过程,也是令人欣喜的阶段性进步。

无论是国家司法机关工作人员(主要是指公安机关、安全机关、军队保卫部门等侦查机关工作人员,检察机关工作人员,审判机关工作人员),还是担任辩护或代理职责的律师,在事实调查活动中,都必须遵守合法性原则,依法进行事实调查,依法取证、举证、质证、认证,这是法治原则的基本要求。

我国三大诉讼法均对证据的收集、运用程序作出了规定,甚至规定了收集和运用证据的方式、方法、法律后果等。例如,《刑事诉讼法》第二编第二章关于侦查的规定,从讯问犯罪嫌疑人、询问证人、勘验检查、搜查、鉴定、技术侦查措施等方面,对侦查机关事实调查和取证工作的程序、方法、手段作出了严格规定;同时,《刑事诉讼法》和《刑法》对司法人员的违法侦查行为规定了法律后果:《刑事诉讼法》第五十二、五十六、五十七、五十八条规定了违法侦查取得的非法证据应当予以排除;《刑法》第二百四十七条规定了司法人员刑讯逼供罪、暴力取证罪等。

对于律师,《刑事诉讼法》第一编第四章规定了律师事实调查和证据收集、运用的规则,《刑事诉讼法》和《刑法》同时也规定了违法进行事实调查和收集、运用证据的法律后果:如《刑事诉讼法》第四十四条规定了律师违法调查取证的行为及法律后果;《刑法》第三百零六条规定了辩护人、诉讼代理人毁灭证据、伪造证据、妨害作证罪等。

因此,律师在刑事诉讼中的事实调查和证据的收集、运用工作必须依法进行,只有这样,才能达到以合法的证据证明案件事实的目的,才能取得良好的辩护或代理效果。

（三）及时性原则

事实调查和证据收集具有时效性，及时收集证据对诉讼具有重大影响。一方面，刑事案件发生后，有些证据会因为时间的经过而灭失，如挥发物的挥发、目击证人因时间久远记忆模糊或出现记忆偏差等；有些会因为自然条件的变化而灭失，如犯罪现场的血迹被大雨冲刷；有些会因为人为因素而破坏，如犯罪现场被他人进入致使犯罪嫌疑人的足迹、指纹痕迹被破坏；有些会因目击者的变化而无法取证，如目击证人意识丧失、死亡、出国永久居留等。另一方面，律师接受委托后介入案件，通常受到侦查、起诉、审判时限的限制，事实调查工作必须及时安排、提前准备，方能获得充分的证据从容履行辩护或代理职责。因此，事实调查和证据收集工作应当避免贻误战机，防止因时过境迁难以获得证据的被动局面发生。

（四）证据为本原则

司法证明的基本任务是认定案件事实。对于控辩双方而言，事实调查工作的核心就是提供证据证明自己主张的事实成立或反驳对方的主张成立；对于法官而言，事实调查工作的任务就是通过证据查明和认定案件事实，并在此基础上依法作出裁判。证据是人们再现已经发生过的案件事实的本源，是查明和证明案件事实的基石，是作出司法裁判的依据，这就是以证据为本原则的核心内涵。

尽管事实调查和证据收集是从现在时逆向进入时光隧道探索过去时的案件事实，认识受到时空条件、人类认知能力等诸多因素的限制，以至于人们从获得的证据本身出发主观重构的案件事实未必就是案件的客观真实，但以证据为本、坚持证据裁判原则至少让司法裁判摆脱了神示裁判的愚昧和自由证明裁判的主观臆断，确立了客观证据基础上的法定证明模式。因此，律师和司法人员的事实调查工作和控、辩、审工作，都必须坚持证据为本原则，围绕证据展开。

第三节 律师事实调查的实施路径

事实调查的直接目的是按照法律规定的程序和方法收集与案件有关的证据，为完成诉讼证明任务做好准备。所以，事实调查过程中的一切行为，都要围绕收集证据和证明案件事实进行。律师事实调查的实施路径通常为：

一、确定事实调查范围

事实调查不能漫无边际，确定事实调查的范围是事实调查工作的首要任务。在调查范围确定后，针对具体案件的特殊性制定个性化的调查方案，以指导事实调查工作有针对性、有计划、有步骤地开展。

(一)确定事实调查范围的影响因素

确定事实调查范围受到多种因素制约,具有重大影响的因素包括以下几个方面。

1. 案件的待证事实

刑事案件的待证事实,又叫证明对象,是刑事诉讼中需要运用证据来证明的案件事实和程序事实。“研究证明对象问题并确定其范围,对于确定诉讼证明方向,指导证据的收集和运用,使案件得到正确、合法、及时的处理,具有重要意义。”[①]“它可以使调查人员明确必须收集证据予以证明的事实范围,从而自觉主动、有目的、有步骤地收集、运用证据,准确、及时地查明案件事实,既不疏漏案件中必须查明的事实,也不为与案件无关的或枝节的事实所纠缠。”[②]

案件的待证事实包括与犯罪嫌疑人、被告人定罪量刑有关的事实以及与诉讼程序有关的事实,可以分为实体法事实和程序法事实两类。

(1)实体法上的待证事实。刑事案件实体法上的待证事实是依据刑法的规定认定犯罪嫌疑人、被告人罪与非罪、此罪彼罪、罪重罪轻、罚与不罚等与定罪量刑有关的、必须查明的事实。罪与非罪、此罪彼罪的案件事实属于犯罪构成要件事实;罪重罪轻的案件事实、是否承担刑事责任事实和是否应当受到刑罚处罚的事实属于量刑事实。刑事实体法从罪、责、刑三个层次划定了待证事实的范围,从而也划定了与三个层面的待证事实具有实质关联性的事实调查范围(也可以认为是划定了证据调查的范围)。

1)罪的层面的待证事实。罪与非罪、此罪彼罪均取决于犯罪构成要件事实,犯罪构成要件事实是刑事诉讼中最基本的待证事实。具体包括:被指控的犯罪行为是否存在;犯罪行为是否为被指控的犯罪嫌疑人、被告人所实施;属于犯罪构成要件的行为时间、地点、手段、后果等事实;犯罪嫌疑人、被告人的身份,以及是否达到刑事责任年龄和有无刑事责任能力等事实;行为人的行为目的以及有无罪过。辩护人关注的是控方所指控的这些事实成立与否、犯罪嫌疑人或被告人的行为是否符合犯罪构成要件,并围绕能否核实或推翻指控的构成要件事实开展事实调查。

2)责的层面的待证事实。在证明了犯罪嫌疑人、被告人构成犯罪的事实存在以后,控方还需对犯罪行为产生的刑事责任的事实进行证明;而辩护人则重点关注犯罪嫌疑人、被告人的行为是否具有不予追究刑事责任(即免予追究)的事实。例如,《刑事诉讼法》第十六条规定的不追究刑事责任的事实:情节显著轻微、危害不大,不认为是犯罪的;犯罪已过追诉时效期限的;经特赦令免除刑罚的;依照刑法告诉才处理的犯罪,没有告诉或者撤回告诉的;其他法律规定免予追究刑事责任的情

---

① 陈光中:《刑事诉讼法》,北京大学出版社、高等教育出版社,2012,第163页。

② 何家弘:《证据调查》,法律出版社,1997,第47页。

形。《刑法》规定的行为人不具有刑事责任能力不满12周岁、正当防卫、紧急避险等事实。辩护律师应当围绕不予追究刑事责任的相关法定事由展开事实调查。

3)刑的层面的待证事实。罪重罪轻、罚与不罚的案件事实属于处刑轻重、是否应当受到刑罚处罚的事实,控方在证明了前两个层面的事实以后,还需要证明被告人应当受到刑事处罚的事实存在;而辩护律师则关注的是对被告人从轻、减轻、免除刑事处罚的案件事实,如《刑法》规定的已满12周岁不满18周岁的人犯罪、已满75周岁的人犯罪、又聋又哑的人或者盲人犯罪、防卫过当、避险过当、悔罪态度等影响量刑的法定情节和酌定情节等事实。辩护律师的重要工作之一,就是围绕量刑情节事实(包括法定的量刑情节事实和酌定的量刑情节事实)展开相关的事实调查。

(2)程序法上的待证事实。在刑事诉讼中,程序法上的事实经常发生争议并需要加以证明,因此程序法事实也是刑事诉讼中的待证事实,由此也决定了辩护律师应当将相关的程序事实纳入事实调查工作的范围。需要运用证据证明的案件程序事实包括:关于管辖的事实;关于回避的事实;耽误诉讼期间是否有不能抗拒的原因或者其他正当理由的事实;影响采取强制措施的事实,例如,犯罪嫌疑人、被告人是否患有严重疾病,是否是正在怀孕、哺乳自己婴儿的妇女,这些事实将涉及采取逮捕强制措施是否合法、是否应当变更强制措施等问题;违反法定程序的事实,例如,《刑事诉讼法》第二百三十八条规定,第二审人民法院发现第一审人民法院在程序上有违反法律规定的五种情形之一的,应当裁定撤销原判,发回原审人民法院重新审判;影响执行的事实,如暂予监外执行的条件、减免罚金的条件等事实;其他需要证明的程序事实,例如,被告人是否属未成年人而不公开审理的事实。[①]

2. 案件的免证事实

免证事实是诉讼当事人不需要依靠证据加以证明的案件事实,该事实因为法律规定可以免征,故公安司法机关可以直接作为案件事实予以认定,律师可以直接请求司法机关对该免证事实予以认定。法律对免证事实作出规定,减少了证明环节,缩小了证明对象的范围,从而也缩小了刑事诉讼各方参与人事实调查的范围。

我国刑事诉讼有关法律及司法解释虽然没有明确规定刑事诉讼中的免证事实,但基于诉讼法理论和三大诉讼法的内在同质性,民事诉讼法律规范关于免证事实的规定可以作为确定刑事诉讼免证事实的参考。2019年《最高人民法院关于民事诉讼证据若干规定》(法释〔2019〕19号)第十条规定了民事诉讼中的免证事实:"下列事实,当事人无须举证证明:(一)自然规律及定理、定律;(二)众所周知的事实;(三)根据法律规定推定的事实;(四)根据已知事实和日常生活经验法则推定出的另一事实;(五)已为仲裁机构的生效裁决所确认的事实;(六)已为人民法院

① 陈光中:《刑事诉讼法》,北京大学出版社、高等教育出版社,2012,第165页。

发生法律效力的裁判所确认的事实;(七)已为有效公证文书所证明的事实。前款第二项至第五项事实,当事人有相反证据足以反驳的除外;第六项、第七项事实,当事人有相反证据足以推翻的除外。”

免证事实虽然能够缩小辩护律师事实调查的范围,但并不意味着无需对免证事实做事实调查和证据收集工作,一些承载免证事实的基础证据仍然需要辩护律师收集并提交司法机关。例如,如果存在对犯罪嫌疑人、被告人有利的事实已为人民法院发生法律效力的裁判所确认、已为仲裁机构的生效裁决所确认或者已为有效公证文书所证明,作为辩护人当然需要收集相关的法院裁判文书、仲裁机构裁决书、公证文书,并作为证据提交司法机关。

3. 具体待决案件的争议点所涉及的待证事实

待证事实是控辩双方为获得司法裁判的支持而需要予以证明的事实,是由实体法、程序法的规定以及诉讼中控辩双方的诉讼主张所决定的。对于哪些事实是必须查明的,哪些事实是无须关注的,不同待决案件个案的特殊性决定各自待证事实可能往往并无一个统一的标准清单。在任何一个具体的刑事案件中,如果控辩双方对待证事实没有争议,则律师在事实调查方面的工作就较少甚至没有,在事实调查方面投入的精力就会较小;如果控辩双方对待证事实争议较大,则律师需要投入更大的精力针对有争议的待证事实开展调查。

因此,具体案件待证事实的争议点也限定了事实调查的范围。例如,被告人高某被指控犯受贿罪,在对犯罪构成要件事实(罪的事实)获得证明后,控辩双方对刑事责任的事实(责的事实)争议较大:辩护人提出的理由是该犯罪行为已经超过法定追诉时效10年的期限,具有不可责性,不应当受到追诉,并向法庭提出了被告人高某受贿金额为7万元、从收受最后一笔受贿款到被举报查处时间间隔已经超过10年等超过追诉时效的证据。法庭审理查明该案件事实后,认定了超过追诉时效的事实,认为不应当追究被告人刑事责任,最终决定撤销案件。在这个案例中,是否超过追诉时效的事实成为控辩双方争议的焦点,这必然要求辩护律师在事实调查过程中针对这个特定的案件事实,开展事实调查并收集证据。超过追诉时效这个事实成为本案辩护的关键事实和辩护律师事实调查的关键内容,但超过追诉时效的事实在其他案件中可能就不是争点,也就不会被纳入事实调查的范围。

4. 举证责任

举证责任也称证明责任,是指“当事人对自己所主张的事实提出证据加以证明的责任”。[①] 也有学者将举证责任称为“证明负担”,“当事人如果要求依其主张为裁判时,必须就其主张的特定、重要、有关联的事实,并以之为证据标的,负有提出证据以为证明的负担,如果有不能提出证据或提出的证据不足以证明其主张的

---

① 柴发邦:《民事诉讼法教程》,法律出版社,1983,第213页。

事实成立的情形时，则负担事实审理者不能依其主张作出裁判的结果；如果提出的证据导致事实审理者对案件事实的认定存在真伪不明的情形时，即有不能依其主张的事实作出裁判的危险的负担。”①

举证责任影响刑事诉讼各方当事人事实调查的范围。我国《刑事诉讼法》第五十一条规定：“公诉案件中被告人有罪的举证责任由人民检察院承担，自诉案件中被告人有罪的举证责任由自诉人承担。”因此，如果公诉人或自诉人不能提出证据或提出的证据不足以证明其主张的被告人罪、责、刑的事实成立，且达到“事实清楚，证据确实充分”的证明标准，就没有尽到推翻无罪推定的证明责任，法庭就应当对被告人作出无罪判决。侦查机关和自诉人进行事实调查的范围广泛且收集证据的任务繁重。对于犯罪嫌疑人、被告人而言，其无义务自证自己有罪，也无义务自证自己无罪，犯罪嫌疑人、被告人及其辩护人提出证据证明其无罪、罪轻、减轻或免除处罚的事实存在的主张是在行使辩护权利。“我国刑事诉讼中的被告人不承担举证责任，人民法院不能因为被告一方不愿意或者没有提出证据，而不顾控方的证据是否充足作出被告人有罪的判决。”②

但是，根据我国刑事诉讼法和刑法的有关规定，被告人在特殊情况下也应当承担一定的证明责任。例如，根据《刑法》第三百九十五条的规定，被告人应当承担巨额财产来源合法的证明责任；根据《刑法》第二百八十二条第二款的规定，被告人应当承担合法持有国家绝密、机密文件、资料、物品的证明责任；根据《刑法》第一百二十八条第一款的规定，被告人往往承担合法持有枪支、弹药的证明责任；根据《刑法》第三百四十八条的规定，被告人往往承担合法持有毒品的证明责任。再如，被告人对于某些积极的抗辩事由，如正当防卫、紧急避险、意外事件、不可抗力、不在犯罪现场、某些程序性事实（如非法证据排除、回避、管辖）以及有关从轻、减轻或免除刑事处罚情节事实（如自首、立功）等，也承担一定的证明责任。③ 笔者认为，无论哪种观点，至少都应当遵循相同的诉讼法原理：控辩双方原则上都应当对自己一方提出的诉讼主张所依据的事实或反驳对方诉讼主张所依据的事实有责任提供证据加以证明。《刑法》第一百二十八条第一款、《刑法》第三百四十八条、《刑法》第三百九十五条等有关条款规定的情形，我们与其将其视为是“被告人在特殊情况下也应当承担一定的证明责任”，不如理解为是被告人及其辩护人为支持自己的诉讼主张（辩护主张）而承担的一种诉讼负担，这种诉讼负担并不是法定的证明责任，而是为了使辩护权的行使产生说服法官的效果以达到辩护目的所作出的必要努力。因此，辩护律师为了证明自己关于犯罪嫌疑人、被告人无罪、罪轻、减轻

① 陈界融：《证据法：证明负担原理与法则研究》，中国人民大学出版社，2004，第4页。
② 陈光中：《刑事诉讼法》，北京大学出版社、高等教育出版社，2012，第168页。
③ 孟军、甄贞：《刑事法律诊所教程》，北京师范大学出版社，2015，第79页。

和免除刑事责任的诉讼主张，为了充分行使辩护权，有效维护犯罪嫌疑人、被告人的合法权益，就需要查明和证明犯罪嫌疑人、被告人无罪、罪轻、减轻和免除刑事责任的案件事实，依法展开事实调查，收集辩护证据并向有关司法机关提供。辩护律师的事实调查范围也由此而基本确定。

综上所述，案件事实调查的基本范围取决于案件待证事实、免证事实、具体待决案件的争议点、举证责任等因素，但对每一个具体待决案件而言，上述诸多事实中哪一个或哪几个是关键的待证事实，取决于具体待决案件自身的特殊性，不可能千篇一律。

二、有计划、有针对性地分步骤实施事实调查，做好收集证据工作

根据认识规律，办案人员进行事实调查的过程，实际是从已知到未知、由此及彼、由表及里对案件事实的认识和再认识过程。因此，事实调查和证据运用必须符合认识规律，遵循法律规定的程序。

（一）事实调查和证据运用的基本思维路径

一是获取已知证据。已知证据是认识、分析、预断未知案件事实的起点。

二是制订事实调查计划。从已知证据出发，提出案件事实假设和证据调查假设，推断潜在证据的内容、形式、存在的可能性等，制订事实调查方案和计划。一个有计划的高质量的事实调查方案可以很好地指导事实调查工作顺利开展。在事实调查方案指导下，有计划查找证据，并根据情况变化，及时调整事实调查方案。

三是收集证据。根据事实调查计划开展事实调查工作，要及时、合法、有效地发现、固定、保全和收集证据，为后续各个环节的辩护和代理工作做好准备。

四是审查判断证据。在向司法机关举证之前，律师应当对收集到的证据一一进行审查判断，作出综合评价，对证据运用、取舍作出安排。在必要的情况下，还应当重新修正调查方案，调整调查方向，补充收集新的证据。

五是运用证据。在诉讼程序中，律师可以将决定举证的有关证据提交侦查机关、检察机关，也可以申请侦查机关、检察机关调取能够证明犯罪嫌疑人无罪、罪轻之类的辩护证据，实现侦查阶段、审查起诉阶段的辩护职能；或者在自诉案件向法院起诉之前，确定向法院举证的范围并制作证据清单，为发挥指控职能做好准备。在法院审理程序中，律师要按照法律规定的程序向法院举证，通过有效运用证据以努力实现证明目的——证明自己主张的事实成立。

（二）事实调查应当有针对性

1. 确定调查范围和调查重点

立法尽管对所有的刑事案件的待证事实规定了大致相同的基本范围，为每一个具体案件的事实调查提供着演绎推理的理论出发点，但是每一个具体待决案件

充满了自身的独特个性，事实调查的广度、深度和待证事实的类型不会完全雷同。因此，在具体案件中，需要根据案件的特殊性，确定有待查明哪些待证事实以及证明这些待证事实需要哪些证据，据此拟定出有针对性的调查方案和预计获得证据的清单，做到既重点明确又疏而不漏。

2. 选择调查策略

办案人员的身份不同，各自所选择的调查策略往往也各不相同。例如，公安机关、检察机关、法院等司法机关工作人员依照职权进行的事实调查，权力性特征鲜明，而律师调查取证更多地体现的是非强制性特征，尽管两类不同主体在调查中都需要运用调查策略，但律师常常需要更加重视调查策略和调查技巧。

证据调查策略通常包括：迷惑型策略、迂回型策略、调动型策略、诱导型策略、利用型策略、离间型策略、攻心型策略、威慑型策略，等等。[①] 选择调查策略前，律师需要研究调查对象的职业、个性特征、认识能力、心理状态、在案件中有无利害关系等因素，然后设计、选择所运用的策略，做到因人而异，有的放矢。

（三）分步骤实施事实调查

律师在刑事案件中的工作内容有三类，一是为犯罪嫌疑人提供法律帮助，一是刑事辩护，一是刑事代理。无论哪种工作都需要进行事实调查和证据收集。

1. 查阅、摘抄、复制案卷材料

案卷材料是律师获得现有证据最快捷的切入点，是全面了解案件事实的最主要渠道，也是从已知发现未知认识活动的基础。律师在接受委托后，要尽快与办案机关取得联系，依法获取司法机关制作的相关诉讼文书，查阅、摘抄、复制案卷证据材料。在全面审查诉讼文书、详细阅读和审视卷宗中的证据材料后，反复查阅推敲，发现疑点，找出矛盾，确定待决案件的事实调查范围和调查重点。

2. 会见犯罪嫌疑人、被告人

犯罪嫌疑人、被告人通常是所指控犯罪事实的亲历者，是刑事诉讼程序的全程参与者，是律师掌握诉讼程序进程和犯罪事实基本情况等第一手材料的主要信息来源之一。律师从犯罪嫌疑人、被告人处获得的事实和证据，可能会与案件卷宗中记载的内容有出入，这正是进一步查明事实、收集证据、寻找辩护切入点和案件突破口的关键。

3. 调查访问有关人员，有时甚至需要亲自查看事发现场

在阅卷、会见的基础上，律师根据自己对案件的判断，确定调查范围和调查重点，制定出调查方案和计划，依次展开调查工作。如走访未被办案机关列入证人名单的证人、针对专门的技术性问题请教专家或申请鉴定、询问被害人等，有时辩护

---

① 何家弘：《证据调查》，法律出版社，1997，第 358 页。

律师甚至需要亲自到当时的案发现场查看、拍照、走访等。

4. 运用多种手段广泛收集各种证据

在事实调查分步骤实施过程中，律师应当及时运用自行收集、公证、申请办案机关调取等多种手段收集和固定各种证据，如复制卷宗材料、制作证人询问笔录、现场拍摄照片或录像、提取物证书证、记载证据线索信息、申请司法机关调取新的证据等，以便为诉讼证明做好准备。

三、审查判断证据，调整调查方案，补充完善证据体系

事实调查分步骤实施完成后，律师已经掌握了调查方案中预计获得的部分或全部证据，对案件事实已经有了较为深入的认识。此时需要做的工作是：对已经收集到的证据材料进行审查判断并作出综合评估；根据已经查明的案件事实判断调查方案的正确性及需要调整的内容；补充证据以完善证据体系。

（一）审查判断证据，对证据作出综合评估

在庭审之前，律师需要对侦控机关收集的证据和自己收集的证据进行综合评估。

律师对证据的综合评估，是指律师根据《刑事诉讼法》和证据法律规范关于审查判断证据的规定，对已经掌握的控辩双方的证据进行研判，对双方所获得的证据是否足以证明己方需要证明的待证案件事实作出预断，根据评估结果确定如何取舍证据、如何调整调查方案及调整证据收集工作方向的活动。律师对证据的综合评估实质上是证据评价活动。

证据评价，是对单个证据之证据能力与证据证明力、数个证据的综合证明力所做的法律上的评判，包括对证据能力的评价、证据真实性的评价和证据证明力价值的评价。也有学者将对证据真实性的评价和证据证明力价值的评价统一称作证明力评价，认为，“证明力的主要内容是证据的真实性和证明价值。对证明力的审查判断主要包括两个方面的内容，其一是审查证据的真实性；其二是评断证据的证明价值。”①本书将对证据真实性的评价和证据证明力价值的评价统称为证明力评价。

证据评价有理论上的评价标准和法定的评价标准。证据法理论上的评价标准是证据的合法性、客观真实性、关联性；证据评价的法定标准是法律规定的一系列证据规范和规则。

① 何家弘、刘品新：《证据法学》，法律出版社，2004，第390页。

1. 证据评价的内容

证据评价的具体内容包括：审查判断证据资格，这是证据评价的首要内容；审查判断证据证明力的有无和大小，这是证据评价的关键内容。

(1)评价证据资格的标准。证据能力是证据材料能够成为证据的资格。在刑事诉讼中，控辩双方、法官需要根据法律关于证据能力的规定，研判哪些证据因欠缺证据资格而不能作为证明和认定案件事实的根据，通过对证据能力的评价将不具备证据资格的证据予以排除。评价证据能力的标准是证据的合法性原则，用于评价证据能力的证据规则通常包括非法证据排除规则(如刑讯逼供获得的言词证据、非法监听获得的证据、非法搜查获得的证据等)、传闻证据规则等。

(2)评价证明力的标准和规则。证明力是指证据对案件待证事实的证明程度。证明力评价，即具有证据能力的单个证据，在多大程度上对案件待证事实有证明作用；如果是具有证据能力的数个证据在多大程度上对待证事实有证明作用，则称为综合证明力。① 评价证据证明力的标准是证据的客观真实性原则、关联性原则，我国《刑事诉讼法》将证据证明力评价标准表述为"证据确实、充分"。

此外，相关法律还规定了证明力评价规则，如最佳证据规则、补强证据规则等。2019 年 10 月 14 日修订的《最高人民法院关于民事诉讼证据的若干规定》第八十五条第二款规定："审判人员应当依照法律程序，全面、客观地审核证据，依据法律的规定，遵循法官职业道德，运用逻辑推理和日常生活经验，对证据有无证明力和证明力大小独立进行判断，并公开判断的理由和结果。"此规定纠正了 2001 年《最高人民法院关于民事诉讼证据的若干规定》第七十七条对各种证据证明力法定排序规则的弊端，赋予法官对证据证明力自由裁量的权限。②

2. 如何进行证据的审查判断

(1)对证据资格的审查判断。在审前程序(指侦查程序和审查起程序)和法庭审理程序中，审查判断证据的首要内容是评价证据资格。律师应当依据有关法律规定，结合自己的社会生活经验和司法实践经验，从收集该证据的主体是否合法、

---

① 陈界融：《证据法：证明负担原理与法则研究》，中国人民大学出版社，2004，第 300 页。

② 2001 年《最高人民法院关于民事诉讼证据的若干规定》第七十七条规定："人民法院就数个证据对同一事实的证明力可以依照下列原则认定：(一)国家机关、社会团体依职权制作的公文书证的证明力一般大于其他书证；(二)物证、档案、鉴定结论、勘验笔录或者经过公证、登记的书证，其证明力一般大于其他书证、视听资料和证人证言；(三)原始证据的证明力一般大于传来证据；(四)直接证据的证明力一般大于间接证据；(五)证人提供的对与其有亲属或者其他密切关系的当事人有利的证言，其证明力一般小于其他证人证言。"这一规范对证据证明力作出的规定极具机械性，弊端较为明显，但其属于评价证据证明力的规范。

程序是否合法、内容是否合法、手段是否合法等方面着手,对证据资格作出判断。①

律师需要在法院庭审开庭前,对侦控机关收集的证据和自己收集的证据完成证据资格判断工作,对判断为不具有证据资格的证据,应当采用下列处理方案作出应对:如果属于侦控机关收集的证据,按照非法证据排除的有关规定拟提请法庭审查排除;如果属于己方收集的证据,则不应当提交给法庭用作庭审证据,并立即调整事实调查方案,重新调查取证,以补强相应的证据链条。

(2)对证据证明力的审查判断。对证据证明力的判断往往是证据判断的关键内容。对纳入证据体系并用于证明案件事实的单个或数个证据,侦、控、审司法人员和律师都必须对证据能够证明哪些待证案件事实以及能够在多大程度上证明待证案件事实作出判断,包括对单个证据证明力的判断和对数个证据综合证明力的判断。②

我国《刑事诉讼法》对证据证明力确定了“证据确实、充分”的判断标准。《刑事诉讼法》第五十五条第二款规定:“证据确实、充分,应当符合以下条件:(一)定罪量刑的事实都有证据证明;(二)据以定案的证据均经法定程序查证属实;

---

① 我国《刑事诉讼法》第四十三条规定:“辩护律师经证人或者其他有关单位和个人同意,可以向他们收集与本案有关的材料,也可以申请人民检察院、人民法院收集、调取证据,或者申请人民法院通知证人出庭作证。辩护律师经人民检察院或者人民法院许可,并且经被害人或者其近亲属、被害人提供的证人同意,可以向他们收集与本案有关的材料。”第四十四条规定:“辩护人或者其他任何人,不得帮助犯罪嫌疑人、被告人隐匿、毁灭、伪造证据或者串供,不得威胁、引诱证人作伪证以及进行其他干扰司法机关诉讼活动的行为。”

② 《刑事诉讼法》第五十二条规定:“审判人员、检察人员、侦查人员必须依照法定程序,收集能够证实犯罪嫌疑人、被告人有罪或者无罪、犯罪情节轻重的各种证据。严禁刑讯逼供和以威胁、引诱、欺骗以及其他非法方法收集证据,不得强迫任何人证实自己有罪。”第五十六条规定:“采用刑讯逼供等非法方法收集的犯罪嫌疑人、被告人供述和采用暴力、威胁等非法方法收集的证人证言、被害人陈述,应当予以排除。收集物证、书证不符合法定程序,可能严重影响司法公正的,应当予以补正或者作出合理解释;不能补正或者作出合理解释的,对该证据应当予以排除。在侦查、审查起诉、审判时发现有应当排除的证据的,应当依法予以排除,不得作为起诉意见、起诉决定和判决的依据。”第五十八条规定:“法庭审理过程中,审判人员认为可能存在本法第五十六条规定的以非法方法收集证据情形的,应当对证据收集的合法性进行法庭调查。当事人及其辩护人、诉讼代理人有权申请人民法院对以非法方法收集的证据依法予以排除。申请排除以非法方法收集的证据的,应当提供相关线索或者材料。”第五十九条规定:“在对证据收集的合法性进行法庭调查的过程中,人民检察院应当对证据收集的合法性加以证明。”第六十条规定:“对于经过法庭审理,确认或者不能排除存在本法第五十六条规定的以非法方法收集证据情形的,对有关证据应当予以排除。”

(三)综合全案证据,对所认定事实已排除合理怀疑。”[①]“所谓证据确实、充分,是对证据质和量的综合要求,是实现司法人员对案件事实认识清楚的客观根据。”[②]

证据确实是我国刑事诉讼法对证据证明力在质的方面的要求。“证据确实,即每个证据必须是客观真实的,不是虚假的,并且具有客观的关联性”[③];“据以定案的证据均经法定程序查证属实”是法律从程序上对证据真实性提出的要求。证据确实可以从四个方面判断:一是从证据的来源判断其真实性;二是从证据内容判断其真实性;三是判断证据与案件事实是否存在客观上的关联性;四是据以定案的证据必须经法定程序查证属实。

证据充分是我国刑事诉讼法对证据证明力在量的方面的要求。“证据充分,是指一切定罪量刑的事实都有证据加以证明,而且证据的数量足以确定性地认定案件事实。”[④]对证据证明力是否充分的判断,涉及刑事诉讼证明标准问题和证据体系的综合证明力问题。“定罪量刑的事实都有证据证明”“综合全案证据,对所认定事实已排除合理怀疑”的规定要求证据在量上应当满足两个层次的要求:一是作为定罪量刑所依据的每个待证事实,都必须有证据加以证明,且每一个证据之间能够相互印证;二是证明程度需要达到“综合全案证据,对所认定事实已排除合理怀疑”标准。“排除合理怀疑”,不仅包括“最大程度的盖然性”,而且包括结论之“确定性”“唯一性”。[⑤]

“证据确实、充分”确立了对证据体系证明力在质上和量上的评价标准:第一,每个用于定案的证据均属实而非虚假;每个证据与案件事实均有客观内在的联系,即具备关联性;每一个证据均依法定程序查证属实。第二,用于证明同一待证事实的数个证据之间能够相互印证;全案所有证据能够相互印证;证据之间的矛盾被合理排除;全案所有证据形成协调一致的完整的证据链条。第三,全案证据充分,足以能够对案件事实得出“确定性”“唯一性”的结论且具有高度盖然性。律师

---

① 《刑事诉讼法》的其他条款,也对“证据确实、充分”的标准作出了规定。如第一百六十二条规定:“公安机关侦查终结的案件,应当做到犯罪事实清楚,证据确实、充分,并且写出起诉意见书,连同案卷材料、证据一并移送同级人民检察院审查决定;同时将案件移送情况告知犯罪嫌疑人及其辩护律师。”第一百七十六条规定:“人民检察院认为犯罪嫌疑人的犯罪事实已经查清,证据确实、充分,依法应当追究刑事责任的,应当作出起诉决定,按照审判管辖的规定,向人民法院提起公诉,并将案卷材料、证据移送人民法院。”第二百条规定:“在被告人最后陈述后,审判长宣布休庭,合议庭进行评议,根据已经查明的事实、证据和有关的法律规定,分别作出以下判决:(一)案件事实清楚,证据确实、充分,依据法律认定被告人有罪的,应当作出有罪判决;(二)依据法律认定被告人无罪的,应当作出无罪判决;(三)证据不足,不能认定被告人有罪的,应当作出证据不足、指控的犯罪不能成立的无罪判决。”

② 陈光中:《刑事诉讼法》,北京大学出版社、高等教育出版社,2012,第170页。

③ 同上。

④ 同上。

⑤ 陈光中:《刑事诉讼法》,北京大学出版社、高等教育出版社,2012,第171页。

在对证据进行证明力评价时,应当以此作为评价的法律尺度。

在对证据证明力进行评价后,按照不同情况做出处理:初步判断为不具有真实性或关联性的,提请法庭对侦控机关收集的此类证据进行审查并请求不予采信;如果属于己方收集的证据,应当慎重审查,决定是否拟提交给法庭用作庭审的证据;对单个证据与整个证据体系存在逻辑矛盾的,应当进一步核实或排除;整个证据体系的证明力无法充分证明待证案件事实、无法达到对案件事实认定的“确定性”、“唯一性”程度的,立即调整事实调查方案并重新调查取证,补强对应的证据链条。

(3)证据审查判断的方法步骤。不同的事实调查人员审查判断证据的方法大同小异,基本上采取如下步骤:

1)单独审查。也就是将用于证明案件待证事实的每一个证据,依据各类证据的不同特点,从来源、内容、程序等方面,分别单独判断其合法性、客观真实性和关联性,对其证据资格和证明力作出判断。

2)对比审查。也就是把用于证明同一案件事实的两个或两个以上的证据进行比对,审查各个证据之间是否存在矛盾、证明方向是否一致、能否共同证明同一待证事实等。各证据之间如果无矛盾或无不协调之处,则各个证据的可靠性较高;如果各证据中之间存在矛盾,则需要排除矛盾或寻找到对矛盾作出合理解释的事实基础和理由。

3)综合审查。综合审查是将案件的全部证据材料放在一起通盘考虑,研判整个证据体系各证据之间是否存在矛盾、能否相互印证、是否确实充分,最终对证据体系是否达到了“综合全案证据,对所认定事实已排除合理怀疑”的证明标准作出判断。整个证据体系是否形成严密完整、无懈可击的证据链条,将决定司法证明结果和司法裁判结果的严密性和说服力。

(二)根据已经查明的案件事实,判断调查方案的正确性及需要调整的内容,补充证据以完善证据体系

律师应当站在公诉人、审判人员、辩护人三个不同的诉讼主体角度,分别审视侦查机关、检察机关、辩护人、自诉人、被害人等各方收集的证据和己方收集的证据,通过变换角度对各方证据尤其是己方证据作出判断。如果对自己一方证据的评估结果是足以证明自己一方主张的待证事实,则终结事实调查工作,拟定证据清单,准备庭审应诉。如果发现证据应当被排除、证据之间存在矛盾、证据尚不足以证明自己主张的案件事实等情况,则需要立即调整调查方案和内容,补充证据以完善证据体系。经过一次或数次调整方案和补充证据,力所能及获取了尽可能多的证据,将能够为庭审证明提供最大可能的支持。

第五章

法律研究

引言

法官或律师为处理待决案件寻找法律的活动,常被称作找法活动。寻找法律的思维进程是一个法律研究的过程。法律研究的目的在于为具体个案寻找到适用于该案的正确的、适当的法律规范,为具体个案确立正确的裁判大前提。而通过法律研究去寻找适用于具体个案的法律并非一件容易的事情。法律研究与其说是一种知识或理论,倒不如说是一种技能更为现实,它属于法律职业技能的核心范畴,这种技能需要通过教育培养和严格的职业训练才能有效获得。法科学生只有学习和掌握了法律论证与推理的复杂艺术,才能有效提升办案质量,促进法律的正确实施。

教学目的:法律研究包括法律检索和法律论证。通过图书资料、电子出版物资源、网络资源获得法律或司法解释文本、案例资料或法理学说,由此寻找到适合于特定个案的正式法律渊源和非正式法律渊源,是寻找法律的第一个环节。在分析已经掌握的案件事实基础上,通过法律规范与案件事实的连接比对,对法律规范进行解释、漏洞补充和推导,寻找到自认为是适当的、正确的、符合公平正义价值的唯一可用的法律规范,是寻找法律的第二个环节。本章内容旨在训练学生法律检索和法律推理的能力。

教学设计:以典型案例切入,剖析法律检索和法律推理的切入点和技能,让学生在深思中将理论和实践技能有效结合。

内容实施:坚持掌握理论与实训实践相统一,掌握法律检索和法律推理的理念和技能,达到培养学生创造性思维能力和创造性运用法律的能力。

注意事项:①法律研究较为抽象,要知难而进。②法律推理重在掌握法律解释、漏洞补充和价值平衡的理念和技巧。③明确寻找法律的目的在于确立司法裁判大前提。

案例

从几个“婚内强奸案”案例出发审视研判法律推理和法律适用问题

(一)案例基本情况介绍

案例1. 被告人白俊峰,男,27岁,农民。因涉嫌犯强奸罪,于1995年7月27日被逮捕。辽宁省义县人民检察院以被告人白俊峰犯强奸罪,向义县人民法院提起公诉。义县人民法院经不公开审理查明:被告人白俊峰与被害人姚某某1994年10月1日结婚,婚后夫妻感情不好,多次发生口角。姚某某于1995年2月27日回娘家居住,并向白俊峰提出离婚要求。双方因退还彩礼数额发生争执,经村委会调解,未达成协议。1995年5月2日晚8时许,被告人白俊峰到姚家找姚某某索要彩礼,双方约定,次日找中间人解决,后白俊峰回家。晚9时许,白俊峰再次到姚家,见姚某某在被窝里,欲与其发生性关系,姚某某不允。白俊峰将姚按倒,骑在姚身上,扒姚的衬裤,后拿起剪刀将姚的内裤剪断。姚某某与白继续厮打,抓白的头发,将白的背心撕破,并拿起剪刀想扎白俊峰,被白抢下扔掉。白俊峰用裤带将姚的手绑住,两次强行与姚某某发生了性关系,对姚某某蹂躏达五个多小时,致姚某某因抽搐昏迷,经医生抢救苏醒。义县人民法院审理认为:被告人白俊峰在与姚某某的婚姻关系存续期间,以强制手段强行与姚某某发生性关系的行为,不构成强奸罪。于1997年10月13日判决被告人白俊峰无罪。一审宣判后,在法定期限内被告人白俊峰没有上诉,检察机关也没有提出抗诉。①

案例2. 被害人王某与被告人吴某因闹离婚而分居,但依然在一起共同干农活。2000年6月11日,吴某将王某按在床上,撕烂内裤,强行与王某发生性关系。四川省南江县人民检察院以涉嫌强奸罪对吴某提起公诉。南江县人民法院审理后认为:被告人吴某与被害人王某强行发生性行为是在夫妻关系存续期间,故吴某的行为不构成犯罪,检察机关指控的罪名不能成立,故对吴某作出无罪判决。②

案例3. 被告人王卫明,男,1970年5月20日出生,工人。因涉嫌犯强奸罪,于1997年10月14日被刑事拘留,同月27日被释放,同年12月11日被取保候审。上海市青浦县人民检察院以被告人王卫明犯强奸罪,向青浦县人民法院提起公诉。青浦县人民法院经不公开审理查明:1992年11月,被告人王卫明经人介绍与被害人钱某相识,1993年1月登记结婚,1994年4月生育一子。1996年6月,王卫明与钱某分居,同时向上海市青浦县人民法院起诉离婚。同年10月8日,青浦县人民法院认为双方感情尚未破裂,判决不准离婚。此后双方未曾同居。1997年3月25

---

① 张军:《白俊峰强奸案——丈夫强奸妻子的行为应如何定罪》,载最高人民法院刑事审判一庭编《刑事审判参考》,法律出版社,1999,第23-36页。

② 参见《北京晚报》,2001年4月4日。

日，王卫明再次提起离婚诉讼。同年10月8日，青浦县人民法院判决准予离婚，并将判决书送达双方，双方当事人对判决离婚均未上诉。同月13日晚7时许（离婚判决因处于上诉期内而尚未生效），王卫明到原居住的桂花园公寓3号楼206室，见钱某在房内整理衣物，即从背后抱住钱某，欲与之发生性关系，遭拒绝。钱某挣脱欲离去，王卫明将钱某的双手反扭住并将钱某按倒在床上，不顾钱某的反抗，采用抓、咬等暴力手段，强行与钱某发生了性行为，致钱某多处软组织挫伤、胸部被抓伤和咬伤。当晚，被害人即向公安机关报案。青浦县人民法院审理认为：被告人王卫明主动起诉，请求法院判决解除与钱某的婚姻，法院一审判决准予离婚后，双方对此均无异议。虽然该判决尚未发生法律效力，但被告人王卫明与被害人已不具备正常的夫妻关系。在此情况下，被告人王卫明违背妇女意志，采用暴力手段，强行与钱某发生性关系，其行为已构成强奸罪，应依法惩处。公诉机关指控被告人王卫明的罪名成立。依照《中华人民共和国刑法》第二百三十六条第一款、第七十二条第一款的规定，判决：被告人王卫明犯强奸罪，判处有期徒刑三年，缓刑三年。（1999年12月21日作出一审宣判后，被告人王卫明服判，未上诉。）①

案例4. 被告人刘某2009年10月与王某登记结婚，婚后经常为琐事发生争吵。2009年12月22日上午，王某在表姐李某家中躲避。刘某到李某家中与王某谈离婚事宜时，用携带的仿真手枪威逼王某赔偿两万元婚礼钱，声称谈不出结果谁都别想离开屋子。因表姐李某向室外人求救，刘某恼羞成怒，从厨房拿出菜刀将妻子王某和李某逼到卧室，将两人砍伤后，又当着李某的面强奸了妻子王某。三门峡市湖滨区法院经审理认定，刘某因犯强奸罪从轻判处有期徒刑1年，与盗窃罪、故意伤害罪数罪并罚，判处有期徒刑3年。

（二）对法官或者辩护律师寻找法律过程中的法律推理和选择适用法律问题的研究

无论是法官（其实也包括侦查人员和检察人员，他们在办理此类案件时也同样面临对这种行为作出罪与非罪的定性判断和如何选择适用法律的判断过程。案例3中公安机关对犯罪嫌疑人刑事拘留、释放、再到采取取保候审强制措施的过程，体现了办案机关在对法律适用争议较大案件作出判断时的难度和难以决断的犹豫态度）还是辩护律师，在处理类似案件时，都将会经历发现案件事实、对案件事实性质的认定、法律推理、选择适用法律的司法决策过程。这个过程的核心任务就是法律研究。

1. 法律研究思维路径的分解图式

(1)法律研究的三个对象：寻找适用于待决案件的法律规范以确立裁判大前

---

① 张辛陶：《王卫明强奸案——丈夫可否成为强奸罪的主体》，载最高人民法院刑事审判一庭编《刑事审判参考》第2辑，法律出版社，2000，第26-29页。

提的过程,是法律研究过程。法律研究的对象有三个层次,即案件事实、拟适用的法律规范以及联结二者的媒介。案件事实是决定案件最终处理结果的基础;对案件事实的定性是联结案件事实和拟适用法律规范的媒介,其和案件事实共同决定了对拟适用法律规范的选择;确定拟适用的最佳法律规范是法律研究的目的所在。在拟适用的法律规范无法涵摄案件事实时,通过运用事实本质的解释方法、刑法解释方法完成法律规范与案件事实相互涵摄和归入。否则,需要另行寻找拟适用的其他规范。

(2)对案件事实"法律上的本质属性"的判断与对法律规范进行解释或漏洞补充二者之间相互影响。案件事实在法律上的本质属性,是连接案件事实和拟适用法律规范的媒介。"规范与事实之间之所以能够取得一致,是由于存在一个第三者,即当为与存在之间的调和者——事物的本质。""'事物本质'是一种观点,……它是现实与价值互相联系(对应)的方法论上所在。因此,从事实推论至规范,或者从规范推论至事实,一直是一种有关'事物本质'的推论。"①

在刑事诉讼中,侦、控、审人员或律师在接触案件之后,首先面临的工作是研究案件事实和证据,确保"案件事实清楚,证据确实、充分",这是处理所有案件都必须确立的前提。其次是根据案件事实对案件性质(即对案件所涉及的法律关系)作出判断,以确定该案究竟是民事案件性质、行政案件性质还是刑事案件性质。对案件事实性质的判断通常以已经发现的案件事实为基础,借助于直觉、对案件事实的认知、对案件法律关系的判断、对拟适用法律规范的解释推导,在完成法律规范构成要件与案件事实相互涵摄和归入的基础上,最终选择并确定最佳法律规范作为裁判大前提。此环节中,一方面需要对行为人行为类别以及案件事实的法律性质(即事物本质)作出类型化判断②,另一方面需要根据案件事实对法律规范进行解释或漏洞补充(如果法律规范明确具体,不生歧义且无争议,则可以直接对号入座,此时无须对拟适用的法律规范进行解释或漏洞补充)。最后,如果将案件事实性质确定为刑事犯罪,需要在法律研究的基础上初步确定拟选择适用于待决案件

---

① [德]亚图·考夫曼:《类推与"事物本质"——兼论类型理论》,吴从周译,台湾学林文化事业有限公司,1999,第103页。

② 刑法适用的过程,就是一个寻找案件事实和刑法规范所规定的行为类型之间的相似性或一致性过程。因此,在认识案件事实时,通常需要从案件事实中抽象出事物本质,对案件事实的法律性质以及行为人行为(即事物本质)作出类型化判断;在寻找法律时,需要在事物本质的基础上,对法律规范进行解释或漏洞补充。通过对法律规范和案件事实的比对分析,最终判断法律规范与案件事实能否相互涵摄和归入。法律规范与案件事实相互涵摄和归入是一种认识上的结论,它对案件事实的认识未必与客观真实的案件事实相一致,形成的相互涵摄和归入可能仅是一种思维上的假象,作出的裁判结果也未必公平公正,但这种建立在唯物主义基础上的认识论依然是目前人类最科学的认识方法。

的法律规范。将法律规范的犯罪构成要件要素与案件事实进行比对,如果得出法律规范能够涵摄案件事实的结论,则确定选择适用的法律规范,从而确立起裁判推理的法律大前提和案件事实小前提;如果得出法律规范不能够涵摄案件事实的结论,则需要启动新一轮的思维循环,按照前述步骤,重新认识案件事实和重新寻找可能适用的最佳法律规范,直到确立起来裁判推理的法律大前提和事实小前提为止。

2. 侦、控人员或律师等办案人员处理待决案件时法律研究思维路径解析

在上述各案例中,侦、控人员或律师在接触案件事实后,法律研究思维路径是:

首先,根据证据认定案件事实。在上述四个案例中,"违背妇女意志强行与其发生性关系"的强奸行为事实十分清楚:第一,男女双方具有合法的婚姻关系存在;第二,丈夫违背妻子意志实施了强行与妻子发生性关系的行为;第三,证明这些基本案件事实的证据确实、充分。

其次,对案件事实作出法律定性(法律关系认定),即对案件事实"法律上的本质属性"作出判断。"强奸行为"属于严重侵害妇女人身权利的行为,"事物本质"应当归属于刑事犯罪性质。但案件的疑难问题在于:丈夫强奸妻子的行为应如何定性——是否属于刑事案件性质(即是否构成强奸罪)?对案件性质的认定往往建立在对法律规范本身、价值判断标准、所处时代主流观念等的基础上,结论并不是能够那么轻易得出的。

再次,根据前述判断,在《刑法》中寻找到适用于该案的最佳法律规范是第二百三十六条"以暴力、胁迫或其他手段强奸妇女的,处三年以上十年以下有期徒刑"的规定。将第二百三十六条的犯罪构成要件分解为以下要素:"暴力、胁迫或其他手段""强奸"(强奸隐含违背妇女意志和发生性关系两个要素)、被侵害对象是"妇女"(如果对象是男性,则要件不符合);再将该法律规范构成要件要素与待决案件行为人的行为进行比对;结果发现,该法律规范完全涵摄案件事实,案件事实也能够归入该法律规范。

最后,基本确定刑法第二百三十六条为可以适用于上述各个待决案件的法律规范,由此确立起裁判推理的法律大前提而作出有罪判决。或者根据价值判断,确定不能适用刑法第二百三十六条作为裁判推理的法律大前提,从而作出无罪判决。

3. 法律研究中思维过程的多次循环性

在寻找法律的过程中,法官或律师等办案人员的思维要完成对案件事实和选择拟适用的法律规范的解释、比对、一致性判断等思维活动。尤其是在遇到疑难复杂案件的情况下,思维需要在案件事实和尝试适用的法律规范之间进行多次循环往复和多次试错,才能最终将选择适用的法律规范确定下来。就特定具体个案而言,循环试错的次数与法官或律师等办案人员的法学修养水平以及认识问题能力的高低具有密切关系。

此外,不同历史时期的法官对同一类案件的裁判理念会发生变化。从历史发

展的角度来看,法官的裁判理念的演化通常需要一个发展过程:往往是先前有法官对同一种类的案件按照所处时代的理念作出过裁判;经过一定时期后,在后的法官受新时代新理念的影响,在对同一类案件进行裁判时,对在先的裁判理念作出修正并作出不同的裁判。这是同一类案件裁判理念在探索中不断演化并得到补充、完善的思维进化模式。从本组案例中的案例1、案例2的裁判理念发展到案例3、案例4的裁判理念的过程,就是这种模式的典型代表。

4. 运用法律研究技术,慎重化解法律推理中的矛盾和冲突,完成对选择适用法律规范的内部证成过程

(1)选择适用法律规范需要完成法官内心的内部证明过程。分析案件过程中,如果发现案件事实出现疑难点①、法律概念或法律规范边界模糊不清、法律规范之间存在冲突、拟适用的法律规范推导出的裁判结论显失公平或不能为社会观念所接受等问题,则需要运用法律研究技术,慎重化解法律推理中的矛盾和冲突,完成对选择适用法律规范的内部证明过程。

上述四个案例的判决结果作出之前,法官、辩护律师等办案人员均面临对被告人行为作出性质判断的问题。判断案件事实是否属于强奸性质,既涉及事实认定,又涉及价值判断,法官只有对案件事实作出价值判断,才能确定适用的法律规范。四个案例判决结果的差异主要在于法官对事物本质作出判断依据的价值标准存在分歧:婚姻关系的存在是否为阻却婚内强奸罪成立的事由?对于丈夫配偶权这一身份权与妻子性自主权这一人格权的冲突,哪一个价值应当优先?通过法律推理如何予以化解?法官的价值判断对法律规范的适用产生什么样的影响?显然,不同法官对丈夫配偶权这一身份权与妻子性自主权这一人格权的关系所持的不同观点和价值优先性的判断,决定了对适用的法律规范的选择和司法裁判结果

---

① 案件事实认定困难的案例:据安徽商报报道:在合肥从事按摩服务的变性女小芳(化名),2016年6月10日晚上去酒店给一个男子提供按摩服务时,遭对方胁迫,两度遭到性侵,并逼迫她通过微信转账给该男子100元。男子逃走后,小芳第一时间报警。据小芳称,她5年前在泰国完成了变性手术,回国后申请变更了居民身份证、户口登记等性别项目信息,现在自己的生理结构、户口簿、身份证等信息都是女性。警方对小芳被抢劫予以立案侦查,当晚抓获了嫌疑人。但是否以强奸罪立案,则争议极大:根据刑法规定,强奸罪是指违背妇女意志,使用暴力、胁迫或者其他手段,强行与妇女发生性交的行为,或者故意与不满14周岁的幼女发生性关系的行为。但本案中,一个关键的事实是,虽然被害人的生理结构、户口簿、身份证等信息都显示为女性,但被害人是否属于刑法上的"妇女"?刑法中对'妇女'的定义,究竟是按DNA信息为标准还是以性器官为标准进行界定?对本案小芳的性别事实和对"妇女"概念的认定,决定了对案件性质如何定性以及如何选择适用法律规范的问题。一种观点认为,该案中被害人是变性人,不属于"妇女"范畴,应以强制猥亵罪立案;另一种观点认为,这种行为构成强奸,应当以强奸罪立案。参见齐美义,吴洋.《变性女称两度遭性侵是否算"强奸"存疑》,中安在线 http://ah.anhuinews.com/system/2016/06/14/007382299.shtml,访问时间,2018年4月8日。

的最终走向,导致了相同或相类似的案件产生了不同的判决结果——而法官确定适用法律规范的决策背后,隐藏着对案件事实定性、法律解释和漏洞补充、价值判断和平衡等法律推理的密码。

(2)法律研究需要化解各种内在的矛盾,最终对选择适用的法律规范形成内心确信。在上述四个案例中,存在截然相反的两种判断思路:一种观点认为,婚姻关系的现实存在意味着妻子对丈夫负有同居义务(即与丈夫发生性关系的义务),妻子拒绝与丈夫发生性关系违背义务,因此,丈夫强行与妻子发生性关系不构成强奸罪,由此形成的判决结果如案例1和案例2。另一种观点认为,如果丈夫违背妻子的意志,采用暴力、胁迫等手段,强行与其发生性行为,符合强奸罪的主观和客观等犯罪构成要件特征,应构成强奸罪,由此形成的判决结果如案例3和案例4。

对上述案例进行法律研究需要解决三个关键问题:其一,刑法第二百三十六条是否能够涵摄上述案例中的案件事实?其二,婚姻法等关于夫妻同居义务的法律规范和刑法关于保护妇女性自主权的法律规范的冲突(即配偶权与妇女人身权冲突)如何化解?其三,适用刑法第二百三十六条规定,是否需要对其作出价值判断?

就第一个问题而言:《刑法》第二百三十六条“以暴力、胁迫或其他手段强奸妇女的,处三年以上十年以下有期徒刑”的规定,从字面意义解释,均涵摄了上述各个案例中的案件事实——案件事实符合“暴力、胁迫或其他手段”“强奸”、被侵害对象是“妇女”等全部犯罪构成要件要素。因此,法律推理得出的结论应当是:刑法第二百三十六条应当适用于上述各案件,该法律规范及其他法律并没有将丈夫这一主体排除在犯罪主体之外。因此,依照法律规范的字面意思,正常的推理结果是丈夫构成强奸罪。

就第二个问题而言:从保护配偶权角度来说,婚姻法规定夫妻之间互相享有配偶权,也就为妻子设定了与丈夫同居的义务,义务应当履行就意味着丈夫有权利要求妻子和其发生性关系,就意味着妻子的性自主权要受配偶权的制约,如果丈夫行使请求发生性关系的权利时刻面临强奸罪的牢狱之灾,则婚姻的功能将受到极大削弱,家庭作为社会的根基就会坍塌。从公民人身权保护角度而言,我国现行法律确认每一个公民享有独立的人格权,妇女的人格权并不因婚姻关系所产生的配偶权而消灭(中国古代法承认丈夫对妻子人身的支配权,自然包括了对妻子的性支配权),妻子性自主权所具有的相对独立性应当受到法律保护。由此产生了法律冲突。从家庭功能来说,夫妻发生性关系既是婚姻应当具有的法律属性,也是婚姻制度在生理和伦理价值上的反映,更是生儿育女繁衍后代等婚姻家庭社会属性的基础。因此,优先保护妻子人格权并不能否定配偶权对妻子性自主权的制约和限制,对于丈夫婚内强行与妻子发生性关系的行为,在适用刑法第二百三十六条时,应当根据案件情况做适度的目的限缩解释,即:社会生活和司法实践中,只要夫妻婚姻关系正常存续,丈夫通常不宜成为强奸罪的主体;如果权衡个案情况适宜认定强奸罪成立时,婚姻关系存续也应当作为量刑情节予以考虑,本组案例中的案例3、案例4就是采用的此种裁判理念。所以,侦、控、审人员或律师在处理案件时,必须对配偶权和人格权的不协调之处以及相应的法律规范冲突作出决断。

就第三个问题而言:从不同的价值观角度审视司法决策,得出的结论不外乎三种:一是遵守刑法等法律对妻子人格权中的性自主权保护的规定,认定丈夫违背妻子意志强行发生性关系构成强奸罪;二是认为妻子对丈夫负有同居义务,拒绝发生性关系是对义务的违反,也是对家庭功能的否定,在婚姻关系存续期间,即使丈夫强行与妻子发生性关系也不能认定为强奸罪;三是坚持价值衡平的观念,主张以尊重妻子人格权为主线,兼顾夫妻同居义务对妻子性自主权的制约作用,在个案中根据具体案情作出折中处理。显然,作出何种司法决策,已经不再属于纯粹的事实认定问题,而在很大程度上成为对价值观念的抉择和如何解释法律问题。"婚内无强奸"的司法理念固然不当,但"婚内处处是强奸"的理念更是令人毛骨悚然。因此,本组案例中化解法律规范冲突的过程就是对案件事实作出价值判断、对法律规范作出选择的司法决策过程。由夫妻身份权支配妻子人格权的时代早已过去,从当代中国法律平等保护人格权的时代精神出发,结合刑法第二百三十六条字面意思,对婚内发生的丈夫强奸妻子的行为,应当以认定为强奸罪为基本定位。本组各个案例既揭示了法院对同属于婚内强奸类案件裁判理念的历史演化过程,也揭示了法官在司法实践中都在以价值判断的方法作出裁断的事实:案例1、案例2的法官以价值衡平理念选择优先保护配偶权,排斥了刑法第二百三十六条的适用;案例3的法官对刑法第二百三十六条字面意思作出限缩解释,确立了婚姻关系非正常存续期间(即离婚诉讼期间)丈夫可以成为强奸罪主体的规则;案例4的法官确立了婚姻关系正常存续期间也可以构成强奸罪但应当从轻或减轻处罚的规则。

法律研究的目的在于为具体个案寻找到适用于该案的正确的、适当的法律规范。在刑事案件中,侦控辩审各方为完成各自的工作任务,都必须为面对的待决案件寻找能够适用于该案件的法律规范。可以说,寻找法律是所有从事法律职业的人都会面对且需要具备专业技能才能高质量完成的工作。

法学是实践性极强的一门社会科学,法学教育要实现为社会培养创新型、应用型法律人才的目标,就必须使法律人才同时具备法学知识、法律职业技能和法律职业道德。法律研究属于法律职业技能的核心范畴,与其说它是一种知识或理论,倒不如说是一种技能更为现实。法国法学家富勒(Lon L. Fuller)说过:"教授法律知识的院校,除了对学生进行实在律令和法律程序方面的基础训练以外,还必须教导他们像法律工作者一样去考虑问题、掌握法律论证与推理的复杂艺术。”[①]对于希望从事法律职业的法学院学生而言，寻找法律的技能需要通过教育培养和严格的职业训练才能有效获得。一旦掌握了法律推理和法律论证的艺术，我们就能够在千变万化的法律事实和纷繁复杂的法律规范的海洋中驾驭好法律思维的航船，虽然会偶然遭遇法律世界中的暗礁、冰山或台风，但通过小心谨慎的求证，依然能够得出符合公平正义理念的法律裁判。

律师从接受当事人委托到对案件形成成熟的办案策略，要经历一个十分复杂并付出艰辛劳动的过程。在这个过程中，律师如同一个战略家，要高瞻远瞩，洞悉案件事实和适用的法律，假设并探求处理本案的各种可能的方案，推断不同方案下案件可能的走向和法官裁判结果的不同可能性，最终结合当事人的欲求，选择出一个最佳最优方案贯彻执行；同时，律师更像一个工匠，在发现事实、收集和运用证据方面，在寻找法律并选择适用的法律规范方面，在案件可能的预断结果与当事人的欲求目标之间的平衡方面，既需要有匠心独运的构思，又需要有细致入微炉火纯青的技术，才能高质量地完成这一宏大的工程。辩护工作处处充满着挑战，一个律师拥有智慧和怀有良知同等重要，如果仅怀有良知但智慧不足，尚远远不足以承担维护当事人合法权益的重托。刑事案件辩护工作发现事实和寻找法律的过程尤其需要智慧之光的照耀才能艰难前行。

法律研究的目的在于寻找适合于具体案件的裁判大前提，并为形成最终的办案策略或方案提供论证基础。对于辩护工作而言，律师寻找法律的思维过程是一个法律研究过程，既包括法律检索，也包括法律推理。

第一节　法律研究的概念和内容

亚里士多德逻辑学将三段论学说系统化，揭示了人类演绎推理的一般思维规律，确立了人类思维活动所必须遵循的基本规则。在司法活动尤其是司法审判活动中，三段论推理被广泛运用，成为司法裁判中最基本的逻辑思维方法，[②]无论法官的审判推理还是律师对法院未来判决结果进行预断，都必须遵循三段论推理规

① ［美］E. 博登海默：《法理学—法哲学及其方法》，邓正来、姬敬武译，华夏出版社，1987，第492页。

② 亚里士多德三段论中的第一格是三段论体系中的“典型格”，它是体现把普遍原理、原则应用到具体事物或特定具体场合的从一般到特殊的演绎推理思维过程的典型代表，已经成为司法审判中最常用的推理方法，习惯上被称为“审判格”。三段论的“审判格”包括全称命题的大前提、肯定命题的小前提和结论三个部分，最为人所熟知的模式就是：凡人都会死（大前提）；苏格拉底是人（小前提）；所以苏格拉底会死（结论）。

则。正如贝卡利亚所说:“法官对任何案件都进行三段论式的逻辑推理。大前提是一般法律,小前提是行为是否符合法律,结论是自由或者刑罚。”[①]如何寻找适用于特定具体案件的法律规范以建立审判推理三段论的大前提,是法律研究的最终目标。

一、法律研究的概念

在先前已经开展的事实调查的基础上,律师为对具体案件事实的法律属性进行归类认定、寻找能够涵摄具体案件事实且适用于该案件的法律规范所开展的工作,就是法律研究。法律研究一般包括法律检索和法律论证。

这里的法律研究主要是指对如何寻找和确定适用于具体案件的法律规范以及寻找法律规范使用的技术、技巧、方法进行的研究,侧重于应用研究而不是纯粹的学理研究。

法律研究的目的和意义就在于,通过运用正确的方法和技术,寻找到适用于特定具体案件的法律规范,以建立起审判推理三段论的大前提。从律师办理案件的全局来看,寻找法律的一般思维过程是:律师往往对具体案件的处理可能会有多个方案或思路,在对不同方案进行优劣比较基础上,通过对可能适用于本案的法律规范进行比较、推导后,最终将自认为最为适当的法律规范确定为该案的审判推理大前提,从而完成裁判三段论大前提的证立。

二、法律研究的内容

“在司法过程中,法官不可避免地要解决三个不同的问题:其一,发现事实或确认事实,即对案件事实作出判断或推断,探寻案件事实真相;其二,寻找法律或获取法律,即对有关法律作出判断或推断,获取或确立案件的裁判理由或依据;其三,根据法律和事实作出裁决,即将法律适用于具体案件,将案件事实置于法律规范之下,对案件事实进行司法归类,即根据法律和事实作出并证成裁决。”[②]王洪教授所说“寻找法律或获取法律,即对有关法律作出判断或推断,获取或确立案件的裁判理由或依据”的工作,就是法律研究的内容。

法律研究通常包括两个方面的内容:一是法律检索,即查找与待决案件具有相关性或适用可能性的法律规范;二是对查找到的相关法律规范进行论证推理。如法律概念含义、法律规范含义是否需要解释?是按照文义解释、论理解释还是进行

---

① [意]贝卡利亚:《论犯罪与刑罚》,黄风译,中国大百科全书出版社,1993,第12页。

② 王洪:《论制定法推理》,《法哲学与法社会学论丛》,2001年第4期,第91页。

社会学解释？对案件事实或行为的本质如何定性？如何根据类型化思维将案涉行为归类？如何通过价值判断实现法益保护的平衡？是以逻辑理性为主导还是以实践理性为主导展开法律推导？诸如此类的问题都属于法律研究的内容。法律研究目的旨在排除不适当的法律规范，最终获取能够适用于特定具体个案的正确的、适当的法律规范，以实现法律规范和案件事实二者相互之间的涵摄和归入。[①]

三、法律研究的切入路径

律师在接受当事人的刑事委托后，需要在已经初步掌握的刑事案件事实和证据的基础上，深入开展事实调查和法律研究，即发现事实和寻找法律。寻找法律的过程就是法律研究的过程，即对法律规范进行检索、论证推导的过程。

那么，律师切入法律研究问题的路径、技巧和方法是什么呢？在刑事诉讼中，自诉人或公诉人向法院提起刑事诉讼请求对被告人定罪处刑，行使的是定罪请求权和处刑请求权，可统称为定罪处刑请求权；自诉人或公诉人主张对被告人定罪处刑所依据的法律规范称作定罪处刑请求权基础。律师切入法律研究最简便易行的路径是根据请求权理论去探究该案的法律规范适用问题——要么作为自诉人的代理人，基于案件事实主动寻找适用于待决案件的法律规范；要么以自诉案件自诉人所援引的法律规范为切入点，研判自诉人定罪量刑请求权基础的正确性、适当性；要么以检察机关主张适用的法律规范为切入点，研判公诉人定罪量刑请求权基础的正确性、适当性。在完成对法律规范检索和推理的基础上，根据自己研判，提出法律规范的适用主张，极力说服法官采纳并将其确定为裁判推理的三段论大前提。

（一）律师接受自诉人委托参与刑事诉讼情况下法律研究的切入路径

律师在刑事诉讼中的地位有两类，第一类是作为诉讼代理人参加刑事诉讼，第二类是作为辩护人参加刑事诉讼。在律师接受自诉人委托作为诉讼代理人参与刑事诉讼的情况下，律师工作的最重要一环是如何确定刑事自诉案件适用的法律规范。此时，律师切入法律研究的路径是案件事实和证据。律师需要在掌握案件事实的基础上，基于案件事实寻找适用于该具体案件的法律规范。通过法律检索和推理等法律研究工作完成寻找法律规范的任务。在决定向法院提起刑事自诉时，律师既需要提出支持其定罪量刑主张的案件事实根据和相应的证据，还必须将

① 在寻找法律规范建立裁判大前提的过程中，法官（包括律师）通常采用法律解释、漏洞补充等方法实现法律规范与具体案件事实的涵摄与归入。如果对法律内无法补充的漏洞进行填补，将越出制定法的范围，拉伦茨将其称作“制定法外的法发展形成”，司法者通常不应被允许涉入这个领域。参见梁慧星：《民法解释学》，4版，法律出版社，2015，第287页。

最终选择确定的请求对被告人定罪量刑所依据的法律规范明确为本案的定罪量刑请求权基础。从法律研究角度而言,刑事自诉人提出的定罪量刑请求权基础是否正确,往往是决定刑事自诉案件的定罪量刑请求权能否获得法院裁判支持的关键。

(二)律师接受被告人委托参与刑事诉讼情况下法律研究的切入路径

第二类情况是律师接受被告人委托参与刑事诉讼。在此种情况下,辩护律师切入法律研究的路径是以自诉人或公诉人的定罪量刑请求权基础为起点。辩护律师从刑事自诉状或起诉书中可以获取自诉人或公诉人的定罪量刑请求权基础,以此为出发点,结合案件事实和证据,通过研判控方主张适用的法律规范与案件事实的吻合度,判断定罪量刑请求权基础与案件事实是否能够相互涵摄和归入,进而判断定罪量刑请求权基础是否具有正确性、适当性,最终形成辩护思路和辩护意见。如果认为控方的定罪量刑请求权基础适用不当,律师就需要根据自己的研判结论提出法律适用异议,并努力说服法官接纳辩护意见,从而帮助法官确立更为适当的司法裁判推理大前提。

总之,无论处于哪一类情形,律师的思维都需要在事实和法律规范之间循环往复地穿梭,完成法律规范与案件事实涵摄和归入的论证,形成理论上和逻辑上的自洽,最终才能将拟适用的法律规范确定下来,并向法官提出法律适用的恰当辩护意见。

四、法律研究的实践意义

在刑事诉讼中,律师的专业水准和作用可以体现在多个方面,而寻找和确定适用于具体案件的正确的、适当的法律规范的能力,最能够体现律师的法律素养和专业水平高度,尤其是在己方对法律规范的选择的意见与自诉人或公诉人的定罪量刑请求权基础不一致的情况下,能否以自己寻找法律规范的理念、技术、方法的合理性和合法性说服法官采纳自己的代理意见或辩护意见,将会成为展现律师职业能力高下和辩护作用大小的试金石。“律师的看家本领就在于技能……,在于实用、有效、有说服力、有创造力、能把事情办好的技能。”[①]纽约 Willkie Farr & Gallagher 律师事务所主席、合伙人杰克. H. 努斯鲍姆也指出:“要保证并让别人相信自己在法庭上占据优势地位,最好的方法就是仔细地研究事实根据,研究相关的法律规定。如果律师对事实根据和法律规定有了充分的认识,并且能够得心应手

---

① [英]迈克尔·努尼:《法律的调解之道》,杨利华、于丽英译. 法律出版社,2006,第 143 页。

地运用,这名律师就能在法庭上占据优势地位。"[①]律师需要展示出来的能力是:在对方(包括被诉方和控方)对法律适用的意见与己方大相径庭时,或者在法官对法律适用的观点与己方相左时,如何说服法官采纳己方的意见。这种说服不应当是误导,不应当是利益诱惑,不应当是依靠权威造成的压力,而应当是因观点正确性闪耀出来的理性光辉所激发出来的内心认同。因此,对于有志于从事法律职业的法学院学生而言,无论将来从事律师工作,还是从事侦查、起诉或审判等司法工作,都必须掌握寻找法律的理念、技术、方法等实践艺术,这既是必不可少的,又是至关重要的。

长期以来,我国法学教育倾向于法律理论知识的传授,而忽视对学生进行法律职业技能和方法的训练,更欠缺法律思维能力的培养。毫无疑问,法学院学生必须掌握基本的法学概念、法学理论、法学原则、实体法和程序法法律规范等法学知识,这是学习法律职业技能的前提,也是从事法律职业的基础;但如果欠缺从事法律职业所必须具备的法律职业技能和方法,所学习的很多理论知识只能是死水一潭;法律思维能力是法律人拥有创新能力和创造力的永不枯竭的源头活水,是将法学理论和法律职业技能融合为一体的黏合剂。只有掌握了法律思维方法并具备法律思维能力,才有可能成为一个杰出的法律人才。

实现法律知识与法律职业技能的有机融合,充满创造力地、有效地解决现实生活中面对的纷繁复杂的法律问题,是法律人走向成功的关键。法学院必须对学生加强法律职业技能和法律思维教育,法律职业人也必须对法律职业技能和法律思维能力给予高度重视。美国大法官霍姆斯(Oliver W. Holmes)说过:"最可能变为有创造力,像领导者一样起作用的,不是那些带着大量详细信息进入生活的人,而是那些有足够的理论知识、能作出批判性判断和具有迅速适应新的形势和解决在现代世界中不断发生的问题的各种学科的人。"[②]美国大法官本杰明·卡多佐对这些具有创造力的法律职业人的评价是,"一旦火炬掌握在他们手中,那火焰将格外辉煌"。[③]

---

① [美]ASPTORE BOOKS:《大律师—国际顶尖律师成功秘诀》,李锦南等译,中国水利水电出版社,2004,第66页。

② [美]E.博登海默:《法理学—法哲学及其方法》,邓正来、姬敬武译,华夏出版社,1987,第493页。

③ [美]本杰明·卡多佐:《司法过程的性质》,苏力译,商务印书馆,1998,第113页。

第二节　法律检索

法律检索是从案件事实出发或者从结果导向出发，寻找适用于具体案件的法律规范的思维过程。寻找适用于具体案件的法律规范必须学会如何获取与所需处理的具体案件有关的法律信息，掌握获取这些法律信息的必要技能。在刑事法律诊所教育中，我们开展法律研究首先需要掌握法律检索的技能和方法。

一、法律检索的概念及目的

法律检索是指"以规范的、科学的、系统的方法查找、收集法律资料的过程。这是对法律检索的一般定义"。[①] 就目的而言，法律检索是从法律渊源中寻找能够适用于具体案件的法律规范的有目的的活动。在我国司法实践中，法律检索内容的重心是在正式法律渊源中寻找可能适用于具体案件的有关法律规范。此外，还需要对正式法律渊源法律规范的解释、推理、适用产生影响的非正式法律渊源，如指导性案例、先前类似案例判决、法理学说文献、政策、司法实践惯例等信息资料进行收集、研究，以作为对正式法律渊源法律规范能否适用于具体案件的辅助分析依据。

二、法律检索的对象——正式法律渊源和非正式法律渊源

法律检索的对象通常包括正式法律渊源和非正式法律渊源。在英美法系，制定法和判例法均是其正式的法律渊源，制定法和判例法都是法律检索的重点。在我国，制定法是唯一正式的法律渊源，法律检索的重点集中在制定法领域；将非正式法律渊源作为检索的对象，旨在通过对指导性案例、先前类似案例判决、法理学说文献、政策、司法实践惯例等信息资料的研究，修正对拟选择适用的正式法律渊源中法律规范的认识偏差，以增强最终选择适用的法律规范的科学性、正确性、适当性和说服力。

我国刑事法律领域最主要的正式法律渊源是刑法。广义的刑法包括刑法典、单行刑法和非刑事法律中的刑事责任条款（也称为附属刑法）。立法解释和司法解释也是我国正式的刑事法律渊源。此外，宪法、其他部门法等正式法律渊源也属于检索的范围。

---

① 李傲：《法律诊所实训教程》，武汉大学出版社，2010，第 79 页。

非正式法律渊源包括指导性案例、先前类似案例判决、法理学说文献、政策、司法实践惯例等信息资料。非正式法律渊源虽然不能作为刑事案件具体适用的法律规范依据,但其对拟适用法律规范、法律概念的文义进行解释、对模糊不清的法律规范进行澄清、对法律漏洞进行弥补都具有参考意义或指导意义。我国不承认判例法具有法源地位,虽然下级法院对最高人民法院发布的许多指导性案例确立的裁判要旨并非必须遵循,但最高人民法院指导性案例的裁判要旨对下级法院具有指导和参考价值,对律师判断、预测法官的裁判结果和确定辩护拟选定的法律规范具有导向作用和辅助作用。

当然,在必要的时候,法律检索还要把超越法律的某些外在因素考虑在内,如法律实务中的惯常做法、隐性规则等因素,因为它们也会对裁判结果产生影响。例如,在实践中,如果被告人在侦查阶段已经被公安机关采取逮捕强制措施,检察机关经审查后也提起了公诉,即使此时律师根据案件事实和证据得出无罪的结论,除有充分的无罪证据和法律依据的情况外,法院通常不会轻易作出无罪判决。这种经验性判断并非来自于对法律渊源研究,而是来自于对现实司法实践中惯常做法的认知,可能的原因如公检法机关考核指标压力使然,或者为规避国家赔偿后果的不良影响,或者为避免产生对在先程序中相关办案人员追责的后果等,诸如此类的因素的确会对法院最终判决以及律师对案件结果的预断产生潜在影响。

三、法律检索的原则

法律检索是一项技术,要遵循专门的技术规范和经验法则。法律检索通常应当遵循的以下基本原则。

(一)全面检索原则

律师在进行法律检索时,要避免只见树木不见森林、一叶障目不见泰山的片面性,力争全面检索相关信息资料。律师通常需要从以下方面开展检索工作:首先,要检索控方的定罪量刑请求权基础,对该法律规范能否适用于本案作出初步研判;其次,检索与该法律规范有关的法理学说,分析控方主张适用该法律规范是否与法理相悖离;最后,可以检索与本案相类似的指导性案例裁判要旨、类似案例的先前判决、该法律规范在已经裁判的案件中的运用等信息。此外,如果认为控方的定罪量刑请求权基础不能适用于本案,还应当按照上述步骤和方法检索自认为应当适用的法律规范及相关信息资料,并提供给法官。

(二)正式法律渊源优先原则

由于刑事司法领域严格遵循“罪刑法定原则”,任何一个法治国家的刑事司法审判适用的法律规范通常必须来自于正式法律渊源而不能在正式法律渊源之外寻找。当出现了在正式法律渊源中无法找到可以适用的规范的情况时,或者虽然找到了相应的规范但规范的内容模糊不清、适用于该案将产生不能为社会接受的裁判结果等情况时，通常只能在不违背“罪刑法定原则”前提下，对现有的刑法规范作出解释并适用于待决案件。

非正式法律渊源信息资料不能作为我国刑事司法的裁判依据，但可以作为对拟适用法律规范进行解释或漏洞补充的参考。

（三）法律规范效力识别原则

在刑事诉讼中，我国严格遵循“罪刑法定主义”“程序法定主义”和“证据裁判原则”，刑事领域的法律保留原则要求定罪处刑必须依照国家立法机关制定的正式法律文本，排斥行政法规和地方性法规成为刑事法律渊源。对法律规范效力的识别是法律检索的内容之一。

四、法律检索的方法

法律检索是一种有目的的活动。为高效获取待决案件所需要的相关法律信息，就需要掌握一定的检索技巧和方法。

从检索技巧而言，法律检索必须坚持全面性原则，做到思维全面、思路开阔：既要对法律规范进行检索，又要对司法解释进行检索；既要对有关的法学理论进行检索，也要对最高人民法院的指导性案例裁判要旨进行检索；既要对同类案件先前的判决进行检索，又要对类似案件引起的社会争议的不同观点进行检索；既要检索国内的相关资料，还可以检索域外的类似案件资料作为借鉴。同时，掌握指导性案例查询、关键词搜索等技巧，可以使法律检索工作获得事半功倍的效果。

法律检索的关键是要知道从哪里能够获得急需的法律信息资料。目前，法律检索的资料来源非常广泛，主要有以下几种类别：

（1）纸质图书、工具书资料。获得法律或司法解释文本、案例资料或法理学说的途径之一就是获得纸质资料，种类包括《全国人民代表大会常委会公报》《最高人民法院公报》《最高人民检察院公报》等官方公报，《中华人民共和国法律汇编》《最高人民法院年鉴》《最高人民检察院年鉴》《中国审判案例要览》等按年编辑的出版物，《刑事审判参考》《刑法一本通》等学理注释性或应用性工具书，《中国法学》《法学》《法律科学》《当代法学》等专业学术性期刊，以及学者的法学专著等。

（2）电子出版物资源。如最高人民法院出版社出版的《人民法院案例库》光盘版等。

（3）网络资源。互联网时代的网络资源非常丰富，电子数据库和各专业网站都能够提供海量的法律检索资源。电子数据库如国家法律法规数据库、中国知网、万方数据库、北大法宝数据库等；专业学术网站如中国民商法律网、中国刑事法律网、中国刑事诉讼法律网、中国理论法学研究信息网等；官方网站如中国法院网、中国裁判文书网、中国知识产权裁判文书网、人民法院知识产权审判网、中国审判流程信息公开网、中国执行信息公开网、最高人民检察院网站、最高人民法院网站等；期刊报纸类如《人民司法》网站、《人民法院报》网站、《检察日报》网站等；外文法律资料数据库如 http://www.heinonline.org、http://origin-www.lexisnexis.com 等。这些网站既能够提供法律检索服务，又能够从中获得案例资料、类似案例的裁判文书，以及学术论文资料等。

此外，利用百度、360 等搜索引擎，以关键词方式在网络上搜索，也能够获得一些相关案例、法律法规、司法解释、案件法律适用争议资料等，但通过搜索引擎获得的网络资料必须严格核查资源的真实性并在正规出版物中查找到出处，以防以讹传讹误导案件分析方向。

第三节 法律论证

停留在纯法律文本上的公平正义并不是真正的公平正义，它只具备宣示性功能，无法让民众获得公正对待。因此，公平正义不仅是立法生成的法律文本上的公平正义，还必须是司法实现的公平正义，是一种证明意义上的公平正义。一个司法裁判结论正确与否，不但取决于法官从法律大前提、事实小前提合乎逻辑地推导出判决结论（即下文所指的内部证成），更取决于判决结论的大前提、小前提的正确性和真实性（即下文所指的外部证立）。任何一个前提如果存在错误或虚假，则三段论推导出的裁判结论自然就丧失了正确性。

司法在实体上实现公平正义需要从两个层面上促进：一是控辩双方（民事诉讼中为诉讼当事人各方）完成举证责任和说服责任的程度；二是法官对判决结论所依赖的法律大前提和事实小前提正确性、真实性形成心证的理由的正确性程度。法官对判决结论的心证过程应当公开，判决结论的理由是否正确应当经受社会的评价，由此形成了裁判文书公开制度。①

“法官要证成自己的判决结论就必须做好内部证成和外部证立两项工作：其一，是内部证成，即要从判决中引述的前提或理由逻辑地推导出判决中的结论，这是一个判决结论的推出问题；但内部证成自身无法确立其前提的正确性或真实性，前提的真实性不可能通过内部证成获得。其二，是外部证立，要进一步论述或论证判决中引述的前提或理由是成立的，即通过进一步的论述或论证来确立判决

---

① 在英美法系国家，要求公开判决并说明判决理由的传统历史悠久。在大陆法系国家，16 世纪以后也逐步确立了公开判决并说明判决理由的原则（意大利在 16 世纪确立这一原则，法国在 1879 年将这一原则确立为法官的普遍义务）。我国近年来的司法制度改革过程中，更加强调裁判公开和裁判文书的说理，人民日报刊文指出，截至 2017 年 8 月 23 日，中国裁判文书网公开文书累计超过 3247 万篇，总访问量突破 100 亿次。

中的前提或理由的正确性或真实性,这是一个判决理由的证成问题。”“外部证立要求法官论证判决中所引述的、隐含的、预设的事实前提或事实理由,即进行事实论证;要求法官论证判决中所引述的、隐含的、预设的法律前提或法律理由,即进行法律论证。在疑难复杂案件中,判决中所使用的一些前提与理由,或者是不确定的事实陈述,或者是或然的经验判断,或者法律没有明示的规则,或者是从法律推导出的规则。这些事实前提或理由并非是不证自明的,这些法律前提或理由也不是没有争议的,在判决中需要对这些事实前提或法律前提进行必要的事实与法律论证,这是法官证成自己判决的不可或缺的部分。”①

从刑事案件视角看,控辩双方既要承担举证责任②,也要提升说服责任的效果,促使法官采纳自己一方意见完成心证,以形成有利于自己一方的判决。辩护律师处理刑事案件的思维过程同法官的上述思维过程几乎完全一致,不同的一点而且是更重要的一点在于,辩护律师还承担着进一步的说服责任,因为辩护效果如何往往取决于说服效果。辩护律师在形成辩护意见的过程中,必然面临通过发现法律、解释法律、完成法律论证而确立法律大前提以及提出适用该法律大前提的合理的、具有说服力的理由的任务。因此,法律研究和说服法官的能力是刑事辩护律师必须具备的基本能力。

一、法律论证的含义

法律论证是控辩双方以及法官在形成控辩意见或形成判决理由的过程中,对如何发现法律、如何解释法律、如何选择适用法律规范等事项形成内心确信,以及对选择适用特定的法律规范作为法律大前提提供合理的、具有说服力的阐释理由,以最终确立法律大前提的法律思维过程。

不可否认,在法官或律师面对的待决案件中,确实存在能够将法律规范和案件事实轻易地“组装”到一起的案件,因为此类法律规范或法律概念的含义比较确定,不易发生歧义和引起误解,案件事实比较典型化而能够显而易见地归入相应的法律规范调整。倘若法官或律师面临的法律概念、法律规定以及案件事实是明确的、无争议的、确定的,则通常可以无须解释和论证,可以径直将该法律规范确定为裁判大前提。在此类案件中,寻找法律的工作简单而又快捷,案件的处理结果也不会引起多大争议。然而,司法实践中的待决案件并非都是如此,很多时候我们面对

① 王洪:《逻辑的训诫——立法与司法的准则》,北京大学出版社,2008,第75-76页。

② 根据我国刑事诉讼法的规定,公诉案件由检察机关承担证明被告人有罪、应当判处的刑罚的举证责任,但这并不意味着辩护方不承担任何举证责任。控辩双方各自的证明责任通常应当包括举证责任和说服责任。说服责任即是否能够说服法官接纳自己一方意见形成心证的说服效果。

的是不确定的法律概念、抽象的一般条款、难以归类的案件事实，要想从中寻找到作为适用于待决案件的法律规范大前提，需要进行复杂的法律论证。

法律论证是法律研究的核心工作。作者使用“法律论证”而没有使用“法律推理”作为本节题目，原因在于法律论证通常采用的法律解释、漏洞补充等方法，与逻辑推理并不完全吻合。法律解释通常不需要过多借助逻辑推理，漏洞补充的方法中如目的性限缩、目的性扩张、类推适用等手段的使用，虽然常常运用逻辑推理，但以价值判断等手段对法律漏洞进行补充时并无逻辑推理的成分。因此，推理仅是运用法律解释、漏洞补充等方法寻找适当的法律规范适用于待决案件过程中运用的思维手段之一，不能完整涵盖法官或律师找法的整个思维过程。所以，法律论证的表述更能揭示法官或律师找法的整个思维过程的特征。但是，绝不能忽视的是，法律研究需要大量依赖逻辑推理。“在法律研究的各个方面，逻辑被用来对法律制度、原理、每个独立法律体系和每个法律部门的原则进行分析和分类；分析法律术语、概念，以及其内涵和结论，它们之间的逻辑关系；……在实际适用法律中，逻辑是与确定某项法律是否可适用于某个问题、试图通过辩论说服他人，或者对某项争执作出决定等相关联的。”①

二、法律论证的必要性

法官不得拒绝裁判，即使是法律规范十分模糊甚至是缺乏可供遵循的法律规范的情况下也是如此。为了解决具体案件，法官必须寻找到作为裁判大前提的法律规范。如果认为所有具体案件的特定事实都已经被立法者在法律中预见到而纳入法律调整范围，并且相关规定或规则都表述得准确无误不生歧义，只需要运用语言常识就能够直接将法律规范作为大前提“套用”到具体案件上，法官或律师仅仅是机械地运用法律完成“组装”工作，则是一种严重脱离实际的幻想。尤其是面对疑难复杂案件时，法律论证具有其必然性，且法律论证的过程将异常复杂和艰难。

（一）法律规范、法律概念等语言表达的不确定性、高度概括性，导致法律规范或法律概念的含义和边界模糊不清，难以将法律规范和案件事实直接“组装”

法律概念以其内容是否确定为标准，可以分为两类：一类是确定的法律概念。确定的法律概念能够涵盖所描述对象的一切有法律意义的特征，内涵清楚，外延确定，如男子、妇女、成年人等概念。但这种确定的法律概念在所有法律概念中占比不大。另一类是不确定的法律概念，包括内涵不确定但外延封闭的概念，也包括内

---

① David M. Walker: The Oxford Companion to Law, Published in the United States of America by Oxford University Press, New York, 1980.

涵不确定且外延开放的概念。前者称为封闭的不确定概念(由于其外延封闭,概念的外延是确定的,其确定性接近于确定的法律概念),如犯罪、违法性等概念;后者称为开放的不确定概念,也叫类型式概念,如公平、恶意等概念。[①] 法律条款有些清晰明确,不生歧义,法官或律师可以直接将其适用于具体案件,轻而易举地完成法律规范和案件事实对号入座的“组装”,建立起裁判的法律大前提和事实小前提。但如罪刑法定原则、诚实信用原则等法律的一般条款,却难以被直接用作案件的大前提,因为其与类型式法律概念相似,内涵不清晰,外延开放,无明确边界,一般条款仅能为法官或律师解释法律或弥补法律漏洞提供方向性指引,均需要法官或律师在适用时做出价值判断方能够运用到待决案件中去。至于在这个方向上能够走出去多远、能够将哪些具体案件纳入到其涵摄的范围,最终要由法官或律师做出自己的判断和选择。

通常,一个概念或法律规范,其核心部分的含义是明确的,但其边缘部分则可能是模糊的、不确定的,存在于边缘部分的待决案件事实能否被概念或法律规范所涵摄,常常是有争议的、不明确的,正因为如此,更需要法官或律师在法律论证的基础上作出决断性选择。如争议极大的南京同性卖淫案,就是一个典型的法律概念解释案例。2003 年 8 月 17 日,南京市公安治安支队、秦淮公安分局接到举报,称在中山南路上一家叫“正麒”的演艺中心里有同性卖淫活动。随后,警方一举将以江苏南京人李宁为首的涉嫌组织男青年向同性卖淫的团伙摧毁,共抓获涉案人员 11 人。8 月 18 日,警方根据李宁等人的口供,以及先期掌握的其他证据,以涉嫌犯有组织卖淫罪将李宁等人刑事拘留,并向检察机关提请批捕。但检察机关认为,《刑法》对组织同性卖淫行为没有明确规定,按照“法无明文规定不为罪”的法律原则,李宁等人的行为难以定罪,决定不予批捕。对检察机关的决定,公安机关持不同意见。他们在向检察机关申请复议失败后(检察机关维持原来意见),向江苏省政法委做了汇报。江苏省政法委专门就此案开会研讨,决定由江苏省高级人民法院向最高人民法院请示。最高人民法院向全国人大常委会进行了汇报。同年 10 月下旬,全国人大常委会下属专业委员会作出口头答复:对李宁等两名组织同性卖淫者,立即采取刑事强制措施;组织男青年向同性卖淫,比照组织卖淫罪定罪量刑。南京警方再次抓捕犯罪嫌疑人(人民网,2004 年 2 月 8 日相关报道),检察机关予以批捕并随后移送法院起诉。2004 年 2 月 17 日,南京市秦淮区人民法院对此案进行了不公开审理。一审以组织卖淫罪判处李宁有期徒刑 8 年,罚金人民币 6 万元,同时对李宁违法所得 1500 元予以追缴。被告人上诉,二审法院维持原判。一审律师为被告人作了无罪辩护,二审律师为被告人作了罪轻辩护。此案争议的焦点是:卖淫这一法律概念是否包括同性性交易?这需要判断“卖淫”一词是

---

① 梁慧星:《民法解释学》,法律出版社,2015,第 293-294 页。

否涵摄了“同性提供性交易”这一事实，或“同性提供性交易”是否被“卖淫”这一概念所涵盖。何为“卖淫行为”，治安管理处罚法、刑法及相关法律解释都没有明文界定。这就需要进行法律解释。

此外，法律规范、法律概念的高度概括性也造成法律规范在适用于具体案件事实时的衔接障碍。法律作为具有普遍约束力的行为规范，必须具有高度的概括性而不能针对各不相同的具体案件千姿百态的事实进行描述。法律从已经有的经验中归纳并概括出某一类行为或现象的共性特征或普遍性，而舍弃其个性特征或特殊性。当高度抽象的概念或法律规范运用到具体个案时，往往难以直接判断是否涵盖具体个案事实所具有的个性特征或特殊性，这就导致寻找法律的过程不会那么一目了然，尤其是在适用一般条款时，需要法官或律师结合具体案件事实进行解释、补充，需要在法律规范或法律概念的两种含义或多种解释中迂回曲折，最终才能够确定这些法律规范是否可以适用于具体案件。

总之，在法律概念与案件事实之间存在涵摄和归入边界模糊的情形时，要么解释概念，要么给案件事实重新定性或重新进行类型化归入，以实现法律适用目标。但法律解释要受到法律原则的制约，也会受到价值观念带来的价值判断的影响。

（二）法律体系往往存在漏洞，而具体的待决案件事实可能恰恰处于法律的漏洞地带

法律漏洞“系指依现行法规定之基本思想及内在目的，对于某项问题，可期待设有规定，而未设规定之谓”。[①] 法律漏洞可以分为两大类：明显漏洞和隐含漏洞，划分的标准是与法律所使用语义的关系。所谓明显漏洞，指某种事件，依法律所使用词语的意义和依立法者意思或准立法者意思，均不能涵盖。所谓隐含漏洞，指某种事件，依法律所使用词语的意义，已经被法律涵盖，但依立法者及准立法者意思，本不应被法律所涵盖。[②] 造成法律存在漏洞有多种原因，如立法者预见能力有限、立法者的疏漏、语言工具本身不自足的局限、案件事实特征的非典型性等。法官或律师为处理待决案件，必须借助一定的技术和智慧完成法律漏洞的补充，为待决案件寻找到可资适用的裁判大前提。

（三）现实生活演进决定法律的生命力需要通过“生活中的法”获得延续

法律的生命不在于先前的历史，而在于现实生活。立法之后，时空不断转换，技术、经济、政治、文化、社会、道德的演进变化使现实生活中的新事物层出不穷，立法者在法律文本中使用的法律概念或法律规范难以涵盖立法后不断出现的

---

① 王泽鉴：《民法学说与判例研究》（第2册），北京大学出版社，2009，第24页。

② 梁慧星：《民法解释学》，法律出版社，2015，第262页。此处的“准立法者”，应当是指有权作出司法解释的机关。

新型案件以及新的事物。“立法者在制定刑法时，常常以过去已经发生的案件作为模型来表述构成要件，而难以甚至不可能想象到刑法在适用过程中发生的形形色色的案件。”[①]“‘法律意义’并非固定不变的事物，它随着生活事实而变化——尽管法律文字始终不变——也就是随着生活本身而变化。”[②]“制定法本身和它的内在内容，也不是像所有的历史经历那样是静止的，而是活生生的和可变的，并因此具有适应力。……新的技术的、经济的、社会的、政治的、文化的、道德的现象，强烈要求根据现有的法律规范作出法律判断。在法律被迫迎合一些历史的立法者完全不可能了解和思考的现象和情事时，就超越了立法者。”[③]“于是，经过解释后的刑法，不再是制定时的刑法；虽然刑法的文字仍然相同，但其内容已经改变。”[④]因此，变动不居的社会生活现实不断填充着法律文本的含义，才使法律的生命力得以延续，法律研究需要寻找到“生活中的法”，才能有效而又合乎法治理念地解决现实问题。“生活中的法”不仅是促进司法实践中司法者解释法律和进行法律漏洞补充的内在推手，而且也是促进立法者在必要的时候对现行法律进行立改废的根本驱动力。

显然，法官或律师不可能期盼立法者或司法解释者会给出一个完美无缺、可以直接适用的法律体系，其注定要穷尽思维之力，从不那么完美的法律体系中为具体案件的判决寻找理由，进行法律推论，寻找到适用于具体案件的正确的、适当的法律规范，建立起裁判的法律大前提。这是法官或律师的职责和使命，也正是他们智慧之光最为耀眼的地方。

三、律师法律思维的两种模式及刑事案件法律论证的两个层次

律师对法律的论证需在遵循认识规律和逻辑规则的前提下进行，且符合以定罪和量刑为核心的双层结构范式。

（一）律师法律思维的两种模式

律师对待决案件通常有两种思维模式：第一种是“发现事实—寻找法律—以三段论推导出裁判结果”的思维模式。这是一种“顺推”的思维走向，即在分析已经掌握的案件事实基础上，寻找那些具有适用于待决案件事实可能性的所有法律规范，通过法律规范与案件事实的连接，对这些法律规范进行比对、对法律规范进

---

① 张明楷：《罪刑法定与刑法解释》，北京大学出版社，2009，第86页。

② ［德］亚图·考夫曼：《类推与“事物本质”——兼论类型理论》，吴从周译，台湾学林文化事业有限公司，1999，第89页。

③ 梅茨格尔：《整体刑法学杂志》59（1940），第573页。

④ ［德］亚图·考夫曼：《法律哲学》，刘幸义，等译，台湾五南图书出版有限公司，2000，第237页。

行解释、漏洞补充和推导,寻找到自认为是适当的、正确的、符合公平正义价值的唯一可用的法律规范,但其前提是待决案件事实真实且有证据足以证明。第二种是"预期结果—寻找法律—发现事实"的结果导向思维模式。这是一种"逆推"的思维走向,即律师面对案件当事人的欲求结果或者面对刑事被告人被指控的罪名等预期结果,从预期结果出发寻找法律、发现事实、拟定选择的诉讼方案,探求如果存在可供选择适用的数项法律规范或数项解释方法时当如何作出选择、拟定发现案件事实和证据的思考方向、决定对案件事实和证据应当如何取舍等,通过目的论证、价值评价、利益平衡、裁判结果可接受性评价等方法的检验,完成发现事实和寻找法律的任务。此后则需要再回归第一种模式中,建立起裁判推理的三段论。与上述两种思维模式相对应,律师法律思维的起点通常为:一是以案件事实为起点,二是以对案件的预期结果为起点。

(二)律师对刑事案件展开法律论证的两个层次

律师无论是担任刑事自诉案件当事人的代理人或辩护人,还是担任公诉案件被告人的辩护人,对刑事案件展开法律论证的工作通常都包括两个层次:一是对定罪所适用法律规范的论证,二是对量刑所适用法律规范的论证。这样的划分既与刑法是规定犯罪和刑罚的法律本质相适应,也与刑事诉讼控方的定罪请求权和量刑请求权相匹配,更与司法实践相吻合。

律师参与刑事案件诉讼活动,应当从罪和量刑两个层次展开指控或辩护,进行事实认定和法律论证。如果认同对方的法律适用意见,则表示赞同;如果不认同对方的法律适用意见,就应当提出已方的不同意见,并以合法、合理、科学的论证说服法官采纳已方建议适用的法律规范。

四、法律论证的基本方法

法官或律师为处理待决案件寻找法律的活动,常称作找法活动。"找法活动分为两个层次,即法律解释和漏洞补充。两者区分的标准是:法律条文可能的文义。在可能的文义范围内,则属于法律解释;在可能的文义范围外,则属于漏洞补充。"[①]"法律之适用,系以法律解释为找法活动之首段过程,以探寻可资适用的法律规范,因法律解释系在可能文义的活动范围内。而法律漏洞补充则在可能的文义范围之外,所以法律漏洞补充是在法律解释活动不足以解决可能文义范围之外的问题时,才能发挥其功能,即法律漏洞补充系法律解释活动的继续。"[②]拉伦茨将法律漏洞补充称为"法发展形成","制定法的解释与法发展形成并无本质的差

---

① 黄茂荣:《法学方法与现代民法》,法律出版社,2007,第392页。

② 黄建辉:《法律漏洞·类推适用》,台湾蔚理出版社,1988,第69-70页。

异,不过是同一论理操作的不同阶段。可能的文义,是狭义的法律解释界限。超越这一界限,即属于法发展形成。”[①]学界通说认为,法律解释和漏洞补充两者间并非泾渭分明,而是存在交叉地带。

(一)法律解释技术

法律规范中的“事实构成”和“法律结果”都是以概念和条文词句的形式表达出来的,在概念或词句意义模糊、产生歧义、边界难以确定等情况下,法律解释方法可以将法律规范明确化、具体化,以确定将待决案件事实能否归入该法律规范调整范围、能否满足处理待决案件的现实需要。

法律解释是在法律规范可能的文义范围内,对法律概念、条文、立法目的等的法律意义进行解释,以确定法律规范“事实构成”的意义内容和“法律结果”的意义内容的一种法律论证方法。

在法律规范可能的文义范围内进行法律解释,通常采用如下方法:

1. 文义解释

文义解释是指按照法律条文用语的文义及通常使用含义来解释法律规范的意义。法律规范均是由字词句、标点符号等语言单位组成,想要确定法律规范的意义内容,需要解析词句文义。解释法律必须尊重法律条文,尤其是在遵循“罪刑法定原则”的刑事法律领域更需要如此。法律是社会生活规范,法律规范中使用的很多词句、概念都取自于日常社会生活为社会公众所接受的自然语言。因此,文义解释时,一般按照词句的通常意义解释。但自然语言如果成为法律专用术语后,即具有与日常自然语言不同的特殊含义,此时必须按照特殊含义进行解释。如《刑法》第三百五十八条组织卖淫罪中的“卖淫”一词,在自然语言中通常指妇女出卖肉体(《现代汉语词典》1985 年版)换取物质或非物质利益的行为。但作为《刑法》中的专用法律术语,则应当包括妇女向男性、妇女向女性、男性向女性和男性向男性出卖肉体提供性服务以换取物质或非物质利益的行为。再如,《专利法》第十一条的“发明和实用新型专利权被授予后,除本法另有规定的以外,任何单位或者个人未经专利权人许可,都不得实施其专利”中的“实施”一词,自然语言通常指“实行”(《现代汉语词典》2007 年第 5 版),但《专利法》第十一条将其含义特定化为“制造、使用、许诺销售、销售、进口”五类行为,必须按照专业法律术语的含义对“实施”进行解释。

2. 论理解释

论理解释,就是按照立法精神,联系有关情况,从逻辑上所作的解释。[②] 文义解释是遵循立法精神的首要解释方法,“但是,仅以文义解释往往难于确定法律条

---

① 拉伦茨:《法学方法论》,商务印书馆,2003,第 558 页。

② 高铭暄,马克昌,赵秉志:《刑法学》,北京大学出版社、高等教育出版社,2017,第 24 页。

文之真正意义，且文义解释容易拘泥于法条所用文字，导致误解或曲解法律真意。因此，需继之以论理解释。”[①]论理解释包括体系解释、扩张解释、限缩解释、目的解释、当然解释等。

体系解释是以法律条文在法律体系上的地位，即依照其在编、章、节、条、款、项之前后关联位置，对法律条文的旨意、语义进行解释的方法。如《刑法》第九十九条规定：“本法所称以上、以下、以内，包括本数。”但《刑法》第六十三条规定，“犯罪分子具有本法规定的减轻处罚情节的，应当在法定刑以下判处刑罚”。此处如果按照第九十九条的规定理解“以下”，则意味着从轻处罚和减轻处罚存在交叉点，显然不符合减轻处罚的立法目的，因此，应当解释为不包括本数。

扩张解释是指法律条文的文义过于狭窄，不符合立法真意，在词句文义的可能含义之内通过扩张文义范围，对法律条文意义内容作出解释的方法。

限缩解释是指法律条文文义过于宽泛，不符合立法真意，通过将法律条文词句的文义向其核心地带限缩，对法律条文意义内容作出解释的方法。如《刑法》第三百四十五条盗伐林木罪的构成要件之一为“盗伐森林或者其他林木”，其中的“林木”一词文义广泛到将一切林木都包括在内而纳入刑法调整范围，“林木”词义过宽导致刑法对林木社会管理秩序保护过宽，有可能侵害公民对林木财产权的自由行使。因此，最高人民法院2000年《关于审理破坏森林资源刑事案件具体应用法律若干问题的解释》第三条、第九条将公民“房前屋后、自留地种植的林木”排除在本罪对象之外，就是限缩解释。

目的解释是指以法律规范目的作为根据，对法律适用中的疑义进行解释的方法。目的解释除以法律整个目的为根据外，还应当包括个别法条、个别制度的规范目的。在社会发生巨大变化后，或在社会关系剧烈变动时期，如果现有法律的法律目的与社会发展现实严重不符，就不应当再固守目的解释，而应当改采社会学解释的方法，以确保法律规范适用的妥当性和实质公平。

当然解释是指法律规范对某一事项无明示规定，但依法律规范的目的、事物属性和形式逻辑，该法律规范适用范围当然地包括该特定事项、该特定事项当然地归入该法律规范调整的解释方法。例如，《刑法》第五十条规定：“判处死刑缓期执行的，在死刑缓期执行期间，如果没有故意犯罪，二年期满以后，减为无期徒刑；如果确有重大立功表现，二年期满以后，减为二十五年有期徒刑；如果故意犯罪，查证属实的，由最高人民法院核准，执行死刑。”该条对“减为无期徒刑”和“减为二十五年有期徒刑”的处理后果均规定了“二年期满以后”，但对“如果故意犯罪，查证属实的，由最高人民法院核准，执行死刑”这种情况，却没有将“二年期满以后”明确规定为“执行死刑”的构成要件，是否可以从词句语义理解为“被判处死刑缓期执

---

① 梁慧星：《民法解释学》，法律出版社，2015，第217页。

行，在死刑缓期执行期间如果故意犯罪，查证属实的，无须等待二年缓刑期满就可以核准执行死刑？”对此，按照当然解释，应当解释为“需要等待二年期满以后”才可以核准执行死刑。此外，根据《刑法》第四十八条“对于应当判处死刑的犯罪分子，如果不是必须立即执行的，可以判处死刑同时宣告缓期二年执行”的规定进行体系解释，也应得出“需要等待二年期满以后”才可以核准执行死刑的结论。

（二）法律漏洞补充技术

当从现有法律体系中无法直接或通过法律解释方法找到可以用以处理待决案件的法律规范时，法律体系通常被认为出现了不完全性或不圆满状态。“所谓法律漏洞，系指依现行法规定之基本思想及内在目的，对于某项问题，可期待设有规定，而未设规定之谓。”①

在开放的不确定概念（即类型式概念）和法律一般条款的边缘地带或者是超出可能的文义地带，常常发生一些疑难的待决案件。法官或者律师等人员从待决案件事实出发，对现行法进行搜寻，发现现行法对该待决案件事实“根本未作规定，或虽有规定但不完全，或作了不妥当的规定，或有两个以上相互矛盾的规定；这时即可得出结论：对于该生活事实，存在法律漏洞”。② 与此情形，欲寻找到适用于待决案件事实的法律规范，需要根据一定的规则对法律规范进行漏洞补充，以确立适用于待决案件的法律规范并建立裁判大前提。当然，如果将待决案件事实认定为不属于法律调整范围之内的事项，即法外空间事项，则不能通过创制法律规范进行所谓的漏洞补充。如男女恋爱关系由道德规范调整，属于法外空间事项，司法层面上法官不能创制调整恋爱关系的法律规范。

1. 法律漏洞补充的一般技术

法律体系必须具备内在的统一性而不能存在体系矛盾，这样才能建立起来统一、协调的法律秩序。法律漏洞的存在无疑破坏了法律体系的统一性和法律秩序的协调性，且作为负有不得拒绝裁判义务的法官也必须寻找到裁判大前提以解决待决案件。因此，无论是从消除法律体系不完备性方面，还是从建立协调的法律秩序方面，以及法官履行定纷止争的裁判义务方面，法官必然需要对法律漏洞进行补充。而律师对法律进行解释或漏洞补充以寻找裁判大前提的工作，既是律师工作的必要内容，也是助力法官寻找可适用的法律规范以完成司法裁判的重要导引工程，展示了律师辩护或代理工作价值所在。

法律漏洞补充一般采用依法理补充的方法，特殊情况下还可以使用习惯补充方法和判例补充方法等。依法理补充方法有下述诸多细分的方法：

（1）目的性限缩方法。目的性限缩方法所补充的法律漏洞，属于隐含漏洞。

---

① 王泽鉴：《民法学说与判例研究》（第2册），北京大学出版社，2009，第24页。

② 黄茂荣：《法学方法与现代民法》，法律出版社，2007，第366页。

“所谓目的性限缩,指依法律条文之文义应涵盖某一案型,但依立法目的本不应包含此案型,系由于立法者的疏忽而未将其排除在外,于是为贯彻规范意旨,乃将该案型排除在该法律条文适用范围之外。因目的性限缩,系将原为法律条文文义所涵盖的类型,剔除其不合规范意旨部分,使之不在该法律条文适用范围之内,故属于漏洞补充方法之一种。”[①]目的性限缩解释方法属于间接推论,需要运用三段论推理[②]才能完成,效果在于积极地将不符合法律意旨的案件类型从法律规范调整范围剔除出去,不同于法律解释中的文义限缩解释方法。

(2)目的性扩张方法。目的性扩张是指,将本不被特定法律条文的文义所涵盖的案型,依据法律意旨进行扩张,使之包括在该法律条文的适用范围之内。目的性扩张是对明显漏洞进行补充的法律漏洞补充方法,同样需要借助三段论推理来完成,结果是将法律意旨扩张到法律条文的预测可能性之外。

目的性扩张与类推适用,同样是扩张有争议的系争法条的适用范围,但二者存在本质差别,“类推适用,乃以系争案型与法定的案型间有‘类似性’为前提,而目的性扩张,则不存在‘类似性’关系,只是系争案型与法定案型同属法律规范意旨所应涵盖。”[③]在刑法上,因罪刑法定原则的存在,目的性扩张方法要慎重使用,更要防止类推适用以目的性扩张为名将本不构成犯罪的案件纳入到刑法规范的调整范围内。

(3)类推解释。所谓类推适用,指对于法无明文规定之系争事件,比附援引与其相类似的案型之规定。杨仁寿先生认为,类推适用与类推解释不同,“类推适用乃本诸‘相类似案件,应为相同处理’之法理,依逻辑三段论法推演而成;而类推解释,乃在文义范围内作出解释,仅于解释法条用语之文义时,用体系解释方法,类推其他法条用语之含义加以阐释而已,无须通过三段论加以推演。”[④]

类推适用具有以下特征:①类推适用为间接推论,需要以三段论方式推理。即:凡M是P,S类似于M(暗示S仅仅类似于M,但并不是M),故S是P。②类推适用为由特殊到特殊、由个别到个别的推论,既非由一般到特殊的演绎,也不是由特别到一般的归纳。③类推适用所得出的结论,非绝对真实,仅具有某种程度的盖然性和妥当性。④类推适用操作的媒介是“类似性”。

在民事法律领域,我国允许类推适用;在刑法领域,罪刑法定原则禁止类推。但对于罪刑法定原则禁止类推应当作出正确理解:①罪刑法定原则是指“法无明文规定不为罪、法无明文规定不处罚”,禁止类推即禁止“法无明文规定也定罪、法无明文规定也处罚”的情形出现;②罪刑法定原则禁止类推禁止的是不利于被告

---

① 杨仁寿:《法学方法论》,中国政法大学出版社,2013,第102页。

② 目的性限缩的推论过程是:凡M是P;M_1非M;故M_1非P。

③ 黄建辉:《法律漏洞·类推适用》,台湾蔚理出版社,1988,第83页。

④ 杨仁寿:《法学方法论》,中国政法大学出版社,2013,第103页。

人的类推，允许有利于被告人的类推；③从法律研究方法的技术角度而言，罪刑法定原则禁止类推禁止的是类推适用这种漏洞补充技术方法，而不禁止根据法律意旨类比或扩大文义范围的类推解释技术方法。“罪刑法定原则所禁止的类推解释，是指解释者明知刑法没有将某种行为规定为犯罪，但以该行为具有危害性、行为人具有人身危险性等为由，将该行为比照刑法分则的相似条文定罪量刑。换言之，罪刑法定原则所禁止的类推解释，是指超出了通过解释可以得到的刑法规范规定的内容，因而是制定新的刑法规范的一种方法（严格地说，已经不是“解释”与“适用”了）。”①

此外，法律漏洞补充还有反对解释、比较法解释等方法。

2. 可以适用的数个法律规范之间存在矛盾的处理技术

对于同一法律事实，不仅会出现因为存在法律漏洞而无法找到可以适用的法律规范的情形，有时还会出现存在两个或两个以上的法律规范对此事实均加以规定、均具有适用可能性但产生不同法律效果的情形，即出现了两个或两个以上的法律规范均可以适用于同一待决案件但将产生不同法律后果的情形。此类情形不是法律漏洞，而是法律规范之间的冲突。法律规范冲突情况下，选择适用于待决案件的法律规范应当采用以下技术规则进行处理。

（1）遵循效力排序规则。

第一，上位法效力优于下位法效力原则。在不同主体制定的法律规范中，地位高的制定机关制定的法律规范的效力高于地位低的制定机关制定的法律规范的效力。如《中华人民共和国刑法》是由全国人民代表大会制定的基本法，其法律规范的效力要高于全国人大常委会制定的《中华人民共和国环境保护法》中相应的刑法规范；全国人大常委会作出的立法解释的效力通常高于最高人民法院的司法解释的效力。

第二，在同一主体制定的法律规范中，其法律规范的效力识别遵循以下规则。一是当同一主体就同一问题制定有两个以上的法律规范时，按照特定的、更为严格程序制定的法律规范的效力高于按照普通程序制定的法律规范。二是当同一主体就同一问题制定的两个以上的法律规范既有一般性法律规范又有特殊法律规范时，遵循“特别法优于普通法”原则。如刑法理论上就有普通刑法和特别刑法之分，普通刑法是指具有普遍适用效力的刑法，实际是指刑法典；特别刑法是指仅适用于特定的人、时、地、事的刑法，一般指单行刑法和附属刑法。在刑法典内部，法

---

① 张明楷：《罪刑法定与刑法解释》，北京大学出版社，2009，第 97 页。在此需要说明的是，张明楷教授所使用的“类推解释”一语，其虽未从法律研究技术层面明确区分为“类推适用”和“类推解释”，但其表述出来的观点实际给出了类似区分，认为罪刑法定原则所禁止的类推实际是指“类推适用”。

律条文之间也存在普通条款和特别条款之分。三是当同一主体就同一问题制定的两个以上的法律规范有时间上的先后顺序时，遵循“新法优于旧法原则”，后制定的法律规范在效力上高于在先制定的法律规范。

(2)依照法律竞合规则。法律竞合是指针对某一法律事实(包括行为和事件)，现行法有两个或两个以上的法律规范可以适用，依可以适用的不同法律规范将分别产生不同法律后果的现象。从法律规范的选择适用角度而言，称作法律规范竞合，包括想象竞合和法条竞合；从法律责任(即法律后果)角度而言，称作法律责任竞合。

法律竞合是一个客观存在的法律现象，也是司法实践中无法回避的一个现实法律问题。为了保证行为人的同一个行为不被法律重复评价而承担过度的法律责任，法官或律师在寻找法律过程中必须在两个或两个以上均具有适用可能性的法律规范中作出选择，以排除法律体系的内在矛盾。如在刑法领域存在想象竞合犯和法条竞合的现象，对同一行为适用哪一个法律规范必须作出选择，这是对该行为作出法律评价的前提。在民事法律领域，存在法律责任竞合的现象，如基于买卖合同关系交付的物(比如燃气热水器)因存在质量瑕疵致买受人受到伤害(比如死亡)，同时可以适用合同法相应的法律规范和侵权责任法相应的法律规范，出卖人一方既产生违约责任，也产生侵权责任，此即民事法律责任竞合。跨越不同法律部门而产生法律竞合的情况也非常多见，如《刑法》第三百三十六条规定的非法行医罪中的非法行医行为，既违反了刑法法律规范，也违反了相应的医疗卫生管理方面的行政法律规范，同时产生刑事法律责任和行政法律责任。

法律竞合情况下如何选择适用的法律规范，应当遵循法律规定和法律竞合处理的一般规则：

第一，法律有明确规定的，依照法律规定作出选择，以确定适用于某一特定行为的法律规范。例如，针对盗窃、抢夺国有档案行为和擅自出卖、转让国有档案行为，我国《刑法》第三百二十九条对想象竞合犯规定了如何选择适用的法律规范的处理方法：“抢夺、窃取国家所有的档案的，处五年以下有期徒刑或者拘役。违反档案法的规定，擅自出卖、转让国家所有的档案，情节严重的，处三年以下有期徒刑或者拘役。有前两款行为，同时又构成本法规定的其他犯罪的，依照处罚较重的规定定罪处罚。”该条明确规定，针对盗窃、抢夺、出卖、转让国有档案行为存在两个以上可以适用的法律规范时，应当根据该条第三款去选择应当适用哪一个法律规范。再如，《民法典》第一百八十六条规定：“因当事人一方违约行为，损害对方人身权益、财产权益的，受损害方有权选择请求其承担违约责任或者侵权责任。”该规定实际授予人身权益、财产权益受损害一方对适用合同法律规范还是适用侵权责任法律规范的自由选择权，一旦受害方选择了其使用的法律规范，则既限定了法院对案件的审理范围，也限定了司法裁判大前提的选择。

第二，在法律没有明文规定时，依据处理法律竞合的一般规则。例如，针对想象竞合犯(一个行为触犯两个以上罪名,各罪名的法条之间不存在包含或交叉关系),在法律无明确规定时,我国刑法理论通说主张采用“从一重处断”原则去选择适用哪一个法律规范。再如,对于法条竞合(行为人一个行为同时触犯两个以上的法律规范,而这些法律规范之间存在包容或交叉关系),通常采用特别法优于普通法、重法优于轻法的规则,确定应当选择适用哪一个法律规范。①

第三,在发生跨越法律部门的法律竞合时,依照法律规定或依照法理确定如何选择适用法律规范。两个以上法律规范均具有适用可能性时,通常导致两个以上法律责任并存或被吸收。此时作出法律规范选择的方法和消解法律责任冲突的方法是:有法律规定的遵照法律规定,没有法理规定则依据法理。例如,《民法典》第一百八十七条规定:“民事主体因同一行为应当承担民事责任、行政责任和刑事责任的,承担行政责任或者刑事责任不影响承担民事责任;民事主体的财产不足以支付的,优先用于承担民事责任。”该条对民事责任与其他法律责任并存作出明确规定,法官或律师应当针对同一行为,分别在不同部门法中同时选择可以适用的法律规范,以确定行为人应当分别承担的民事责任和其他法律责任。《行政处罚法》第三十五条规定:“违法行为构成犯罪,人民法院判处拘役或者有期徒刑时,行政机关已经给予当事人行政拘留的,应当依法折抵相应刑期。违法行为构成犯罪,人民法院判处罚金时,行政机关已经给予当事人罚款的,应当折抵相应罚金。”这是该法对行政责任与刑事责任发生冲突时作出的制度安排,此法律规范可以成为选择适用于具体待决案件法律规范的引导性规范。

五、法律大前提向外部证立的过程

为处理待决案件而寻找法律的过程,通常是一个复杂的思维过程。寻找到适用于待决案件的法律规范以确立法律大前提,并最终完成法律大前提的外部证立,法律研究工作才算基本完成。法律大前提的外部证立通常需要经过三个步骤:

第一,从具体的待决案件事实出发,在已经检索到的可能适用于该案的相应法律规范的基础上,对法律规范要件和案件事实进行比对分析。如果发现某一法律规范含义明确,不生歧义,案件事实典型得能够显而易见地归入此法律规范调整,该法律规范可以直接确定为裁判大前提。遇到此种情况,寻找法律的工作即告

① 比如,《刑法》第一百二十七条第二款规定了抢劫枪支、弹药罪,第二百六十三条规定了抢劫罪,第一百二十七条第二款这一法律规范被第二百六十三条这一法律规范所包含,即属于法条竞合,但第一百二十七条相对于第二百六十三条而言属于特别法,应当依照特别法优于普通法的规则作出选择。此外,像刑法第一百四十条关于生产、销售伪劣产品罪的法律条文,与该节的第一百四十二条生产、销售劣药罪等其他多个条文,均存在包含关系,也适用特别法优于普通法的规则。

完成。“唯有些法律概念,恒需由审判者于个案中斟酌一切事情始可确定,亦即需由审判官予以价值判断,始可具体化,谓之不确定法律概念。另外有些条款,仅有原则的概括规定,必须由审判官于具体案件中进行价值判断、公平裁决,其规范功能始能具体显现,称为概括条款。”①如果法律概念属于外延开放的类型式概念或法律条款属于概括式一般条款,其开放性决定了意义内容的不确定性,“构成要件及其要素是借着特定的观点而得以与现实之间相比较,进而产生联系”。② 因此,法官或律师就要在研判待决案件事实的基础上,通过法律解释、漏洞补充和价值判断,将法律规范中不确定的要素予以具体化后,才能决定是否够适用于待决案件。

第二,对法律概念或法律规范进行法律解释或漏洞补充。每一个待决案件事实在与相应的法律规范构成要件进行比对的时候,都会形成一个或几个可能产生歧义的思辨焦点,法官或律师需要围绕思辨焦点对模糊不清的法律概念或规范要件进行研判,判明法律概念或规范要件的文义、立法目的、范围界线、具体指向,并对待决案件事实进行类型化识别。在此基础上,运用文义解释、论理解释等法律解释方法,或运用目的限缩、目的扩张、类推解释、价值判断等漏洞弥补方法,通过详细论证形成说服自己的内在心证理由,最终选定适用于待决案件的法律规范。

第三,法官或律师要对自己选择适用法律规范的理由作出说明。这实质是对法律论证的心证过程予以展示。法官或律师要将确立某一或某几个法律规范作为裁判大前提的理由甚至是思维过程清晰表述出来,并阐明该法律规范适用于待决案件的合法性、正当性、适当性。法官或律师需要在现行法的框架内进行法律解释和漏洞补充,应当受现行法法律体系的约束而不得对立法进行实质性的突破和曲解,应当以正式的法律渊源、法律制度的一般精神及社会公平正义的基本观念为依据完成法律论证,其确立的法律大前提应当具有合法性、正当性,以此法律大前提推导出来的裁判结论应当具有符合立法目的、符合社会公平正义观念、法律效果与社会效果相统一的适当性。这个阶段之于法官的意义,在于既履行了法官对裁判的说明义务,也增强了判决的说服力和权威性。之于律师的意义,在于当法官或律师对法律大前提的选择甚至选择的理由都一致时,能够增强法官的决策意志;当法官与律师对法律大前提的选择不一致时,律师法律论证的理由会成为法官用于比对两种不同选择之优劣的参考,或成为说服法官采纳律师辩护或代理意见的有力武器。

通过上述三个阶段,法律大前提外部证立初步完成。

---

① 杨仁寿:《法学方法论》,中国政法大学出版社,2013,第 167 页。

② 徐育安:《刑法上类推禁止之生与死》,春风煦日论坛,1998,第 44 页。

第六章

刑事案件律师法律文书写作

引言

刑事案件律师法律文书写作是律师参与刑事司法活动必要的工作内容之一，是解决现实法律问题的基本手段和技能，是系统表达自己法律意见的活动，也是与法官进行沟通的有效途径，更是具有法律意义的活动。法律文书写作能力的高低，影响意见表达的明确度、与法官沟通的有效性以及律师工作的效果。因此，掌握刑事案件律师法律文书写作的基本方法具有重大实践意义。

教学目的：本章旨在介绍律师在刑事诉讼程序中需要制作的各种辩护或刑事代理法律文书的种类、格式、写作技巧等，训练学生掌握制作刑事辩护或刑事代理法律文书的基本知识和技能。

教学设计：仅以律师刑事辩护和刑事代理的角度介绍律师办理刑事案件需要制作的法律文书，不涉及公检法机关刑事诉讼法律文书制作的内容。

内容实施：在实训中，学生应了解律师办理刑事案件需要制作的法律文书种类、格式，然后引导学生学会分析研判具体案件的法律问题，最后通过文书写作训练把法学理论知识、分析案件的能力与法律文书写作技巧相结合，达到提高学生知识运用能力和动手写作能力的目的。

注意事项：①法律文书的格式可以随用随查，不宜死记硬背和过于僵化；②法律文书的写作以对案件法律问题作出透彻分析为基础，否则会言之无物，或者无的放矢；③欲提高法律文书写作水平，需要深入学习写作学、逻辑学等其他学科的基本知识。

案例

2016年8月至10月12日间,被告人赵春华在天津市河北区李公祠大街亲水平台附近,摆设射击摊位进行营利活动。2016年10月12日22时许,公安机关在巡查过程中发现赵春华的上述行为,将其抓获归案,当场查获涉案枪形物9支及相关枪支配件、塑料弹。经天津市公安局物证鉴定中心鉴定,涉案9支枪形物中的6支为能正常发射以压缩气体为动力的枪支。

天津市河北区人民检察院以被告人赵春华涉嫌非法持有枪支罪,向天津市河北区人民法院提起公诉,请求依照《中华人民共和国刑法》第一百二十八条第一款对被告人定罪处刑,并对上述事实提供下列证据予以证实:

(1)案件来源、抓获经过、立案决定书及情况说明证明。2016年10月12日22时许,天津市公安局河北分局鸿顺里派出所民警在天津市河北区李公祠大街附近的海河亲水平台发现赵春华等人持有枪形物若干,遂将赵春华等人带至公安机关进行调查,并于当日立案侦查。

(2)搜查证、搜查笔录、现场录像、扣押决定书、扣押清单及情况说明证明。天津市公安局河北分局鸿顺里派出所民警于2016年10月12日22时许,在河北区李公祠大街附近的海河亲水平台赵春华经营的摊位上发现枪形物,遂依法进行搜查,当场查获黑色枪形物9支、疑似枪支弹夹15个及圆形塑料BB弹一罐,并依法予以扣押,办案民警随即将上述查获的9支枪形物送往天津市公安局物证鉴定中心鉴定。

(3)涉案枪支照片证明。公安机关从赵春华处查获的枪支的情况。

(4)天津市公安局物证鉴定中心出具的枪支鉴定书证明。民警在赵春华经营摊位查获的9支枪形物中的6支为能正常发射、以压缩气体为动力的枪支。

(5)《天津市没收物资(或追回赃物)统一收据》证明。赵春华所持有的6支枪支已被公安机关依法没收。

(6)户籍材料证明。赵春华个人基本情况。

(7)赵春华供述,其从他人处以2000元的价格接手了9支枪及弹夹、气球等物品,用于摆摊经营射击气球生意,并自行购买了塑料子弹,于2016年8月开始,每天晚上9点至12点在天津市河北区李公祠大街亲水平台附近摆设射击气球摊位。2016年10月12日晚上,其在摆摊经营时被公安机关当场查获。

假设你是刑事案件被告人赵春华的一审辩护律师,请你根据检察机关的指控,制作一份辩护词。

第一节 法律文书概述

一、法律文书的概念与分类

法律文书是特定主体依法制作的具有实体法意义或程序法意义的文件,涉及内容广泛,各类多样。

(一)法律文书的概念

法律文书是指我国司法机关、执法机关、公证机构、仲裁机构以及案件当事人及其代理人等诉讼参与人处理各种诉讼案件或非诉讼案件而依法制作的具有法律效力或者具有法律意义的文书的总称。

(二)法律文书的分类

根据不同标准,法律文书可以有不同的分类。我们仅以法律文书制作主体标准、法律文书效力标准对法律文书作如下分类。

1. 以法律文书制作主体为标准的分类

按照法律文书制作主体的不同,可以将我国法律文书分为以下几类:

(1)国家机关制作的法律文书。我国法院、检察院、公安机关、国家安全机关、监狱机关、国家行政机关等,为处理具体案件需要制作相应的法律文书。

(2)公证机构或仲裁机构制作的法律文书。公证机构和仲裁机构都是法律法规授权的组织,可以在职权范围内依法处理相关公证或仲裁事务并制作公证法律文书或仲裁法律文书,并具有法律效力。如公证机构制作的一般公证文书具有较强的证据效力、制作的具有强制执行效力的公证债权文书得直接向法院申请强制执行等。仲裁机构制作的法律文书包括劳动人事仲裁机构、商事仲裁机构、农村土地承包经营纠纷仲裁机构(即农村土地承包仲裁委员会)等制作的仲裁法律文书,这些仲裁法律文书通常属于可以申请强制执行的裁判文书。

(3)诉讼参与人制作的法律文书。诉讼参与人是行政程序或诉讼程序的直接参与者,可以根据程序需要制作相应的法律文书。如当事人委托的诉讼代理人制作刑事附带民事起诉状、被告人委托辩护律师制作的辩护词等。

2. 以法律文书效力为标准的分类

以法律文书效力为标准,我国法律文书可以分为以下类别:

(1)具有法律效力的法律文书。此类法律文书主要是指由法院、检察院、公安机关、国家安全机关、监狱机关、国家行政机关等国家机关制作的法律文书,以及公证机构和仲裁机构制作的法律文书。这些机关或机构为处理具体案件制作的法律文书的法律效力较强，通常对特定对象具有强制约束力。

(2)具有法律意义的法律文书。此类法律文书主要是指诉讼参与人在程序进程中制作的法律文书，这些法律文书虽然不具有强制约束力，但具有法律意义，能够产生一定的法律效果，如引起诉讼法律关系的产生、影响诉讼程序的进程、产生证据效力等。

二、法律文书的基本特征

法律文书写作是一门交叉学科和边缘学科。首先，法律文书写作以写作学理论和写作技巧为基础；其次，法律文书写作需要以逻辑学作为内在逻辑支撑；再次，法律文书写作与多个部门法学交叉，需要以扎实的法学理论知识作为专业背景；最后，法律文书写作是一种应用型职业技能，是综合运用各种知识对法律观点进行表达的重要方法。可以说，法律文书写作的能力不仅扎根于法学学科之内，还扎根于法学学科之外，是多种知识和能力的综合，仅仅具有法律知识远远不能满足法律文书写作的需要。除了上述特征以外，法律文书写作还具有以下突出特征：

(一)具有明确的法律目的性

无论国家司法机关、法律法规授权的组织还是诉讼参与人，在法律程序中制作法律文书都是为了追求一定的法律效力或者法律意义，实现特定的法律目的。如检察机关制作起诉书并递交人民法院，则产生程序上启动刑事审判程序的效力和实体上请求对被告人予以定罪处刑的效力；人民法院制作刑事二审判决书并依法送达，则产生诉讼程序终局的效力和实体上对被告人是否构成犯罪的终局裁断。

(二)制作的合法性

法律文书制作必须具有相应的法律依据，符合法律规定①。法律文书的合法性通常包括以下几个方面：

1. 制作主体合法

法律文书制作主体法定。即法律文书必须由有权的侦查、起诉、审判、公证、仲裁等国家机关或法律授权机构及其特定的工作人员、案件当事人等诉讼参与人依法制作，其他任何机关、组织或个人均无权制作，即使制作也不具有法律效力或法律意义。

2. 法律文书形式(格式)规范化

对于大多数法律文书而言，尤其是侦查、起诉、审判、公证、仲裁等国家机关或

---

① 法律文书制作的法律依据非常广泛，包括但不限于如刑事诉讼法、民事诉讼法、行政诉讼法、监狱法、公证法、仲裁法、律师法、法律解释等，以及公安部、最高人民检察院、最高人民法院、司法部出台的法律文书样式等规范。

法律授权机构制作的法律文书,都有法定的规范格式,因此,在制作法律文书时应当符合规范化要求。法律文书形式规范化包括:①样式统一。采用统一样式的法律文书在全部法律文书中占较大比例,尤其是表格式填充型法律文书更是如此。法律文书采用格式固定、要素简明的统一样式,简便易行,符合诉讼经济原则。②结构程式化。法律文书的结构相对固定,通常由首部、正文、尾部三部分构成;各部分所包含的写作事项要素相对固定,如首部关于当事人事项的介绍,各类法律文书通常均包括姓名、性别、年龄、出生年月、籍贯、民族、文化程度、职业、住址等。③文书转承用语相对固定,尤其是表格式填充型法律文书,其转承用语很多都是固定的,并且已经统一印制在文书上,必须符合规范化要求。④法律文书通常需要使用规范的法律专业术语,以求准确表达文书内容,避免产生歧义。

3. 符合法定程序

违反法定程序制作的法律文书是无效的。因此,法律文书制作需要符合法定程序:首先,不同内容的法律文书需要依照法律规定在不同的法律程序阶段制作,法律文书反映着法律程序的运行阶段和轨迹。如在侦查、起诉、审判等不同的法定程序阶段,需要依刑事诉讼法制作不同的法律文书;同属于审判阶段,一审、二审、审判监督等不同程序运行需要以法律文书作为标志。其次,制作的法律文书还要符合拟稿、审核、签发、提交、送达等具体流程的要求。

4. 尊重事实,正确适用法律

法律文书具有强制性法律效力或法律意义,事关案件处理的公正性和法律权威。因此,法律文书内容应当符合"以事实为根据,以法律为准绳"原则的要求,切忌在案件事实、证据、理由等方面弄虚作假,避免在法律适用、法律结论等方面故意歪曲事实曲解法律。这样的法律文书才能树立法律尊严,才能真正维护当事人的合法权益。

(三)制作的时效性、及时性

第一,法律文书具有时效性。刑事诉讼法对各个程序均规定有期间,法律文书制作和递交应当严格遵循法律对时效性的要求。如《刑事诉讼法》第二百零八条规定:"人民法院审理公诉案件,应当在受理后二个月以内宣判,至迟不超过三个月。"这意味着适用普通程序审理的刑事案件,一审判决书通常应当在审限内制作完成。该法第二百三十条规定:"不服判决的上诉和抗诉的期限为十日,不服裁定的上诉和抗诉的期限为五日,从接到判决书、裁定书的第二日起算。"这意味着检察机关如果决定抗诉,制作并递交抗诉书必须遵守10日或5日的抗诉期限,否则过期视为不提起抗诉;对于被告人而言,其如果提起上诉,必须在10日内制作上诉状并递交人民法院,过期再制作和递交上诉状也不能发生上诉的法律效力。

第二,法律文书制作和递交应当坚持及时性。有些法律文书并没有明确的时限限制,但即便如此,也应当按照及时性要求迅速制作并递交。例如,犯罪嫌疑人在侦查阶段被刑事拘留，侦查机关拟向检察机关提请批准逮捕，律师接受犯罪嫌疑人近亲属委托后，认为犯罪嫌疑人不符合逮捕条件，此时就应当及时制作相关法律文书并递交办案机关（如果认为无罪，就应当制作并递交请求释放犯罪嫌疑人的申请书、撤销案件的申请书等；如果认为应当采取取保候审强制措施，应当制作并递交取保候审申请书），而不能拖延很多天甚至数个月后再去制作。

三、法律文书的作用

法律文书是诉讼主体从事法律活动和处理法律事务的产物和载体，具有多种作用。

第一，法律文书是贯彻实施法律的手段。法律需要在执法、司法过程中实现，执法机关、司法机关法律文书实现了法律普遍约束力向针对特定个体的既判力、强制力的转化，成为贯彻实施法律的重要手段。

第二，法律文书是法律活动的文字记载和法律活动的见证，发挥着证据固定、程序转承、程序启动或终结等法律效力。

第三，法律文书是案件档案资料的重要来源。案件档案通常由法律文书、证据资料等构成，是对案件的历史记载，对案件信息统计、错案纠正、法律文书质量考评等工作的开展都具有重要作用。

第二节　律师刑事法律文书写作

刑事法律文书专指公安机关（包括国家安全机关、军队保卫部门、监狱等可以行使侦查权的机关）、检察院、法院，以及当事人及其代理人或辩护人在刑事诉讼程序中依照刑事诉讼有关法律规定，制作、使用、递交的具有法律效力或法律意义的文书。

刑事诉讼法律文书依照制作主体进行分类，可以分为公安机关刑事诉讼法律文书、人民检察院刑事诉讼法律文书、人民法院刑事诉讼法律文书、当事人及律师刑事诉讼法律文书等。对于公安机关、人民检察院、人民法院刑事诉讼法律文书的制作，公安部颁布有《公安机关刑事法律文书格式》、最高人民检察院颁布有《人民检察院法律文书格式（样本）》、最高人民法院颁布有《人民法院刑事诉讼文书样式（样本）》，作为刑事诉讼法律文书制作样式的依据。司法部颁布的《律师刑事诉讼格式文书》对律师刑事诉讼法律文书的样式作出了规定。因此，法律文书的制作形式通常需要符合上述相关规范性文件的要求。

本节围绕刑事法律诊所的任务，从律师在刑事诉讼中作为辩护人或作为代理人的地位出发，对侦查、审查起诉、审判（一审、二审、申请再审）各个阶段中律师可能需要制作的法律文书进行系统阐述。律师制作刑事法律文书按照制作主体分类,可以分为以律师事务所名义制作的法律文书、以律师名义制作的刑事法律文书和以当事人名义制作的刑事法律文书。以律师事务所名义制作的法律文书包括委托协议书、律师事务所函、律师会见函、律师调查函等,由于以律师事务所名义制作的法律文书通常都有统一格式,不需要研究写作技巧和方法,因此不纳入本节研究范围。以律师名义制作的刑事法律文书包括解除强制措施申请书、辩护词、代理词、律师调查笔录等。律师受刑事案件当事人委托以当事人名义代书的刑事法律文书包括刑事自诉状、刑事附带民事起诉状、答辩状、上诉状、申诉状等。本节把以律师名义制作的刑事法律文书和由律师代书的刑事法律文书作为研究对象,解析律师刑事法律文书的写作规范和写作方法。

一、律师接受委托或指派担任辩护人开展辩护工作通常需要制作的法律文书

律师作为辩护人参加刑事诉讼活动,通常需要接受委托或指派,参与刑事诉讼的地位可以是辩护人,也可以是代理人。律师参加刑事诉讼需要制作的常见法律文书有以下几种:

(一)申请书

申请书是申请人及其辩护人、代理人为维护申请人的合法权益,就特定事项向公安机关、人民检察院、人民法院提出请求、事实和理由的书面文书。

在刑事诉讼侦查、审查起诉、审判各个阶段上,当事人及其辩护人、代理人会遇到很多需要表达自己诉请的情形,为维护当事人的合法权益,律师需要将这些特定的诉请以书面形式表达出来并递交办案机关。因此,申请书是刑事诉讼程序中经常需要制作的一大类法律文书。我们这里以部分申请书为范例,希望通过举一反三,让同学们全面掌握申请书的写作技巧。

1. 变更、解除强制措施申请书

(1)概念。变更、解除强制措施申请书是指犯罪嫌疑人、被告人及其法定代理人、近亲属或者辩护人依照法律规定,向公安机关、人民检察院、人民法院提出变更或解除对犯罪嫌疑人、被告人采取的强制措施的书面申请。

(2)制作的法律依据。我国《刑事诉讼法》规定,对犯罪嫌疑人、被告人可以采取拘传、取保候审、监视居住、拘留或逮捕等人身强制措施,对每种强制措施都规定有相应的条件,也规定了强制措施不当或违法超期时对犯罪嫌疑人或被告人的救济措施。这些规定是制作变更、解除强制措施申请书的法律依据。

(3)变更、解除强制措施申请书结构示例。我们在此仅以解除强制措施申请书为例,对申请书的结构进行介绍。其他申请事项均可以此模式套用,比如实践中

常用的取保候审申请书格式与变更、解除强制措施申请书大致一致。

解除强制措施申请书

申请人:______,______律师事务所律师,系犯罪嫌疑人(或被告人)____的辩护人。

通讯地址或联系方式:____________________

申请事项:请求解除对犯罪嫌疑人(或被告人)______采取的强制措施。

事实和理由:犯罪嫌疑人(或被告人)______因涉嫌______一案,于____年____月____日始,被贵机关(贵院)采取______的强制措施,现已经超过法定期限。申请人作为犯罪嫌疑人(或被告人)______的辩护人,依据《中华人民共和国刑事诉讼法》第____条的规定,特申请贵机关(贵院)依法对犯罪嫌疑人(或被告人)______解除强制措施。

此致

________公安局(或人民检察院、人民法院)

申请人:__________律师

____年____月____日

2. 收集调取证据申请书、证人出庭作证申请书、鉴定申请书等

(1)概念。收集证据申请书、调取证据申请书、证人出庭作证申请书、鉴定申请书等申请书式刑事诉讼法律文书,是指律师向人民检察院、人民法院提交的请求检察院、法院收集证据、调取证据、通知证人出庭作证、进行鉴定或重新鉴定等的书面文书。我们仅以两个文书的写作规范为例。

(2)收集证据申请书、调取证据申请书、证人出庭作证申请书、鉴定申请书等申请书式刑事诉讼法律文书制作和提交的法律依据。①

(3)收集证据申请书、调取证据申请书、证人出庭作证申请书、鉴定申请书等

---

① 《刑事诉讼法》第四十一条:"辩护人认为在侦查、审查起诉期间公安机关、人民检察院收集的证明犯罪嫌疑人、被告人无罪或者罪轻的证据材料未提交的,有权申请人民检察院、人民法院调取。"第四十三条:"辩护律师经证人或者其他有关单位和个人同意,可以向他们收集与本案有关的材料,也可以申请人民检察院、人民法院收集、调取证据,或者申请人民法院通知证人出庭作证。"第一百四十八条:"侦查机关应当将用作证据的鉴定意见告知犯罪嫌疑人、被害人。如果犯罪嫌疑人、被害人提出申请,可以补充鉴定或者重新鉴定。"第一百九十七条:法庭审理过程中,当事人和辩护人、诉讼代理人有权申请通知新的证人到庭,调取新的物证,申请重新鉴定或者勘验。公诉人、当事人和辩护人、诉讼代理人可以申请法庭通知有专门知识的人出庭,就鉴定人作出的鉴定意见提出意见。

申请书式刑事诉讼法律文书的结构示例。

调取证据申请书

申请人:______,______律师事务所律师,系犯罪嫌疑人(或被告人)____的辩护人。

通讯地址或联系方式:__________

申请事项:请求______人民检察院/人民法院向______调取证据。

申请理由:犯罪嫌疑人(或被告人)______涉嫌______一案,属于可能判处无期徒刑、死刑的案件。根据犯罪嫌疑人(或被告人)的陈述,侦查行为存在刑讯逼供的可能性,但公安机关移送的卷宗材料中无讯问过程的同步录音或录像的证据。申请人作为犯罪嫌疑人(或被告人)的辩护人,依据《中华人民共和国刑事诉讼法》第____条的规定,特申请贵院予以调取。

此致

__________人民检察院/人民法院

申请人:__________律师

____年____月____日

通知证人出庭作证申请书

申请人:______,______律师事务所律师,系被告人______的辩护人。

通讯地址或联系方式:__________

申请事项:请求贵院通知证人______出庭作证。

申请理由:被告人______涉嫌______一案,公诉机关提供的被告人犯罪时年满16周岁的证据,与被告人的真实年龄不符。被告人实施盗窃行为时是否年满16周岁的事实是决定其是否构成犯罪的关键事实,现辩护人发现证人______和______能够证明被告人出生的年月日与检察机关证明的出生年月日不一致且被告人实施盗窃行为时未满16周岁。辩护人依据《中华人民共和国刑事诉讼法》第41条的规定,特申请贵院依法通知证人出庭作证。

此致

________人民法院

申请人:__________律师

____年____月____日

附:1. 证人姓名:__________,住址__________,通讯方式__________。

2. 证人姓名:__________,住址__________,通讯方式__________。

（二）申诉书

1. 概念

申诉书是指刑事诉讼案件被害人、自诉人、犯罪嫌疑人、被告人等当事人，以及辩护人、诉讼代理人，不服公安机关、人民检察院、人民法院及其工作人员作出的决定或实施的行为，依法向有关机关请求重新审核处理的书面文书。

申诉书包括辩护人、诉讼代理人请求检察机关对有关司法机关侵犯其诉讼权利的申诉书，当事人和辩护人、诉讼代理人、利害关系人对司法机关及其工作人员违法扣押、冻结、查封财产行为的申诉书，被害人不服检察机关不起诉决定的申诉书，被不起诉人不服检察机关不起诉决定的申诉书等。我们仅以一个申诉书为例，其他类型申请书与示例文书大同小异，可以举一反三。

2. 相关法律依据

《刑事诉讼法》有关条文对相关人员在各种情况下申诉权利的规定，是制作申诉书的法律依据。

3. 申诉书的结构示例

不服不起诉决定申诉书

申诉人：周某某，女，××年××月××日出生，身份证号：×××××××××。现住址：×××市×××区×××路×××小区 9 栋 301 室。

申诉人因犯罪嫌疑人李甲涉嫌强奸一案，不服××市××区人民检察院作出的〔2017〕10 号不起诉决定书，现依法提出申诉。

请求事项：

请求××市人民检察院查明案情，撤销××区人民检察院作出的〔2017〕10 号不起诉决定书，依法对李甲提起公诉，追究其刑事责任。

事实与理由：

综上，××市××区人民检察院以主要证据不足、事实不清、不违背妇女意志为由，对犯罪嫌疑人李甲作出不起诉决定是错误的。申诉人根据《中华人民共和国刑事诉讼法》的规定，特向贵院提出申诉，请求撤销××区人民检察院作出的不起诉决定书，依法对李甲提起公诉，追究其刑事责任。

此致

××市人民检察院

申诉人：

年　　月　　日

(三)刑事诉讼中的诉状

1. 概念

刑事诉讼中的诉状，是指刑事自诉人或刑事附带民事诉讼的原告人、被告人为维护自己的合法权益，依法向人民法院提出某种诉讼请求并阐述事实和理由的法律文书。

刑事诉讼中的诉状主要包括刑事自诉状、刑事附带民事起诉状、刑事反诉状、刑事上诉状、刑事申诉状等，这些都是刑事诉讼中的重要法律文书。

2. 刑事自诉状

(1)概念。刑事自诉状是刑事案件被害人及其法定代理人、近亲属直接向人民法院提起刑事诉讼，控告刑事被告人犯罪，请求人民法院依法追究其刑事责任的法律文书。

(2)制作刑事自诉状的法律依据。根据《刑事诉讼法》第二百一十条的规定，下列案件可以提起刑事自诉，如果被害人欲提起诉讼需要制作刑事自诉状：①告诉才处理的案件；②被害人有证据证明的轻微刑事案件；③被害人有证据证明对被告人侵犯自己人身、财产权利的行为应当依法追究刑事责任，而公安机关或者人民检察院不予追究被告人刑事责任的案件。《刑事诉讼法》第一百八十条规定："对于有被害人的案件，决定不起诉的，人民检察院应当将不起诉决定书送达被害人。被害人如果不服，可以自收到决定书后七日以内向上一级人民检察院申诉，请求提起公诉。人民检察院应当将复查决定告知被害人。对人民检察院维持不起诉决定的，被害人可以向人民法院起诉。被害人也可以不经申诉，直接向人民法院起诉。人民法院受理案件后，人民检察院应当将有关案件材料移送人民法院。"

(3)刑事自诉状结构示例。此处以拒不执行判决裁定罪的刑事自诉状为例，对刑事自诉状的结构进行介绍。

刑事自诉状

自诉人：韩××，男，汉族，××年××月××日出生，住××省××县××乡××村××号，身份证号：×××××××××××，电话：×××××

被告人：周××，男，汉族，××年××月××日出生，住××省××县××乡××村××号，身份证号：×××××××××××，电话：×××××

案由：拒不执行判决裁定罪

诉讼请求：

1. 追究周××拒不执行判决裁定罪的刑事责任。

2. 判决被告人赔偿自诉人因本案诉讼产生的交通费、住宿费、律师费等共计××元。

事实与理由：

此致
××县人民法院

自诉人：
年 月 日

3. 刑事附带民事起诉状

(1)概念。刑事附带民事起诉状是指刑事公诉案件的被害人及其法定代理人、近亲属，或者刑事自诉案件的自诉人及其法定代理人、近亲属，就被告人的犯罪行为造成的物质损失请求赔偿而向法院递交的法律文书。

(2)制作刑事附带民事起诉状的法律依据。《刑事诉讼法》第一百零一条规定，“被害人由于被告人的犯罪行为而遭受物质损失的，在刑事诉讼过程中，有权提起附带民事诉讼。被害人死亡或者丧失行为能力的，被害人的法定代理人、近亲属有权提起附带民事诉讼。”提起附带民事诉讼应当提交附带民事起诉状。

(3)刑事附带民事起诉状结构示例。

刑事附带民事起诉状

附带民事诉讼原告人：(姓名、性别、年龄、民族、籍贯、职业、住址、联系方式)

附带民事诉讼被告人：(姓名、性别、年龄、民族、籍贯、职业、住址、联系方式)

诉讼请求：(写明请求附带民事诉讼被告人赔偿的项目、具体金额)

事实和理由：写明附带民事诉讼被告人的犯罪行为给被害人、附带民事诉讼原告人造成实际经济损失的事实情况，并说明请求刑事附带民事诉讼被告人承担民事赔偿责任的理由和法律依据。

此致
××县人民法院

自诉人：
年 月 日

4. 刑事上诉状

(1)概念。刑事上诉状是指公诉案件的被告人、自诉案件的原告人或被告人及其法定代理人对一审法院作出的判决、裁定不服，在法定期间内向一审法院的上一级法院提出上诉,请求二审法院撤销或者变更第一审刑事判决、裁定的法律文书。

(2)制作刑事上诉状的法律依据。《刑事诉讼法》第二百二十七条规定:"被告人、自诉人和他们的法定代理人,不服地方各级人民法院第一审的判决、裁定,有权用书状或者口头向上一级人民法院上诉。被告人的辩护人和近亲属,经被告人同意,可以提出上诉。"一般情况下,应当采用书面刑事上诉状的形式提起上诉。

(3)刑事上诉状的结构示例。

刑事上诉状

上诉人:赵××,男,1956年5月30日生,安阳县××镇××村人。

因职务侵占罪一案,上诉人于2016年××月××日收到安阳县人民法院(2016)豫0522刑初57号刑事判决书,因不服该判决,现依法提出上诉。

上诉请求:

请求二审法院撤销安阳县人民法院(2016)豫0522刑初57号刑事判决书,依法改判上诉人无罪。

上诉事实和理由:

综上,一审判决认定事实依据的关键证据是非法证据,应当依法予以排除;一审判决认定事实不清,证据之间的矛盾没有合理排除;上诉人与王××没有职务侵占罪的共同故意。因此,请求二审法院撤销一审判决,改判上诉人无罪。

此致

×××市中级人民法院

上诉人:赵××

年 月 日

5. 刑事申诉状

(1)概念。刑事申诉状是指刑事案件的当事人及其法定代理人、近亲属,认为人民法院已经发生效力的判决、裁定错误,依法向人民法院或人民检察院递交的,请求人民法院再审或请求人民检察院抗诉的法律文书。

(2)制作刑事申诉状的法律依据。《刑事诉讼法》第二百五十二条规定:"当事人及其法定代理人、近亲属,对已经发生法律效力的判决、裁定,可以向人民法院或者人民检察院提出申诉,但是不能停止判决、裁定的执行。"第二百五十三条规定:"当事人及其法定代理人、近亲属的申诉符合下列情形之一的,人民法院应当重新审判。"第二百五十四条第三、四款规定:"最高人民检察院对各级人民法院已经发生法律效力的判决和裁定,上级人民检察院对下级人民法院已经发生法律效力的判决和裁定,如果发现确有错误,有权按照审判监督程序向同级人民法院提出抗诉。人民检察院抗诉的案件,接受抗诉的人民法院应当组成合议庭重新审理,对于原判决事实不清楚或者证据不足的,可以指令下级人民法院再审。”通常情况下,刑事申诉应当提交书面形式的刑事申诉状。

(3)刑事申诉状的结构示例。

刑事申诉状

申诉人:(姓名、性别、年龄、民族、籍贯、职业、住址、联系方式,并注明诉讼地位)

申诉人××不服××人民法院于××年××月××日作出的(××××)××刑终字第××号刑事判决(裁定),现提出申诉。

请求事项:(写明请求×××人民法院对本案进行再审,依法撤销原一审、二审判决或裁定,改判……;或请求人民检察院对本案依照审判监督程序予以抗诉。)

事实和理由:(写明申诉的事实、理由、证据,以及相应的法律依据)

此致

××人民法院/××人民检察院

申诉人:×××

年　　月　　日

(四)刑事答辩状

1. 概念

刑事答辩状是指刑事自诉案件的被告人或刑事附带民事诉讼的被告人针对自诉人或原告人提出的诉讼请求、事实和理由,提出反驳或抗辩意见的法律文书。

2. 制作刑事答辩状的法律依据

刑事自诉案件的被告人或刑事附带民事诉讼的被告人制作刑事答辩状的目的,是为了反驳对方的指控或否定对方的诉讼请求,说明自己没有犯罪、犯罪情节轻微、免于刑事处罚,或者不应当承担民事责任或应当承担较轻的民事责任。

通常,被告人针对原告人的诉讼请求可以当庭进行口头答辩,也可以提出书面答辩。口头答辩应当记入笔录;书面答辩状应当提交法庭入卷。在司法实务中,很多律师习惯上不制作答辩状而仅作口头答辩,这是一种不好的工作习惯,也是一种不负责任的工作态度。律师向法庭提交书面答辩状有多重作用:①避免口头答辩的观点和内容没有记入庭审笔录,造成观点或证据遗漏;②能够比较系统地阐述被告人一方的反驳观点、事实和理由，便于法官对答辩意见作出系统认知；③庭审视听效果对法官的影响是短暂的，庭审笔录内容容易遗漏或不能反映答辩意见的全貌或本意，而书面答辩状可以避免这些缺点，并能够让法官随时查阅，便于提高与法官交流沟通的效果。因此，建议将来从事律师工作的同学们要养成制作书面答辩状的工作习惯。

3. 刑事答辩状的结构示例

刑事答辩状

答辩人：（姓名、性别、年龄、民族、籍贯、职业、住址、联系方式，并注明诉讼地位是刑事自诉案件一审被告人或二审被上诉人，还是刑事附带民事诉讼一审被告人或二审被上诉人）

答辩人因自诉人/刑事附带民事原告人×××指控/请求我＿＿＿＿＿＿＿一案，提出答辩意见如下：

（针对自诉状、起诉状或上诉状的请求、事实和理由进行答辩，阐述自己一方对案件的主张、事实和理由）

此致

××人民法院

答辩人：

年　　月　　日

（五）辩护词

1. 概念

辩护词是被告人或其辩护人在法庭辩论阶段，针对检察机关起诉书和公诉人当庭发表的公诉意见以及刑事自诉案件原告的指控，就案件事实、证据、法律适用、诉讼程序等方面发表的，证明被告人无罪、罪轻、减轻或免除刑事责任或者认可指控的口头或书面辩护意见。

辩护词虽然在法庭辩论阶段当庭口头表达，但多数需要事先做好充分准备并做成书面文书，用于第一轮法庭辩论；在庭审结束后，辩护律师通常还需要结合庭审中法庭辩论的重点和内容的变化，对庭审前形成的辩护词文稿进一步完善后，交法庭参考并装订入卷。

辩护词不属于法定的法律文书，但工作态度严谨和负责任的辩护律师都会将辩护词视为辩护工作中非常重要的一种法律文书去认真对待。

2. 辩护词写作技巧

辩护词是被告人自行辩护或辩护人开展辩护的载体，也是被告人或辩护人集中表达对检察院就案件事实、证据、法律适用、诉讼程序等的指控意见的看法和观点的关键环节。被告人或辩护人可以对公诉人的指控予以认可，也可以反对，并将自己的意见传递给公诉人、法官以及其他诉讼参与人，试图说服法官接纳自己的辩护意见，以期法庭能够作出有利于被告人的裁判。因此，辩护词讲证据、摆事实、述法理的质量高低，决定了辩护效果的好坏。律师应该深入研究辩护词的写作要领和规律，提高辩护词的写作质量，充分发挥辩护词在辩护工作中的核心作用。律师制作辩护词通常应当注意以下几个方面：

(1)辩护词的基本格式。辩护词不是法定的法律文书，因此没有固定的格式，也没有统一的写作框架，充分体现了文无定法的特点。但这并不意味着其没有基本的格式，一个完整的辩护词通常由三部分构成：第一部分为首部，包括“×××一案辩护词”的题名、对法官和公诉人的问候语、申明辩护人合法地位（辩护人接受被告人及其法定代理人、近亲属的委托，或者接受法律援助中心的指派，出庭为被告人辩护）、说明庭审前做了哪些准备工作（如接受委托后，详细查阅了案卷材料、进行了调查取证、会见了被告人等）、开庭过程中参与了法庭调查。第二部分为正文，也是辩护词最核心的部分，这部分的结构安排通常如下：首先，可以明确表达对本案的结论性辩护意见，以提纲挈领地引领全部观点（当然也可以将此结论性辩护意见放在辩护词的最后）。其次，按照以下层次条分缕析：①程序之辩护。如程序方面是否应当启动非法证据排除程序、是否不应当公开审理等。②实体之辩护。如对犯罪事实是否存在、是否夸大或歪曲、对事实性质认定是否正确等方面的辩护意见。③证据之辩护。如对证据提出综合质证意见、公诉人举证责任是否履行到位、是否达到证明标准等。④法律适用之辩护。主要围绕定罪和量刑两个方面适用法律是否正确展开，如罪名定性是否妥当（此罪彼罪问题）、发生竞合时选择适用的法律规范是否正确（可能涉及此罪彼罪或罪轻罪重问题）、犯罪情节或犯罪状态认定是否正确（罪轻罪重问题）、是否适用缓刑等。⑤情理之辩护。情理虽不是法律理由，但法律不能脱离社会而存在，社会惯常的善良风俗、大众普遍接受的道德伦理等，都可以作为辩护意见的内容，尤其是对于疑难复杂案件，律师要用社会学分析方法引导法官以结果导向思维衡量未来判决的适当性和可接受性。再次，对全文作出总结性表述，通常可以重申结论性辩护意见，提出请求或期望。第三部分为尾部，通常包括署名、时间等。

(2)辩护词写作的精神实质。辩护词的基本格式仅仅是形式，只有完美的内容才能够让辩护产生良好效果。而辩护词内容要想写出精彩，其写作功夫不仅在法律之内，更在法律之外——良好的写作基本功和语言功底是基础，逻辑思维结构是框架，法学理论素养是关键，其他学科知识是辅助，辩论技巧是手段——各种知识相辅相成，才能形成一篇完美的辩护词，完成一场精彩的辩护。

3. 辩护词制作的法律依据

《刑事诉讼法》第十四条规定:"人民法院、人民检察院和公安机关应当保障犯罪嫌疑人、被告人和其他诉讼参与人依法享有的辩护权和其他诉讼权利。"第三十三条规定:"犯罪嫌疑人、被告人除自己行使辩护权以外,还可以委托一至二人作为辩护人。"第三十七条规定:"辩护人的责任是根据事实和法律,提出犯罪嫌疑人、被告人无罪、罪轻或者减轻、免除其刑事责任的材料和意见,维护犯罪嫌疑人、被告人的诉讼权利和其他合法权益。"

4. 辩护词的结构示例

蒋××非法拘禁罪一案辩护词

尊敬的审判长、审判员、公诉人:

依据《中华人民共和国刑事诉讼法》和《中华人民共和国律师法》的规定,×××律师事务所接受被告人蒋××近亲属的委托,指派我担任被告人蒋××辩护人。在征得被告人蒋××本人同意的前提下,我依法出席今天的法庭为其辩护。

在本案进入审判阶段之前,我以律师的身份参与了侦查和审查起诉两个诉讼阶段。在前述两个诉讼阶段中,我已经深入了解了案情,掌握了全案的证据。在审判阶段接受委托后,我再次查阅了全部卷宗材料,会见了被告人,今天又参与了法庭审理。在综合了解全案事实的基础上,发表以下辩护意见,恳请法庭在评议时予以认真考虑并能够采纳。

在发表具体辩护意见之前,辩护人首先申明:本案被害人黄××的意外死亡对于他的妻子、父母、兄弟姐妹来说,是一个令人痛心的事情。本辩护人对此深表同情,本案被告人蒋××作为黄××的朋友,对此也深表痛心。

下边发表以下辩护意见,恳请法庭在评议时予以认真考虑并能够采纳。

一、对公诉机关指控被告人犯非法拘禁罪的定性不持异议

城阳区人民检察院在起诉书中所作的指控,主要事实清楚,案件定性准确,辩护人对此不持异议。

二、在法律适用问题上的辩护意见

公诉机关在起诉书中主张,本案应当适用《刑法》第二百三十八条第二款"犯前款罪,……致人死亡的,处十年以上有期徒刑"的规定对被告人定罪处刑。辩护人认为,被告人蒋××的行为虽然构成非法拘禁罪,且本案出现了黄向军死亡的事实,但本案应当适用《刑法》第二百三十八条第一款"非法拘禁他人或者以其他方法非法剥夺他人人身自由的,处三年以下有期徒刑、拘役、管制或者剥夺政治权利。具有殴打、侮辱情节的,从重处罚"规定对被告人定罪处刑。因此,本案适用《刑法》第二百三十八条的哪一款规定以及如何确定对被告人的量刑起点问题,是本案适用法律的核心问题和争议的焦点之一。

《刑法》第二百三十八条共有四款，第三款规定："为索取债务非法扣押、拘禁他人的，依照前两款的规定处罚。"由于本案蒋××等被告人属于为索取合法债务而构成非法拘禁罪，因此首先应当适用本款的规定。而本款内容最终又援引和指向了第二百三十八条第一款和第二款，所以，本案在适用法律时，最终只能在第一款和第二款之间做出选择。刑法第二百三十八条第一款规定："非法拘禁他人或者以其他方法非法剥夺他人人身自由的，处三年以下有期徒刑、拘役、管制或者剥夺政治权利。具有殴打、侮辱情节的，从重处罚。"第二款规定："犯前款罪，致人重伤的，处三年以上十年以下有期徒刑；致人死亡的，处十年以上有期徒刑。"为将《刑法》第二百三十八条第一款和第二款规定的量刑起点进一步细化，最高人民法院《人民法院量刑指导意见（试行）》"四、常见犯罪量刑"中"（四）非法拘禁罪"又作出如下具体规定："1. 构成非法拘禁罪的，可以根据下列不同情形在相应的幅度内确定量刑起点：(1)未造成严重后果的，可以在三个月拘役至六个月有期徒刑幅度内确定量刑起点。(2)致一人重伤的，可以在三年至四年有期徒刑幅度内确定量刑起点。(3)致一人死亡的，可以在十年至十二年有期徒刑幅度内确定量刑起点。"

从实质上看，刑法第二百三十八条第一款规定的非法拘禁罪的基础构成形态与《人民法院量刑指导意见（试行）》"四、（四）、1"中的"(1)未造成严重后果的，可以在三个月拘役至六个月有期徒刑幅度内确定量刑起点"相互对应。第二款规定的是非法拘禁罪的结果加重犯的构成形态，与《人民法院量刑指导意见（试行）》"四、（四）、1"中的"(2)致一人重伤的，可以在三年至四年有期徒刑幅度内确定量刑起点。(3)致一人死亡的，可以在十年至十二年有期徒刑幅度内确定量刑起点"的加重结果相互对应。

刑法理论认为，刑法第二百三十八条第二款"犯前款罪，……致人死亡的，处十年以上有期徒刑"的规定，与第一款规定的非法拘禁罪的基本犯罪构成之间，应当属于结果加重犯的关系，此观点在理论上没有争议。而结果加重犯的特征有四点：①实施了基本犯罪行为，该基本犯罪行为是结果加重犯成立的前提；②产生了基本犯罪构成以外的重结果，重结果是构成结果加重犯成立的又一个要件；③基本犯罪的犯罪行为与重结果之间必须有因果关系，罪过形式是过失。④刑法就严重结果规定了加重的法定刑。[①]

辩护人认为，蒋××等被告人的行为不具备结果加重犯成立的要件，不能按照"非法拘禁致人死亡"的结果加重犯来处刑。尽管本案产生了黄××死亡的结果，但黄××死亡的结果并非是蒋××等被告人对其进行身体伤害造成的，也不是因对其精神折磨导致自杀造成的。本案中被害人死亡的结果不能被刑法第二百三十八条第

① 马克昌：《刑法学》，高等教育出版社，2007，第178-179页。

二款“犯前款罪，……致人死亡的，处十年以上有期徒刑”的规定所涵盖，属于例外情形。因此蒋××等被告人的行为不具有结果加重犯成立的要件，不能成立“非法拘禁致人死亡”的结果加重犯。具体理由如下：

1. 在本案中，被害人黄××的死亡结果与蒋××等被告人的非法拘禁行为之间不存在因果关系

第一，黄××的死亡结果不是非法拘禁行为所导致，而纯属意外。被害人黄××的死亡并非因为殴打、捆绑、虐待、折磨等行为导致，因为被告人根本就没有对其实施上述行为。根据尸体检验鉴定书、现场勘验记录，黄××的死因“符合高空坠落致颅脑损伤死亡”。这种从高处坠落的死因完全系出意外，其致死结果与非法拘禁行为无因果关系。

第二，黄××死亡的结果也不是因为非法拘禁行为所导致的自杀而产生。首先，蒋××等被告人没有对黄××实施侮辱、殴打、捆绑、威胁等行为，且约束其自由的目的仅仅限于索要合法工资，限制其自由的时间具有可预见性——第二天天亮去工地丈量面积，丈量面积后及时结清工人工资。在这种情况下，限制其自由的强度根本不足以导致其自杀。其次，被告人没有对死者黄××实施精神威胁和精神折磨，没有因被拘禁而自杀的诱因。再次，从黄××本人的角度而言，作为从事建筑工程的包工头，欠下工人约 5 万元的工资，对其不应当构成无法承受的经济负担而导致自杀；同时，死者黄××的女朋友从镇江赶来在另一个旅馆等他，不论其他，就为这份感情，任何一个理智正常的人也不会为区区 5 万元而轻易选择自杀。最后，尸体检验鉴定书得出黄××死因的结论“符合高空坠落致颅脑损伤死亡”，完全排除了其自杀的可能性(体表擦伤足以证明是意外坠落而非自杀)。

因此，本案尽管产生了被害人黄××死亡的所谓“严重结果”，但其死亡结果与蒋××等被告人的非法拘禁行为之间不存在因果关系，不属于刑法第二百三十八条第二款“犯前款罪，……致人死亡的……”这种刑法上结果加重犯所指向的重结果。

2. 在本案中，被告人蒋××等人对被害人黄××死亡的结果无法预见，主观上不存在刑法上的罪过(过失)

尽管本案产生了黄××死亡的结果，但蒋××等被告人对该结果无法预见，因而主观上不存在过失。当黄××在三人同居于201 房间的张××、蒋××睡着而偷偷跳到窗外平台后，其人身自由已超出了非法拘禁行为的控制力，被告人对被害人跳窗逃跑导致摔死的结果无法预见，对出现被害人死亡的结果在主观上不存在罪过。退一步讲，即使能够或应当预见其跳窗逃跑，也无法预见一个理智正常、无饮酒等情形下的正常成年人会在危险面前不知止步而产生意外失足摔死的结果。

综上，辩护人认为，因黄××的死亡结果与蒋××等人非法拘禁行为没有刑法上的因果关系，该因果关系的缺失必然导致非法拘禁致人死亡的结果加重犯不能成立；同时，蒋××等被告人对于黄××的死亡结果无刑法上的罪过(过失)，也阻却了

结果加重犯的成立。因此,检察机关在起诉书中主张适用刑法第二百三十八条第二款"犯前款罪……致人死亡的,处十年以上有期徒刑"的规定,属于适用法律不当。本案应当适用第一款"处三年以下有期徒刑、拘役、管制或者剥夺政治权利"的规定对被告人定罪处刑。

三、在量刑问题上的辩护意见

行为人行为的社会危害性和行为人的人身危险性的有机统一是判断行为人应当承担的刑事责任轻重的根据,也是刑罚个别化的体现。本案被告人行为的社会危害性程度和行为人的人身危险性程度均很低,根据本案的具体情节,应当依照"罪责刑相适应"的原则对蒋××等被告人在量刑上作出从轻处罚。

1. 本案在量刑上应当适用刑法第二百三十八条第一款确定量刑起点

在本案中,适用刑法第二百三十八条第一款还是第二款的规定,决定着量刑的起点和最终的宣告刑。这是量刑所必须面对的第一个关键问题。辩护人认为,本案在量刑上应当适用刑法第二百三十八条第一款,而不是第二款。具体理由同于我在第二个问题中所论述的观点。

2. 被告人蒋××具有自首情节

被告人蒋××等人在陶××报案后,明知公安机关会很快到来,任何人没有逃跑,而是在案发旅馆等候公安人员到来,在归案后又如实供述——破案经过记录为"将七人带回后,七人对非法拘禁黄××的违法犯罪事实供认不讳"。完全符合自首的条件,应当认定自首情节成立。

3. 索要的是被告人赖以生存的工资——系合法债务

被告人蒋××系农民工,作为农民工,工资是其个人及其家庭成员生活的唯一经济来源。从犯罪动机和目的而言,蒋××等被告人系为了索要合法工资而实施的拘禁行为。

4. 案发后被告人家属积极与被害人黄××家属协商,支付了14万余元的经济补偿;并获得了被害人家属的谅解。

5. 被害人黄××自身存在重大过错

首先,在唆使被告人蒋××和其他工人向南通四建公司索要工资并上演双簧闹剧的过程中,死者黄××就是策划者和参与者之一,他是挑起事端者;其次,其跳窗逃跑的动机实际就是为了逃避向工人结算工资,恶意欠薪意图明显;最后,死亡结果纯属其自己行为不慎造成,与被告人的非法拘禁行为无关系。显然,本案形成刑事案件是被害人黄××自身重大过错造成的。

6. 被告人具有大量其他的酌定从轻量刑情节

第一,从犯罪手段而言,被告人并没有对被害人黄××实施"使用械具或者捆绑等恶劣手段,或者实施殴打、侮辱、虐待行为"。

第二,被告人系初犯、偶犯。在本案发生之前系守法公民,其人身危险程度很低。

第三，犯罪之前的犯前情节为无事前通谋，犯中情节无捆绑殴打等严重情节，犯后情节有及时拨打120救护。

7. 被告人蒋××等人符合适用缓刑的条件，请求法庭依法判处缓刑或免于刑事处罚

根据最高人民法院《人民法院量刑指导意见（试行）》"二、量刑的基本方法""3. 确定宣告刑的非法"中规定："（6）宣告刑为三年以下有期徒刑、拘役并符合缓刑适用条件的，可以依法宣告缓刑；犯罪情节轻微，不需要判处刑罚的，可以免于刑事处罚。"本案中，被告人的犯罪情节较轻，具有悔罪表现，没有再犯罪的危险，适用缓刑或免于刑事处罚也不会对社会产生重大不良影响。依法对其适用缓刑或免于刑事处罚有益于被告人的教育改造，也利于维护被告人的家庭安定和促进社会稳定。

四、被告人作为农民工，为索要工资而犯罪值得同情；对其从轻处罚符合我国当前的刑事立法政策

被告人蒋××家住河南省商丘市夏邑县农村，当地农民年均收入仅有5223元，因生活贫困而到青岛打工谋生，工资是维系其个人和家庭成员生存的唯一来源，为索要合法工资而犯罪，其本身就是受害者。

近年来，农民工问题一直是中央政策关注的问题。中央政府解决三农问题的政策之一就是要保护好农民工的合法权益。在行政领域，国务院2006年发布的《关于解决农民工问题的若干意见》、2010年国务院办公厅发布的《国务院办公厅关于切实解决企业拖欠农民工工资问题的紧急通知》（国办发明电〔2010〕4号）、2011年1月人力资源和社会保障部、发改委、监察部、财政部、住房城乡建设部等五部委联合下发《关于加强建设工程项目管理解决拖欠农民工工资问题的通知》等文件，均要求各地区、各有关部门和单位加大工作力度，切实解决企业拖欠农民工工资问题。在刑事立法政策上，《刑法修正案（八）》第四十一条又将恶意欠薪列入犯罪。由此可知，维护农民工等社会弱势群体的合法权益符合中央的政策走向和刑事立法政策。

蒋××等被告人均系农民工，属于社会弱势群体。对本案蒋××等被告人定罪量刑时，应当贯彻宽严相济的刑事政策，贯彻"罪责刑相适应"的原则，在量刑上考虑对其从轻或减轻处罚，保证判决在法律效果和社会效果上的统一。

综上，辩护人认为，蒋××等被告人构成非法拘禁罪，但在法律适用上应当适用刑法第二百三十八条第一款"非法拘禁他人或者以其他方法非法剥夺他人人身自由的，处三年以下有期徒刑、拘役、管制或者剥夺政治权利。具有殴打、侮辱情节的，从重处罚"的规定，在三年以下有期徒刑、拘役、管制的量刑幅度内科处刑罚。同时，根据蒋××等被告人的人身危险性很弱、具有多种从轻处罚情节等案件事实，在量刑上应当从轻处罚，并最终以判处缓刑或免予刑事处罚为宜。

以上辩护意见请贵院慎重考虑，希望能够采纳为盼。

辩护人:×××××律师事务所律师

×××

年 月 日

(六)刑事代理词

1. 概念

刑事代理词是公诉案件被害人及其法定代理人、近亲属以及他们的委托代理人,自诉案件的当事人及其法定代理人、近亲属以及他们的委托代理人,刑事附带民事诉讼当事人及其法定代理人、近亲属以及他们的委托代理人,为维护被代理人的合法权益,在庭审辩论阶段就案件事实、证据、法律适用、诉讼程序等所发表的综合性法律意见。

代理词与辩护词相似,都是在法庭辩论阶段当庭口头表达,同样需要事先做好充分准备并做成书面文书,用于第一轮法庭辩论;在庭审结束后,代理律师需要结合庭审中法庭辩论的重点和内容的变化,对庭审前形成的代理词进一步完善后,交法庭参考并装订入卷。

代理词不属于法定的法律文书,但其能够有效、系统地阐述代理人对案件事实、法律适用等方面的观点,提出建议,有助于法官兼听则明,客观公正作出裁判。因此,工作态度严谨和负责任的律师都将代理词视为非常重要的一种法律文书。

2. 代理词写作技巧

代理词针对诉讼对方当事人的观点提出指控或抗辩意见,阐述己方主张的事实、证据、法律适用等观点,向法庭提出有利于己方当事人的建议,是律师作为刑事代理人向法庭和对方当事人阐述己方对全案观点的关键环节。代理人通过发表代理意见力图说服法官甚至试图取得对方当事人的谅解,以期望法庭能够作出有利于己方当事人的裁判。代理词在律师刑事代理工作中居于核心地位,是律师对案件事实、证据、法律适用等问题得出系统结论的载体,代理词质量的高低对案件的裁判结果往往会产生较大影响,因此需要高度重视。律师制作代理词通常应当注意以下几个方面:

(1)代理词的基本格式。代理词不是法定的法律文书,没有法定的固定格式。实践中,一个完整的代理词通常由三部分构成:第一部分为首部,包括“×××一案代理词”的题名、对法官的问候语、申明代理人合法地位等。第二部分为正文,也是代理词最核心的部分,这部分的结构安排通常如下:首先,可以明确表达对本案的结论性意见,以提纲挈领地引领全部观点(当然也可以将此结论性意见放在代理词的最后)。其次,展开论证己方观点,通常涉及但不限于以下内容:①程序问题。②实体问题。如涉案犯罪事实是否存在、是否夸大或歪曲、对事实性质认定是否正确等。③证据问题。如对证据提出综合质证意见、自诉人举证责任是否履行到位、是否达到证明标准等；④法律适用问题。最后，对全文作出总结性表述，通常可以重申结论性意见，提出请求或期望。第三部分为尾部，通常包括署名、时间等。

(2)代理词写作的精神实质。①代理词的写作功夫不仅在法律之内，更在法律之外——良好的写作基本功和语言功底是基础，逻辑思维结构是框架，法学理论素养是关键，其他学科知识是辅助，辩论技巧是手段——各种知识相辅相成，才能形成一篇完美的代理词。②代理词发挥作用依赖于代理人对案件关键点和争论焦点之法律意义的正确把握，不在于华丽的辞藻。③公诉案件被害人或刑事附带民事诉讼原告人的代理人在形成代理意见时，在对案件事实、证据的认定上，通常要与公诉人在这些方面的观点保持一致。

3. 代理词制作的法律依据

《刑事诉讼法》第四十六条规定："公诉案件的被害人及其法定代理人或者近亲属，附带民事诉讼的当事人及其法定代理人，自案件移送审查起诉之日起，有权委托诉讼代理人。自诉案件的自诉人及其法定代理人，附带民事诉讼的当事人及其法定代理人，有权随时委托诉讼代理人。"最高人民法院《关于适用〈中华人民共和国刑事诉讼法〉的解释》①第六十四条规定："诉讼代理人有权根据事实和法律，维护被害人、自诉人或者附带民事诉讼当事人的诉讼权利和其他合法权益。"

4. 代理词的结构示例

示例1

田××交通肇事罪一案刑事代理词

审判长、审判员、公诉人：

根据《中华人民共和国刑事诉讼法》和《律师法》的规定，我接受本案刑事被害人的法定代理人的委托，担任其刑事诉讼被害人的代理人，依法参与本案诉讼活动。现针对本案刑事部分提出如下代理意见，请审判长、审判员和出庭支持公诉的公诉人予以考虑：

一、对本案案件事实的认定问题的代理意见

(一)部分同意起诉书中对案件事实的认定意见

新红检刑诉〔2011〕117号起诉书认定：2011年5月14日22时37分许，被告人田××酒后驾驶豫F59797号面包车行驶至新乡市金穗大道国际快捷酒店对面时，撞到了在路边等车的李××、赫××、马××，造成李××死亡、赫××特重型闭合性颅

---

① 最高人民法院关于适用《中华人民共和国刑事诉讼法》的解释(法释〔2021〕1号)，于2020年12月7日由最高人民法院审判委员会第1820次会议通过，自2021年3月1日起施行，下同。

脑损伤的一级伤残。事故发生后,被告人田××驾车逃逸。经新乡市公安交警支队事故处理大队安公交认字〔2011〕第120493号道路交通事故认定书认定,被告田××负事故的全部责任,原告无责任。事故发生后,被告人田××驾车逃逸并将车遗弃在新乡市北环路寺庄顶路口,然后向公安机关报案谎称该车辆被盗试图逃避法律追究。

对检察机关在起诉书中确认的上述事实,事实清楚,证据确实充分,足以认定,代理人对检察机关对上述事实的认定意见表示同意。

(二)起诉书对被告人田××醉酒驾车肇事的重要事实没有认定,对该部分事实应当由法庭依法予以认定

新红检刑诉〔2011〕117号起诉书中:"2011年5月14日22时37分许,被告人田××酒后驾驶豫F59797号面包车……",从而认定了酒后驾驶的事实,但对该事实的认定需要重新认识。代理人认为,被告人田××在2011年5月14日22时左右属于"醉酒驾车"状态,而不是仅仅"酒后驾车"。证据有:

1. 新公(交)刑补侦字〔2011〕006号新乡市公安局直属分局补充侦查报告书。该报告书的第二项列举出原卷中徐××、许××、郜××、梁××的证言,证明被告人田连昆饮酒量应当达到醉酒的程度,而不仅仅是饮酒(酒后)。

2. 此外,卷宗中相关的证据还有:

(1)田××供述:2011年6月23日第四次讯问笔录(证据卷第35页):"不知道怎么回事就开车去了新乡市了……不知道怎么回事就撞了人了,我也记不清自己撞人后是否停了一下车……不知道怎么就跑到了寺庄顶……。"

(2)许××2011年6月17日第一次询问笔录(证据卷第64页):"当时他喝多了,说不清自己在什么位置,所以才让出租车司机接电话。"

上述供述和证言相互印证,证明被告人田××喝酒已经达到醉酒的程度。

3. 被告人醉酒逃逸后两个多月才被抓获归案,其在肇事后立即逃逸造成无法对其血液酒精含量进行检测。本案欠缺血液酒精含量检测检验单,并不能因此否定其醉酒的事实。因此,起诉书对被告人田××醉酒驾车肇事的重要事实没有认定,对该部分事实应当由法庭依法予以认定。

二、对本案定性问题的代理意见

公诉人在起诉书中指控的罪名是交通肇事罪,代理人不同意检察机关对本案的定性。代理人认为,对于被告人田××醉酒驾车导致重大交通事故的行为,应当定性为"以危险方法危害公共安全罪"。理由和法律依据如下:

第一,被告人明知酒后驾车违法、醉酒驾车会危害公共安全,却无视法律醉酒驾车,造成重大伤亡。这说明被告人主观上对发生的危害结果持放任态度,具有危害公共安全的间接故意。对此类醉酒驾车造成重大伤亡的,应依法以以危险方法危害公共安全罪定罪。

第二,《最高人民法院关于醉酒驾车犯罪法律适用问题的意见》(法发〔2009〕

47号)第二条明确规定:"根据刑法第一百一十五条第一款的规定,醉酒驾车,放任危害结果发生,造成重大伤亡事故,构成以危险方法危害公共安全罪的,应处以十年以上有期徒刑、无期徒刑或者死刑。具体决定对被告人的刑罚时,要综合考虑此类犯罪的性质、被告人的犯罪情节、危害后果及其主观恶性、人身危险性。"

第三,《最高人民法院关于醉酒驾车犯罪法律适用问题的意见》第三条明确规定:"为依法严肃处理醉酒驾车犯罪案件,遏制酒后和醉酒驾车对公共安全造成的严重危害,警示、教育潜在违规驾驶人员,今后,对醉酒驾车,放任危害结果的发生,造成重大伤亡的,一律按照本意见规定,并参照附发的典型案例,依法以以危险方法危害公共安全罪定罪量刑。"

三、对本案的法律适用问题的代理意见

检察机关在起诉书中根据交通肇事罪的定性,认为应当适用《中华人民共和国刑法》第一百三十三条追究被告人的刑事责任。代理人认为,由于定性问题存在偏差,公诉机关主张适用第一百三十三条追究被告人的刑事责任属于适用法律不当,而应当适用《中华人民共和国刑法》第一百一十五条"以其他危险方法致人重伤、死亡或使公私财产遭受重大损失的,处十年以上有期徒刑、无期徒刑或者死刑"的规定追究被告人的刑事责任。

综上所述,在本案中,被告人田××醉酒驾车,具有放任危险发生的间接故意,实施了以醉酒驾车这一危险方法驾车的危害行为,造成一死一重伤一轻伤的重大事故,且具有肇事后逃逸、报假案企图逃避法律制裁的恶劣情节。而且,本案一死一重伤的两名被害人均处于壮年,是人生最辉煌的时期,他们作为高级知识分子,本应当能够以他们精湛的医学知识继续为社会造福,但被告人的犯罪行为扼杀了这一切——被告人的犯罪行为不仅对被害者本人造成极大伤害,而且给他们的父母妻子造成巨大损失和沉重的精神打击,也给社会带来重大损失。

被害人及其家属请求法院依法对被告人予以严惩!!!

以上代理意见请法庭慎重考虑并予以采纳。

被害人近亲属代理人:×××　　律师事务所律师:×××

年　月　日

示例2

田××交通肇事罪一案附带民事诉讼代理词

审判长、审判员:

根据《中华人民共和国刑事诉讼法》和《律师法》的规定,我接受本案刑事附带民事诉讼原告人法定代理人的委托,担任其刑事附带民事诉讼一审代理人,依法参与本案诉讼活动。现提出如下代理意见：

一、被告人田××的犯罪行为严重侵害了附带民事诉讼原告人的合法权益，应当依法承担相应的民事赔偿责任

被告人田××于2011年5月14日22时35分许，驾驶豫F59797面包车，在新乡市金穗大道国际快捷酒店对面将原告人赫××撞到。经新乡市公安局侦查确认，田××是“4.22重大交通肇事案”的肇事人。

经新乡市公安交警支队安公交认字〔2011〕第120493号道路交通事故认定书认定，被告人田××负事故的全部责任，原告无责任。

原告人赫××因该次交通事故致使颅脑损伤至今昏迷不醒，生死未卜。经法医鉴定，赫××的伤情已经构成一级伤残。本次事故不仅给原告的经济造成了巨大的损失，也给原告及亲人造成了严重的精神伤害。

依照《侵权责任法》《刑法》以及《刑事诉讼法》的有关规定，被告人田××应当赔偿原告人残疾赔偿金、医疗费、护理费、误工费、交通费、住宿费、伙食补助费、精神损害等损失共计2345260.3元。

二、安邦保险公司鹤壁分公司应当在其保险责任限额内承担赔偿责任

被告人田××驾驶的机动车辆在安邦保险公司鹤壁分公司投有车辆保险，根据相关法律规定，被告安邦保险公司鹤壁分公司应当在其保险责任限额内承担相应的赔偿责任。

以上代理意见，请法庭予以慎重考虑。

附带民事诉讼代理人：××× 律师事务所律师：×××

年 月 日

第七章

辩　护

引言

刑事辩护是律师重要业务之一。刑事辩护是辩护人根据法律的规定,依法提出犯罪嫌疑人、被告人的行为不构成犯罪,司法机关的指控不能成立,或者犯罪嫌疑人、被告人的行为虽然构成犯罪但是依法应当或者可以从宽处罚的意见,从而维护犯罪嫌疑人、被告人的合法权益。刑事诉讼中,一方是公安机关、人民检察院,一方是犯罪嫌疑人、被告人,司法机关是国家机关,拥有追诉犯罪所需的强大的权力,有掌握专门知识和技能的为数众多的专门工作人员,而犯罪嫌疑人、被告人往往因为缺乏专门知识而欠缺维护自己合法权益的能力,尤其是在我国大陆地区,犯罪嫌疑人、被告人在审前阶段往往处于被羁押的状态,这就使其行使权利更加受到限制。所以,辩护人尤其是律师提供的专门的辩护,对于维护处于弱势地位的犯罪嫌疑人、被告人而言,具有极为重要的意义。

教学目的:本主题的教学目的在于通过模拟辩护工作,使学生切实理解辩护工作对于维护犯罪嫌疑人、被告人的合法权益的重要意义,了解侦查阶段、审查起诉阶段和审判阶段辩护工作的不同特点,了解辩护人在辩护工作中可能遇到的法律风险,掌握辩护工作的基本技能和技巧,掌握规避风险、保护自己的技能,切实掌握不同阶段辩护工作的要点和技巧,从而在以后的工作中能够切实有效地开展辩护工作,依法维护犯罪嫌疑人、被告人的合法权益。

教学设计:在本主题的课堂设计与实践中,主要通过模拟训练的方法,向学生展示由侦查、审查起诉、法院审判三个阶段组成的刑事诉讼全过程,让学生深入了解各个阶段刑事追诉任务的不同内容、犯罪嫌疑人或者被告人不同的诉讼地位和权利,以及辩护律师在不同诉讼阶段履行辩护责任的不同工作方式。通过提供不同资料,预设不同问题,将学生引入互动式、讨论式的教学中,提高学生的参与兴趣,使学生掌握不同阶段辩护工作的不同技能和技巧。最后,由教师对模拟过程进行归纳和总结，并做好课堂评估。

内容实施：教师于课前向学生提供案例资料，组织学生分组，在课堂按照分配的角色进行模拟。根据需要，可以采用多组同时进行或多组先后模拟的方式，最后由不同小组提交具体工作方案、申请书和辩护意见。

注意事项：提醒学生在训练过程中自始至终秉持认真、细致的工作态度，围绕司法机关指控的事实，仔细分析，看每一项事实是否均有充分证据加以支持，指控的事实是否达到"事实清楚、证据确凿"的程度，尽力发现指控主张中存在的漏洞，提供对嫌疑人、被告人有利的意见。

案例1

郑某受贿案

（一）案件基本情况

2004年至2009年，被告人郑某在担任Y钢铁股份有限公司某指挥部副指挥长、第二炼轧厂副厂长、第二轧钢厂副厂长期间，利用职务上的便利，为上海K有限公司等多家单位提供帮助，先后收受相关单位业务人员贿赂共计人民币285 000元。指控事实的证据有被告人郑某的供述，证人武某某、房某、黄某某、刘某某、王某某、高某某等证言、书证、被告人身份证明等。A县人民检察院认为，被告人郑某的行为触犯了《中华人民共和国刑法》第三百八十五条第一款、第三百八十六条，依照本法第三百八十三条第一款规定，犯罪事实清楚，证据确实，充分，应当以受贿罪追究其刑事责任。

（二）证据分析

关于收受贿赂的事项，大部分都既有被告人供述、又有行贿人证言，开庭前律师会见时被告人予以确认。但是有一笔贿赂，没有行贿人证言，被告人也在开庭前律师会见时予以否认。律师认为，关于该笔贿赂的指控缺乏证据支持，不应认定。

与指控犯罪具有重要关系的是被告人的身份问题。指控被告人构成受贿罪，理由之一是被告人为国家工作人员。律师接受委托后在法院复制的案卷材料中发现，与被告人身份（职务）相关的证据材料有：①其原任职单位Y钢铁集团公司党委会会议记录，内容为向Y钢铁股份有限公司推荐被告人担任某指挥部副指挥长；②Y钢铁股份有限公司董事会任命书，任命被告人为Y钢铁股份有限公司某指挥部副指挥长。

在对全案证据材料进行分析的基础上，作为辩护人，笔者在庭审前确定辩护观点：作为国有公司的Y钢铁集团公司党委会会议记录，只是推荐被告人担任其他单位内部的职务，而不是任命其担任该国有公司任何职务，也不是Y钢铁集团公司基于国有股份的出资人的身份委派被告人到非国有公司担任职务，此证据不能证明被告人为"国家机关、国有公司、企业、事业单位委派到非国有公司、企业、事业单位、社会团体从事公务的人员”，从而被告人不属于“以国家工作人员论”的人；Y钢铁股份有限公司为非国有公司，该董事会任命被告人为Y钢铁股份有限公司某指挥部副指挥长的文件，充分证明被告人为非国有公司成立后任命在公司组成部门担任一定职务的人员，是非国有企业工作人员。所以，以上证据充分证明被告人为非国有企业工作人员，不符合受贿罪的主体条件，被告人的行为不构成受贿罪而只能构成非国有单位工作人员受贿罪。

（三）辩护意见

法庭审理过程中，公诉人出示一份原未提交法院的证据材料，即公诉方在Y钢铁集团公司人力资源部获取的以该人力资源部名义出具的《说明》，内容为：“郑某某为Y钢铁集团公司工作人员。”公诉方显然以此试图证明被告人为国有公司工作人员。

公诉方的证据突袭行为使得笔者感到非常意外。针对这一变故，笔者冷静思索，马上提出质证意见：第一，该材料不符合《刑事诉讼法》规定的证据形式。其一，该材料不是案件发生过程中形成的，而是在提起公诉后案件开庭以前产生的，所以不是书证；其二，该材料仅有某集团人力资源部的盖章而没有自然人签字，所以不是证人证言的书面形式。第二，该证据材料的内容明显与公诉方已经提交的起诉书中的指控主张和经过质证的其他证据的内容相违背，客观性存在疑问。第三，该证据材料记载的被告人的身份与指控行为的发生没有关系，即不是被告人实施指控行为期间担任的职务。所以，该证据材料没有证据能力和证明力以证明被告人为国有企业工作人员或者国有企业委派到非国有企业从事公务的人员，只能认为被告人不具备受贿罪的主体资格。

（四）结果

法庭最终采纳了笔者的辩护意见，判决被告人不构成受贿罪而是构成非国家工作人员受贿罪。

案例2

张某危险驾驶案

（一）案件基本情况

2017年12月31日晚上，张某带儿子与两个朋友在饭馆吃饭，张某同两个朋友喝了酒。吃饭期间，张某的儿子的哮喘病突然发作。张某想带儿子回家服药，但是在路口等待十五分钟没有拦到出租车，两个朋友也喝了酒不宜开车。张某在无奈之下只好自己开车带儿子回家，行驶三千米后在距离居住小区二百米远的地方被在路口检查的警察拦住检查。测试结果表明，张某处于醉酒状态。

（二）确定辩护意见

该案中，呼吸检测仪当场检测结果和事发当晚在医院的血液乙醇含量测量结果都证明张某血液乙醇含量达到醉酒标准，因而可以确定“醉酒驾驶”的事实。辩护律师主要考虑的就是张某危险驾驶的行为是否符合紧急避险的成立条件。经向医生询问，哮喘病的发作没有规律，发作的后果不可预测，可能较轻，可能比较严重甚至致人死亡，由此可以确定当时存在可能危及张某的儿子生命的紧急情况；经详细询问张某和与其吃饭的朋友，张某确实是在十多分钟内没有成功拦下出租车的情况下才开车带儿子回家，由此可以认为张某开车是在没有其他办法的情况下“不得已”而为之；张某确实是带儿子直接回家，没有拐向其他方向或者地方，由此可以认定张某开车就是为了救助儿子，有避险的意图，具备紧急避险的主观条件。全面分析以上情况后，辩护人认为张某的行为因符合具备紧急避险的条件而不属于违法行为，关于其构成危险驾驶罪的指控不能成立。

（三）确定辩护策略

在审查起诉阶段，笔者向人民检察院公诉部门递交了辩护意见，并且与办理案件的检察官当面交流，主张张某的行为成立紧急避险，建议做出不起诉的决定。但是，人民检察院公诉部门没有采纳笔者的意见，仍然以危险驾驶罪向法院提起公诉。在审判阶段，笔者接受委托后，将案件提交律师事务所刑事业务委员会讨论，大家一致赞同张某的行为不成立犯罪的辩护主张。同时，有律师提出，应当借助专业人员的力量说服法官接受哮喘病发作构成紧急避险前提条件的观点。

（四）辩护行动

根据讨论的情况，笔者申请法院通知 A 市人民医院呼吸内科主任李某出庭作证。开庭过程中，李某从专业的角度向合议庭发表了哮喘病发作的病人如果得不到救助可能发生死亡后果的意见。笔者仍然发表被告人的行为不构成危险驾驶罪的辩护主张，同时指出：如果认定被告人的行为构成犯罪，其应该属于“情节轻微”，建议免于刑事处罚。

（五）结果

法院判决：被告人的行为构成危险驾驶罪，免除刑事处罚。

案例 3

汪某危险驾驶案

（一）指控主张

P 市 H 区人民检察院指控：2018 年 6 月 13 日 1 时许，被告人汪某驾驶小轿车经过一十字路口时，将骑电动车的被害人李某撞倒，造成双方车辆受损。经 P 市公安局交通事故鉴定所检验认为被告人汪某血乙醇含量为 236.00mg/100ml。综合以上事实，汪某的行为构成危险驾驶罪。

（二）诉讼过程

P 市 H 区人民检察院于 2018 年 10 月 18 日、2019 年 1 月 2 日两次将退回案件侦查机关补充侦查,于2019年3月18日向H区人民法院提起公诉。H区人民法院于2019年4月16日、7月22日和2020年3月23日三次开庭审理,每次都经过了法庭调查、法庭辩论、最后陈述阶段。至2020年10月28日,法院尚未作出判决。

(三)辩护意见

作为辩护律师,笔者在第一次开庭时指出:公诉方向法庭出示的证据中,证人证言、被害人陈述和一份被告人供述都是公安机关在办理本案被告人交通肇事的行政执法过程中取得的证据材料,不是侦查机关在刑事案件立案后的侦查活动中取得,不具备合法性,不应该进入刑事诉讼程序。

第二次开庭时,辩护人指出:公诉方向法庭出示的视频资料,不是原件,没有关于不能调取原件、原因、制作过程和原件存放地点并由制作人员和视听资料持有人签名或者盖章的说明,客观性存在疑问。

第三次开庭时,公诉方向法庭出示了《鉴定意见》,但是相关的《交通事故车辆鉴定委托书》封面载明的“被鉴车辆”为“豫J69×××驾驶员”,“要求检验的内容”为“视频图像”。辩护人指出:《交通事故车辆鉴定委托书》载明的检材与实际检材不一致,鉴定事项不属于鉴定机构的鉴定范围,所以鉴定意见存在重大瑕疵。

此外,第二次和第三次开庭时,辩护人均指出:前一次开庭经过了法庭调查、法庭辩论和被告人最后陈述,审判长均宣布“合议庭将进行评议、择期宣判”,根据司法解释的规定,最后陈述结束后,只能由合议庭进行评议后做出判决;被告人最后陈述后,进行补充侦查和恢复法庭调查均没有制度依据。

第一节 辩护概述

一、辩护的意义

(一)辩护的概念

辩护,是指在刑事诉讼中,犯罪嫌疑人、被告人或者其辩护人针对司法机关的指控提出反驳意见,即提出有利于犯罪嫌疑人或者被告人的意见,从而维护犯罪嫌疑人、被告人的利益的诉讼活动。

在刑事诉讼中,一方是被追究刑事责任的犯罪嫌疑人、被告人,一方是代表国家行使追诉权力的公安司法机关。公安司法机关,作为国家机器的组成部分,拥有专门的机构、专业的人员、法律赋予的为进行刑事追诉而需要的采取各种侦查措施、刑事审查起诉的广泛的权力。相对而言,作为被追诉一方的犯罪嫌疑人、被告人,往往没有专门知识和技能与国家机关的追诉相对抗。况且,在中国大陆的司法实践中，审前羁押成为常态，犯罪嫌疑人、被告人往往处于被羁押的状态，这成为其与刑事追诉相对抗的又一项现实限制。所以，在刑事诉讼中，犯罪嫌疑人、被告人的辩护权利非常重要，对犯罪嫌疑人、被告人以辩护权为核心的权利的保障水平，成为一个国家法治水平的重要标志。

（二）新中国辩护制度的发展

“在一定意义上，刑事诉讼制度的历史就是辩护制度从无到有、从弱到强的发展史。”[①]20世纪中期开始，辩护权的持续扩大和充实成为法治国家刑事诉讼法发展的基本趋势；赋予犯罪嫌疑人、被告人辩护权并予以充分保障，由国内法原则上升为国际刑事司法准则。为保障犯罪嫌疑人、被告人的辩护权，一系列国际法和越来越多的国内法对犯罪嫌疑人、被告人的辩护权利做出具体规定，如：有权获知被指控犯罪的性质和理由；有权被告知可以获得律师的法律帮助；有相当的时间和便利准备辩护，并与自己的律师进行联络；有权询问证人和鉴定人；有权借助于国家的力量强制有利于自己的证人出庭作证；有权对判决、裁定提出上诉，等等。新中国建立后，废除了《六法全书》和旧法统，同时开始建立新中国的辩护制度。1950年7月，中央人民政府政务院颁布的《人民法庭组织通则》第六条规定：“县（市）人民法庭及其分庭审判时，应保障被告有辩护和请人辩护的权利。”1954年颁布的新中国第一部《宪法》第七十六条规定：“被告人有权获得辩护。”这一规定奠定了辩护制度的法律基础。与《宪法》同时公布的《人民法院组织法》对辩护作出了比较详细的规定：“被告人除自己行使辩护权外，可以委托律师为他辩护；可以由人民团体介绍的或者经人民法院许可的公民为他辩护，可以由被告人的近亲属、监护人为他辩护。人民法院认为必要的时候，也可以指定辩护人为他辩护。”从1956年开始的一年多时间里，全国人民代表大会常务委员会、最高人民法院、司法部、公安部以不同形式的文件对刑事辩护中的若干具体问题作出了规定，但是1957年下半年开始的“左倾”思潮的实际影响，使得这些制度规定名存实亡。

1978年3月5日，全国人民代表大会通过了新的《宪法》，恢复了辩护制度。1979年，全国人大第二次会议通过了新中国第一部《刑事诉讼法》，设立专章规定辩护制度。《刑事诉讼法》除“被告人有权获得辩护，人民法院有义务保证被告人获得辩护”的原则外，规定：被告人可以自己行使辩护权，也可以委托他人辩护；辩护人在审判阶段享有阅卷、同在押的被告人会见和通信的权利；公诉人出庭的案件，被告人没有委托辩护人的，法院可以为其指定辩护人；被告人是聋、哑或者未成年人而没有委托辩护人的，法院应当为其指定辩护人。

1996年3月，第八届全国人民代表大会第四次会议对《刑事诉讼法》作出重要修改，向着“加强对犯罪嫌疑人、被告人合法权益的保障，改善犯罪嫌疑人、被告人

① 陈瑞华：《刑事诉讼的前沿问题》，中国人民大学出版社，2016，第617页。

在刑事诉讼中的地位”的目标迈出重要一步。本次修改,显著提前了律师或者其他辩护人参加刑事诉讼的时间,明确规定了辩护人的数量、资格;扩大了指定辩护的范围;扩大了律师和其他辩护人的诉讼权利。2012 年,第十一届全国人民代表大会第五次会议再次修正《刑事诉讼法》,将“尊重和保障人权”明确写入刑事诉讼法,增加规定:犯罪嫌疑人在侦查阶段可以委托辩护人;完善律师会见程序;扩大律师阅卷权,辩护律师在审查起诉和审判阶段,均可以查阅、摘抄、复制案卷材料;扩大法律援助的适用范围,将律师仅能在审查起诉、审判阶段提供法律援助修改为在侦查、审查起诉、审判阶段均提供辩护,并扩大了法律援助的对象范围。2018 年 10 月,第十三届全国人民代表大会常务委员会第六次会议再次修正《刑事诉讼法》,关于辩护制度,设立了值班律师制度,规定在犯罪嫌疑人、被告人没有委托辩护人的情况下由值班律师为犯罪嫌疑人、被告人提供法律帮助。

(三)辩护的特征

作为刑事诉讼活动的重要组成部分,辩护活动与其他诉讼活动相比,有其独有的特征。

1. 辩护主体

在刑事诉讼中进行辩护的人,包括被追究刑事责任的当事人即犯罪嫌疑人、被告人,也包括根据当事人或者其近亲属的委托或者根据司法机关的指定为犯罪嫌疑人、被告人进行辩护的人。犯罪嫌疑人、被告人作为被追究刑事责任的当事人,其享有的自行辩护权是本源的、不可剥夺的,是贯穿于刑事诉讼全过程的。犯罪嫌疑人、被告人,对案件事实了解最清楚,这可以为辩护奠定良好的基础;自行辩护,提出的辩护主张,在最大程度上反映当事人的意愿。

在刑事诉讼中,犯罪嫌疑人、被告人除自行辩护外,可以委托其他人为其进行辩护;在犯罪嫌疑人、被告人没有委托辩护人的情况下,公安司法机关可以或者应当通知司法行政机关或者法律援助机构为其指派律师进行辩护。辩护人辩护,是代犯罪嫌疑人、被告人进行辩护,是犯罪嫌疑人、被告人辩护权的延伸。犯罪嫌疑人、被告人在大多数情况下与辩护人合作行使辩护权,有效维护自己的合法利益;犯罪嫌疑人、被告人在刑事诉讼中也可以拒绝辩护人为自己进行辩护。而一旦犯罪嫌疑人、被告人拒绝辩护,受委托或者指派的人便丧失相应资格,不能继续为犯罪嫌疑人、被告人进行辩护。

2. 辩护时间

在民事诉讼和行政诉讼中,也有基于委托以积极的行为维护当事人合法利益的诉讼参与人,所进行的活动是维护民事利益或者行政利益。辩护是针对公安司法机关(个别情况下是自诉人)就刑事案件提出的要求犯罪嫌疑人、被告人承担刑事责任的指控提出反对意见,所以,在民事诉讼或者行政诉讼中不可能产生辩护问题,辩护只可能发生在刑事诉讼中,即在刑事案件立案之后、做出裁决之前。在刑事诉讼结束之后,被人民法院生效裁决宣告为犯罪人的人,对于生效裁决不服,可以提出申诉;帮助当事人进行申诉的活动为代理而不是辩护。当然,如果人民法院基于申诉而启动再审程序,则在再审程序对案件进行重新审理的过程中,维护当事人利益的活动仍然可能为辩护。

3. 辩护内容

传统理论一直认为,辩护是指犯罪嫌疑人、被告人或者其辩护人,针对国家机关的指控,从事实和法律两个方面提出有利于犯罪嫌疑人、被告人的证据和理由,从而维护犯罪嫌疑人、被告人的利益。由此,辩护的内容包括提出以下主张:犯罪嫌疑人、被告人没有实施指控的行为;犯罪嫌疑人、被告人的行为不构成指控的犯罪,或者只能构成比指控罪名较轻的犯罪;犯罪嫌疑人、被告人有从轻、减轻或者免除处罚的情节。

然而,近年来,随着人们法律观念的进步和以2010年最高人民法院、最高人民检察院、公安部、司法部《关于办理刑事案件排除非法证据若干问题的规定》的颁布为开始标志的刑事证据制度的不断完善,在刑事诉讼中,越来越多的被告人在法庭审理中提出刑讯逼供问题,要求法庭将控方提交的证据认定为非法证据并加以排除。此外,根据2012年修订后的《刑事诉讼法》确立的庭前会议制度和相关司法解释,法庭可以在开庭以前召集控辩双方,就回避、出庭证人名单、非法证据排除、管辖异议、申请调取证据、是否适用简易程序等程序问题发表意见,然后在听取各方意见的基础上作出相应决定。这些事项,完全在传统的定罪和量刑问题之外,就这些问题所进行的庭前审理活动是一种特殊的司法裁判活动,即程序性裁判活动。[①] 犯罪嫌疑人、被告人及其辩护人在这些活动针对的问题完全不同于以往辩护活动中的定罪、量刑问题,是传统辩护活动中所没有的问题。所以,犯罪嫌疑人、被告人在程序性裁判中进行的活动应该被视为辩护活动的重要内容。当然,不言而喻的是,犯罪嫌疑人、被告人及其辩护人在程序性裁判中进行这些活动,最终目的仍然在于维护犯罪嫌疑人、被告人的利益。

二、辩护的原则

辩护的原则,指进行辩护活动应当遵循的基本原则。如前所述,按照主体可以将辩护分为自行辩护和辩护人辩护。法律对于犯罪嫌疑人、被告人的自行辩护没有设定什么限制,所以,这里的基本原则是就代为辩护活动而言,即犯罪嫌疑人、被告人以外的人基于委托或者指派而进行辩护应当遵循的原则。

有观点认为辩护活动应当遵循的基本原则有:以事实为依据,以法律为准绳原

---

① 陈瑞华:《刑事司法裁判的三种形态》,《中外法学》,2012年第6期。

则，必须恪守律师职业道德和执业纪律，认真维护当事人的合法权益，独立辩护原则，保守国家秘密、当事人的商业秘密和委托人的隐私原则，有理、有利、有节，不请客送礼、贿赂司法人员，律师不得对案件的结果打保票原则，不得贬损其他律师、律师事务所，不诋毁司法机关形象。[①] 我们认为，以事实为根据和以法律为准绳，是法治国家对一切参加司法活动的国家机关、组织及其工作人员和公民提出的要求，是对参与诉讼的律师和其他诉讼代理人提出的普遍要求，而不是单独就辩护活动提出的原则。所以，以上这些要求，难以称为辩护活动的基本原则。在我们看来，辩护活动应当遵循四项基本原则。

（一）依法辩护原则

我国《宪法》第五条确立了法治原则："中华人民共和国实行依法治国，建设社会主义法治国家。""任何组织或者个人都不得有超越宪法和法律的特权。"《宪法》第三十三条规定："任何公民享有宪法和法律规定的权利，同时必须履行宪法和法律规定的义务。"以上规定，是任何人尤其是律师进行辩护活动必须遵守法律的直接依据。任何国家机关、社会组织和公民个人既享有法律规定的权利，也必须接受法律的约束，履行法律规定的义务。《律师法》第三条也专门规定："律师执业必须遵守宪法和法律，恪守律师职业道德和执业纪律。"所以，辩护人在刑事诉讼中进行辩护活动，自然必须遵守法律的要求。在刑事诉讼中，强调辩护人依法辩护，具有重要的意义。首先，诉讼是国家司法机关行使职权的活动，是国家对社会进行管理的重要活动。关于诉讼参与各方的权利义务，宪法、诉讼法和其他法律有专门的规定。侦查机关、人民法院、人民检察院作为国家机关，行使职权时必须严格依照法律规定的条件和程序，否则其行为可能违背法律规范的要求并造成对公民或者社会组织的合法权益的侵害；相应地，辩护人参加诉讼活动，也必须按照法律规定的条件、程序、方式行使自己的权利，否则，就不能维护犯罪嫌疑人、被告人的合法权益。其次，刑事诉讼处理的是刑事案件。案件处理结果，关系犯罪嫌疑人、被告人的财产、人身自由甚至生命等利益，关系重大。所以，刑事诉讼中的辩护工作，相对于民事诉讼和行政诉讼中的代理活动，意义更加重要。最后，辩护人在刑事诉讼中严格依法开展辩护活动，也是维护自身合法权益的必要前提。虽然刑事诉讼法规定人民法院、人民检察院和侦查机关在刑事诉讼中应当分工负责、互相配合、互相制约，但是长期以来的司法实践中，三个机关配合充分而制约不足，某些机关把辩护人尤其是律师看作敌对方，辩护人行使法律明确规定的辩护权利在实践中遇到重重障碍，不仅不能有效维护犯罪嫌疑人、被告人的利益，甚至自己也面临被追究刑事责任的危险。所以，辩护人在刑事诉讼中更要时时注意严格按照法律的规定谨慎行事。

---

① 徐宗新：《刑事辩护实务操作技能与执业风险防范》，法律出版社，2012，第1-16页。

(二)忠于当事人利益原则

《刑事诉讼法》第三十七条规定:“辩护人的责任是根据事实和法律,提出犯罪嫌疑人、被告人无罪、罪轻或者减轻、免除其刑事责任的材料和意见,维护犯罪嫌疑人、被告人的诉讼权利和其他合法权益。”这是关于辩护人责任的基础性规定。辩护人参加辩护,是否应当维护犯罪嫌疑人、被告人的一切利益,或者说,对于犯罪嫌疑人的非法利益是否应当维护?这一问题,主要是针对律师作为辩护人的场合提出的。有学者和律师认为,为犯罪嫌疑人、被告人开脱罪责是律师的天职;对于犯罪嫌疑人、被告人的利益,包括非法利益,辩护人都应采用一切可能的手段加以维护。另一种意见则认为,律师只能维护犯罪嫌疑人、被告人的合法权益,而不能维护其非法权益,律师维护权益的手段限于合法的手段而不能包括违法的甚至犯罪的手段。经过较长时间的深入探讨,各方达成了共识,即律师只能维护当事人的合法利益,对于非法利益,律师不能维护;律师维护当事人利益的手段只能限于合法手段。① 辩护人只能以合法手段维护犯罪嫌疑人、被告人的合法权益的主张的法律依据,除前述《刑事诉讼法》的规定外,还有《律师法》第二条的规定,即“律师应当维护当事人合法权益,维护法律正确实施,维护社会公平和正义”。在刑事诉讼中,还有特殊问题:辩护人获知对于犯罪嫌疑人、被告人不利的、司法机关没有发现或者没有查明的事实(如其他犯罪行为、案件中的从重处罚情节),是否应当向司法机关披露或者告发?《律师法》的规定要求律师“维护法律正确实施,维护社会公平和正义”,从这一点看,辩护人应当告发,因为按照客观事实对案件进行处理是维护公平正义的基础。但是,这种披露或者告发的行为,将完全违背辩护人的角色,与其承担的职责发生根本冲突。辩护人只能依法维护犯罪嫌疑人、被告人的合法利益,不能做出不利于当事人的行为。这只有一个例外,即《刑事诉讼法》第四十八条的规定:“辩护律师对在执业活动中知悉的委托人的有关情况和信息,有权予以保密。但是,辩护律师在执业活动中知悉委托人或者其他人,准备或者正在实施危害国家安全、公共安全以及严重危害他人人身安全的犯罪的,应当及时告知司法机关。”这种情况下,辩护人应当解除委托关系,不再从事本案的辩护活动。

(三)独立辩护原则

辩护权属于犯罪嫌疑人、被告人,辩护人进行辩护活动主要基于犯罪嫌疑人、被告人的委托。但是,辩护人是独立于犯罪嫌疑人、被告人的诉讼参与人。中华全国律师协会于2017年9月颁布的《律师办理刑事案件规范》特别规定:“律师在辩护活动中,应当在法律和事实的基础上尊重当事人意见,按照有利于当事人的原则开展工作,不得违背当事人的意愿提出不利于当事人的辩护意见。”这就是辩护人从事辩护活动应当遵循的独立辩护原则。独立辩护原则要求,辩护人的辩护不受

---

① 徐宗新:《刑事辩护实务操作技能与执业风险防范》,法律出版社,2012,第7页。

委托人意志的控制,辩护人应当有自己的独立的辩护思路和辩护方法。对于委托人提出的不合理、不合法的要求,辩护人可以予以拒绝。在法庭审理时,为了维护委托人的利益,辩护人可以提出与委托人不一致甚至相矛盾的辩护观点。委托人认罪而辩护人做无罪辩护,是辩护人独立辩护的典型标志。[①] 在犯罪嫌疑人、被告人利用辩护人提供的服务从事违法活动或者故意隐瞒主要事实的,辩护人可以拒绝辩护,即辩护人只能根据事实和法律形成自己的辩护意见,犯罪嫌疑人、被告人的意见,只能作为参考,辩护人可以提出与委托人意见不同的辩护观点。但是,独立辩护原则不是绝对的,而是受到一定的限制:即辩护人应当忠诚于委托人,不得实施任何损害委托人利益的行为;辩护人应当保持与委托人的信任关系,行使重要权利时,必须征得委托人的授权或者同意;辩护人必须与委托人进行沟通,协商确定具体的辩护策略,在辩护目标的选择上尊重委托人的意志。[②]

(四)有效辩护原则

有效辩护,指辩护人应当尽职尽责地行使各项诉讼权利,及时精准地提出各种有利于委托人的辩护意见,与有权作出裁决结论的专门机关进行富有意义的协商、抗辩、说服等活动,从而有效地维护委托人的合法权益。我国法律没有有效辩护或者无效辩护的规定。近年来,随着刑事司法改革深入推进、刑事辩护制度发生重大变革,学者将美国的有效辩护理论引入中国大陆,得到越来越多学者的赞同。在司法实践中,有人民法院认为无效辩护属于严重违反法律规定的诉讼程序从而可能影响案件的公正审判,进而撤销原审裁判。"无论是从律师履行忠诚义务的角度来说,还是从维护程序正义的视角来看,有效辩护都是刑事辩护的一项基本准则。"[③]一个合格称职即有全面扎实的理论素养、丰富的办案阅历和经验的辩护人,是实现有效辩护的前提。

在辩护活动中,有效辩护原则要求:①为辩护进行充分的准备,即在开庭审理之前进行会见、阅卷,形成辩护思路、协商辩护意见、申请召开庭前会议、申请二审法院开庭审理等,以便为法庭上的辩护进行基本的防御准备。②与委托人进行有效沟通和交流,即辩护人通过充分的会见、通讯等方式,与嫌疑人、被告人充分交流案情,将有关证据材料向其核实,将辩护思路向其告知,并向其征求意见,以取得其对辩护思路和辩护意见的认可和配合,从而在法庭上的辩护过程中形成辩护合力。③进行有理、有据、精准、及时的辩护活动,即辩护人的辩护观点必须有足够的证据加以支持,必须契合案件的具体情况,在法理上能够成立,还不得存在明显的迟延。具备这些条件,辩护人的辩护活动才可谓有效维护犯罪嫌疑人、被告人的利益。

---

① 吕淮波:《论律师独立于当事人》,《安徽大学学报》,2001 年第 2 期,第 31 页。

② 参见陈瑞华:《独立辩护人理论的反思与重构》,《政法论坛》,2013 年第 6 期,第 22 页。

③ 参见陈瑞华:《有效辩护问题的再思考》,《当代法学》,2017 年第 6 期,第 11 页。

第二节 庭前辩护

根据任务和具体工作内容,整个刑事诉讼过程可以划分为三个阶段即侦查阶段、审查起诉阶段和审判阶段。大多数案件经过完整的三个阶段;监察机关办理完毕交由人民检察院审查起诉的案件,没有侦查阶段而只可能经过审查起诉和审判两个阶段;自诉案件,只有审判阶段而没有侦查阶段和审查起诉阶段。以前,在侦查阶段,犯罪嫌疑人聘请的律师只能提供法律帮助。2012 年修正后的《刑事诉讼法》规定,犯罪嫌疑人可以在侦查阶段委托辩护人,从而赋予侦查阶段介入刑事诉讼的律师以辩护人的身份。由此,律师在刑事诉讼的三个阶段都可以为犯罪嫌疑人、被告人提供辩护。在侦查阶段和审查起诉阶段,参与诉讼的一方主要是侦查机关、审查起诉机关,另一方是被追究刑事责任的当事人,只有到了审判阶段,控诉、被告双方参加刑事诉讼,法官居中裁判,才真正显现出诉讼程序对抗的特点。所以,辩护人在侦查阶段、审查起诉阶段进行的辩护工作,与在审判阶段进行的辩护工作,有明显的区别。由此,对于律师的辩护工作,可以分为审前阶段和审判阶段两个阶段的辩护,其中,庭前阶段的辩护包括侦查阶段的辩护和审查起诉阶段的辩护。

一、侦查阶段的辩护

《刑事诉讼法》第三十四条规定:"犯罪嫌疑人自被侦查机关第一次讯问或者采取强制措施之日起,有权委托辩护人;在侦查期间,只能委托律师作为辩护人。被告人有权随时委托辩护人。"

根据上述规定,律师介入刑事诉讼的时间并不是立案时,而是犯罪嫌疑人被侦查机关第一次讯问或者采取强制措施之日。所谓"第一次讯问",当然是指侦查机关在刑事案件立案后第一次对犯罪嫌疑人进行讯问。实践中,有相当比例的案件,特别是由行政案件转化而来的刑事案件,在侦查机关作出刑事立案决定之前,公安机关或者其他行政执法机关已经进行了调查活动,在获取的证据证明行为人的行为涉嫌刑事犯罪时,即作为刑事案件进行立案。在公安机关或者其他行政执法机关进行调查时,也对相关违法行为人进行包括询问在内的调查活动,此间的询问是行政执法过程中的询问,当事人不能委托辩护人。而只有当刑事案件立案之后,律师才有可能接受委托成为辩护人参加刑事诉讼活动。

在侦查阶段,犯罪嫌疑人可以自己委托律师作为辩护人;犯罪嫌疑人在押的,可以由其监护人、近亲属代为委托辩护人。律师事务所与委托人签订协议,委托人签署委托书后,接受委托的律师将律师事务所公函、委托书交付侦查机关以后，即可开始根据案件需要进行一系列辩护活动。

（一）会见犯罪嫌疑人，向犯罪嫌疑人了解案件情况

会见犯罪嫌疑人并了解案件情况，是开展辩护活动的基础。关于会见问题，本书第二章已经做了详细阐述，此处不再重复。

（二）为犯罪嫌疑人提供帮助

这主要是指解答犯罪嫌疑人提出的各种法律问题，包括其实施的行为的性质、影响量刑的情节，认罪认罚行为的意义和后果，与被害人达成和解的意义和后果，侦查机关采取的各种侦查行为包括采取的强制措施的性质和意义，等等。

（三）向侦查机关了解犯罪嫌疑人涉嫌的罪名和案件有关情况，提出意见

根据《刑事诉讼法》第三十八条的规定，律师可以向侦查机关了解犯罪嫌疑人涉嫌的罪名和案件有关情况，提出意见。根据最高人民法院、最高人民检察院、公安部、国家安全部、司法部、全国人大常委会法制工作委员会《关于实施刑事诉讼法若干问题的规定》，律师可以向侦查机关了解的情况包括已查明的该罪的主要事实，犯罪嫌疑人被采取、变更、解除强制措施的情况，侦查机关延长侦查羁押期限等情况。根据了解到的案件情况，辩护律师可以在此阶段向侦查机关提出关于行为性质的意见、关于解除或者变更强制措施的意见，在侦查终结前可以向侦查机关提出关于全案的辩护意见。

（四）申请排除非法证据

《刑事诉讼法》第五十六条规定："采用刑讯逼供等非法方法收集的犯罪嫌疑人、被告人供述和采用暴力、威胁等非法方法收集的证人证言、被害人陈述，应当予以排除。收集物证、书证不符合法定程序，可能严重影响司法公正的，应当予以补正或者作出合理解释；不能补正或者作出合理解释的，对该证据应当予以排除。在侦查、审查起诉、审判时发现有应当排除的证据的，应当依法予以排除，不得作为起诉意见、起诉决定和判决的依据。"因为收集方法非法，所以取得的证据材料不具有合法性，所以必须排除。但是，显而易见的是，不可能期待侦查机关或者部门主动排除其非法收集的证据。所以，相关制度赋予辩护律师申请排除非法证据的权利。《刑事诉讼法》第五十七条规定："人民检察院接到报案、控告、举报或者发现侦查人员以非法方法收集证据的，应当进行调查核实。对于确有以非法方法收集证据情形的，应当提出纠正意见；构成犯罪的，依法追究刑事责任。"据此，犯罪嫌疑人向律师反映自己遭受刑讯逼供的，律师应当向人民检察院进行举报并提出排除非法证据的申请，作为对侦查活动负有监督职责的检察机关应当进行处理。《最高人民检察院刑事诉讼规则》第七十二条具体规定："人民检察院发现侦查人员以非法方法收集证据的，应当及时进行调查核实。""当事人及其辩护人或者值班律师、诉讼代理人报案、控告、举报侦查人员采用刑讯逼供等非法方法收集证

据,并提供涉嫌非法取证的人员、时间、地点、方式和内容等材料或者线索的,人民检察院应当受理并进行审查。根据现有材料无法证明证据收集合法性的,应当及时进行调查核实。”人民检察院经过调查发现存在非法收集证据情况的,应当向侦查机关或者部门提出纠正意见,对于相应非法证据材料不得作为批准逮捕的依据。

(五)代理申诉、控告

当前,侦查机关的权力内容广泛,对于侦查权没有有效的监督、制约机制,侦查机关在侦查过程中缺乏应有的人权保障观念,所以违法采取侦查行为而随意侵害公民利益的情形较为普遍。根据《刑事诉讼法》第三十八条的规定,辩护律师在侦查阶段可以代理犯罪嫌疑人提出申诉和控告。申诉和控告针对的主要事由包括:①侦查机关错误立案、错误管辖;②侦查机关错误采取强制措施;③办案人员实施刑讯逼供、诱供、骗供等违法行为;④办案人员以外的其他人员(如羁押场所人员)实施殴打、虐待、侮辱等行为;⑤错误查封、扣押、冻结、追缴财产;⑥其他违法办案行为。申诉和控告,应当向侦查机关的领导或者上级机关、负有监督职责的检察机关的控告申诉部门、对侦查机关工作进行领导和监督的政法委员会、人大等机关提出。

(六)申请变更强制措施

根据《刑事诉讼法》第三十八条的规定,辩护律师在侦查期间可以“申请变更强制措施”,《公安机关办理刑事案件程序规定》和《人民检察院刑事诉讼规则》也都作出了比较详细的规定。法律规定的强制措施,由取保候审、监视居住、拘留到逮捕,对人身自由的限制程度不同,申请变更,当然是申请变更为对人身自由限制程度较低的强制措施。我国的审前羁押率很高,在实践中,侦查机关一旦立案,往往对犯罪嫌疑人采取拘留的强制措施。所以,申请变更,多为申请由拘留变更为取保候审的强制措施。实践中,律师多为犯罪嫌疑人申请变更强制措施,虽然根据《刑事诉讼法》第九十七条的规定,侦查机关“收到申请后,应当在三日以内作出决定”,但在大多数情况下,律师或者其他辩护人将申请提交侦查机关后,如石沉大海,不能得到答复。即使有答复,往往是不予批准。在屈指可数的批准变更强制措施的情形中,侦查机关要求提交的保证金数额惊人,犯罪嫌疑人或者被告人及其家属无力承担,造成变更强制措施的决定最终不能付诸执行。难以变更为取保候审的原因较多,主要是:①法律规定不明确,缺乏硬性标准;办案机关担心犯罪嫌疑人、被告人取保候审后逃跑,不愿意承担责任;②个别办案机关在取保候审问题上以金钱做交易;③个别办案机关和办案人员对取保候审存在认识上的误区,认为只要取保候审一般就不会再收监,只要有可能判处实刑的就不予取保候审;④在申请取保候审问题上,对于侦查机关所采取的违法拘留、逮捕或者延长未决羁押期限的决定,《刑事诉讼法》没有规定明确具体的制裁性后果。尤其是对于那些任意延长未决羁押期限,以至于超出《刑事诉讼法》所确立的最高羁押期限的,法律也没有针对这种羁押行为以及在这种羁押期间所获取的指控证据确立任何消极性的法律后果。[①] 即使如此,辩护人还是应当尽力争取变更强制措施。

根据《刑事诉讼法》第九十五条的规定,犯罪嫌疑人被逮捕后,人民检察院仍应当对羁押的必要性进行审查;对不需要继续羁押的,应当建议予以释放或者变更强制措施。辩护人可以据此申请人民检察院对于羁押的必要性进行审查,参加人民检察院组织的听证会,要求予以释放或者变更逮捕为其他强制措施。

申请变更强制措施,辩护律师可以以自己的名义向侦查机关提出变更强制措施申请书,也可以为犯罪嫌疑人的法定代理人、近亲属拟定变更强制措施申请书,交由他们提交侦查机关、检察机关。

(七)要求解除超过法定期限的强制措施

强制措施是为保障侦查等工作正常进行而采取的限制犯罪嫌疑人的措施,《刑事诉讼法》对各种强制措施的适用都规定了一定的期限。侦查机关对于犯罪嫌疑人采取强制措施超过法律规定的期限的,辩护律师有权要求侦查机关解除强制措施。侦查机关对于采取强制措施超过法定期限的犯罪嫌疑人,应当予以释放、解除取保候审、监视居住或者依法变更强制措施。

(八)调查取证

“调查取证难”是律师业务活动遇到的问题之一。2007 年修订后的《律师法》第三十五条规定:“律师自行调查取证的,凭律师执业证书和律师事务所证明,可以向有关机关或者个人调查与承办法律事务有关的情况。”这明显扩大了辩护律师的权利,但是辩护律师的“调查取证难”问题并未因此规定而得到解决。2012 年修订的《刑事诉讼法》第四十一条规定:“辩护律师经证人或者其他有关单位和个人同意,可以向他们收集与本案有关的材料,也可以申请人民检察院、人民法院收集、调取证据,或者申请人民法院通知证人出庭作证。辩护律师经人民检察院或者人民法院许可,并且经被害人或者其近亲属、被害人提供的证人同意,可以向他们收集与本案有关的材料。”由于本条没有关于侦查机关的规定,关于律师在刑事案件的侦查阶段是否享有调查取证权,答案不明,司法解释也未予明确。有人主张,虽然根据文理解释和历史解释,无法得出确切答案,但是,按照体系解释和修订《刑事诉讼法》的基本精神,应当将该规定理解为法律赋予了侦查阶段辩护律师调查取证的权利。应当认为此种观点是正确的。2018 年修订《刑事诉讼法》后此规定没有任何变更。客观上,自 2012 年修订后的《刑事诉讼法》施行至今,辩护律师向相关单位和公民个人调查取证困难的局面基本没有任何改观,相反,随意拒绝律师调查的情况经常发生,律师在遭到拒绝后不能获得有效的救济。我们认为,造成这种局面的原因有两方面:一方面在于人们的法律观念;另一方面在于法律制度本

---

① 陈卫东:《刑事诉讼法学原理与案例教程》,中国人民大学出版社,2015,第 145 页。

身:法律没有为律师调查取证权设置救济渠道,倒是在关于律师调查取证权利的条文之后直接规定了辩护人或者其他任何人“帮助犯罪嫌疑人、被告人隐匿、毁灭、伪造证据或者串供”和“威胁、引诱证人作伪证以及进行其他干扰司法机关诉讼活动的行为”的责任,在刑法中专门规定了辩护人、诉讼代理人毁灭证据伪造证据、妨害作证罪。实践中,律师被以上述罪名追究刑事责任的案件屡见不鲜。这使得侦查阶段律师调查取证权利的规定在相当程度上沦为一纸空文。在现行制度背景下,律师对调查取证应当保持谨慎的态度;如果确实需要调查取证,必须注意防范法律风险。

二、审查起诉阶段的辩护

根据《刑事诉讼法》的规定,案件侦查终结以后,侦查机关将案件移送人民检察院审查起诉;根据《监察法》的规定,监察机关对于调查终结、认为犯罪事实清楚,证据确实、充分的涉嫌职务犯罪的案件,移送人民检察院依法审查起诉。由此,案件进入审查起诉阶段。根据《刑事诉讼法》的规定审查起诉阶段的任务是查明以下问题:①犯罪事实、情节是否清楚,证据是否确实、充分,犯罪性质和罪名的认定是否正确;②有无遗漏罪行和其他应当追究刑事责任的人;③是否属于不应追究刑事责任的;④有无附带民事诉讼;⑤侦查活动是否合法。根据《人民检察院刑事诉讼规则》的规定,人民检察院审查起诉时应当查明的问题还包括:犯罪嫌疑人的身份状况,共同犯罪案件的犯罪嫌疑人在犯罪活动中的责任认定是否恰当,犯罪嫌疑人是否认罪认罚,证明犯罪事实的证据材料是否随案移送,有无应当排除非法证据的情形,采取的强制措施是否适当,侦查活动是否合法,等等。

审查起诉阶段,侦查机关或者监察机关已经将反映侦查机关或者监察机关对案件处理意见的起诉意见书和用以支持犯罪嫌疑人的行为构成犯罪的指控的案卷材料、证据都移送到了人民检察院。根据《刑事诉讼法》的规定,辩护律师自人民检察院对案件审查起诉之日起,可以查阅、摘抄、复制本案的案卷材料;人民检察院审查案件,应当听取辩护人的意见。由此,律师在审查起诉阶段的辩护活动与在侦查阶段的辩护活动内容存在明显区别。

(一)复制案卷材料

《刑事诉讼法》第四十条规定:“辩护律师自人民检察院对案件审查起诉之日起,可以查阅、摘抄、复制本案的案卷材料。”《人民检察院刑事诉讼规则》规定,案卷材料包括案件的诉讼文书和证据材料。诉讼文书。案件的诉讼文书,即侦查机关和检察机关在诉讼活动中制作、使用的程序性文书,主要包括:①立案决定书;②向嫌疑人、证人、被害人进行调查的传讯通知书、调查通知书、传讯证;③回避(复议)决定书;④提请批准、批准对嫌疑人采取强制措施、撤销强制措施、变更强制措施的《提请逮捕书》、批准书、决定书和执行强制措施的拘留证、逮捕证、执行通知书,延长羁押期限的决定书,等;⑤起诉意见书。其中立案决定书是刑事诉讼活动开始的标志,各种侦查活动只能在作出立案决定书之后才能进行,否则就是违法的。证据材料是支持侦查机关指控犯罪嫌疑人实施了构成犯罪的行为的证据材料,其必须具备《刑事诉讼法》第五十条规定的证据的形式,否则不具备证据能力。《监察法》开始实施以后,监察机关调查终结,认为行为人涉嫌职务犯罪的,要制作起诉意见书,连同案卷材料、证据一并移送人民检察院依法审查。监察机关移送人民检察院的起诉意见书、案卷材料、证据材料当然属于《刑事诉讼法》规定的案卷材料,属于辩护律师查阅、摘抄、复制的范围。

律师应当在向检察机关提交委托或者指派辩护的手续时申请复制案卷材料。复制案卷材料,应当坚持全面的原则,将侦查机关或者监察机关移送的全部案卷材料一次复制完毕;可以采用复印或者拍照的方式。之所以不建议采用摘抄的方式,是因为这种方式可能遗漏有价值的案卷材料,为全面审查案卷材料留下隐患,给后续的辩护工作造成被动局面。

(二)分析案卷材料

本书第三章已经就阅卷进行了全面的阐述。这里需要强调的是:《起诉意见书》的指控能否成立,基本上依赖于侦查机关或者监察机关移送的证据材料的支持。证据材料必须具有证据能力和证明力,才能使指控最终得到审判机关的支持;律师也必须从证据材料中寻找对于委托人有利的材料,拟定辩护意见,寻求审判机关的支持。但是,这绝对不意味着分析案卷材料只是分析证据材料。对于案卷材料的分析,必须将诉讼文书和证据材料结合起来进行分析,原因在于:刑事诉讼是确定嫌疑人是否应该承担刑事责任和承担多大程度刑事责任的活动,涉及公民的重大利益,所以,法律对于刑事诉讼活动尤其是国家机关进行刑事诉讼各项活动的程序提出了严格要求。与证据相关,一方面,《刑事诉讼法》对于证据本身必须具备的形式做出了规定,只有符合这些形式要求的材料才具备证据能力,不具备证据能力的材料不可能成为审判机关认定案件事实的依据;另一方面,《刑事诉讼法》对于侦查机关收集、调取证据的主体、方式等都有全面的要求,《监察法》对于监察机关采取调查措施,收集、调取证据也有类似的要求,收集、调取证据必须符合这些要求,不符合这些要求而收集、调取的证据材料至少存在瑕疵从而削弱其证明力,甚至属于通过非法手段获取的证据材料而应当予以排除。例如,所有的侦查活动必须在立案之后才能进行,在立案之前进行的侦查活动和由此获取的证据材料都属于违法获取的材料而不可能具备证据能力,关于立案的时间,律师必须查看立案决定书的作出时间。根据《刑事诉讼法》第一百一十八条的规定,犯罪嫌疑人被送交看守所羁押以后,侦查人员对其进行讯问,应当在看守所内进行。据此,在看守所以外进行的讯问是违背法律规定的,讯问笔录不得进入法庭调查的范围。对于在看守所外进行的讯问是否违背这项规定,律师必须通过查看采取拘留措施的诉讼文书和提讯记录才能确定。又如,根据《刑事诉讼法》的规定,只有对于危害国家安全犯罪、恐怖活动犯罪、黑社会性质的组织犯罪、重大毒品犯罪或者其他严重危害社会的犯罪案件,经过严格的批准手续,才可以采取技术侦查措施。在上述性质的案件中,律师发现没有有关机关的批准手续,才可以断定经技术侦查手段获取的证据材料属于非法手段收集,属于应当排除的证据。通过全面的审查,律师可以发现支持指控的证据材料体系存在的瑕疵甚至严重错误,从而可以为反驳指控主张提供有力的支持。

(三)向犯罪嫌疑人核实证据

根据2012年修订后的《刑事诉讼法》的规定,自案件移送审查起诉之日起,可以向犯罪嫌疑人、被告人核实有关证据。该规定对于保障犯罪嫌疑人和辩护人辩护权利的实现是具有重要意义的一大进步。但是,简单的“核实有关证据”的规定,对于核实的方式和核实的范围都没有明确,而这一规定在理论界和实务界引起了广泛的争议。其中一个重要问题是核实的范围,即律师可以就全部证据材料或者什么范围内的证据材料向犯罪嫌疑人核实。对这一问题,大致有三种观点:

第一,阅卷权说。有学者认为辩护律师向犯罪嫌疑人、被告人核实证据的范围不受限制,因为犯罪嫌疑人享有阅卷权,这是其参与举证和质证活动的程序保障,也是犯罪嫌疑人、被告人获悉起诉罪名和理由的应有之意,还是其与辩护律师协调辩护思路的保证。[①]

第二,客观证据说。检察机关的代表认为,辩护律师向犯罪嫌疑人、被告人核实证据的范围应该限定于物证、书证等客观证据或者实物证据,而不包括但不能核实除犯罪嫌疑人、被告人供述或辩解以外的言词证据。[②] 更有检察部门的代表将辩护律师核实证据的范围进一步缩小为“有罪的实物证据”,认为“除了可以将有罪的实物证据告诉犯罪嫌疑人、被告人之外,其他证据都不能告诉”。[③] 客观证据说的理由在于,“实物证据客观性、稳定性较强,告诉犯罪嫌疑人、被告人后,证据朝着背离案件真相方向改变的风险较小”,如果告知案内全部证据,会面临犯罪嫌疑人翻供的风险,甚至可能使犯罪嫌疑人逃避法律的惩罚。此外,辩护律师将与犯罪嫌疑人、被告人陈述内容不同或相反的证据予以告知,违反了证据保密原则,涉嫌违法犯罪。

第三,不一致证据说。一些学者主张:辩护律师与在押的犯罪嫌疑人、被告人会见时,可以就案件中的有关事实和证据向犯罪嫌疑人、被告人进行核实,包括将案内有关证据的内容,特别是与犯罪嫌疑人、被告人陈述不一致,甚至有较大出入

---

① 陈瑞华:《刑事诉讼的前沿问题》,中国人民大学出版社,2016,第820页。

② 孙谦:《关于修改后刑事诉讼法执行情况的若干思考》,《国家检察官学院学报》,2015年第3期,第10页。

③ 朱孝清:《刑事诉讼法实施中的若干问题研究》,《中国法学》,2014年第3期,第247页。

的证据内容告知犯罪嫌疑人、被告人，必要时还可把有关物证、书证的照片或复印件出示给犯罪嫌疑人、被告人，让其辨认。其理由为：让犯罪嫌疑人、被告人了解、掌握办案机关对其认定的犯罪事实、罪名以及相关证据，这是联合国《公民权利和政治权利国际公约》和《经济、社会及文化权利国际公约》关于公正审判的基本要求。从诉讼原理上讲，这也是控方应当承担举证责任的应有之义和犯罪嫌疑人、被告人及其辩护律师进行辩护准备的必要条件。[①]

我们赞同"阅卷权"说，除上述理由外，还因为：①从解释的角度而言，法律本身没有对辩护律师核实证据的范围做出任何限制性规定，由"法无禁止即可为"的原则自然可以得出核实范围不受任何限制的结论；②从实质的角度而言，相对于拥有强大国家力量作为保障的控方而言，犯罪嫌疑人、被告人在刑事诉讼中处于弱势地位，为尽力减小这种力量的悬殊性而尽可能达成控辩双方的平衡，应当允许辩护律师不受限制地向犯罪嫌疑人、被告人核实证据；③从操作可能性而言，对上述规定做出限制性解释在实践中不具有操作可能性，因为在法律明确规定律师会见不被监听的情况下，检察机关、审判机关和羁押场所不可能对可以核实证据的类别做出划分、在核实之时进行实际控制。

基于以上理由，我们认为对于律师核实证据的方式也不应当作出任何限制。

作为当事人，犯罪嫌疑人对于案件事实了解最为清楚。所以，辩护律师应当向其核实证据，主要是核实侦查机关、监察机关收集、调取的证据材料的客观性、相关性问题。通过核实证据的工作，律师应当主要明确与案卷材料有直接关系的下列问题：①物证、书证是否真实存在？②书证的内容是否客观？③讯问是在什么时间、地点和情况下进行的？④讯问笔录记载的内容是否与其供述一致？⑤讯问笔录的签名是否其本人所签？⑥证人与犯罪嫌疑人关系如何？⑦证人证言笔录记载内容是否客观真实？⑧被害人陈述是否客观真实？⑨鉴定意见所依赖的检材是否案件中的真实材料？⑩对鉴定意见有何意见？⑪对勘验笔录、检查笔录、辨认笔录显示的内容有无异议？如果有，理由是什么？⑫以上笔录显示的见证人与犯罪嫌疑人或者犯罪嫌疑人的亲属之间有何关系？

（四）调查取证

律师全面分析、研究案卷并向犯罪嫌疑人核实证据、听取犯罪嫌疑人意见后，应该考虑是否有对犯罪嫌疑人有利而侦查机关、监察机关没有收集、调取的其他证据。特别是有关犯罪嫌疑人不在犯罪现场、未达到刑事责任年龄、属于依法不负刑事责任的精神病人的证据，侦查机关或者监察机关没有收集、调取的，根据《刑事诉讼法》第四十二条的规定，律师有义务及时告知人民检察院。"告知"的方

---

① 陈光中：《〈中华人民共和国刑事诉讼法〉修改条文释义与点评》，人民法院出版社，2012，第33页。

式,就是申请人民检察院收集、调取。这类证据,可以证明缺乏对犯罪嫌疑人追究刑事责任的事实基础,律师及时告诉人民检察院,可以使人民检察院尽快查清案件真相,终结刑事诉讼程序,杜绝错案的发生。对于其他有利于犯罪嫌疑人而侦查机关、监察机关没有调取的,律师可以考虑调查取证。如前所述,律师调查取证有相当大的风险,所以,认为有必要调查取证的,律师应当首先考虑申请人民检察院调取;人民检察院不予理睬的,才自行调取;调查取证,应当努力规避风险。

(五)提交辩护意见

根据《刑事诉讼法》第一百七十三条的规定,人民检察院审查案件,应当听取辩护人的意见,并记录在案;辩护人提出书面意见的,应当附卷。

律师全面研究分析了案卷材料尤其是其中的证据材料,向犯罪嫌疑人核实了证据,就各项证据材料本身的证据能力、证明力形成初步看法,在对全案证据材料进行把握的基础上,寻找对于犯罪嫌疑人有利的证据,对于那些不利于犯罪嫌疑人的证据材料的证据能力和证明力提出否定性意见或者质疑;在此基础上,主要针对侦查机关和监察机关的起诉意见书中的指控,进行逐项分析,确定辩护意见。律师应当向人民检察院公诉部门提交书面的辩护意见,根据情况提出不同的主张和具体理由,以对人民检察院公诉部门审查起诉后的处理产生实质性影响,维护犯罪嫌疑人的利益。

1.争取人民检察院作出不起诉决定

不起诉,指人民检察院对于侦查终结或者监察机关调查终结移送审查起诉的案件进行审查以后,认为犯罪嫌疑人没有实施犯罪行为,或者依法不应追究刑事责任,或者没有必要提起公诉,或者起诉的证据不足,从而做出不将犯罪嫌疑人提交人民法院进行审判的处理决定。根据《刑事诉讼法》的规定,不起诉包括三种情形:法定不起诉、酌定不起诉和证据不足不起诉。

根据《刑事诉讼法》第一百七十七条的规定,犯罪嫌疑人没有犯罪事实,或者有《刑事诉讼法》第十六条规定的情形之一的,人民检察院应当作出不起诉决定。此为法定不起诉。《刑事诉讼法》第十六条规定,具有下列情形之一的,不追究刑事责任,已经追究的,应当撤销案件,或者不起诉,或者终止审理,或者宣告无罪:①情节显著轻微、危害不大,不认为是犯罪的;②犯罪已过追诉时效期限的;③经特赦令免除刑罚的;④依照刑法告诉才处理的犯罪,没有告诉或者撤回告诉的;⑤犯罪嫌疑人、被告人死亡的;⑥其他法律规定免予追究刑事责任的。

根据《刑事诉讼法》第一百七十七条的规定,对于犯罪情节轻微,依照刑法规定不需要判处刑罚或者免除刑罚的,人民检察院可以作出不起诉决定。此为酌定不起诉。

根据《刑事诉讼法》第一百七十五条第四款的规定,对于二次补充侦查的案件,人民检察院仍然认为证据不足,不符合起诉条件的,应当作出不起诉的决定。

此外，根据《人民检察院刑事诉讼规则》第三百六十七条第二款的规定，人民检察院对于经过一次退回补充调查或者补充侦查的案件，认为证据不足，不符合起诉条件，且没有再次退回补充调查或者补充侦查必要的，经检察长批准，可以作出不起诉决定。这两项规定就是关于证据不足不起诉的规定。《人民检察院刑事诉讼规则》第三百六十八条规定了证据不足而不符合起诉条件的具体情形：①犯罪构成要件事实缺乏必要的证据予以证明的；②据以定罪的证据存在疑问，无法查证属实的；③据以定罪的证据之间、证据与案件事实之间的矛盾不能合理排除的；④根据证据得出的结论具有其他可能性，不能排除合理怀疑的；⑤根据证据认定案件事实不符合逻辑和经验法则，得出的结论明显不符合常理的。

在审查起诉阶段，能够争取人民检察院作出不起诉的决定，无疑是辩护工作发挥作用的最好标志，也是维护犯罪嫌疑人利益的最理想的结局。实践中，人民检察院在审查后按照法定不起诉的规定作出不起诉决定的情形很少，因为如果认为犯罪嫌疑人没有实施相关行为、犯罪嫌疑人的行为不成立犯罪或者不应对其追究刑事责任，侦查机关会在侦查阶段撤销案件，而不会将案件移送人民检察院审查起诉；监察机关认为调查对象的行为不构成职务犯罪的，也不会移送人民检察院审查起诉。相对而言，人民检察院作出不起诉决定的较多。相应地，辩护律师应当努力发现案件中对犯罪嫌疑人应当或者可以免除处罚的法定情节，提出辩护意见，争取人民检察院作出不起诉决定。

法律规定的应当免除处罚和可以免除处罚的情节主要有：在中国领域外犯罪，在外国已经受过刑罚处罚；又聋又哑的人或者盲人犯罪；防卫过当；避险过当；预备犯；中止犯；共同犯罪中的从犯、胁从犯；自首；重大立功；行贿人在被追诉前主动交待行贿行为；非法种植罂粟或者其他毒品原植物，在收获前自动铲除；行贿人在被追诉前主动交待行贿行为；贪污或者受贿数额较小并且犯罪后有悔改表现、积极退赃的；挪用资金而在提起公诉前将挪用的资金退还；等等。

此外，根据《刑事诉讼法》和《人民检察院刑事诉讼规则》的规定，对于达成和解协议的案件，人民检察院可以认为犯罪情节轻微、不需要判处刑罚，可以作出不起诉的决定。对此，辩护律师应当努力促成犯罪嫌疑人或者其亲属与被害人一方达成和解协议，而后向人民检察院提出不予起诉的意见。与前述两种情形比较，辩护律师更多遇到的是可以提出证据不足不起诉的案件，因为侦查机关和监察机关与人民检察院关于证据标准理解不同。对此，辩护律师需要在全面、详细审查侦查机关、监察机关移送案件材料中每一项证据材料的证据能力和证明力，对照起诉意见书的指控，具备《人民检察院刑事诉讼规则》第三百六十八条规定的情形之一的，就认为属于证据不足，不符合起诉条件，就应向人民检察院提出不予起诉的辩护意见。

2. 争取人民检察院以较轻罪名提起公诉

根据刑法的规定，罪名不同，相应的刑罚幅度往往有较大的差异。通过对案卷材料的分析,辩护律师认为难以争取检察机关作出不起诉决定的,就应当努力争取检察机关以比侦查机关或者监察机关的起诉意见书指控罪名更轻的罪名提起公诉。辩护律师可以做这个方向的努力,争取到对犯罪嫌疑人更为有利的结果,主要在于:一种犯罪往往与其他犯罪之间存在相同或者相似的特征,犯罪之间的界限不是不可逾越的。刑法规定了四百多种犯罪,每种犯罪有自己独特的成立条件,但是,不同犯罪之间的差别很小。例如,非法取得财产的行为,可能成立侵占罪,也可能成立职务侵占罪,还有成立贪污罪的可能性,三者之间的区别在于是否"利用职务之便"以及利用了什么性质的"职务之便"。没有合法根据收受他人财物的行为,可能成立非国家工作人员受贿罪,也可能成立国家工作人员的受贿罪,两者之间的区别在于是否利用了国家工作人员的职务之便,实务中这个问题的认定关键在于行为人是否具有"国家工作人员"的身份,这在嫌疑人为国有企业改制为国家控股的有限公司或者股份有限公司工作人员时尤为突出。不同犯罪之间的细微差别,导致对同一事实认定为不同犯罪的可能性。本章开始部分的"案例 1",就是作者作为辩护律师办理的一个案件。律师从卷宗材料中查找到某有限公司成立以后召开会议的会议记录和会议后制发的文件,该会议记录和任命文件证明:犯罪嫌疑人郑某虽然原为国有企业工作人员,但是其任职的 Y 钢铁股份有限公司是非国有公司,其在公司担任职务不是作为控股股东的 Y 钢铁集团派遣,而是 Y 钢铁股份有限公司成立以后由公司任命的中层管理人员,所以不属于《刑法》第九十三条第二款规定的"国有公司、企业、事业单位、人民团体中从事公务的人员和国家机关、国有公司、企业、事业单位委派到非国有公司、企业、事业单位、社会团体从事公务的人员",不应当以国家工作人员论。所以律师向人民检察院提出了郑某不具备国家工作人员身份、不符合受贿罪的成立条件的辩护意见,检察机关采纳了律师的辩护意见,以非国家工作人员受贿罪提起公诉。此外,由于长期以来将刑事诉讼法简单视为为惩罚犯罪的程序规定,而忽视刑事诉讼法人权保障的价值,侦查机关工作人员有意无意地主要关注或者只关注那些对嫌疑人不利的证据,而不怎么关注甚至不关注那些对嫌疑人有利的证据。这种观念,导致侦查机关将嫌疑人的行为往往认定为较重性质的罪名。所以,辩护律师在审查起诉阶段提出这种变更起诉罪名的辩护意见,被检察机关采纳的可能性较大。

3. 向人民检察院提出对嫌疑人有利的辩护意见

根据《刑事诉讼法》的规定,犯罪嫌疑人认罪认罚的,人民检察院向人民法院提出公诉时,应当提出量刑建议。根据《人民检察院刑事诉讼规则》第三百六十四条的规定,凡是提起公诉的案件,人民检察院都可以向人民法院提出量刑建议。除有减轻处罚或者免除处罚情节外,量刑建议应当在法定量刑幅度内提出。建议判处有期徒刑、管制、拘役的,可以具有一定的幅度,也可以提出具体确定的建议。提出量刑建议的,可以制作量刑建议书,与起诉书一并移送人民法院。量刑建议书的主要内容应当包括被告人所犯罪行的法定刑、量刑情节、建议人民法院对被告人判处刑罚的种类、刑罚幅度、可以适用的刑罚执行方式以及提出量刑建议的依据和理由等。在当前的背景下,人民检察院的量刑建议无疑对于法院最终的量刑具有重要的影响。对于犯罪嫌疑人认罪认罚以外的案件,人民检察院并没有提出量刑建议的义务和责任,辩护人也应当促成人民检察院提出对于犯罪嫌疑人有利的量刑建议。

所以,辩护律师应当全面分析案件,发现已知的对于犯罪嫌疑人应当或者可以从宽处罚的量刑情节,全面反映在向人民检察院提交的辩护意见中。这里的量刑情节,主要是指刑法明文规定的对犯罪人从宽处罚的情节,既包括从轻处罚的情节,也包括减轻、免除处罚的情节,既包括刑法总则规定的情节,也包括刑法分则在具体犯罪中特别规定的情节。这就要求辩护律师全面分析案卷材料,并向犯罪嫌疑人核实证据,全面、详细掌握案情,对照法律规定,提出全部对于犯罪嫌疑人有利的情节。至于那些法律规定之外的情节,如初犯、年龄较小等法律没有规定从而对量刑的影响很小的情节,也尽可能一并提出。

第三节 庭审辩护

对侦查机关或者监察机关移送的案件进行审查之后,人民检察院认为犯罪嫌疑人的犯罪事实已经查清,证据确实、充分,依法应当追究刑事责任的,应当作出起诉决定,按照审判管辖的规定,向人民法院提起公诉,并将案卷材料、证据移送人民法院。人民法院对提起公诉的案件进行审查后,对于起诉书中有明确的指控犯罪事实的,应当决定开庭审判。

在审判阶段接受委托的辩护律师,应当立即向法院提交委托手续,做好一系列准备工作,并参加庭审活动。

一、庭前准备

人民法院刑事审判活动的核心环节是法庭审理。为参加法庭审理,辩护律师应当进行一系列准备工作。

(一)复制、分析案卷材料

全面分析、研究案卷材料是进行其他辩护工作的前提条件。辩护律师向法院提交委托手续,应当同时要求复制案卷材料。即使在审查起诉阶段已经承担辩护工作而已经复制过案卷材料的辩护律师,在审判阶段也应当提出查阅案卷材料的要求,复制案卷材料。这是因为,人民检察院移送人民法院的案卷材料中,很可能添加了检察机关进行调查工作而增加的材料。例如,根据《刑事诉讼法》和《人民检察院刑事诉讼规则》的规定,对于侦查机关和监察机关移送审查起诉的案件,人民检察院进行审查以后认为需要补充核实的或者需要补充侦查的，也可以自行调查或者侦查，人民检察院自行调查或者补充侦查，必定形成调查材料和补充侦查材料；人民检察院可能在审查起诉阶段让犯罪嫌疑人签订认罪认罚具结书；人民检察院可能就专门性问题委托鉴定人进行鉴定而形成鉴定意见。辩护律师必须对包括证据材料、诉讼文书在内的全部材料全面、详细掌握，才可能为庭审辩护奠定扎实的基础。

对起诉书进行分析，必须详细了解起诉书的主要内容，包括：①指控的犯罪事实。这包括：自然人的自然情况；指控的犯罪行为，实施行为的手段、时间、地点；指控的危害结果；被告人的主观罪过（故意或者过失）；犯罪停止形态；被告人犯罪的目的和动机；对于定罪量刑有影响的其他情节；证人、鉴定人、勘验笔录制作人、见证人的情况；被害人的情况；侦查、审查起诉阶段的各种手续是否合法、完备；鉴定意见和理由；同案犯情况。②适用法律的主张。这包括：认定的行为性质即指控的罪名；认定的犯罪停止形态。

对证据材料进行分析，是审判阶段辩护工作的重要内容和必要基础。对检察机关移送到人民法院的证据材料进行全面审查，必须明确：起诉书所列举的用以支持犯罪指控的每一项证据材料是否均具备客观性、相关性和合法性；每一项证据材料与其他证据材料之间是否存在矛盾或者冲突；全部有效证据材料是否对起诉书所指控的事实提供充分支持。

（二）向被告人核实证据

如前所述，被告人，作为当事人对案件事实本身发生发展的过程了解最清楚。而检察机关的指控赖以存在的基础是案件证据材料，所以证据在案件事实认定中发挥着核心作用。作为当事人，犯罪嫌疑人对于案件事实了解最为清楚。所以，辩护律师应当向其核实证据。在审判阶段接受委托的律师，应当在对案卷材料尤其是检察机关移送的证据材料进行分析的基础上向被告人核实证据。在审查起诉阶段接受委托而继续在审判阶段承担辩护工作的律师也应该向被告人核实证据，因为被告人对证据材料的意见可能发生变化，更因为检察机关移送审判机关的材料可能包括检察机关在审查起诉阶段自行调查形成的证据材料。

关于核实证据需要查明的问题，上文已经详述。在审判阶段核实证据特别需要关注的是，与起诉书指控的犯罪事实直接相关的证据的客观性、合法性问题。

（三）申请、参加庭前会议

《刑事诉讼法》第一百八十七条第二款规定："在开庭以前，审判人员可以召集公诉人、当事人和辩护人、诉讼代理人，对回避、出庭证人名单、非法证据排除等与审判相关的问题，了解情况，听取意见。"《最高人民法院关于适用〈中华人民共和国刑事诉讼法〉的解释》第二百二十六条规定："案件具有下列情形之一的，审判人员可以召开庭前会议：（一）当事人及其辩护人、诉讼代理人申请排除非法证据的；

(二)证据材料较多、案情重大复杂的;(三)社会影响重大的;(四)需要召开庭前会议的其他情形。召开庭前会议,根据案件情况,可以通知被告人参加。”庭前会议是为保证庭审顺利进行、提高庭审效率而专门设置的、在正式开庭审理之前解决程序性问题的非必要程序。

辩护律师在对案卷材料进行全面审查和与被告人核实证据后,如果认为受理法院无权管辖、需要申请相关人员回避、需要申请调取审查起诉期间公安机关、人民检察院收集但未随卷移送的证明被告人无罪或者罪轻的证据材料、需要申请法院通知证人出庭作证或者需要申请不公开审理的,应当及时向法院申请召开庭前会议。

尤其需要注意的是,辩护律师如果发现人民检察院移送的证据材料中有通过非法手段收集的证据材料而应当排除的,如果法院没有通知召开庭前会议,辩护律师应当向法院提出召开庭前会议的申请,并在召开庭前会议时提出排除非法证据的申请。因为,根据《最高人民法院最高人民检察院公安部国家安全部司法部关于办理刑事案件严格排除非法证据若干问题的规定》的要求,被告人或者辩护人申请排除非法证据,应当在开庭审理前提出。向人民法院提出排除非法证据的,应当将申请书和相关线索或者材料一并提交人民法院。

(四)商定辩护策略

辩护律师根据基于案卷材料和被告人的介绍了解的案情,基本确定辩护主张之后,必须就辩护主张征求被告人的意见。

就一个案件的首要问题(定罪问题)的辩护主张而言,被告人的主张和辩护人的主张如果一致,两人在法庭上协同辩护,可以达到最好的效果。但是,较为普遍的情况是,就此问题,被告人的辩护主张与辩护人的主张不一致。这主要有两种情况:一是被告人认为自己无罪,辩护人认为基于现有证据难以认定被告人的行为不构成犯罪;二是被告人认为自己有罪,辩护人认为现有证据不足以支持被告人构成犯罪的指控,应当认定被告人的行为不构成犯罪。在第一种情形下,如果辩护人经过解释、答疑,仍然不能与被告人达成一致意见的,应当拒绝为被告人进行辩护,因为辩护人不能违背被告人的意志提出与他本人不一致且对其本人不利的辩护意见。辩护人拒绝辩护后,由被告人另行委托或者相关部门重新指定其他人为被告人进行辩护。第二种情形是更为普遍的情况,在这种情形下,相对于被告人本人的意见而言,辩护人的辩护主张对于被告人有利,且不违背被告人的意愿,所以被告人和辩护人在庭审过程中可以分别提出不同的辩护主张。其实,在《刑事诉讼法》明确规定认罪认罚制度以后,犯罪嫌疑人、被告人认罪认罚的态度在司法机关处理案件的过程中受到比以往更高程度的重视;而且,到法院审判阶段,被告人往往已经被羁押了相当长的时间,即使辩护律师认为根据事实和法律,难以认定被告人的行为构成犯罪而做无罪辩护,也难以期待法院作出无罪判决。在这种情况下,辩护人做无罪判决、被告人认罪认罚,从而期待法院在认定被告人的行为构成犯罪的情况下对被告人作出较轻的处罚,是辩护人和被告人对辩护策略的一种无奈的选择。

(五)申请法庭通知证人、鉴定人、有专门知识的人、被害人出庭作证

辩护人对证人证言、鉴定意见有异议,并且证人证言、鉴定意见对于定罪量刑有重大影响的,应当申请法庭通知证人、鉴定人出庭作证。辩护人对于鉴定意见有异议,还可以申请法庭通知有专门知识的人出庭,就鉴定人作出的鉴定意见提出意见。

此外,《刑事诉讼法》和《最高人民法院关于适用〈中华人民共和国刑事诉讼法〉的解释》都没有被告人或者辩护人可以申请法庭通知被害人出庭作证的规定,所以,传统上,被告人或者辩护人都不能申请法庭通知被害人出庭作证。对于被害人陈述,往往是由公诉人在法庭审理阶段以宣读相关询问笔录的形式呈现给法庭,被告人和辩护人很难对其提出可能动摇其证据能力和证明力的质证意见。令人欣喜的是,最高人民法院于2017年6月6日发布、自2018年1月1日起在全国施行的《人民法院办理刑事案件第一审普通程序法庭调查规程(试行)》对被害人出庭问题作出了不同的规定。该文件第十三条规定:“控辩双方对证人证言、被害人陈述有异议,申请证人、被害人出庭,人民法院经审查认为证人证言、被害人陈述对案件定罪量刑有重大影响的,应当通知证人、被害人出庭。”该规定的实施,显然有利于人民法院查清案件事实,有利于更加有效地行使辩护权和维护被告人利益。

辩护人申请法庭通知证人、鉴定人、有专门知识的人、被害人出庭作证,应当尽早将《申请书》提交法庭,或者在法庭召集庭前会议时提出。

(六)告知被告人庭审程序

庭审是整个诉讼活动的关键阶段,是维护被告人合法权益的重要环节。大多数被告人没有法庭审理的经历,所以他们被带到法庭在法庭庄严肃穆的氛围中面对严肃威严的法官时,会感到前所未有的紧张。这种情绪,在相当程度上影响被告人审理阶段的行为。所以,在开庭审理之前,辩护人在会见被告人时,应当详细告诉被告人法庭的布局、开庭审理的各个环节的任务、被告人享有的辩护权利和恰当行使刑事辩护权利的方式,以及不同行为可能导致的后果。

(七)拟定庭审提纲

开庭审理前,辩护人应当就自己参加法庭审理活动的工作拟定较为详细的计划,这就是庭审提纲。庭审提纲的内容应当包括:①发问的对象和发问问题;②控方提交的证据材料存在的问题和质证意见;③本方准备提交的证据和证明的事实,控方可能提出的反对意见及本方答辩意见。

二、法庭调查

法庭调查是法庭审理案件的核心阶段。在法庭调查阶段，合议庭将在公诉人、被告人、辩护人、被害人和其他诉讼参与人的参加下，通过提出证据和对证据进行质证，全面查明案件事实真相，为法庭作出正确的裁判提供事实根据。在法庭调查阶段，辩护人的主要辩护手段是向被告人发问和对控方提交的证据材料提出质证意见。

（一）向被告人发问

根据法律和司法解释规定，在法庭调查阶段，公诉人讯问、被害人及其代理人发问之后，辩护律师可以向被告人发问。向被告人发问的主要作用在于，一方面通过被告人本人的回答向法庭展示案件事实的本来面貌，重要的是揭示对于被告人有利的案件事实；另一方面通过发问和被告人回答向法庭展示如实供述的行为和真诚悔罪的态度。向被告人发问应当注意：①有用性。向被告人发问的问题应当与定罪或者量刑有关，对于与定罪和量刑无关的问题，不要提出。②逻辑性。向被告人发问的数个问题之间应当具有逻辑性，即就基础性问题进行发问，然后就以基础性问题的答案为基础的其他问题进行发问。③通俗性。应当用被告人容易理解的语言进行发问，尽量采用口语化的表述方式，便于被告人理解和回答，其回答也容易让合议庭人员和公诉人理解。

（二）质证

在法庭审理阶段，公诉人宣读起诉书、被告人就起诉书指控的犯罪事实表明态度、控辩双方对被告人发问结束，即进入控辩双方向法庭出示证据、法庭核实证据的环节。基于当前辩护律师取证仍然面临困难的背景，所以在此环节辩护律师的主要工作是就控方提出的证据发表质证意见，就控方证据的客观性、合法性和相关性提出反对意见，以削弱或者推翻控方提交的证据的证明力，否定对于被告人不利的指控事实，揭示对于被告人有利的事实，为此后的法庭辩论奠定基础。辩护律师发表质证意见的证据，除公诉人出示的证据以外，还包括被害人及其诉讼代理人提交的证据、同案被告人及其辩护人提交的对被告人不利的证据和法官依职权调查收集的对于被告人不利的证据。

质证的主要内容包括：①对单项证据的质证，即就单项证据的客观性、合法性、相关性提出质证意见，以推翻该证据使其不作为法庭认定案件事实的证据；②对控方证据体系的质证，即揭示控方不同证据之间存在矛盾、冲突，从而不能协调一致地为指控主张提供支持。

根据《刑事诉讼法》的规定，证据有多个种类，对不同单项证据的质证方法也相应不同。

(1)对庭前对证人进行询问而形成的询问笔录,应当主要从以下方面进行质证:证人证言与待证事实的关系;证人与案件当事人、案件处理结果有无利害关系;证人证言之间以及与其他证据之间能否相互印证,有无矛盾;证人证言内容是否为证人直接感知;证人感知案件事实时的环境、条件和精神状态;证人的感知力、记忆力和表达力;证人作证是否受到外界的干扰或影响;证人的年龄以及生理上、精神上是否有缺陷;证人证言是否前后矛盾;证人证言是否以暴力、威胁等非法方法收集;证人证言的取得程序、方式是否符合法律规定;证人不能出庭作证的原因及对本案的影响;证人的询问笔录中证人签名、侦查人员签名是否符合要求。

(2)对庭前对被告人进行讯问形成的讯问笔录,应当重点从以下方面质证:讯问的时间、地点和讯问人的身份等是否符合法律、司法解释及有关规定;讯问笔录的制作、修改是否符合法律、司法解释及有关规定;被告人的供述有无以刑讯逼供等非法手段获取的情形;被告人的所有供述和辩解是否均已随案移送,供述是否前后一致;被告人的供述和辩解是否符合常理,有无矛盾;被告人的供述和辩解与同案被告人的供述和辩解以及其他证据能否相互印证,有无矛盾。

(3)对鉴定意见,应当主要从以下方面质证:鉴定人与案件有无利害关系;鉴定人与被告人、被害人有无利害关系;鉴定机构和鉴定人有无合法资质;鉴定程序、过程、方法是否符合法律、法规的规定以及专业规范要求;检材的来源、取得、保管、送检是否符合法律及有关规定;鉴定意见是否明确,形式要件是否完备;鉴定意见与案件待证事实有无关联;鉴定意见与其他证据之间有无矛盾;鉴定意见是否超出了鉴定的范围而属于鉴定人就事实做出的法律评价。

(4)对物证,应当主要从以下方面质证:物证是否为原物;物证与待证事实的关系;物证与其他证据之间能否相互印证,有无矛盾;物证的来源、收集程序、方式是否合法;物证是否受到破坏或者改变;物证收集是否完整全面;物证的照片、录像、复制品是否能反映原物的外形和特征;勘验、检查、搜查、扣押的物证是否附有相关笔录清单,是否经侦查人员、持有人、见证人签名,物品的名称、特征、数量、质量等是否注明清楚。

(5)对于书证,应当主要从以下方面质证:书证是否为原件;书证是否有更改或更改的迹象;书证与待证事实的关系;书证与其他证据之间能否相互印证,有无矛盾;书证的副本、复制件是否与原件核对无误,或经鉴定为真实或者以其他方式确定为真实;书证的来源、收集程序、方式是否合法;书证是否受到破坏或者改变;与案件事实有关联的书证是否全部收集;勘验、检查、搜查提取的书证是否附有相关笔录,是否经侦查人员、持有人、见证人签名。

(6)对勘验、检查笔录,应当重点从以下方面质证:勘验、检查是否依法进行,笔录的制作是否符合法律及有关规定的要求;勘验、检查笔录的内容是否全面、详细、准确、规范;固定证据的形式、方法是否科学、规范;补充勘验、检查是否说明理由,前后有无矛盾;勘验、检查笔录中记载的情况与其他证据能否印证,有无矛盾；勘验、检查笔录是否经勘验、检查人员和见证人签名或盖章。

(7)对辨认笔录，应当主要从以下方面质证：辨认是否在侦查人员主持下进行；辨认人是否在辨认前见到辨认对象或详细询问辨认对象的具体特征；辨认活动是否单独进行；辨认对象或对象数量是否符合规定；有无给辨认人暗示或指认的情形；有无制作规范的辨认笔录；辨认活动的见证人是否属于与案件没有关系的其他人员。

(8)对视听资料，应当重点从以下方面质证：视听资料的形成及时间、地点和周围的环境；视听资料的来源及提取过程是否合法，制作过程中当事人有无受到威胁、引诱等违反法律及有关规定的情形；是否为原件，制作人、原视听资料持有人是否签字或盖章；内容和制作过程是否真实、完整，有无伪造、变造、剪辑、增减等；内容与待证事实的关系；播放视听资料的设备是否影响播放效果等；视听资料为复制件的，是否附有无法调取原件的原因、复制件制作过程和原件存放地点的说明。

(9)对电子证据，应当主要从以下方面质证：原始存储介质是否随案移送；制作、储存、传递、获得、收集、出示等程序和环节是否符合技术规范、是否合法；内容是否真实、有无变造、伪造、删除、修改、增减等情形；电子证据与案件事实有无关联；与案件事实有关联的电子数据是否全面依法收集。

此外，对勘验、检查笔录、辨认笔录、侦查实验笔录、视听资料及电子证据有疑问的，辩护律师可以申请人民法院通知勘验、检查等相关人员出庭作证。公诉人出示庭前未提交证据的，辩护律师可以申请法庭休庭或延期审理。对于实践中控方出示的对于被告人不利的法律规定种类之外的证据材料，如所谓审计报告、只盖有单位印章而没有相关人员签名的所谓说明，辩护律师应当指出其不符合《刑事诉讼法》规定的证据形式，不具有合法性，从而否定其证据能力。

三、法庭辩论

法庭调查结束，法庭审理即进入法庭辩论阶段。法庭辩论，即控辩双方针对起诉书指控的事实是否存在、指控主张是否成立、被告人有哪些量刑情节以及程序性问题进行辩论。辩护律师应当根据法庭对案件事实调查的情况，针对公诉人及其他诉讼参与人发表的辩论意见，结合案件争议焦点事实、证据、程序及法律适用问题，充分发表不同的辩论意见。

(一)定罪辩护

定罪辩护，即关于被告人的行为是否构成指控罪名的辩护。对此问题，辩护律师可以根据案件情况从以下几个方面发表辩护意见：

第一，被告人的行为不构成犯罪。具体理由可能是：被告人没有实施指控的行为；指控被告人的行为不构成违法行为；被告人的行为与发生的结果之间不具有法律意义上的因果关系；被告人没有达到刑事责任年龄或者具有精神疾病而不具备刑事责任能力;被告人没有故意或者过失;指控的行为情节显著轻微、危害不大,不应当认定为犯罪。

第二,不应对被告人追究刑事责任。具体理由可能是:指控的行为属于依照刑法告诉才处理的犯罪,没有告诉或者撤回告诉;犯罪已过追诉时效期限。

第三,指控罪名不当。这是指指控的事实存在,但是指控罪名不当,依法应当认定为其他(较轻)罪名。

第四,指控事实不清,证据不足。

(二)量刑辩护

在认为被告人的行为构成犯罪(无论是指控的罪名还是更轻的其他罪名)的前提下,辩护人就量刑问题发表辩论意见,包括针对检察机关提出的量刑建议及其理由发表意见,主要包括以下两个方面:

第一,被告人有法定的从宽处罚情节,如被告人的行为属于防卫过当或者避险过当,构成犯罪未遂或者中止,被告人属于共同犯罪中的从犯或者胁从犯,是未成年人、已满七十五周岁的人、尚未完全丧失辨认或者控制自己行为能力的精神病人、又聋又哑的人或者盲人,被告人在国外已经受过刑事处罚,被告人有自首或者坦白情节,等。

第二,被告人有酌定的从宽处罚情节,如被告人的行为只是引起结果发生的诸多因素之一,被告人系初犯、被告人在案发时精神高度紧张,被害人有重大过错,被告人已经取得被害人或者其近亲属谅解,等。

辩护律师在庭审过程中坚持无罪辩护的基本主张的前提下,是否可以继续就量刑问题发表辩护意见?对此,理论上有不同认识;实务中也有法官明确反对,因为这样就使得法官"没有办法在判决中采纳辩护意见"。对此,笔者认为:辩护律师即使就定罪问题做无罪辩护,仍然可以就量刑问题发表意见。在前文介绍的"案例2(张某危险驾驶罪案)"的办理过程中,辩护律师在审查起诉阶段提出的无罪辩护意见没有被检察机关采纳,在审判阶段仍然坚持做无罪辩护的基础上,就量刑问题提出了免予刑事处罚的意见,被法庭采纳。

(三)程序性辩护

如前文所述,在大多数刑事案件的法庭审理阶段,定罪辩护和量刑辩护是辩护律师工作的不可或缺的两个部分,也是传统上审判阶段刑事辩护的全部内容。近年来,随着人们法治观念的进步和法律制度的改进,程序性辩护成为辩护中新的工作内容。法院审判阶段的程序性辩护,主要是指辩护律师通过指控侦查行为、公诉行为存在违反法律程序的情形,来说服法院作出宣告无效之裁决的辩护活动。例如,律师要论证侦查人员存在违法收集证据的情形,需要排除非法证据;侦查机关和公诉机关存在违反法定立案管辖规定的情形,需要宣告侦查机关违法越权侦查所获取的证据一律归于无效;侦查机关、公诉机关存在违反回避制度的情况,所进行的诉讼程序应被归于无效……但是,对于律师的程序性辩护意见,法院经常会确认侦查机关、公诉机关违反法定诉讼程序,却很难作出宣告无效的裁决。实践中,法院认识到上述程序性违法行为的存在,不做出上述行为无效的认定,但是这种辩护主张客观上可能达到说服法官从轻量刑的作用,法院会作出从轻量刑裁决。①

前文所列"案例3"展示了司法机关存在的以下程序性违法事实:其一,公诉机关将行政执法机关办理行政案件过程中形成的言词证据材料直接提交刑事法庭作为刑事诉讼中的证据;其二,侦查机关委托鉴定的委托文书记载的委托鉴定的检材与实际鉴定的检材不一致;其三,公诉机关没有在法庭辩论过程中或者被告人最后陈述过程中当庭提出延期审理的申请,而是在被告人最后陈述后补充侦查,并在补充侦查后重新向法庭提交证据材料;其四,法庭在被告人最后陈述后,不是按照法律规定进行评议并作出判决,而是恢复法庭调查;其五,法院审理案件严重超越法定审理期限。此外,公诉方均是在庭审结束后仅仅针对辩护律师提出的其提交法庭的证据材料存在的问题进行补救,而不是对计划提交法庭的全部证据材料进行全面审查。该案是基层司法机关工作人员程序意识缺乏的缩影。由此也可以看出律师有进行程序性辩护的较大空间。

四、庭后工作

法庭审理结束,辩护律师应当就当庭出示、宣读的证据及时与法庭办理交接手续;及时阅读庭审笔录,认为记录有遗漏或差错的,应当要求书记员补充或者改正,确认无误后签名。休庭后,辩护律师应当根据庭审情况对原准备的辩护意见进行修改完善,尽快将书面的辩护意见提交法庭。人民法院宣告判决后,辩护律师应当及时收取判决书。此后,辩护律师应当会见被告人,听取其对判决书的意见及是否上诉的意见并提出建议。

① 陈瑞华:"战略威慑理论",载《中国律师》,2018年第6期,第80页。

第八章

刑事代理

引言

刑事代理是指在刑事诉讼中，律师等刑事诉讼代理人接受公诉案件被害人及其法定代理人或者近亲属、自诉案件的自诉人及其法定代理人、附带民事诉讼(包括公诉和自诉案件的附带民事诉讼)的当事人及其法定代理人的委托，代理委托人参与刑事诉讼，以维护他们的合法权益的诉讼活动。刑事代理制度不仅有利于维护公诉案件被害人、自诉案件自诉人以及附带民事诉讼当事人的合法权益，也有利于司法机关严格诉讼程序，及时查明事实、分清是非，正确适用法律，公正处理案件，是刑事诉讼制度的重要组成部分。

教学目的：通过对刑事代理的学习和实践，使学生了解办理刑事代理与刑事辩护以及民事诉讼、行政诉讼代理的差异，熟悉办理刑事代理案件特殊的政策法律、司法理念、办案技巧等，掌握和提升律师职业技能，维护委托人在诉讼中的合法权利和利益。

教学设计与实施：主要内容包括刑事代理概述、公诉案件被害人代理、自诉案件代理、附带民事诉讼代理。综合运用多种教学方法，以学生为中心，重复调动学生积极性。一是讲授法。主要用于相关政策法律知识、司法理念的传授，形成学生对刑事代理的整体认知。二是案例教学法。针对具体案例，进行独立思考、交流讨论、模拟实训，提高学生的办案技巧和角色意识。三是法律诊所教学法。在真实案例中为学生提供参与机会，用实战来训练法律技能的同时，强化学生对刑事代理理念的深入理解。

注意事项：①教师应突出强调办理刑事代理案件与刑事辩护、民事诉讼代理之间的差异，使学生认识并掌握刑事代理的特殊性；②教师应引导学生重点关注并处理好，律师与委托人、检察院、法院之间的关系。

案例

李某拒不执行判决、裁定自诉案[①]

李某与吕某等人道路交通事故责任纠纷一案，河南省原阳县人民法院于2013年12月3日作出民事判决，确认李某赔偿被害人吕某等人11.2万元。民事判决生效后，李某未履行判决所确定的赔偿义务，吕某等人于2014年4月9日向原阳县人民法院申请强制执行，该院立案执行。执行法院向李某送达了执行通知书，但李某未在限定的时间内履行赔偿义务。2014年7月，执行法院先后对李某罚款1万元，拘留15日，李某仍不履行赔偿义务。2014年7月18日，李某向执行法院书面保证，待其诉保险公司的案件胜诉后，主动将保险理赔款交至执行法院。同年9月24日，保险公司依据禹州市人民法院的民事调解书，将10万元赔偿款汇入李某委托的代理人牛某的银行储蓄卡中，牛某于同年9月27日将该款取出交付李某，但李某未按书面保证向执行法院如实申报和主动履行。2015年7、8月间，执行法院两次通知李某申报财产，李某仍不如实申报和主动履行，并将部分保险理赔款挪作他用，致使生效民事判决无法执行。

2015年7月29日，吕某等人以李某构成拒不执行判决、裁定罪向公安机关提出控告，公安机关未予受理。2015年8月5日，吕某等人向原阳县人民法院提起自诉。在原阳县人民法院对本案审理过程中，李某与自诉人吕某等人自愿达成和解协议，并一次性赔偿吕某等人各项损失12.3344万元，取得了吕某等人的谅解。原阳县人民法院经审理认为，李某对人民法院生效判决有能力执行而拒不执行，且拒不报告其财产状况，被处以罚款、拘留后仍拒不执行，犯罪情节严重，其行为已构成拒不执行判决、裁定罪。鉴于李某当庭认罪态度较好，在一审宣判前能够与吕某等人达成和解，并主动履行判决确定义务，确有认罪悔罪表现，依法可对其从轻处罚。该院以拒不执行判决、裁定罪判处李某拘役六个月，缓刑一年。一审宣判后，李某不上诉。

第一节　刑事代理概述

《刑事诉讼法》第四十六条第一款规定："公诉案件的被害人及其法定代理人或者近亲属，附带民事诉讼的当事人及其法定代理人，自案件移送审查起诉之日起，有权委托诉讼代理人。自诉案件的自诉人及其法定代理人，附带民事诉讼的当

---

① 案件来源：中国法院网(https://www.chinacourt.org/article/detail/2016/02/id/1811376.shtml)。

事人及其法定代理人,有权随时委托诉讼代理人。”

刑事代理制度作为刑事诉讼中一种独立的制度设计,既不同于民事诉讼和行政诉讼中的代理,也不同于刑事诉讼中的刑事辩护。一方面,刑事代理以刑事案件的存在为前提,有别于民事、行政诉讼代理。根据我国刑事诉讼法律的有关规定,委托人是公诉案件的被害人及其法定代理人或者近亲属,自诉案件的自诉人及其法定代理人、附带民事诉讼案件的当事人及其法定代理人,律师接受委托人的委托后,依法帮助委托人追究犯罪嫌疑人、被告人刑事责任,或者解决因被告人犯罪行为而引起损害赔偿责任。另一方面,刑事代理是在委托人依法授权的范围内进行的以控诉为主要职能的诉讼活动,有别于刑事辩护。刑事代理所帮助的对象是自诉人、被害人以及附带民事诉讼中的原告或者被告,主要职能是控诉罪嫌疑人、被告人的犯罪行为和解决因此而产生的损害赔偿问题,律师等诉讼代理人进行诉讼活动须在被代理人授权范围内以被代理人的名义进行。而刑事辩护帮助的对象是犯罪嫌疑人、被告人,主要职能是辩护,辩护律师进行诉讼活动是以自己的名义独立进行诉讼。此外,在刑事代理制度中也不存在类似于指定辩护的“指定代理”。

刑事代理一般可分为三大类:一是接受公诉案件中被害人及其法定代理人或者近亲属的委托,担任被害人的代理人参与诉讼;二是接受自诉案件中的自诉人委托,代理自诉人的代理人参与诉讼;三是接受附带民事当事人的委托,担任代理人参加诉讼。

第二节　公诉案件被害人代理

根据《刑事诉讼法》第四十六条的规定,公诉案件的被害人及其法定代理人或者近亲属,自案件移送审查起诉之日起,有权委托诉讼代理人。人民检察院自收到移送审查起诉的案件材料之日起三日以内,应当告知被害人及其法定代理人或者其近亲属有权委托诉讼代理人。

一、公诉案件被害人代理的概述

随着20世纪犯罪被害人权利运动,许多国家的刑事司法由以保护犯罪人为中心,转化为强调被害人和被告人权利的平衡,被害人的尊严和主体性地位受到重视:表现之一就是被害人有权委托代理律师,被害人的意志和利益不再与国家公诉机关混同。公诉案件被害人代理是指代理人接受公诉案件中被害人及其法定代理人或者近亲属的委托,担任诉讼代理人的活动。

公诉案件被害人代理具有以下几个方面的特征:

第一，委托代理人的主体是被害人及被害人的法定代理人或者近亲属，其他任何人无权委托代理人。被害人既包括公民，也包括法人和其他组织。考虑在诉讼实践过程中，有些刑事案件的被害人是无行为能力或限制行为能力人，或者被害人已经死亡，或者由于其他情况无法委托代理人，为了及时维护被害人一方的合法权益而赋予被害人的法定代理人或者近亲属委托代理人的权利。这是保障人权理念在刑事代理制度中的充分体现。

第二，在案件移送审查起诉之日起，被害人一方才能委托代理人。也就是说，被害人在侦查阶段不能委托代理人，被害人要想委托代理人的，需要等到案件移送到检察院审查起诉之后。在案件移送到检察院审查起诉之后，被害人尚未委托代理人的，人民检察院应当依法及时告知被害人一方有权委托代理人参与诉讼。

第三，被害人的诉讼代理人担当"第二公诉人"角色，协助检察院行使指控职能。在公诉案件中，虽然由公诉机关和被害人一方都承担着对犯罪嫌疑人、被告人进行控诉的职能，但是，被害人一方不享受直接提起诉讼、撤回起诉以及提起上诉等权利，这些诉求必须经过"第一公诉人"间接实现。

第四，虽然公诉机关和被害人同是行使控诉职能，但公诉人的指控侧重于站在国家的立场上维护社会公共秩序，而被害人代理人则侧重于站在个体的立场上维护被害人的合法权益，因此，诉讼过程中可能会发生二者观点不一致的情况。

二、公诉案件被害人及其代理人的诉讼权利

根据《刑事诉讼法》《最高人民法院关于适用〈中华人民共和国刑事诉讼法〉的解释》和《人民检察院刑事诉讼规则》等法律及司法解释，公诉案件被害人及其代理人具有以下诉讼权利：

(1)委托诉讼代理人的权利。公诉案件的被害人及其法定代理人或者近亲属，自案件移送审查起诉之日起，有权委托诉讼代理人。诉讼代理人有权根据事实和法律，维护被害人的诉讼权利和其他合法权益。

(2)申请回避权。被害人及其诉讼代理人有权在法定情形下要求审判人员、检察人员、侦查人员、书记员、翻译人员和鉴定人回避。

(3)查阅案件材料、调查取证的权利。经人民检察院、人民法院许可，诉讼代理人可以查阅、摘抄、复制本案案卷材料；律师担任诉讼代理人，可以依法申请收集、调取证据。

(4)获知鉴定结论的权利。鉴定意见应当告知被害人，被害人有权依法提出补充鉴定或者重新鉴定的申请。

(5)审查起诉阶段向检察机关陈述意见的权利。人民检察院审查案件，应当讯问被害人及其诉讼代理人的意见，并制作笔录附卷。

(6)对不起诉决定进行申诉、起诉的权利。不起诉决定书应当送达被害人或

者其近亲属及其诉讼代理人。被害人或者其近亲属及其诉讼代理人,如果对不起诉决定不服,可以自收到不起诉决定书后七日以内向上一级人民检察院申诉,也可以不经申诉,直接向人民法院起诉。

(7)平等参加庭审的权利。平等地参加庭审的被害人,除无权享有被告人的最后陈述权外,其他权利均与被告人对等。

第一,获知开庭信息。人民法院确定开庭日期后,应当将开庭的时间、地点通知诉讼代理人,传票和通知书至迟在开庭三日以前送达。二审人民法院决定不开庭审理的,应当听取被害人及其诉讼代理人的意见。

第二,可以控诉被告人的罪行。公诉人在法庭上宣读起诉书后,被害人可以就起诉书指控的犯罪进行陈述,被害人及其诉讼代理人,经审判长许可,可以向被告人发问。

第三,可以对庭审中的证据质证。被害人及其诉讼代理人,经审判长许可,可以对物证、证人证言、鉴定意见、勘验笔录和其他作为证据的文书等发表意见,可以对证人、鉴定人发问,有权申请通知新的证人到庭,调取新的物证,申请重新鉴定或者勘验,有权提供相关线索或者材料并申请人民法院对以非法方法收集的证据依法予以排除。

第四,可以参与法庭辩论。被害人及其诉讼代理人,经审判长许可,可以对证据和案件情况发表意见并且可以互相辩论。在法庭辩论中,公诉人与被害人、诉讼代理人意见不一致的,也可以相互辩论,并应当从维护被害人的合法权益出发,独立发表代理意见。

第五,核对庭审笔录的权利。被害人及其诉讼代理人认为记录有遗漏或者差错的,可以请求补充或者改正;确认无误后,应当签名。

(8)提请抗诉、申请再审的权利。被害人及其法定代理人不服地方各级人民法院第一审的判决的,自收到判决书后五日以内,有权请求人民检察院提出抗诉。人民检察院自收到被害人及其法定代理人的请求后五日以内,应当作出是否抗诉的决定并且答复请求人。当事人及其法定代理人、近亲属,对已经发生法律效力的判决、裁定,可以向人民法院或者人民检察院提出申诉。

(9)有权要求保护个人隐私。被害人及其诉讼代理人有权可以在开庭前向人民法院了解案件是否公开审理。如果案件涉及被害人隐私、商业秘密的,有权要求人民法院不公开审理。

(10)有权要求返还财产,提起附带民事诉讼。对被害人的涉案合法财产,有权要求及时返还,有权要求办案机关依法向有关人员追缴或者责令退赔。被害人由于被告人的犯罪行为而遭受物质损失的,在刑事诉讼过程中,有权提起附带民事诉讼。

(11)申诉、控告的权利。诉讼代理人认为公安机关、人民检察院、人民法院及其工作人员阻碍其依法行使诉讼权利的,有权向同级或者上一级人民检察院申诉或者控告。

三、律师办理公诉案件被害人代理的程序步骤

根据《刑事诉讼法》、相关司法解释以及《律师办理刑事案件规范》的规定，律师担任被害人诉讼代理人，其工作职责包括：依法行使控诉职能，协助公诉人揭露、证实犯罪；维护被害人合法权益，以刑事附带民事诉讼的原告代理人身份参与诉讼；向委托人提供法律咨询和其他法律帮助。

（一）接受委托

公诉案件的被害人（包括公民，法人和其他组织）、已死亡被害人的近亲属、无行为能力或限制行为能力被害人的法定代理人，在侦查机关向人民检察院移送审查起诉之日起，可以委托律师事务所指派律师担任其诉讼代理人。在办理委托手续时需要注意以下问题：

（1）要核实身份，查阅身份证明。特别是在接受被害人的法定代理人或者近亲属委托的，既要核实委托人本人的身份证明，还要核实委托人与被害人的亲属关系等证明。

（2）要了解案情，告知权利义务。认真倾听并询问委托人对案件情况的详细描述，了解案件情况；同时耐心解答委托人的法律咨询，并告知其诉讼过程的权利义务。

（3）要签订委托协议书和授权委托书，开具律师事务所介绍信。律师事务所与委托人签署委托协议一式二份，一份交委托人，一份由律师事务所存档；委托人签署授权委托书一式三份，一份呈交办案机关，一份由承办律师存档，一份交委托人保存；开具律师事务所信函，由律师呈交办案机关。其中，授权委托书格式如下：

授权委托书

委托人________根据法律的规定，特聘请____________律师事务所________
____律师为______________案件________________的诉讼代理人。

代理权限：______

本委托书有效期自即日起至______________止。

委托人：____

年　　月　　日

（二）查阅案件材料、调查取证，表达律师意见

根据《人民检察院刑事诉讼规则》和《最高人民法院关于适用〈中华人民共和

国刑事诉讼法〉的解释》相关规定，律师担任诉讼代理人，有权依法查阅、摘抄、复制本案的案卷材料，有权依法收集、调取与案件有关的证据材料。

律师查阅案件材料，重点应放在发现办案机关在犯罪事实方面是否存在遗漏、在定罪量刑方面是否存在错误、在证据收集方面是否存在不能排除的疑点和矛盾等，针对发现问题向办案机关提交律师意见，帮助办案机关进行修正和补充，更好地审查起诉、打击犯罪。

律师调查取证，主要针对在与被害人会见、查阅案件材料等过程中，了解到的能够认定犯罪事实但公安机关尚未调查核实清楚的问题，及时申请人民检察院调查取证，若检察机关认为没有必要的，律师可依法自行调查取证。另外，犯罪行为对被害人造成的人身伤害、经济损失、生活影响等，也是律师调查取证的重点，此类证据不仅是附带民事诉讼中损害赔偿的直接依据，更是判断犯罪行为社会危害性和量刑情节的重要依据。

根据《人民检察院刑事诉讼规则》的规定，人民检察院审查案件，应当讯问被害人及其诉讼代理人的意见，并制作笔录附卷。律师应当充分利用检察机关听取代理律师意见的机会，根据查阅案件材料、调查取证掌握的相关情况，列出陈述提纲或书面意见，表达自己对案件的观点和建议。

(三)庭前准备

(1)及时到人民法院了解案件的进展。案件起诉的人民法院之后，代理律师要及时到法院领取起诉书，并且按照要求查阅案件材料。如发现不合法、不合理的问题，应及时与人民法院、人民检察院进行沟通。

(2)拟定代理词。代理词是代理律师在法庭辩论阶段第一轮需要宣读的意见，该意见应当围绕以下几个方面展开：

第一，配合公诉人揭露、控诉被告人的犯罪行为。通过论证证据证明的事实，对犯罪事实进行认定；论述对被告人犯罪行为定性的意见和法律依据。

第二，论述犯罪行为的危害后果和社会影响。特别要重点论述被告人的犯罪行为对被害人造成的身体、精神、经济及生活、家庭等的严重危害，并论述由此产生的社会不良后果、影响等。

第三，运用事实和证据推翻被告人的无理辩解。

第四，提出对被告人适用法律的意见，论述对被告人的处罚建议及其法律依据。

第五，正确表达出被害人的合理诉求。

(3)拟定发问提纲。发问提纲主要是围绕被告人构成犯罪以及如何造成被害人严重的危害后果展开，要重点突出被告人犯罪时的主观恶性、手段的残忍性、后果的严重性，凸显被害人遭遇伤害的严重性，进而争取对被告人给予相对较重的刑罚。发问提纲内容不要太多，在案卷中已经特别明确的问题，没有必要在法庭生进行发问。

(4)安排好旁听事宜。如果案件属于公开审理的,代理律师在接到人民法院开庭的相关信息后,要及时与人民法院就旁听事宜进行沟通,依法安排好被害人亲属旁听。

(四)参与庭审

在法庭审理过程中,代理律师应当依法指导、协助或代理委托人行使诉讼权利,如果委托人无法到庭的,也可以由代理律师代为出庭参与诉讼。

在法庭调查阶段,代理律师应依法出示、宣读有关证据,对各项证据发表质证意见,对被告人和依法到庭的证人、鉴定人、勘验检查笔录制作人等发问,对被告人及其辩护人向被害人提出的威胁性、诱导性或与本案无关的发问提出异议,当庭揭露被告人的虚假供述,协助法庭查明案件事实。

在法庭辩论阶段,在公诉人发表公诉词之后,代理律师应依法发表代理词(拟定代理词应当根据法庭调查阶段的调查情况,及时进行相应修改)。代理律师应当与公诉人相互配合,依法行使控诉职能,与被告人及其辩护人展开辩论。当代理意见与公诉意见不一致时,代理律师应当从维护被害人合法权益出发,独立发表代理意见,并根据需要与公诉人展开辩论。

休庭后,代理律师应告知委托人核对庭审笔录,补充遗漏或修改差错,确认无误后再签名或盖章。

(五)庭后工作

《刑事诉讼法》第二百二十九条规定:“被害人及其法定代理人不服地方各级人民法院第一审的判决的,自收到判决书后五日以内,有权请求人民检察院提出抗诉。人民检察院自收到被害人及其法定代理人的请求后五日以内,应当作出是否抗诉的决定并且答复请求人。”根据上述规定,待判决书送达被害人和代理律师后,代理律师应当协助被害人进行合理判断,是否需要提请抗诉。

第三节　自诉案件自诉人代理

根据《刑事诉讼法》第四十六条规定,自诉案件的自诉人及其法定代理人,有权随时委托诉讼代理人。人民法院自受理自诉案件之日起三日以内,应当告知自诉人及其法定代理人有权委托诉讼代理人。

一、自诉案件概述

在我国刑事诉讼法中,刑事诉讼采用以公诉为主,自诉为辅的制度。刑事自诉是指刑事案件的被害人或者法定代理人为追究犯罪分子的刑事责任,直接向人民法院提出控告的诉讼形式。法律赋予特定当事人在符合一定条件的前提下可以不通过公安或者检察机关直接向人民法院提起诉讼的权利，能及时有效地解决那些案情不严重，对社会危害性不大的案件，以维护当事人的合法权益。

（一）自诉案件的受案范围

根据《刑事诉讼法》和有关司法解释的规定，自诉案件的受案范围如下：

（1）告诉才处理的案件，包括侮辱、诽谤案（严重危害社会秩序和国家利益的除外）、暴力干涉婚姻自由案（致使被害人死亡的除外）、虐待案（致使被害人重伤、死亡的，以及被害人没有能力告诉，或者因受到强制、威吓无法告诉的除外）、侵占案等。

（2）人民检察院没有提起公诉，被害人有证据证明的轻微刑事案件，包括故意伤害案（轻伤）、非法侵入住宅案、侵犯通信自由案、重婚案、遗弃案、生产、销售伪劣商品案（刑法分则第三章第一节规定的，但严重危害社会秩序和国家利益的除外）、侵犯知识产权案（刑法分则第三章第七节规定的，但严重危害社会秩序和国家利益的除外）以及刑法分则第四章、第五章（侵犯公民人身权利、民主权利罪，侵犯财产罪）规定的，对被告人可能判处三年有期徒刑以下刑罚的案件。

（3）被害人有证据证明对被告人侵犯自己人身、财产权利的行为应当依法追究刑事责任，且有证据证明曾经提出控告，而公安机关或者人民检察院不予追究被告人刑事责任的案件。

（二）自诉案件的立案条件

（1）自诉案件必须同时符合下列条件：①符合自诉案件受案范围；②符合法院管辖；③被害人告诉；④有明确的被告人、具体的诉讼请求和证明被告人犯罪事实的证据。

（2）具有下列情形之一的，不符合立案条件：①不属于自诉案件受案范围的；②缺乏罪证的；③犯罪已过追诉时效期限的；④被告人死亡的；⑤被告人下落不明的；⑥除因证据不足而撤诉的以外，自诉人撤诉后，就同一事实又告诉的；⑦经人民法院调解结案后，自诉人反悔，就同一事实再行告诉的。

二、自诉案件自诉人代理的概述

代理律师接受刑事案件自诉人的委托，担任代理人参与诉讼，既不同于公诉案件被告人的辩护，也不同于公诉案件被害人的代理。自诉案件自诉人的代理具有以下特征：

（1）自诉案件的自诉人及其法定代理人有权随时委托代理人。较之公诉案件中犯罪嫌疑人、被告人的辩护和被害人的代理在时间上几乎不受任何限制，自诉案件的自诉人及其法定代理人有权随时委托诉讼代理人。正是由于自诉案件的代理在委托的时间上享有的这种优势，使代理人有可能尽早地参与到诉讼过程中，可以更好地维护自诉人一方的合法权益。

（2）自诉案件的自诉人及其诉讼代理人独立行使控诉职能。自诉案件由于没有侦查机关和公诉机关的参与，自诉人及其诉讼代理人必须依靠自身力量积极调查取证，单独承担控诉职能，积极的与对方进行辩驳，从而有效的维护被害人一方的合法权益。

（3）自诉案件的自诉人及其诉讼代理人享有更加广泛的诉讼权利。由于自诉案件中自诉人及其诉讼代理人单独承担控诉职能，因此，与公诉案件的代理人相比，法律赋予自诉人及其诉讼代理人更多的诉讼权利。如，在自诉过程中，有权同被告人一方进行和解，有权独立决定撤回起诉，有权独立决定提出上诉等。

（4）自诉案件的自诉人及其诉讼代理人要考虑被告人的反诉。自诉案件中，告诉才处理和被害人有证据证明的轻微刑事案件的被告人或者其法定代理人在诉讼过程中，可以对自诉人提起反诉。自诉人及其诉讼代理人要提前考虑反诉的情况，并作出相应对策。

三、律师办理自诉案件自诉人代理的程序步骤

根据《刑事诉讼法》、相关司法解释以及《律师办理刑事案件规范》的规定，律师担任被害人诉讼代理人，其工作职责包括：协助自诉人调查提供指控犯罪的证据，参加庭审协助自诉人行使控诉职能，根据授权参加法庭调解，协助自诉人与被告人和解等。

（一）接受委托

自诉案件中，自诉人及其法定代理人有权随时委托诉讼代理人，律师可以随时接受委托。接受委托前，律师应该听取委托人对案件事实的陈述、查看委托人自行收集证据材料、审查是否属于自诉案件的受案范围、审查是否符合自诉案件的立案条件。对符合自诉案件受案范围和立案条件的，可以接受其委托；对不属于自诉案件受案范围的，应当告知委托人到有管辖权的司法机关控告，或者另行提起民事诉讼，追究被告人民事责任；对不符合自诉案件立案条件的，应当协助委托人进行分析研判，重点看立案条件是否可以补正，然后根据实际情况作出是否接受委托的决定。

（二）了解案情、调查取证

由于自诉案件中被告人有罪的举证责任由自诉人承担，因此，协助自诉人收集调取证据是代理律师最重要的职责之一。代理律师应当认真倾听委托人关于案件的描述，重点询问了解能够证明案件事实的证据或证据线索。根据已知证据线索和对案情的分析，尽可能多地收集证据。对于能够认定被告人犯罪的证据线索，如

律师自行调查有困难的,可以依法向人民法院申请调查取证。

（三）撰写自诉状、提起诉讼

代理律师应当根据前期调查、了解的有关案件事实和证据,帮助自诉人分析案情,确定被告人和管辖法院,代写刑事起诉状,向人民法院提起刑事自诉。

（1）刑事自诉状应包括以下内容:①自诉人、被告人的姓名、年龄、民族、籍贯、出生地、文化程度、职业、工作单位、住址等自然情况;②被告人的犯罪事实,包括时间、地点、手段、危害后果等;③被告人行为所触犯的罪名;④具体的诉讼请求;⑤致送人民法院的名称和具状时间;⑥证人的姓名、住址;⑦证据的名称、件数、来源等。

被告人是两人以上的,应按被告人的人数提供起诉状的副本。

（2）律师代理提起自诉时,应携带下列材料和文件:①自诉人身份证件;②刑事起诉状;③证据材料及目录;④授权委托书;⑤律师事务所介绍信;⑥律师执业证。

自诉人同时要求民事赔偿的,代理律师可协助其制作刑事附带民事起诉状,一并提交人民法院。

（四）参与庭审

代理律师应当及时询问立案情况,并通知自诉人。代理律师应向自诉人告知有关自诉案件开庭的法律规定,避免因自诉人拒不到庭或擅自中途退庭导致法院按自动撤诉处理的法律后果。《刑事诉讼法》第二百一十一条第二款规定:“自诉人经两次依法传唤,无正当理由拒不到庭的,或者未经法庭许可中途退庭的,按撤诉处理。”另外,代理律师应当根据案情做好拟定代理词、拟定发问提纲、安排好旁听事宜等庭前准备工作。

在法庭调查阶段,代理律师应当依法宣读自诉状、附带民事诉讼状,出示、宣读有关证据,对各项证据发表质证意见,对被告人、证人、鉴定人、勘验检查笔录制作人等发问,对被告人及其辩护人向被害人提出的威胁性、诱导性或与本案无关的发问提出异议,当庭揭露被告人的虚假供述,协助法庭查明案件事实。

在法庭辩论阶段,代理律师应协助自诉人充分行使控诉职能,与被告人及其辩护人展开辩论。代理律师应依法发表代理词:通过论证据证明的事实,对犯罪事实进行认定;论述对被告人犯罪行为定性的意见和法律依据;论述犯罪行为的危害后果和社会影响;表明对被告人的处罚建议和法律依据;阐明被害人损失的索赔及法律依据。

自诉案件法庭辩论结束后,代理律师可以根据委托人授权参加法庭调解。代理律师应协助自诉人在法院宣告判决前决定是否与被告人和解或者撤回自诉。

（五）庭后工作

《刑事诉讼法》规定,自诉人及其法定代理人,不服地方各级人民法院第一审的判决、裁定的,有权接到判决书、裁定书后10日内,用书状或者口头向上一级人民法院上诉。根据上述规定，待判决书送达自诉人和代理律师后，代理律师应当协助自诉人进行合理判断，是否需要提起上述。

第四节　附带民事诉讼代理

根据《刑事诉讼法》第四十六条规定，公诉案件中，附带民事诉讼的当事人及其法定代理人，自案件移送审查起诉之日起，有权委托诉讼代理人；自诉案件中，附带民事诉讼的当事人及其法定代理人，有权随时委托诉讼代理人。人民检察院自收到移送审查起诉的案件材料之日起三日以内，应当告知附带民事诉讼的当事人及其法定代理人有权委托诉讼代理人。人民法院自受理自诉案件之日起三日以内，应当告知附带民事诉讼的当事人及其法定代理人有权委托诉讼代理人。

一、附带民事诉讼概述

刑事附带民事诉讼，是指司法机关在刑事诉讼的过程中，在解决被告人刑事责任的同时，附带解决由遭受损失的被害人和人民检察院所提起的，由于被告人的犯罪行为所造成的物质损失的赔偿问题而进行的诉讼。我国《刑事诉讼法》第一百零一条规定："被害人由于被告人的犯罪行为而遭受物质损失的，在刑事诉讼过程中，有权提起附带民事诉讼。被害人死亡或者丧失行为能力的，被害人的法定代理人、近亲属有权提起附带民事诉讼。如果是国家财产、集体财产遭受损失的，人民检察院在提起公诉的时候，可以提起附带民事诉讼。"

刑事附带民事诉讼在一定程度上，减轻了当事人的讼累，维护了被害人的合法权益；提高了诉讼效率，节约了司法资源，符合诉讼经济原则；有利于客观全面的查明案件事实、分清责任，从而正确处理案件，避免了不同司法判决上的矛盾和冲突。

根据《刑事诉讼法》和《最高人民法院关于适用〈中华人民共和国刑事诉讼法〉的解释》的有关规定，刑事附带民事诉讼具有以下特征：

(1)附带民事诉讼以刑事诉讼的成立为前提。刑事诉讼的成立包括两种情况：一是公诉案件。自公安机关或人民检察院作出立案决定而开始刑事诉讼；二是自诉案件。自人民法院受理自诉人的诉讼请求而开始刑事诉讼。如果刑事案件尚未成立，刑事诉讼程序没有启动，遭受物质损失的人只能提起单独的民事诉讼。此外，附带民事诉讼的判决不得同刑事部分的判决相抵触，附带民事诉讼的起诉时间、上诉期限、管辖法院等都取决于刑事案件的情况。

(2)附带民事诉讼不仅适用刑事规则，还适用民事规则。人民法院审理附带民事诉讼案件，除刑法、刑事诉讼法以及刑事司法解释已有规定的以外，适用民事法律的有关规定。一方面，附带民事诉讼所要解决的问题是物质损失赔偿问题，是被告人的民事责任问题;另一方面,这种赔偿不是基于一般的侵权行为引起的,而是由犯罪行为所引起的。因此,附带民事诉讼案件的处理过程,实际上是刑、民事法律的综合适用过程,对被告人犯罪和刑事责任问题的解决应当依据刑事实体法和刑事程序法的规定,而对物质损失赔偿问题的处理应当依据民事实体法和程序法的规定。

(3)附带民事诉讼的赔偿范围只限于犯罪行为引起的物质损失。

第一,被害人有权提起附带民事诉讼的只是因人身权利受到犯罪侵犯或者财物被犯罪分子毁坏而遭受的物质损失。因受到犯罪侵犯,提起附带民事诉讼或者单独提起民事诉讼要求赔偿精神损失的,人民法院不予受理。

第二,遭受的物质损失必须是由犯罪行为造成的,物质损失和犯罪行为之间必须有直接因果关系。

第三,人身权受到侵犯的赔偿范围为:医疗费、护理费、交通费等为治疗和康复支付的合理费用,以及因误工减少的收入。造成被害人残疾的,还应当赔偿残疾生活辅助具费等费用;造成被害人死亡的,还应当赔偿丧葬费等费用。

第四,被告人非法占有、处置被害人财产的,应当依法予以追缴或者责令退赔。被害人提起附带民事诉讼的,人民法院不予受理。追缴、退赔的情况,可以作为量刑情节考虑。

第五,国家机关工作人员在行使职权时,侵犯他人人身、财产权利构成犯罪,被害人或者其法定代理人、近亲属提起附带民事诉讼的,人民法院不予受理,但应当告知其可以依法申请国家赔偿。

(4)附带民事诉讼的原告不仅包括被害人,还包括人民检察院。附带民事诉讼的原告为被害人本人或者受损失的单位。被害人死亡或者丧失行为能力的,其法定代理人、近亲属有权提起附带民事诉讼。国家财产、集体财产遭受损失,受损失的单位未提起附带民事诉讼,人民检察院在提起公诉时提起附带民事诉讼的,人民法院应当受理。

(5)附带民事诉讼的被告不仅包括刑事被告人,还包括依法应当承担赔偿责任的其他单位和个人。附带民事诉讼中依法负有赔偿责任的人包括:刑事被告人以及未被追究刑事责任的其他共同侵害人;刑事被告人的监护人;死刑罪犯的遗产继承人;共同犯罪案件中,案件审结前死亡的被告人的遗产继承人;对被害人的物质损失依法应当承担赔偿责任的其他单位和个人。附带民事诉讼被告人的亲友自愿代为赔偿的,应当准许。应当注意的是,共同犯罪案件,同案犯在逃的,不应列为附带民事诉讼被告人。逃跑的同案犯到案后,被害人或者其法定代理人、近亲属可以对其提起附带民事诉讼,但已经从其他共同犯罪人处获得足额赔偿的除外。

(6)附带民事诉讼必须在人民法院刑事案件立案之后、一审判决作出之前提起。附带民事诉讼应当在人民法院刑事案件立案后及时提起。

第一,如果人民法院刑事案件立案之前,在侦查、审查起诉期间,有权提起附带民事诉讼的人提出赔偿要求,公安机关、人民检察院可以进行调解。经调解,当事人双方不能达成协议的,由公安机关、人民检察院记录在案,到法院审判阶段一并作出判决;经调解,当事人双方已经达成协议并全部履行,被害人或者其法定代理人、近亲属又提起附带民事诉讼的,人民法院不予受理,但有证据证明调解违反自愿、合法原则的除外。

第二,第一审期间未提起附带民事诉讼,在第二审期间提起的,第二审人民法院可以依法进行调解;调解不成的,告知当事人可以在刑事判决、裁定生效后另行提起民事诉讼。

第三,被害人或者其法定代理人、近亲属在刑事诉讼过程中未提起附带民事诉讼,另行提起民事诉讼的,人民法院可以进行调解,或者根据物质损失情况作出判决。

(7)附带民事诉讼可以进行调解。人民法院审理附带民事诉讼案件,可以根据自愿、合法的原则进行调解。经调解达成协议的,应当制作调解书。调解书经双方当事人签收后,即具有法律效力。调解达成协议并即时履行完毕的,可以不制作调解书,但应当制作笔录,经双方当事人、审判人员、书记员签名或者盖章后即发生法律效力。调解未达成协议或者调解书签收前当事人反悔的,附带民事诉讼应当同刑事诉讼一并判决。

(8)附带民事诉讼原则上同刑事案件一并审判。附带民事诉讼应当同刑事案件一并审判,只有为了防止刑事案件审判的过分迟延,才可以在刑事案件审判后,由同一审判组织继续审理附带民事诉讼。附带民事诉讼案件的审理,以“一并审理”为原则,“分开审理”为例外。在一些情况下,被告人行为是否造成了物质损失以及造成损失的程度,是对其进行定罪量刑的决定性因素,因此,对被告人犯罪行为引起的刑事责任和民事责任一并审理,有利于全面查明案件事实。只有在特殊情况下,才可将附带民事诉讼与刑事案件分开审理。分开审理应该注意以下几个问题:

第一,分开审理的前提条件是“为了防止刑事案件审判的过分迟延”。这里主要是指根据打击犯罪的需要,必须尽快审判的刑事案件,或是犯罪受害人人数众多、涉及面广、物质损失数额巨大的刑事案件。

第二,分开审理必须由审理刑事案件的同一审判组织继续审理附带民事部分,不得另行组成合议庭。

第三,分开审理必须先刑后民,不能先民后刑,并且,附带民事部分的判决对案件事实的认定不得同刑事判决相抵触。

第四,分开审理一般不影响刑事判决的生效。

二、附带民事诉讼代理概述

附带民事诉讼当事人的代理是刑事代理中较为特殊的一类。一方面,附带民事诉讼当事人的代理类似于民事诉讼的代理:享有委托代理权的主体是案件的当事人,即原告和被告;代理人在诉讼过程中享有的权利与民事诉讼并无太大差异;解决的问题也是与民事方面相关的赔偿问题。另一方面,附带民事诉讼中的代理并不等同于真正的民事诉讼代理,附带民事诉讼是基于刑事自诉案件或公诉案件而产生的,具有一定的依附性,在实践中也往往是公诉或自诉与附带民事诉讼并发的。根据《刑事诉讼法》和《最高人民法院关于适用〈中华人民共和国刑事诉讼法〉的解释》的有关规定,附带民事诉讼代理具有以下特征:

(1)附带民事诉讼当事人委托诉讼代理人的时间在公诉案件和自诉案件中有所不同。根据《刑事诉讼法》第四十六条的规定,公诉案件中,附带民事诉讼的当事人及其法定代理人,自案件移送审查起诉之日起,有权委托诉讼代理人;自诉案件中,附带民事诉讼的当事人及其法定代理人,有权随时委托诉讼代理人。

(2)附带民事诉讼当事人双方都可以委托诉讼代理人。刑事公诉案件中,公诉机关、被害人、犯罪嫌疑人、被告人都有可能作为附带民事诉讼的当事人,委托代理人参加附带民事诉讼;刑事自诉案件中,自诉人、被告人、反诉人也都有可能作为附带民事诉讼的当事人,委托代理人参加附带民事诉讼。也就是说,刑事诉讼中的所有当事人都有可能成为附带民事诉讼的原告或被告,都可以委托代理人参加附带民事诉讼。还需注意的是,刑事被告人之外,依法应当承担赔偿责任的其他单位和个人,也可以作为附带民事诉讼的当事人,委托代理人参加附带民事诉讼。

(3)附带民事诉讼当事人双方都可以委托诉讼代理人,意味着在附带民事诉讼中,可能会出现由同一个人担任多个角色,如,既担任被告人的辩护人,又担任附带民事诉讼的被告代理人。在这种情况下,辩护人、代理人必须明晰在不同的委托关系中所享有的权限,了解自己在不同的诉讼中的职责和地位,在符合身份的权限范围内进行诉讼活动,而不能混淆或滥用权利。

三、律师办理附带民事诉讼代理的程序步骤

根据《刑事诉讼法》、相关司法解释以及《律师办理刑事案件规范》的规定,律师担任附带民事诉讼代理人,其工作职责包括:帮助被告人撰写附带民事起诉状或答辩状,进行调查取证,自行委托鉴定或申请法院委托鉴定,参加庭审,举证质证,进行辩论,发表代理意见等。

(一)接受委托

律师可以接受公诉案件被害人、死亡被害人的近亲属、自诉案件自诉人及其法

定代理人的委托，担任附带民事诉讼原告人的诉讼代理人；律师也可以接受附带民事诉讼的被告人及其法定代理人的委托，在一审、二审程序中，担任诉讼代理人。被告人的辩护律师也可接受委托，同时担任附带民事诉讼被告人的诉讼代理人。

律师接受委托前，应审查下列内容：

(1)作为提起附带民事诉讼前提的刑事诉讼是否已经提起。

(2)附带民事诉讼的被告人是否符合法定条件(附带民事诉讼的被告人除刑事被告人外，还包括未被追究刑事责任的其他共同致害人，未成年刑事被告人的监护人，已被执行死刑的罪犯的遗产继承人，审结前已死亡的被告人的遗产继承人，对刑事被告人的犯罪行为依法应当承担民事赔偿责任的单位和个人等)。

(3)被害人的物质损失是否由被告人的犯罪行为所引起。

(4)附带民事诉讼提起的时间是否在刑事案件立案之后第一审判决宣告之前。

(二)了解案情、调查取证

代理律师应指导、协助委托人收集证据，展开调查，申请鉴定。担任附带民事诉讼原告人的代理律师，调查取证应重点放在犯罪行为造成的经济损失上，包括被侵害人本人的正常收入，因受伤害而导致的收入较少或丧失；医疗救治费用；当地的人均收入和支出，被侵害人抚养和赡养的人员、人数；被告人的收入和支付能力等等。

根据案情，代理律师可以建议或协助委托人申请人民法院对被告人的财产予以扣押或查封。对可能因被告人的行为或者其他原因，使附带民事判决难以执行的案件，可以申请法院财产保全，查封、扣押、冻结被告人的财产，但应提供相应的担保。有权提起附带民事诉讼的人因情况紧急，可以在提起附带民事诉讼前，向被保全财产所在地、被申请人居住地或者对案件有管辖权的人民法院申请采取诉前保全措施，但应提供相应担保，并在法院受理刑事案件后十五日内，提起附带民事诉讼，否则法院会解除保全措施。

(三)撰写附带民事起诉状

代理律师应当根据前期调查、了解的有关案件事实和证据，帮助委托人分析案情，撰写附带民事起诉状，其基本内容包括：①附带民事诉讼原告人、被告人的自然情况；②具体诉讼请求；③基本事实和理由；④致送人民法院的名称和具状时间；⑤相关的证据材料。

提交的证据材料应为证据复印件，应当装订成册，列有证据目录。证据目录应有证据名称、种类、页数、来源、待证事实等要素。证据材料的原件原则上应由委托人本人保存，在开庭前提供给代理律师。开庭后，证据材料原件如法院不需要入卷的，代理律师应将证据材料原件归还委托人。

（四）参与庭审

代理律师应当及时询问立案情况，并通知委托人。对人民法院决定不予立案的附带民事诉讼，可以建议委托人另行提起民事诉讼。代理律师应注意并告知委托人，经人民法院两次传唤无正当理由拒不到庭，或者未经法庭许可中途退庭，将导致自动撤诉的结果。代理律师应当指导、协助和代理委托人行使诉讼权利，最大限度维护委托人的合法权益。在法庭调查阶段要针对民事部分进行质证，在法庭辩论阶段要发表辩论意见，在庭审之后提交代理意见，针对附带民事部分的审理，给出法律建议。同时，代理律师应指导委托人参加调解，准备调解方案。代理律师在庭审中享有以下权利：①经委托人授权可以对本案合议庭组成人员、书记员、公诉人、鉴定人和翻译人员提出回避申请；②陈述案件事实；③出示、宣读本方证据；④申请法庭通知本方证人出庭作证；⑤经审判长许可对被告人、证人、鉴定人发问；⑥对对方证据提出异议；⑦对对方代理人的不当发问提出异议；⑧发表代理意见。

（五）庭后工作

委托人对于一审判决、裁定中附带民事诉讼部分不服的，代理律师应协助其提起上诉。附带民事诉讼进入二审程序后，律师可以接受附带民事诉讼原告人的委托，担任二审诉讼代理人。律师代理参加二审附带民事诉讼的，参照一审程序的相关规定办理。

第九章

未成年人刑事案件辩护

引言

近年来,我国未成年人犯罪案件总数逐年下降,未成年犯占当年刑事罪犯总数的比例也在逐年下降,但低龄化、团伙化、暴力化趋势明显,校园暴力、故意伤害甚至贩毒杀人等未成年人犯罪屡见报端。未成年是一个特殊的社会群体,其身体、智能、心理等各方面都处于由儿童向成年人过渡的发育过程。在未成年人刑事案件的辩护中,除了要运用与成年人辩护相通的共性策略和技巧外,律师更应当采取有针对性的方法维护未成年人的权益。

教学目的与效果:通过对未成年刑事案件辩护的学习和实践,使学生了解办理未成年刑事案件与成年人刑事案件的差异,熟悉办理未成年刑事案件特殊的政策法律、司法理念、办案技巧等,掌握和提升律师职业技能,维护未成年犯罪嫌疑人、被告人在诉讼中的合法权利和利益。同时,使学生认识到律师作为一个熟知法律的特殊团体在未成年人刑事案件中起着非常重要的作用,同时也承担着相应的社会责任和社会义务,要尽其所能地在诉讼之中和诉讼之外,努力推动和落实对未成年犯罪的"教育、感化、挽救"的方针以及"教育为主、惩罚为辅"的原则。

教学设计与实施:主要内容包括未成年人刑事诉讼程序概述以及律师在侦查阶段、审查起诉阶段以及审判阶段的辩护。综合运用多种教学方法,以学生为中心,重复调动学生积极性。一是讲授法。主要用于相关政策法律知识、司法理念的传授,形成学生对未成年人刑事诉讼程序的整体认知。二是案例教学法。针对具体案例,进行独立思考、交流讨论、模拟实训,提高学生的办案技巧和角色意识。三是法律诊所教学法。在法律援助、社区矫正中为学生提供参与机会,用实战来训练法律技能的同时,强化学生对未成年工作的社会责任感。

教学注意事项:一是教师应突出强调办理未成年刑事案件与成年人刑事案件的差异,使学生认识到,辩护律师在诉讼中从用语到态度,从策略到技巧,都应适应未成年人刑事案件的特殊性。二是教师应引导学生重点关注未成年人的特性、特点，掌握一定的心理学知识，这样能更好地与未成年进行交流，更好地客观地维护未成年人合法权益。三是教师应利用对未成年人的法律援助、社区矫正等环节，使学生认识律师作为社会工作者的社会责任，将职业道德养成教育贯穿其中。

案例

未成年人武某故意伤害罪案

2014年11月17日21时许，在五河县城关镇某学校学生宿舍楼房间内，被告人武某(16周岁)与其同学仲某某因扔垃圾的问题发生口角。在争执的过程中，被告人武某持匕首将仲某某腹部捅伤。经五河县公安局刑事科学技术室法医学人体损伤程度鉴定，仲某某的损伤已构成重伤二级。2015年1月27日，被告人武某在其父母的陪同下主动到五河县公安局投案。

另查明：2015年1月24日，被告人武某的法定代理人与被害人仲某某达成和解协议，一次性赔偿经济损失20万元，取得了被害人的谅解。在诉讼过程中，法庭了解到武某系留守少年，父母自其年幼便外出打工，武某小学时一直在乡下跟着爷爷奶奶生活，入读中学就一直在学校住宿。在校期间学习成绩较好，表现一直不错。案发后，武某非常后悔，其父母也是懊悔万分，连夜从外地赶回积极协调此事。武某和父母多次找到法官，希望法院能给予其一个改过自新的机会，重返校园。

五河县人民法院审理认为，被告人武某持械故意伤害他人致重伤，其行为构成了故意伤害罪。本案犯罪事实清楚，证据确实充分，应依法追究被告人武某的刑事责任。鉴于被告人武某犯罪时未满18周岁，是在校学生，系未成年人犯罪，且具有自首情节，依法应对其减轻处罚；与被害人已达成和解协议，并取得被害人的谅解，可以酌情对其从轻处罚。最终依法作出一审判决：被告人武某犯故意伤害罪，判处有期徒刑一年四个月，宣告缓刑二年六个月。

第一节 未成年人刑事案件概述

由于未成年这一群体的特殊性，在国际上普遍要求对未成年犯罪嫌疑人、被告人给予特殊的司法模式和司法政策。国际公约和各国立法中均赋予了未成年人各项诉讼权利，对未成年人的合法权益给予特殊保障。2012年以后的《刑事诉讼法》以专章的形式规定了“未成年人刑事案件诉讼程序”，对实践中长期总结积累的未成年人刑事诉讼经验和司法改革成果进行了确认，明确了对未成年罪犯实行“坚持教育、感化、挽救的方针和坚持教育为主、惩罚为辅的原则”，涵盖了指定辩护制度、特殊强制措施制度、分案处理制度、合适成年人在场制度、附条件不起诉制度、社会调查制度、犯罪记录封存制度、不公开审理制度等内容，彰显了对未成年人特殊保护，体现了我国对未成年当事人的特殊保护，使办理未成年人案件的程序更有针对性。

一、未成年人刑事案件的理论基础

系统构建一个完整的未成年人刑事诉讼特别程序，以区别于广泛适用于成年人的普通刑事诉讼程序，不论是对于未成年人这一特殊群体，还是对于整个国家和社会，都是十分必要的，也是有着充分理论支撑的。

（一）国家监护权

从社会的角度来看，未成年人的违法犯罪行为不仅是个人问题，更是一个社会问题。尚处在成长发育阶段的未成年人，其成长的家庭环境、校园环境以及社会环境等都会对未成年人行为产生巨大影响，因此，对未成年人的违法犯罪行为，从家庭到社会再到国家都有不可推卸的责任，从这一角度看，违法犯罪的未成年人本身也是受害者。按照国家监护理论，国家是未成年人的最高和最终监护人，在未成年人无人监护或监护人缺乏监护能力、怠于履行监护职责或滥用监护权等情况下，国家应当以未成年监护人的身份，积极主动代位监护和强制干预，以维护未成年人的合法权益。未成年人刑事诉讼程序中，指定辩护制度、合适成年人到场制度、社区矫正等都是国家监护权理论的具体体现。

（二）刑罚个别化

从未成年人的生理和心理特征来看，未成年人由于正处在从儿童期到成年期的过渡阶段，生理和心理都远未成熟，人生阅历和经验远少于成年人，他们的特点是精力充沛，做事容易冲动且不计后果，由此而引发的违法犯罪主观恶性程度较低，其罪错行为应受谴责性较弱。不同于刑罚一般化所强调的刑罚在适用上的规律性和客观性。按照刑罚个别化理论，每个犯罪人都有不同的个体特征，要根据犯罪人的主观恶性或社会危害性的大小，采取有针对性的司法处置，刑罚必须满足在这种个体差异性的需要，做到刑罚的“因人而异”，其在适用过程中注重考察行为的动机、人格等影响犯罪成立的要素。设置特殊的未成年人刑事诉讼程序，其根本原因就是基于未成年人犯罪异于成年人犯罪的考虑，将成年人犯罪的定罪处罚标准适用于未成年人有失公平。另外，未成年刑事诉讼中的人格调查制度也直接以此为理论基础。

（三）教育矫正

从未成年人的未来发展来看，未成年身心发育尚未定型、可塑性强，需要面对重新回归学校和社会的问题。教育矫正理论要求，在对案件作出处理时，要淡化刑事惩罚，强化教育矫正，由此衍生出非犯罪化、非刑罚化、非监禁化的理念。按照教育矫正理论，在办理刑事案件中，要充分考虑教育矫正的需要，在进行罪与非罪的评价时，要坚持适度的谦抑性；在考虑刑罚时，倡导尝试各种非刑罚处置措施，尽量适用非羁押性强制措施和非监禁刑。教育矫正理论为"教育、感化、挽救"方针和"教育为主，惩罚为辅"原则提供了必要的理论依据，为特殊强制措施、附条件不起诉、犯罪记录封存、不公开审理等制度设计提供了坚实的理论基础。

（四）权利保障

从刑事诉讼程序的特点看，刑事诉讼的目的不仅在于打击犯罪，同时也在于保障人权，刑事诉讼的各个程序、各个内容的设计和安排都要遵守这一双重目标的要求。基于未成年人身心方面的显著弱点和劣势，在诉讼过程中很容易感受到心理上的巨大压力，导致很多时候并不能准确表达自己的意愿和诉求，因此，在未成年刑事案件诉讼程序中，要给与未成年以特别的对待，以确保其权利得到充分保障。如，刑事案件由熟悉未成年人身心特点的审判人员、检查人员、侦查人员承办，一般对未成年不得使用械具，某些讯问场合可不穿制服，采用圆桌审判，等等。

二、未成年人刑事案件的原则[①]

未成年人刑事诉讼程序作为刑事诉讼的一种特别程序，在办理未成年人刑事案件整个过程中，都应体现未成年人刑事诉讼的立法精神，应该坚持有利于实现未成年人刑事诉讼目的任务的基本原则。

（一）教育、感化、挽救原则

"教育、挽救和感化"原则，是指在未成年人刑事案件过程中，应当充分考虑案件情节和涉罪未成年人的个体情况，依法选择最有利于教育挽救涉罪未成年人的处理方式，使用有针对性的个别化处理措施，帮助涉罪未成年人知错明理、认罪悔罪，重树信心、回归社会。未成年人还处于生长发育阶段，尚未形成完整的世界观，人生观和价值观，可塑性较大，及时对未成年人进行教育，感化和挽救，不仅可以唤醒未成年人的悔罪意识，使其认罪，同时也有助于未成年人顺利回归社会，减少司法对其产生的不利影响。

（二）分案处理原则

分案处理原则，是指在办理未成年刑事案件的过程中，应当将未成年人犯罪案件与成年人犯罪案件实行诉讼程序分离，对未成年人和成年人实行分案侦查、分案起诉、分案审判和分押看管。实行分案处理，不仅可以避免未成年人受到成年人的

---

① 谢安平、郭华：《未成年人刑事诉讼程序探究》，中国政法大学出版社，2015，第26-45页。

"串供诱惑"和"二次污染",还有利于未成年人与成年被告人各自诉讼权利的保护。

（三）全面调查原则

全面调查原则,是指在办理未成年刑事案件的过程中,应当在查清案件客观事实的基础上,对未成年人的性格特点、生活和学习环境以及导致未成年人犯罪的主客观因素进行调查。必要时还要对未成年人进行医疗检查和社会学、心理学、精神病学的调查分析,并根据调查结果对未成年人作出最合理恰当的处理。通过对涉罪未成年人的全面调查,不仅可以找准对未成年人进行教育的感化点,对症下药,从根本上对未成年人进行教育,确保他们不再犯罪;同时,也可以找到未成年人犯罪的共通点,做好预防未成年人犯罪的分析研究,抑制未成人犯罪现象的发生。

（四）保障诉讼权利原则

保障诉讼权利原则,是指在办理未成年刑事案件的过程中,除了要保障未成年人享有的与成年人相同的诉讼权利之外,还应特别保障未成年人的特殊诉讼权利。这种特殊保护主要包括:合适成年人到场制度、指定辩护制度、不公开审理制度、附条件不起诉制度,等等。

（五）迅速简化原则

迅速简化原则,是指在办理未成年刑事案件的过程中,立案、侦查、起诉、审判等各个阶段都应当迅速进行,简化诉讼程序。其中的迅速,是指在诉讼进行的每个阶段都尽可能地争取时间,缩短诉讼期限,尽早结案;简化,是指简化公安司法机关等的内部报批手续,整个诉讼程序都应当尽可能地从简,如诉讼期间尽可能使用简易程序。坚持迅速简化原则,有利于及时实现刑罚对未成人的教育、挽救和改造,有利于实现司法诉讼的公正,保护未成年人的合法权益。

（六）双重保护原则

双重保护原则,是指在办理未成年刑事案件的过程中,既要注重保护社会利益,维护社会秩序和社会公众的利益,也要注重未成年人自身利益的保护,在依法对未成年人进行惩处的同时,注重对未成年犯罪嫌疑人的教育、感化和挽救,注重对未成年被害人的呵护,避免二次伤害。

三、未成年人刑事案件的依据

办理未成年人刑事案件的主要依据包括三个方面,即法律法规及相关司法解释,刑事政策,国际公约。

（一）法律法规及相关司法解释

我国的关于未成年人刑事案件的法律法规及相关司法解释,既包括实体性规定，也包括程序性规定，主要包括我国刑法、刑事诉讼法以及最高人民法院、最高人民检察院和公安部颁发的相关司法解释和规定，特别是涉及未成年人刑事案件办理的专门性规定，是包括律师在内的法律工作者办理未成年人刑事案件的基本依据。

涉及未成年刑事案件的法律法规及相关司法解释，主要集中在《刑法》《刑事诉讼法》《预防未成年人犯罪法》《未成年人保护法》；《最高人民法院关于适用〈中华人民共和国刑事诉讼法〉的解释》《最高人民法院关于审理强奸案件有关问题的解释》《最高人民法院关于审理未成年人刑事案件具体应用法律若干问题的解释》《最高人民法院关于常见犯罪的量刑指导意见》《最高人民法院、最高人民检察院、公安部、司法部关于刑事诉讼法律援助工作的规定》；《人民检察院刑事诉讼规则》《人民检察院办理未成年人刑事案件的规定》《未成年人刑事检察工作指引（试行）》《最高人民检察院关于对涉嫌盗窃的不满 16 周岁未成年人采取刑事拘留强制措施是否违法问题的批复》《人民检察院办理羁押必要性审查案件规定（试行）》《最高人民检察院、公安部关于逮捕社会危险性条件若干问题的规定（试行）》；《公安机关办理刑事案件程序规定》《公安机关办理未成年人违法犯罪案件的规定》等。

（二）刑事政策

我国关于未成年人刑事案件的政策，不仅包括一贯强调的“教育、感化、挽救”的方针和“教育为主，惩罚为辅”的原则，还包括为实现这一方针和原则而规定的司法部门业务建设和社会化配套机制等，这些主要体现在最高人民法院、最高人民检察院以及中央综治办、司法部、共青团中央等部门出台的各类文件中，这些刑事政策虽然不能作为办理个案的直接依据，但应当作为办理未成年人刑事案件时，适用法律和司法裁量的价值取向和指导思想。

涉及未成年人刑事案件的政策文件，主要集中在《最高人民法院关于贯彻宽严相济刑事政策的若干意见》《最高人民检察院关于在检察工作中贯彻宽严相济刑事司法政策的若干意见》《最高人民检察院关于加强未成年人检察工作专业化建设的意见》《最高人民检察院关于进一步加强未成年人刑事检察工作的决定》《最高人民检察院关于进一步加强未成年人刑事检察工作的通知》《检察机关加强未成年人司法保护八项措施》《中央综治委预防青少年违法犯罪工作领导小组、最高人民法院、最高人民检察院等关于进一步建立和完善办理未成年人刑事案件配套工作体系的若干意见》《司法部、共青团中央关于保障未成年人合法权益做好未成年人法律援助工作的通知》《共青团中央、中宣部、中央综治办等关于贯彻未成年人保护法实施“未成年人保护行动”的意见》等。

（三）国际公约

联合国制定的关于少年刑事司法的国际公约，确定了各个国家保护未成年人诉讼权利的基本框架，以保护未成年人的地位、权利、利益、发展和幸福，确保未成年人得到公平的对待并受到司法系统的保护。这些国际公约，虽然只有通过我国人大立法的方式转化为国内法后才具有法律效力，但是其先进的理念、机制和措施依然可以为我们办理未成年人刑事案件提供重要的参考依据。

涉及未成年刑事案件的国际公约，主要集中在《联合国儿童权利公约》《联合国少年司法最低限度标准规则（北京规则）》《联合国保护被剥夺自由少年规则》《联合国预防少年犯罪准则（利雅得准则）》等。

第二节　侦查阶段的辩护

侦查阶段是公安机关对已经立案的刑事案件进行侦查，收集、调取犯罪嫌疑人有罪或者无罪、罪轻或者罪重的证据材料，同时依法对犯罪嫌疑人适用拘留、逮捕等强制措施的诉讼阶段。侦查阶段作为刑事诉讼的起始阶段，对接下来的诉讼程序起着导向作用（有时是不可逆转的），因此律师在此阶段的介入，对于维护涉罪未成年人合法权益有着非常重大的意义。侦查阶段的辩护，重点内容包括接受辩护的委托或指定、未成年人的年龄认定、合适成年人在场、强制措施的适用、社会调查、当事人和解等。

一、接受辩护的委托或指定

未成年由于体智发育等因素，认识能力不足，社会经验欠缺，自我保护能力较差，在刑事诉讼中很难正确理解纷争的内容和烦琐的程序。因此，为了确保未成年犯罪嫌疑人、被告人在诉讼合法权益的保障和实现，我国对未成年犯罪嫌疑人、被告人实行了强制性指定辩护制度。在未成年人犯罪嫌疑人、被告人未委托辩护人的情况下，国家将依法为其指定辩护律师，并且如无正当理由不得拒绝指定的辩护律师。

《刑事诉讼法》第二百七十八条规定："未成年犯罪嫌疑人、被告人没有委托辩护人的，人民法院、人民检察院、公安机关应当通知法律援助机构指派律师为其提供辩护。"最高人民法院、最高人民检察院、公安部、司法部《关于刑事诉讼法律援助工作的规定》第十五条第二款规定："对于应当通知辩护的案件，犯罪嫌疑人、被告人拒绝法律援助机构指派的律师为其辩护的，公安机关、人民检察院、人民法院应当查明拒绝的原因，有正当理由的，应当准许，同时告知犯罪嫌疑人、被告人需另行委托辩护人。犯罪嫌疑人、被告人未另行委托辩护人的，公安机关、人民检察院、人民法院应当及时通知法律援助机构另行指派律师为其提供辩护。"

律师接受指定辩护任务后，应及时告知未成年嫌疑人、被告人的法定代理人接受委托的情况，并取得其对指定辩护的书面同意。律师接受指定或委托辩护后，都应及时会见未成年嫌疑人、被告人，并取得其对指定辩护的书面同意。律师在办理未成年人刑事案件过程中，要注意了解未成年人的相关情况，应尊重未成年人的人格尊严，保护未成年人隐私，对于未成年人提出的建议和要求，要耐心听取、诚恳解释，尽量满足合理要求，与未成年人之间建立互信。

二、未成年人的年龄认定

未成年犯罪嫌疑人、被告人的年龄将直接关系罪与非罪、重罪与轻罪、此罪与彼罪以及刑种、强制措施等的适用。因此，办理未成年人刑事案件时，应当重点查清涉罪未成年人实施犯罪行为时是否已满12周岁、14周岁、16周岁、18周岁的临界年龄。

（一）关于刑事责任年龄

刑事责任年龄，是指法律所规定的行为人对自己实施的刑法所禁止的危害社会行为负刑事责任必须达到的年龄。根据《刑法》第十七条的规定，刑事责任年龄可以分为三个阶段，即完全不负刑事责任年龄阶段、相对负刑事责任年龄阶段、完全负刑事责任年龄阶段。

第一，完全不负刑事责任年龄阶段。不满12周岁为完全不负刑事责任年龄阶段，此阶段的未成年人尚处于幼年时期，还不具备辨认和控制自己行为的能力，其实施危害社会行为的不予刑事处罚。

第二，相对负刑事责任年龄阶段。已满12周岁不满16周岁为相对负刑事责任年龄阶段，此阶段的未成年人已经具备了一定程度的辨别大是大非和控制自己重大行为的能力。其中，已满14周岁不满16周岁的人，犯故意杀人、故意伤害致人重伤或者死亡、强奸、抢劫、贩卖毒品、放火、爆炸、投放危险物质罪的，应当负刑事责任，除此之外不负刑事责任；已满12周岁不满14周岁的人，犯故意杀人、故意伤害罪，致人死亡或者以特别残忍手段致人重伤造成严重残疾，情节恶劣，经最高人民检察院核准追诉的，应当负刑事责任，除此之外不负刑事责任。

第三，完全负刑事责任年龄阶段。已满16周岁为完全负刑事责任年龄阶段，此阶段的未成年人体力和智力已有相当的发展，已经具备刑法意义上的辨认和控制自己行为的能力，其实施刑法所禁止的危害社会的行为的，应当负刑事责任。

但无论如何，已满12周岁不满18周岁的未成年人犯罪的，应当从轻或者减轻处罚。因此，是否已满12周岁、14周岁、16周岁、18周岁的临界年龄，是办理未成年人刑事案件时应首先查清的问题。

（二）关于刑事责任年龄的计算

第一，《刑法》第十七条已经明确规定，刑事责任年龄应当是指实足年龄即周岁，不能用虚岁来确定刑事责任年龄。

第二，根据《最高人民法院关于审理未成年人刑事案件具体应用法律若干问题的解释》第二条的规定，刑事责任年龄应当按照公历的年、月、日计算，不能用农历来确定刑事责任年龄。

第三，根据《最高人民法院关于审理未成年人刑事案件具体应用法律若干问题的解释》第二条的规定，刑事责任年龄应当计算到“日”，并且应从周岁生日的第二天起算。即“已满14周岁”“已满16周岁”“已满18周岁”都不包括该周岁生日当天，周岁生日当天应视为未满该周岁。

（三）关于未成年人年龄的认定依据

第一，未成年人年龄是一个客观事实，应结合各项证据进行综合判断。根据《最高人民法院关于适用〈中华人民共和国刑事诉讼法〉的解释》第一百四十六条的规定，审查被告人实施犯罪时或者审判时是否达到相应法定责任年龄，应当根据户籍证明、出生证明文件、学籍卡、人口普查登记、无利害关系人的证言等证据综合判断。应当注意，虽然实践中一般以户籍证明为依据认定年龄，但不能搞绝对化，实践中因为各种原因导致户籍年龄与实际年龄不符的情况并不少见。特别是户籍年龄在刑事责任年龄上下的，作为辩护律师这时应当注意结合其他证据对户籍年龄进行慎重审查、综合判断。

第二，关于骨龄鉴定。骨龄鉴定是一个专业性极强的医学鉴定结论，借助于骨骼在X光摄像中的特定图像来确定骨龄。骨龄是骨骼年龄的简称，不等同于实际生活年龄。在办理未成年人刑事案件中，骨龄鉴定可以作为判断年龄的参考，但不能简单据此推论得出被鉴定人的年龄，不能将其作为唯一的证据使用，必须结合其他证据相互印证使用。最高人民法院、最高人民检察院、公安部、国家安全部、司法部《关于办理死刑案件审查判断证据若干问题的规定》第四十条第一款规定：“审查被告人实施犯罪时是否已满十八周岁，……没有户籍证明以及出生证明文件的，应当根据人口普查登记、无利害关系人的证言等证据综合进行判断，必要时，可以进行骨龄鉴定，并将结果作为判断被告人年龄的参考。”《最高人民检察院关于“骨龄鉴定”能否作为确定刑事责任年龄证据使用的批复》规定：“犯罪嫌疑人不讲真实姓名、住址，年龄不明的，可以委托进行骨龄鉴定或其他科学鉴定，经审查，鉴定结论能够准确确定犯罪嫌疑人实施犯罪行为时的年龄的，可以作为判断犯罪嫌疑人年龄的证据使用。如果鉴定结论不能准确确定犯罪嫌疑人实施犯罪行为时的年龄，而且鉴定结论又表明犯罪嫌疑人年龄在刑法规定的应负刑事责任年龄上下的，应当依法慎重处理。”

第三，无法查清未成年人年龄时的处理。对于未成年人的年龄，如果反复调查，确实查不清的，应当按照从宽的原则予以掌握，留有余地。《最高人民法院关于审理未成年人刑事案件具体应用法律若干问题的解释》第四条规定：“对于没有充分证据证明被告人实施被指控的犯罪时已经达到法定刑事责任年龄且确实无法查明的，应当推定其没有达到相应法定刑事责任年龄。相关证据足以证明被告人实施被指控的犯罪时已经达到法定刑事责任年龄，但是无法准确查明被告人具体出生日期的，应当认定其达到相应法定刑事责任年龄。”《最高人民法院关于适用〈中华人民共和国刑事诉讼法〉的解释》第一百四十六条规定：“证明被告人已满十二周岁、十四周岁、十六周岁、十八周岁或者不满七十五周岁的证据不足的，应当作出有利于被告人的认定。”最高人民法院、最高人民检察院、公安部、国家安全部、司法部《关于办理死刑案件审查判断证据若干问题的规定》第四十条第二款规定：“未排除证据之间的矛盾，无充分证据证明被告人实施被指控的犯罪时已满十八周岁且确实无法查明的，不能认定其已满十八周岁。”

（四）跨刑事责任年龄犯罪的认定

对于跨刑事责任年龄犯罪的认定，应当根据具体情况，严格区别不同的年龄时期，以12周岁、14周岁、16周岁和18周岁界限年龄为基点，对实施的危害行为分别予以认定。《最高人民法院关于审理未成年人刑事案件具体应用法律若干问题的解释》第十二条规定：“行为人在达到法定刑事责任年龄前后均实施了犯罪行为，只能依法追究其达到法定刑事责任年龄后实施的犯罪行为的刑事责任。行为人在年满十八周岁前后实施了不同种犯罪行为，对其年满十八周岁以前实施的犯罪应当依法从轻或者减轻处罚。行为人在年满十八周岁前后实施了同种犯罪行为，在量刑时应当考虑对年满十八周岁以前实施的犯罪，适当给予从轻或者减轻处罚。”

三、合适成年人在场制度

合适成年人在场制度是未成年刑事案件诉讼程序中的重要制度，是指司法机关在讯问和审判未成年犯罪嫌疑人、被告人时，必须要有未成年人的法定代理人等合适的成年人在场。合适成年人在场，有利于保障涉罪未成年人在刑事诉讼程序中免受司法工作人员的不当压迫，抚慰涉罪未成年人紧张、恐惧的心灵，促使其真实意思的表达和理解，确保其与司法工作人员的有效沟通，进而提高司法效率和司法公信力，实现对涉罪未成年人的教育和感化。

《刑事诉讼法》第二百八十一条规定了我国的合适成年人在场制度：“对于未成年人刑事案件，在讯问和审判的时候，应当通知未成年犯罪嫌疑人、被告人的法定代理人到场。无法通知、法定代理人不能到场或者法定代理人是共犯的，也可以通知未成年犯罪嫌疑人、被告人的其他成年亲属，所在学校、单位、居住地基层组织或者未成年人保护组织的代表到场，并将有关情况记录在案。到场的法定代理人可以代为行使未成年犯罪嫌疑人、被告人的诉讼权利。到场的法定代理人或者其他人员认为办案人员在讯问、审判中侵犯未成年人合法权益的，可以提出意见。讯问笔录、法庭笔录应当交给到场的法定代理人或者其他人员阅读或者向他宣读。

讯问女性未成年犯罪嫌疑人,应当有女工作人员在场。审判未成年人刑事案件,未成年被告人最后陈述后,其法定代理人可以进行补充陈述。询问未成年被害人、证人,适用第一款、第二款、第三款的规定。”

(一)合适成年人在场的适用范围

按照《刑事诉讼法》第二百八十一条的规定,“对于未成年人刑事案件,在讯问和审判的时候”需要合适成年人在场。首先,“未成年刑事案件”表明,合适成年人在场制度适用于不满 18 周岁的未成年人。其次,“在讯问和审判的时候”表明,合适成年人在场制度既适用于“询问”时,也适用于“审判”时。也就意味着合适成年人在场制度适用于未成年人刑事诉讼程序的各个阶段,包括公安机关在立案侦查阶段的讯问,也包括检查机关在审查起诉阶段的讯问,还包括人民法院在一审、二审等审判阶段。

(二)合适成年人的范围

按照《刑事诉讼法》第二百八十一条的规定,合适成年人的范围,包括涉罪未成年人的法定代理人,其他成年亲属,所在学校、单位、居住地基层组织以及未成年人保护组织的代表。“法定代理人”是指未成年人的父母、养父母、监护人和负有保护责任的机关、团体的代表。“其他成年亲属”是指未成年人的同胞兄弟姊妹等,包括但不限于近亲属。“居住地基层组织”一般指未成年人住所地的居民委员会、村民委员会或者民政部门等。“未成年人保护组织”一般包括共青团、妇联、关工委、专业社工组织等。另外,律师协会下设的未成年人权益保护委员会也是未成年保护组织,因此,律师也可以作为未成年保护组织的代表,担任涉罪未成年人的合适成年人,但不得同时兼任其辩护人。需要注意的是,选定法定代理人之外的其他合适成年人,其需要一些基本素质,如身心健康、品行良好、了解未成年人心理,具有良好沟通能力,热衷未成年人保护工作等等。

(三)合适成年人的诉讼权利

按照《刑事诉讼法》第二百八十一条的规定,到场的法定代理人可以代为行使未成年犯罪嫌疑人、被告人的诉讼权利,包括申请回避、进行辩护、申请解除或者变更强制措施等,但代为行使时不得侵犯涉罪未成年人的合法权益。审判未成年人刑事案件,未成年被告人最后陈述后,其法定代理人可以进行补充陈述。到场的法定代理人或者其他人员认为办案人员在讯问、审判中侵犯未成年人合法权益的,可以提出意见。讯问笔录、法庭笔录应当交给到场的法定代理人或者其他人员阅读或者向他宣读,并核对无误后签名确认。到场的其他人员,经法庭同意,可以参与对未成年被告人的法庭教育等工作。

(四)合适成年人的通知和选定

按照《刑事诉讼法》第二百八十一条的规定,通知合适成年人到场是司法机关的义务和职责。在法定代理人因故不能到场时“可以”通知其他合适成年人,这里的“可以”应理解为其他合适成年人选定顺序的先后，而不应理解为是否通知可酌情裁量。

对于合适成年人的选定，司法机关一般应当按《刑事诉讼法》第二百八十一条第一款所列顺序依次选定合适成年人，选定中应当充分征求涉罪未成年人的意见，涉罪未成年人有权拒绝和更换合适成年人。根据《人民检察院办理未成年人刑事案件的规定》第十七条第五款的规定，未成年犯罪嫌疑人明确拒绝法定代理人以外的合适成年人到场，人民检察院可以准许，但应当另行通知其他合适成年人到场。

四、强制措施的适用

按照我国刑事诉讼法规定，适用于未成年人的强制措施，从种类上并没有与成年人作出区分，都是拘传、取保候审、监视居住、拘留和逮捕五项。但在强制措施的适用上，对于未成年刑事案件始终坚持“慎押、少押”的政策导向，特别是在逮捕的适用上，更是坚持“可捕可不捕的不捕、能不捕的尽量不捕”。

《刑事诉讼法》第二百八十条规定：“对未成年犯罪嫌疑人、被告人应当严格限制适用逮捕措施。”《人民检察院办理未成年人刑事案件的规定》第十三条规定：“人民检察院办理未成年犯罪嫌疑人审查逮捕案件，应当根据未成年犯罪嫌疑人涉嫌犯罪的事实、主观恶性、有无监护与社会帮教条件等，综合衡量其社会危险性，严格限制适用逮捕措施，可捕可不捕的不捕。”《公安机关办理未成年人违法犯罪案件的规定》第十五条规定，“办理未成年人违法犯罪案件，应当严格限制和尽量减少使用强制措施。”

由于未成年人人格不完善，有相当一部分还在上学，如果对他们实施羁押，则会导致他们中断学业，伤害自尊留下心理阴影，同时可能会发生“交叉感染”，不利于他们接受帮教和重新走向社会。因此，作为辩护律师在办理未成年人刑事案件中，要努力促使办案机关不使用强制措施或不使用逮捕等严厉的强制措施，以减少羁押，降低对未成年人的不利影响。

（一）关于逮捕的适用条件

作为《刑事诉讼法》中最严厉的强制措施，无论是从时间长度，还是实施强度上来讲，逮捕的适用都是其他强制措施所不能比拟的。因此，在办理未成年人刑事案件时，除了把握《刑事诉讼法》第八十一条规定的逮捕条件外，对未成年人适用逮捕应该掌握比其更严格的条件。按照《人民检察院刑事诉讼规则》第四百六十三条和《人民检察院办理未成年人刑事案件的规定》第十九条的规定，辩护律师应重点掌握以下“应当不逮捕”和“可以不逮捕”的两种情形。

第一，应当不逮捕的情形。对于罪行较轻，具备有效监护条件或者社会帮教措施，没有社会危险性或者社会危险性较小的未成年犯罪嫌疑人，应当不批准逮捕。

第二，可以不逮捕的情形。对于罪行比较严重，但主观恶性不大，有悔罪表现，具备有效监护条件或者社会帮教措施，具有下列情形之一，不逮捕不致妨害诉讼正常进行的未成年犯罪嫌疑人，可以不批准逮捕：①初次犯罪、过失犯罪的；②犯罪预备、中止、未遂的；③防卫过当、避险过当的；④有自首或者立功表现的；⑤犯罪后如实交代罪行，真诚悔罪，积极退赃，尽力减少和赔偿损失，被害人谅解的；⑥不属于共同犯罪的主犯或者集团犯罪中的首要分子的；⑦属于已满十四周岁不满十六周岁的未成年人或者系在校学生的；⑧其他可以不批准逮捕的情形。

对于没有固定住所、无法提供保证人的未成年犯罪嫌疑人适用取保候审的，可以指定合适的成年人作为保证人。

（二）关于逮捕的适用程序

第一，讯问未成年犯罪嫌疑人。《刑事诉讼法》第二百八十条、《人民检察院刑事诉讼规则》第四百六十五条以及《人民检察院办理未成年人刑事案件的规定》第十七条都明确规定，人民检察院在审查逮捕过程中，应当讯问未成年犯罪嫌疑人；讯问未成年犯罪嫌疑人，应当通知未成年犯罪嫌疑人的法定代理人或合适成年人到场；讯问女性未成年犯罪嫌疑人，应当有女工作人员在场；讯问未成年犯罪嫌疑人一般不得使用械具。辩护律师要将上述权利及时告知未成年犯罪嫌疑人及其法定代理人，并在办理案件中积极维护未成年犯罪嫌疑人的相关合法权益。

第二，听取辩护律师的意见。《刑事诉讼法》第二百八十条、《人民检察院刑事诉讼规则》第四百六十五条以及《人民检察院办理未成年人刑事案件的规定》第十七条都明确规定了人民检察院在审查逮捕过程中，应当听取辩护律师的意见。律师在此之前，应做好充分准备工作，针对刑事责任年龄、社会危害性以及侦查活动合法性等展开调查，向检察机关提供是否适用逮捕的书面意见。

（三）关于羁押必要性审查（强制措施的变更）

羁押必要性审查，是指人民检察院根据《刑事诉讼法》第九十五条规定，依职权或已申请，对被逮捕的犯罪嫌疑人、被告人有无继续羁押的必要性进行审查，对不需要继续羁押的，建议办案机关予以释放或者变更强制措施的监督活动。《刑事诉讼法》第九十五条以及《人民检察院办理未成年人刑事案件的规定》第二十一条，均羁押必要性审查做了明确规定，另外，最高人民检察院于 2016 年印发了《人民检察院办理羁押必要性审查案件规定（试行）》。辩护律师可以依据上述规定，向人民检察院申请进行羁押必要性审查并说明不需要继续羁押的理由，争取对涉罪未成年人予以释放或者变更强制措施。

（四）关于羁押的执行

未成年人的生理和心理尚未成熟，容易受到外界因素的感染和制约，在羁押的环境里不可避免会和同室被羁押的犯罪嫌疑人、被告人进行交流，为了避免受到成年犯罪人的污染，从而将交叉感染的可能性降到最低程度，对未成年人和成年人实行关押上的分离非常必要。《刑事诉讼法》第二百八十条以及《预防未成年人犯罪法》第四十六条,均规定了对羁押的未成年人,应当与成年人分别关押、分别管理、分别教育。

五、社会调查

社会调查是刑罚个别化和教育矫正理论的集中体现,是指办案机关在未成年刑事案件诉讼过程中自行或委托有关机构和组织,就涉罪未成年人的成长经历、犯罪原因、监护教育等情况进行调查,分析其作案的主客观原因,为司法机关公正处理和教育、感化、挽救涉罪未成年人提供重要的参考依据。《刑事诉讼法》第二百七十九条规定:"公安机关、人民检察院、人民法院办理未成年人刑事案件,根据情况可以对未成年犯罪嫌疑人、被告人的成长经历、犯罪原因、监护教育等情况进行调查。"

(一)社会调查的主体

《刑事诉讼法》将社会调查的制作主体确定为公安机关、人民检察院和人民法院,这一原则性的规定并不排斥办案机关根据有关规定,委托其他机构或者人员进行社会调查。《最高人民法院关于适用〈中华人民共和国刑事诉讼法〉的解释》第五百六十八条、《人民检察院刑事诉讼规则》第四百六十一条、《人民检察院办理未成年人刑事案件的规定》第九条均规定,办案机关开展社会调查,可以自行调查,同时也可以委托社区矫正机构、共青团、社会组织等进行。可以说,我国未成年人刑事案件社会调查主要是采用以职权为主导、依托社会力量来进行的。

辩护律师是否有权开展涉罪未成年人的社会调查,目前存在争议。但《最高人民法院关于适用〈中华人民共和国刑事诉讼法〉的解释》第五百六十八条、第五百七十五条将"辩护人提交的有关未成年被告人情况的书面材料"与"调查报告"并列,一同作为法庭教育和量刑的参考,二者具有相当的法律属性和法律效力。因此,辩护律师在涉罪未成年人社会调查方面,可以而且应当有所作为。辩护律师一方面应该主动促成办案机关开展社会调查,另一方面也应该积极地向办案机关提交有关涉罪未成年人情况的书面材料。通过调查来了解涉罪未成年人情况,是辩护律师办理未成年刑事案件的必修功课和职责所在。

(二)社会调查的方式和内容[①]

社会调查适用于未成年人刑事案件诉讼程序的各个阶段。也就是说,无论是在侦查阶段、审查起诉阶段或者是审理阶段都可以对引起未成年人犯罪的家庭因素、学校因素、社会因素等进行调查。

---

① 吴燕:《未成年人刑事检察实务教程》,法律出版社,2016,第123页。

社会调查应当遵循全面调查、客观公正的原则。调查由 2 人以上进行,可以采用走访面谈、电话约谈、信函联系等方法开展,一般应以走访面谈为主,做好谈话记录并由当事人签名。通过向涉罪未成年人本人了解情况,并到其家庭、居住地委员会(村委会)、就读学校或就业单位等处展开调查。调查人员应当对未成年犯罪嫌疑人的成长经历、家庭教育、社会交往、平时表现、性格特点、兴趣爱好、犯罪原因、涉罪前后的表现以及是否具有有效监护条件或者社会帮教措施等进行调查。开展社会调查应当尊重和保护未成年人名誉,避免向不知情人员泄露未成年犯罪嫌疑人的涉罪信息。

社会调查结束后,应当及时撰写书面调查报告。调查报告应全面反映调查情况,分析涉罪未成年人的犯罪原因、动机以及对涉案行为的认识,并对其有无再犯风险以及适用非监禁刑或缓刑对居住社区有无重大不良影响等方面作出评估和预判,提出综合评价意见,为办案和教育提供参考。

(三)社会调查的运用

虽然对社会调查报告是否属于证据范畴,目前还存在一定争议,但相关司法解释和规定已经明确社会调查可以在刑事诉讼的各个阶段,作为办案和教育的重要参考。在侦查阶段,社会调查为公安机关决定是否提请逮捕、是否移送审查起诉提供重要参考,为人民检察院审查批准逮捕时逮捕必要性标准提供重要参考;在审查起诉阶段,社会调查为人民检察院做出酌定不起诉、附条件不起诉以及制定未成年人帮教计划提供重要参考;在审判阶段,社会调查为人民法院量刑和开展法庭教育提供重要参考,尤其是在判处被告人管制、缓刑等非监禁刑和免除刑罚情形下提供重要参考;在刑罚执行阶段,社会调查为少年法庭回访、跟踪帮教提供重要的参考,为刑罚执行机关尤其是社会矫正机构进行针对性的个别化教育矫治提供重要的参考。[①]

六、当事人和解

当事人和解,是指符合法定条件的犯罪嫌疑人、被告人,可以以认罪、赔偿、道歉等方式取得被害人谅解,与被害人达成和解协议,并在办案机关的主持下制作和解协议书。当事人和解的,办案机关可以将之作为适用强制措施、是否判处刑罚或者免除刑罚、是否从宽处理的因素予以考虑。当事人和解可以在刑事诉讼程序的各个阶段适时进行,但一般来说,在犯罪事实清楚、证据确实充分的情况下,和解进行的越早,越显示悔罪的诚恳,越有可能得到被害人的谅解,越有可能避免受到羁押或尽早结束诉讼程序。因此,律师在办理未成年人刑事案件中,应结合具体情

① 谢安平、郭华:《未成年人刑事诉讼程序探究》,中国政法大学出版社,2015,第 237 页。

况，促使当事人间达成和解，争取有利于涉罪未成年人的结果。《刑事诉讼法》在第五编特别程序中专章规定了“当事人和解的公诉案件诉讼程序”。

第三节　审查起诉阶段的辩护

审查起诉阶段是指人民检察院对公安机关侦查终结移送审查起诉的刑事案件进行全面审查，做出提起公诉或不起诉审查决定的诉讼阶段。审查起诉阶段的辩护，重点内容包括决定(附条件)不起诉、分案起诉以及建议简易程序。当然，侦查阶段的羁押必要性审查(强制措施的变更)、当事人和解、社会调查等辩护措施在审查起诉阶段依然适用，在此所做的区分只是为了叙述上的便利。

一、决定(附条件)不起诉

不起诉是对犯罪嫌疑人不交付审判，而在审查起诉结束时终止刑事诉讼。对于未成年犯罪嫌疑人，特别要严格把握起诉条件，充分考虑起诉的必要性，可诉可不诉的坚决不诉。辩护律师在此阶段，应发挥积极作用，根据案情，尽力促使检察机关作出不起诉的决定。未成年人刑事案件的不起诉情况包括四种类型，即没有犯罪事实或者依法不追究刑事责任的绝对不起诉；案件经过补充侦查，仍然证据不足、不符合起诉条件的存疑不起诉；犯罪情节轻微依照刑法不需要判处刑罚或者免除刑罚的相对不起诉；有悔罪表现，可以结合案件的实际情况做出的附条件不起诉。[①] 其中，绝对不起诉、存疑不起诉和相对不起诉是成年犯罪嫌疑人和未成年犯罪嫌疑人均可适用，而附条件不起诉只适用于未成年犯罪嫌疑人。应当注意的是，即便是成年犯罪嫌疑人和未成年犯罪嫌疑人均可适用的不起诉类型，对于未成年都有着不同于成年人的严格条件。

(一)绝对不起诉

《刑事诉讼法》第一百七十七条第一款规定：“犯罪嫌疑人没有犯罪事实，或者有本法第十六条规定的情形之一的，人民检察院应当作出不起诉决定。”在此，人民检察院没有自由裁量的余地。对于未成年人刑事案件，重点在于罪与非罪的区分，准确把握“情节显著轻微、危害不大”的适用，关注未成年人在特定情况下不认定为犯罪的相关规定。

1. 关于强奸

《最高人民法院关于审理未成年人刑事案件具体应用法律若干问题的解释》

---

① 吴燕主编：《未成年人刑事检察实务教程》，法律出版社，2016，第127页。

第六条规定:“已满十四周岁不满十六周岁的人偶尔与幼女发生性行为,情节轻微、未造成严重后果的,不认为是犯罪。”

2. 关于盗窃

《最高人民法院关于审理未成年人刑事案件具体应用法律若干问题的解释》第九条规定:“已满十六周岁不满十八周岁的人实施盗窃行为未超过三次,盗窃数额虽已达到‘数额较大’标准,但案发后能如实供述全部盗窃事实并积极退赃,且具有下列情形之一的,可以认定为‘情节显著轻微危害不大’,不认为是犯罪:(一)系又聋又哑的人或者盲人;(二)在共同盗窃中起次要或者辅助作用,或者被胁迫;(三)具有其他轻微情节的。已满十六周岁不满十八周岁的人盗窃未遂或者中止的,可不认为是犯罪。已满十六周岁不满十八周岁的人盗窃自己家庭或者近亲属财物,或者盗窃其他亲属财物但其他亲属要求不予追究的,可不按犯罪处理。”《最高人民法院、最高人民检察院关于办理盗窃刑事案件适用法律若干问题的解释》第八条规定:“偷拿家庭成员或者近亲属的财物,获得谅解的,一般可不认为是犯罪;追究刑事责任的,应当酌情从宽。”

3. 关于抢劫

《最高人民法院关于审理未成年人刑事案件具体应用法律若干问题的解释》第七条规定:“已满十四周岁不满十六周岁的人使用轻微暴力或者威胁,强行索要其他未成年人随身携带的生活、学习用品或者钱财数量不大,且未造成被害人轻微伤以上或者不敢正常到校学习、生活等危害后果的,不认为是犯罪。已满十六周岁不满十八周岁的人具有前款规定情形的,一般也不认为是犯罪。”

4. 关于敲诈勒索

《最高人民法院、最高人民检察院关于办理敲诈勒索刑事案件适用法律若干问题的解释》第六条规定:“敲诈勒索近亲属的财物,获得谅解的,一般不认为是犯罪;认定为犯罪的,应当酌情从宽处理。被害人对敲诈勒索的发生存在过错的,根据被害人过错程度和案件其他情况,可以对行为人酌情从宽处理;情节显著轻微危害不大的,不认为是犯罪。”

(二)存疑不起诉

《刑事诉讼法》第一百七十五条第四款规定:“对于二次补充侦查的案件,人民检察院仍然认为证据不足,不符合起诉条件的,应当作出不起诉的决定。”此时,案件处于“存疑”状态,如果此后发现新的证据足以证明犯罪嫌疑人的犯罪事实,且犯罪未超过追诉时效的,可以重新提起公诉。需要注意的是,对于经过一次退回补充侦查,认为证据不足并且明显不具有再次退回补充侦查必要的,可以直接决定存疑不起诉。

(三)相对不起诉

《刑事诉讼法》第一百七十七条第二款规定:“对于犯罪情节轻微,依照刑法规定不需要判处刑罚或者免除刑罚的，人民检察院可以作出不起诉决定。”相对不起诉，是检察院在“可诉可不诉”的情形下进行权衡后作出的决定，检察院拥有一定的自由裁量权。但，在未成年人刑事案件中，在出现“可诉可不诉”的情形时，应当依法放宽不起诉适用条件，做到“可诉可不诉的坚决不诉”。

1. 不需要判处刑罚或者免除刑罚的总体规定

《人民检察院办理未成年人刑事案件的规定》第二十六条规定：“对于犯罪情节轻微，具有下列情形之一，依照刑法规定不需要判处刑罚或者免除刑罚的未成年犯罪嫌疑人，一般应当依法作出不起诉决定：（一）被胁迫参与犯罪的；（二）犯罪预备、中止、未遂的；（三）在共同犯罪中起次要或者辅助作用的；（四）系又聋又哑的人或者盲人的；（五）因防卫过当或者紧急避险过当构成犯罪的；（六）有自首或者立功表现的；（七）其他依照刑法规定不需要判处刑罚或者免除刑罚的情形。

《人民检察院办理未成年人刑事案件的规定》第二十七条规定：“对于未成年人实施的轻伤害案件、初次犯罪、过失犯罪、犯罪未遂的案件以及被诱骗或者被教唆实施的犯罪案件等，情节轻微，犯罪嫌疑人确有悔罪表现，当事人双方自愿就民事赔偿达成协议并切实履行或者经被害人同意并提供有效担保，符合刑法第三十七条规定的，人民检察院可以依照刑事诉讼法第一百七十三条第二款的规定作出不起诉决定，并可以根据案件的不同情况，予以训诫或者责令具结悔过、赔礼道歉、赔偿损失，或者由主管部门予以行政处罚。”

《最高人民法院关于审理未成年人刑事案件具体应用法律若干问题的解释》第十七条规定：“未成年罪犯根据其所犯罪行，可能被判处拘役、三年以下有期徒刑，如果悔罪表现好，并具有下列情形之一的，应当依照刑法第三十七条的规定免予刑事处罚：（一）系又聋又哑的人或者盲人；（二）防卫过当或者避险过当；（三）犯罪预备、中止或者未遂；（四）共同犯罪中从犯、胁从犯；（五）犯罪后自首或者有立功表现；（六）其他犯罪情节轻微不需要判处刑罚的。”

2. 关于盗窃罪

《最高人民法院、最高人民检察院关于办理盗窃刑事案件适用法律若干问题的解释》第七条规定：“盗窃公私财物数额较大，行为人认罪、悔罪，退赃、退赔，且具有下列情形之一，情节轻微的，可以不起诉或者免予刑事处罚；必要时，由有关部门予以行政处罚：（一）具有法定从宽处罚情节的；（二）没有参与分赃或者获赃较少且不是主犯的；（三）被害人谅解的；（四）其他情节轻微、危害不大的。”

3. 关于抢劫罪

《最高人民法院关于审理抢劫刑事案件适用法律若干问题的指导意见》规定，对具有自首、立功或者未成年人且初次抢劫等情节的从犯，可以依法免除处罚。

4. 关于抢夺罪

《最高人民法院、最高人民检察院关于办理抢夺刑事案件适用法律若干问题的解释》第五条规定:“抢夺公私财物数额较大,但未造成他人轻伤以上伤害,行为人系初犯,认罪、悔罪,退赃、退赔,且具有下列情形之一的,可以认定为犯罪情节轻微,不起诉或者免予刑事处罚;必要时,由有关部门依法予以行政处罚:(一)具有法定从宽处罚情节的;(二)没有参与分赃或者获赃较少,且不是主犯的;(三)被害人谅解的;(四)其他情节轻微、危害不大的。”

5. 关于敲诈勒索罪

《最高人民法院、最高人民检察院关于办理敲诈勒索刑事案件适用法律若干问题的解释》第五条规定:“敲诈勒索数额较大,行为人认罪、悔罪,退赃、退赔,并具有下列情形之一的,可以认定为犯罪情节轻微,不起诉或者免予刑事处罚,由有关部门依法予以行政处罚:(一)具有法定从宽处罚情节的;(二)没有参与分赃或者获赃较少且不是主犯的;(三)被害人谅解的;(四)其他情节轻微、危害不大的。”

6. 关于寻衅滋事罪

《最高人民法院、最高人民检察院关于办理寻衅滋事刑事案件适用法律若干问题的解释》第八条规定:“行为人认罪、悔罪,积极赔偿被害人损失或者取得被害人谅解的,可以从轻处罚;犯罪情节轻微的,可以不起诉或者免予刑事处罚。”

(四)附条件不起诉

附条件不起诉,是指对于未成年人涉嫌《刑法》分则第四章、第五章、第六章规定的犯罪,可能判处一年有期徒刑以下刑罚,经审查符合起诉条件,但有悔罪表现的,可以结合案件的实际情况作出附条件不起诉的决定,并进行监督考察,视情况作出提起公诉或不起诉的决定。附条件不起诉是未成年人特别程序中的一项重要制度,不仅体现了刑罚的谦抑原则,也符合恢复性司法的理念,有利于未成年人回归社会。[①]

1. 附条件不起诉的适用条件

根据《刑事诉讼法》第二百八十二条以及《人民检察院办理未成年人刑事案件的规定》第二十九条的规定,作出附条件不起诉需要同时满足下列条件:①犯罪时不满 18 周岁;②涉嫌刑法分则第四章、第五章、第六章规定的犯罪;③根据具体犯罪事实、情节,可能被判处一年有期徒刑以下刑罚;④犯罪事实清楚,证据确实、充分,符合起诉条件;⑤具有悔罪表现。应当注意的是,对于极可能符合相对不起诉的适用条件,又可能符合附条件不起诉适用条件的,应当优先适用前者,直接作出不起诉的决定。但是未成年犯罪嫌疑人具有一定人身危害危险性或者存在严重不良行为,确有必要接受监督考察的除外。

2. 附条件不起诉的适用程序

根据《人民检察院刑事诉讼规则》第四百六十九条以及《人民检察院办理未成

① 吴燕:《未成年人刑事检察实务教程》,法律出版社,2016,第 137 页。

年人刑事案件的规定》第三十条的规定，人民检察院在作出附条件不起诉的决定以前，应当听取公安机关、被害人、未成年犯罪嫌疑人的法定代理人、辩护人的意见，并制作笔录附卷。

需要注意的是，对于未成年犯罪嫌疑人来说，附条件不起诉决定未必是最好的结果。因此，当未成年犯罪嫌疑人及其法定代理人对人民检察院决定附条件不起诉有异议的，人民检察院应当作出起诉的决定。这一点，在检察机关听取辩护律师的意见时，辩护律师应结合涉罪未成年人自身情况和案件情况综合作出合理的判断。

3. 附条件不起诉的监督考察

根据《刑事诉讼法》《人民检察院刑事诉讼规则》《人民检察院办理未成年人刑事案件的规定》的相关规定：附条件不起诉的考验期为六个月以上一年以下，考验期的长短应当与未成年犯罪嫌疑人所犯罪行的轻重、主观恶性的大小和人身危险性的大小、一贯表现及帮教条件等相适应，根据未成年犯罪嫌疑人在考验期的表现，可以在法定期限范围内适当缩短或者延长。

被附条件不起诉的未成年犯罪嫌疑人，应当遵守下列规定：①遵守法律法规，服从监督；②按照考察机关的规定报告自己的活动情况；③离开所居住的市、县或者迁居，应当报经考察机关批准；④按照考察机关的要求接受矫治和教育。人民检察院可以要求被附条件不起诉的未成年犯罪嫌疑人接受下列矫治和教育：①完成戒瘾治疗、心理辅导或者其他适当的处理措施；②向社区或者公益团体提供公益劳动；③不得进入特定场所，与特定的人员会见或者通信，从事特定的活动；④向被害人赔偿损失、赔礼道歉等；⑤接受相关教育；⑥遵守其他保护被害人安全以及预防再犯的禁止性规定。

在附条件不起诉的考验期内，由人民检察院对被附条件不起诉的未成年犯罪嫌疑人进行监督考察。未成年犯罪嫌疑人的监护人应当对未成年犯罪嫌疑人加强管教，配合人民检察院做好监督考察工作。人民检察院可以会同未成年犯罪嫌疑人的监护人、所在学校、单位、居住地的村民委员会、居民委员会、未成年人保护组织等的有关人员定期对未成年犯罪嫌疑人进行考察、教育，实施跟踪帮教。

4. 附条件不起诉的法律后果

被附条件不起诉的未成年犯罪嫌疑人，在考验期内有下列情形之一的，人民检察院应当撤销附条件不起诉的决定，提起公诉：①实施新的犯罪的；②发现决定附条件不起诉以前还有其他犯罪需要追诉的；③违反治安管理规定，造成严重后果，或者多次违反治安管理规定的；④违反考察机关有关附条件不起诉的监督管理规定，造成严重后果，或者多次违反考察机关有关附条件不起诉的监督管理规定的。

被附条件不起诉的未成年犯罪嫌疑人，在考验期内没有上述情形，考验期满的,人民检察院应当作出不起诉的决定。对于附条件不起诉的案件,不起诉决定宣布后六个月内,办案人员可以对被不起诉的未成年人进行回访,巩固帮教效果,并做好相关记录。

需要注意的是,不管作出上述哪种不起诉的决定,都应当对被不起诉的未成年人及其法定代理人进行教育。人民检察院在向被不起诉的未成年人及其法定代理人宣布不起诉决定书时,应当充分阐明不起诉的理由和法律依据,并结合社会调查,围绕犯罪行为对被害人、对本人及家庭、对社会等造成的危害,导致犯罪行为发生的原因及应当吸取的教训等,对被不起诉的未成年人开展必要的教育。如果侦查人员、合适成年人、辩护人、社工等参加有利于教育被不起诉未成年人的,经被不起诉的未成年人及其法定代理人同意,可以邀请他们参加,但要严格控制参与人范围。作为辩护律师,也要协助检察机关对被不起诉的未成年人及其法定代理人进行教育,将检察机关不起诉的理念和精神,全面真实的传达给被不起诉的未成年人及其法定代理人。

二、分案起诉

分案起诉,是指人民检察院在提起公诉阶段,对于受理的未成年人和成年人共同犯罪案件,在不妨碍查清案件事实和相关案件开庭审理的情况下,应当将成年人和未成年人分案提起公诉,由法院分别审理和判决。分案起诉是未成年人刑事案件分案处理原则的体现,将未成年人交由少年审判庭审理,对其适用专门的更有助于寓教于审的未成年人审理程序,缓和庭审氛围,加强教育挽救,并避免因并案审理而使涉罪未成年人受到同案成年被告人的负面影响,有利于实现对未成年被告人"教育、感化、挽救"的方针,同时,还有利于未成年人与成年被告人各自诉讼权利的保护,有利于全案的公正量刑。

《刑事诉讼法》只要求对被拘留、逮捕和执行刑罚的未成年人,应当分别关押、分别管理、分别教育,而对起诉和审判阶段的分案处理未予明确。关于未成年刑事案件分案起诉的规定主要是两高的相关司法解释。《人民检察院办理未成年人刑事案件的规定》第五十一条规定:"人民检察院审查未成年人与成年人共同犯罪案件,一般应当将未成年人与成年人分案起诉。"同时该文还规定了可以不分案起诉的几种情形:未成年人系犯罪集团的组织者或者其他共同犯罪中的主犯的;案件重大、疑难、复杂,分案起诉可能妨碍案件审理的;涉及刑事附带民事诉讼,分案起诉妨碍附带民事诉讼部分审理的;具有其他不宜分案起诉情形的。人民检察院分案起诉后,在诉讼过程中出现不宜分案起诉情形的,可以建议人民法院并案审理。《最高人民法院关于适用〈中华人民共和国刑事诉讼法〉的解释》第五百五十一条规定:"对分案起诉至同一人民法院的未成年人与成年人共同犯罪案件,可以由同一个审判组织审理;不宜由同一个审判组织审理的,可以分别审理。"

在此需要注意的是，按照《人民检察院办理未成年人刑事案件的规定》要求，对于分案起诉的未成年人与成年人共同犯罪案件，一般应当同时移送人民法院。对于需要补充侦查的，如果补充侦查事项不涉及未成年犯罪嫌疑人所参与的犯罪事实，不影响对未成年犯罪嫌疑人提起公诉的，应当对未成年犯罪嫌疑人先予提起公诉。如果出现上述情况，辩护律师应及时提交律师意见，按照“迅速简化”原则，促使检察机关对未成年犯罪嫌疑人先予提起公诉，以免诉讼程序过分拖延，损害未成年人权益。

三、建议简易程序

简易程序，是指基层人民法院在案件事实清楚、证据充分，被告人承认自己所犯罪行、没有异议的，在审判过程中对普通审判程序依法予以简化。适用简易程序审理案件，审理期限大大缩短，对可能判处的三年有期徒刑以下刑罚的，人民法院应当在受理后二十日以内审结，这符合未成年人刑事诉讼的“迅速简化”原则，有利于未成年人早日回归社会。因此，当未成年人刑事案件符合简易程序适用条件的，经过未成年人及其法定代理人的同意，应当适用简易程序。

《人民检察院办理未成年人刑事案件的规定》第五十五条规定：“对于符合适用简易程序审理条件的未成年人刑事案件，人民检察院应当在提起公诉时向人民法院提出适用简易程序审理的建议。”根据《刑事诉讼法》《最高人民法院关于适用〈中华人民共和国刑事诉讼法〉的解释》以及《人民检察院刑事诉讼规则》相关规定，适用简易程序须同时符合下列条件：程序审理案件事实清楚、证据充分的；犯罪嫌疑人、被告人承认自己所犯罪行，对指控的犯罪事实没有异议的；犯罪嫌疑人、被告人对适用简易程序没有异议的。

但是，具有下列情形之一的，不适用简易程序：犯罪嫌疑人、被告人是盲、聋、哑人，或者是尚未完全丧失辨认或者控制自己行为能力的精神病人的；有重大社会影响的；共同犯罪案件中部分犯罪嫌疑人、被告人不认罪或者对适用简易程序有异议的；比较复杂的共同犯罪案件；辩护人作无罪辩护或者对主要犯罪事实有异议的；犯罪嫌疑人、被告人认罪但经审查认为可能不构成犯罪的或不负刑事责任的；其他不宜适用简易程序的。人民法院在适用简易程序审理案件，如发现不应当或者不宜适用简易程序情形的，应当转为普通程序审理。

需要注意的是，按照《最高人民法院关于适用〈中华人民共和国刑事诉讼法〉的解释》第五百六十六条的规定：“对未成年人刑事案件，人民法院决定适用简易程序审理的，应当征求未成年被告人及其法定代理人、辩护人的意见。上述人员提出异议的，不适用简易程序。”当办案机关征求辩护人意见时，辩护律师应综合全案情况作出合理判断。当然，如果辩护律师认为可以适用简易程序的，也应当向人民检察院、人民法院及时提交律师意见。

第四节　审判阶段的辩护

审判阶段是指人民法院在控、辩双方及其他诉讼参与人参加下,依照法定的权限和程序,对于依法向其提出诉讼请求的刑事案件进行审理和裁判的诉讼活动。审判阶段将会最终决定涉罪未成年人的命运,是律师发挥辩护作用的最后也是最关键的阶段。审判阶段的辩护,除了前边两节所涉及的诸如社会调查、简易程序、罪与非罪和免于刑事处罚等内容外,还包括以下重点内容:不公开审理、刑种的适用、犯罪记录封存。

一、不公开审理

司法公开透明,是刑事诉讼程序公正的重要保障。公开审理,也是刑事诉讼的一项重要制度。但作为例外,世界上大多数国家均规定了未成年人刑事案件的不公开审理制度。不公开审理未成年人刑事案件,既有利于缓解未成年人的精神压力和紧张状态,又有利于未成年人回归社会,促使其身心健康成长。

我国《刑事诉讼法》第二百八十五条明确规定:"审判的时候被告人不满十八周岁的案件,不公开审理。"但是,考虑到未成年被告人所在学校的教师和未成年人保护组织的代表到场,有利于审判工作的顺利进行和更好的贯彻"挽救、感化、教育"的方针,《刑事诉讼法》第二百八十一条也做了弹性的规定,未成年被告人所在学校和未成年人保护组织可以派代表到场,但是,必须经过未成年被告人及其法定代理人的同意。由被告方根据案件的具体情况和维护未成年被告的实际需要,来决定是否有代表参加庭审,是对未成年被告人权益的有力保障,是不公开审理制度的组成部分。同时,与不公开审理制度相适应,法律也对媒体报道未成年人刑事案件作出了特殊规定。我国《未成年人保护法》第一百零三条和《预防未成年人犯罪法》第四十五条均规定,对未成年人犯罪案件,新闻报道、影视节目、公开出版物、网络等不得披露该未成年人的姓名、住所、照片、图像以及可能推断出该未成年人的资料。

律师在参与未成年人刑事案件的辩护时,应当严格保护未成年人的个人隐私,不得公开将可能有损于未成年人合法权益的案件信息,特别是在办案过程或是业务宣传中谨慎处理与媒体的关系。在办案过程中,辩护律师选择媒体宣传是一种可行的辩护策略,律师与媒体之间的良性互动,满足了公众知情权,完善了司法的监督机制。但是,在未成年人刑事案件中,律师一定要谨慎处理与媒体关系,秉持"不公开"理念,坚守职业道德,避免因此带来对未成年人身心的伤害和对司法独立的损害。

二、刑种的适用

由于未成年人特殊的生理和心理特征,在刑罚的适用上也必须有所特殊,既要坚持有罪必罚、罚当其罪的基本原则,也应当贯彻"教育、感化、挽救"方针,充分保护未成年人的合法权益。《最高人民法院关于审理未成年人刑事案件具体应用法律若干问题的解释》第十一条规定,对未成年罪犯适用刑罚,应当充分考虑是否有利于未成年罪犯的教育和矫正。对未成年罪犯量刑应当依照刑法第六十一条的规定,并充分考虑未成年人实施犯罪行为的动机和目的、犯罪时的年龄、是否初次犯罪、犯罪后的悔罪表现、个人成长经历和一贯表现等因素。对符合管制、缓刑、单处罚金或者免予刑事处罚适用条件的未成年罪犯,应当依法适用管制、缓刑、单处罚金或者免予刑事处罚。

(一)死刑的绝对禁止

《公民权利和政治权利国际公约》《联合国儿童权利公约》以及《联合国少年司法最低限度标准规则(北京规则)》等国际人权法多次重申,对未成年人犯罪,不得适用死刑。我国《刑法》第四十九条明确规定:"犯罪的时候不满十八周岁的人和审判的时候怀孕的妇女,不适用死刑。"这里规定的未成年人禁止适用死刑是不带任何附加条件的:禁止适用的主体是犯罪时不满十八周岁的人,既包括犯罪时不满十八周岁而审判时也未满十八周岁的人,也包括犯罪时不满十八周岁而审判时已满十八周岁的人;禁止适用死刑,既包括死刑立即执行,也包括死刑缓期两年执行。即使是犯罪性质极其严重、犯罪情节特别恶劣,只要其犯罪时未满 18 周岁,就绝不能适用死刑,这是没有任何余地的。

(二)无期徒刑的相对禁止

《联合国儿童权利公约》第三十七条指出,缔约国应确保对未满 18 岁的人所犯罪行不得判以无释放可能的无期徒刑。虽然,我国刑法并没有对未成年人适用无期徒刑作出禁止性规定,但是考虑到其对未成年人的极端严厉性和未成年犯罪人矫正改造的特点,因而,在司法实践中,对未成年犯罪人适用无期徒刑应当予以严格限制。《最高人民法院关于审理未成年人刑事案件具体应用法律若干问题的解释》第十三条规定:"未成年人犯罪只有罪行极其严重的,才可以适用无期徒刑。对已满十四周岁不满十六周岁的人犯罪一般不判处无期徒刑。"这里,未成年人适用无期徒刑的标准,是比照《刑法》中"死刑只适用于罪行极其严重的犯罪分子"这一规定作出的。"罪行极其严重",是指犯罪性质极其严重,犯罪手段、后果等情节极其严重,被告人的主观恶性和人身危险性极大。判断被告人的犯罪行为是否极其严重,应当根据《刑法》和司法解释的有关规定,并综合考虑现实主客观因素,严格认定。

（三）监禁刑的慎重适用

《联合国少年司法最低限度标准规则（北京规则）》第十九条指出："把少年投入监禁机关始终应是万不得已的处置办法，其期限应是尽可能最短的必要时间。"在未成年人犯罪情节较为严重，必须适用徒刑时，考虑到监禁刑可能对未成年人心灵造成更大的伤害，因此，应当对未成年人犯罪尽可能少地实施封闭性的关押，慎重适用监禁刑。慎重适用监禁刑，包含两层精神：首先，对未成年人的违法行为，应严格掌握入罪标准；其次，即使必须作为犯罪进行处理时，也应尽可能不加以监禁刑。在中国，历来对未成年人犯罪注重贯彻"教育为主、惩罚为辅"的刑事政策，立法和司法机关在将未成年人的违法行为纳入刑法内进行处理时都是十分慎重的；即使必须作为犯罪处理，也一直强调对未成年人从宽处罚。同时，对于未成年人的行为必须作为犯罪进行处理时，我国的司法解释也规定了慎重适用监禁刑的精神。

《最高人民法院关于审理未成年人刑事案件具体应用法律若干问题的解释》第十一条规定："对符合管制、缓刑、单处罚金或者免予刑事处罚适用条件的未成年罪犯，应当依法适用管制、缓刑、单处罚金或者免予刑事处罚。"《刑法》第十七条规定，不满十八周岁的人犯罪，应当从轻或者减轻处罚。根据《刑法》第七十二条规定，对于被判处拘役、三年以下有期徒刑的犯罪分子，同时符合下列条件的，可以宣告缓刑，对其中不满十八周岁的人、怀孕的妇女和已满七十五周岁的人，应当宣告缓刑：犯罪情节较轻；有悔罪表现；没有再犯罪的危险；宣告缓刑对所居住社区没有重大不良影响。《人民检察院办理未成年人刑事案件的规定》第五十九条规定："对于具有下列情形之一，依法可能判处拘役、三年以下有期徒刑，有悔罪表现，宣告缓刑对所居住社区没有重大不良影响，具备有效监护条件或者社会帮教措施、适用缓刑确实不致再危害社会的未成年被告人，人民检察院应当建议人民法院适用缓刑：（一）犯罪情节较轻，未造成严重后果的；（二）主观恶性不大的初犯或者胁从犯、从犯；（三）被害人同意和解或者被害人有明显过错的；（四）其他可以适用缓刑的情节。最高人民法院关于审理未成年人刑事案件具体应用法律若干问题的解释》第十六条规定，对未成年罪犯符合刑法第七十二条第一款规定的，可以宣告缓刑。如果同时具有下列情形之一，对其适用缓刑确实不致再危害社会的，应当宣告缓刑：（一）初次犯罪；（二）积极退赃或赔偿被害人经济损失；（三）具备监护、帮教条件。"另外，我国法律及司法解释，还规定了未成年刑事案件的"罪与非罪"和"免于刑事处罚"等，鉴于这些问题在上节讨论起诉问题时已经涉及，在此不再赘述。

（四）财产刑的限制适用

罚金和没收财产属于财产性质的刑种，其适用的目的是为剥夺犯罪分子利用钱财进行犯罪的资本，并惩治和改造犯罪分子的贪利思想，一般适用于贪利性质的财产型、经济型犯罪。但是根据我国现阶段的情况，未成年人大多都在学校学习或者刚刚参加工作和劳动，经济上依靠或主要依靠家庭，他们除个人的生活用品外,一般不具有个人所有的财产,对这样的未成年犯罪人判处罚金刑或没收财产刑,往往由其家庭代受刑罚,这既有悖于我国刑法罪责自负的基本原则,也难以使未成年犯罪人本人受到应有的改造和教育。因此,我国司法解释对未成年刑事案件适用财产刑也做了特殊的规定。

《最高人民法院关于审理未成年人刑事案件具体应用法律若干问题的解释》第十五条规定,对未成年罪犯实施刑法规定的“并处”没收财产或者罚金的犯罪,应当依法判处相应的财产刑;对未成年罪犯实施刑法规定的“可以并处”没收财产或者罚金的犯罪,一般不判处财产刑。对未成年罪犯判处罚金刑时,应当依法从轻或者减轻判处,并根据犯罪情节,综合考虑其缴纳罚金的能力,确定罚金数额。但罚金的最低数额不得少于五百元人民币。对被判处罚金刑的未成年罪犯,其监护人或者其他人自愿代为垫付罚金的,人民法院应当允许。

(五)剥夺政治权利的限制适用

我国刑法设置剥夺政治权利,主要是针对那些实施危害国家安全和故意杀人、强奸、放火、爆炸、投毒、抢劫等严重破坏社会秩序的犯罪分子以及被判处死刑、无期徒刑的犯罪分子。剥夺这些犯罪分子的政治权利,是为了防止他们在主刑执行完毕或者赦免以后利用这些权利再次实施犯罪。而未成年人在犯罪时还不具有剥夺政治权利内容中的大部分权利,更无法利用这些政治权利来实施犯罪。因此,我国司法解释对未成年刑事案件适用剥夺政治权利也做了特殊的规定。

《最高人民法院关于审理未成年人刑事案件具体应用法律若干问题的解释》第十四条规定,除刑法规定“应当”附加剥夺政治权利外,对未成年罪犯一般不判处附加剥夺政治权利。如果对未成年罪犯判处附加剥夺政治权利的,应当依法从轻判处。对实施被指控犯罪时未成年、审判时已成年的罪犯判处附加剥夺政治权利,适用前款的规定。

三、犯罪记录封存

犯罪记录封存,是指针对办理未成年人刑事案件活动中形成的各种纸质、电子等客观材料,司法机关依法予以封存,未经法定理由和程序不得向任何单位和个人提供。犯罪记录封存,可以有效地遏制未成年人犯罪记录的负面“标签效应”,有利于未成年犯罪人重新回归社会及其再社会化。我国《未成年人保护法》第一百一十三条第二款规定:“对违法犯罪的未成年人依法处罚后,在升学、就业等方面不得歧视。”《刑法修正案(八)》正式废除了未成年人累犯制度,并规定对犯罪时不满 18 周岁被判处五年徒刑以下刑罚的人,免除前科报告义务。《刑事诉讼法》第二百八十六条也明确规定,犯罪的时候不满 18 周岁,被判处 5 年有期徒刑以下刑罚的人,应当对相关犯罪记录予以封存。

(一)适用对象

按照《刑事诉讼法》第二百八十六条的规定,犯罪记录封存适用对象,为犯罪时未满十八周岁的未成年人。未成年人的判断时间点为“犯罪时”,被发现犯罪行为或在判决时已满十八周岁,也应对该犯罪记录予以封存。

(二)适用范围

按照《刑事诉讼法》第二百八十六条的规定,犯罪记录封存适用范围,为被判处五年有期徒刑以下刑罚情形,具体包括被判处五年以下有期徒刑、拘役、管制、单处附加刑的情形。《中央综治委预防青少年违法犯罪工作领导小组、最高人民法院、最高人民检察院等关于进一步建立和完善办理未成年人刑事案件配套工作体系的若干意见》将封存范围扩大到行政处罚记录和被刑事立案、采取刑事强制措施、不起诉等情形。

(三)法律效果

封存记录,包括全部案卷材料(纸质档案和电子档案)、裁判文书及其他案件信息,包括立案侦查阶段、审查起诉阶段、审判阶段以及执行阶段所形成的全部记录。

对依法公开审理,但可能需要封存犯罪记录的案件,不得组织人员旁听。对依法应当封存犯罪记录的案件,宣判时不得组织人员旁听。犯罪记录被封存的,除法定情形外,不得向任何单位和个人提供,任何个人和单位不得借阅、复制、摘抄、泄露未成年人被封存的档案。犯罪记录被封存的,除法律规定的情形外,未成年人免除前科报告义务,不必向工作单位、学校等报告自己曾受过刑事处罚的情况。

(四)封存主体

所有涉及犯罪记录的机构都应属于犯罪记录的封存主体,包括法院、检察院、公安机关、国家安全机关以及监狱、看守所、拘留所、社区矫正机构等司法部门和相关机构。

需要特别注意的是,依据《律师法》的规定,律师应当保守在执业活动中知悉的国家秘密、商业秘密,不得泄露当事人的隐私。律师对在执业活动中知悉的委托人和其他人不愿泄露的情况和信息,应当予以保密。因此,律所和律师对在办理未成年案件中所形成的记录材料,也应该进行封存,不得泄露。

(五)信息查询

司法机关为办案需要或者有关单位根据国家规定,可以依法向有关封存主体申请查询封存记录中的相关信息。依法进行查询的单位,应当对被封存的犯罪记录的情况予以保密。

(六)记录解封

对被封存犯罪记录的未成年人,符合下列条件之一的,应当对其犯罪记录解除封存:①实施新的犯罪,且新罪与封存记录之罪数罪并罚后被决定执行五年有期徒刑以上刑罚的;②发现漏罪,且漏罪与封存记录之罪数罪并罚后被决定执行五年有期徒刑以上刑罚的。

未成年人犯罪记录封存制度在我国刚起步,需要进一步明确相关适用程序及实践操作,也需要建立其他配套制度,发挥整体联动效力,使该项制度在法律的指引下趋于规范和合理,具有更强的可操作性,体现该制度对保护、教育未成年犯的初衷。

第十章

律师职业道德

引言

律师职业道德是指导律师执业行为的准则，是评判律师执业行为是否符合律师职业要求的标准，是对违规律师、律师事务所追究职业责任的依据。律师职业道德是律师职业的基本属性和群体特征的具体体现，是律师实现自我管理的一个基本途径，也是律师享有良好社会地位的有效保证，直接影响着律师的社会威望和社会公信力。

教学目的与效果：通过对学习律师职业中应该遵循的道德规范，提高法科学生的道德认知能力、道德评价能力以及解决道德冲突的能力，促使学生培养人文情怀，使未来的律师能够深刻理解律师职业的精神和理念，了解律师职业是一种受高尚道德约束的职业，能够在未来的律师职业活动中时刻维护律师职业的形象和声誉。

教学设计与实施：主要内容包括律师职业道德概述、律师职业道德基本准则、律师执业行为规范、律师职业责任。综合运用多种教学方法，以学生为中心，重复调动学生积极性。一是讲授法。主要用于律师职业道德规范知识的传授，提高学生对律师职业道德认知。二是讨论交流法。对法律实践中的道德问题，进行独立思考、小组讨论、交流讨论，提高学生的道德评价能力以及解决道德冲突的能力。三是法律诊所教学法。学生提供法律援助、法律咨询等实战机会来训练法律技能的同时，进行道德感情的亲身体验，从而使学生从内心深处认同律师职业道德规范，并内化和提升为职业信念和道德品质。

教学注意事项：一是课程的特殊性对教育者自身素质提出了较高的要求，教师的言传身教是一项非常重要的教学内容，教师的观点、态度，甚至一言一行都会决定教学效果的好坏。二是教师应引导学生客观地、积极地看待和分析各种社会现象，特别是司法腐败等丑恶现象，能够从社会进步发展的角度进行分析，能够面对现实激发学生的学习热情和职业责任感,使学生产生担负推动社会历史进步使命的责任感。三是教师紧紧以教学设计实施展开教学,坚决避免将道德教育简单的转换为教授律师风险防范,甚至打擦边球的技能型课程。四是职业道德教育作为一种养成教育,应贯穿至法学专业教育的整个过程之中,单就本课程来说,律师职业道德教育不应局限于本章节的学习,应在其他章节的法律知识、技能学习中注意渗透道德教育。

案例

律师违规会见案①

苏州市第四看守所投诉称,江苏正盛律师事务所郭××律师和江苏均锐律师事务所柴××律师在各自会见犯罪嫌疑人时,存在违规行为。经苏州市律师协会调查,郭××律师在会见犯罪嫌疑人陈某时,向陈某提供纸、笔,让其书写信件,被看守所民警发现并当即收缴了信件。郭××律师对此事实予以认可,并承认违规,态度诚恳。柴××律师在会见犯罪嫌疑人杨某时,向杨某传递了其丈夫的书信一封,在杨某看信时被看守所民警发现并予以制止,收缴了信件。柴××律师对此事实予以认可,并承认违规,态度诚恳。苏州市律师协会认为,郭××律师、柴××律师在会见犯罪嫌疑人时传递信件的行为已构成违规。根据《律师协会会员违规行为处分规则(试行)》第十八条第(二)项"承认违规并作出诚恳书面反省的",第三十五条第(一)项"会见在押犯罪嫌疑人、被告人时,违反有关规定,携带犯罪嫌疑人、被告人的近亲属或者其他利害关系人会见,将通信工具提供给在押犯罪嫌疑人、被告人使用,或者传递物品、文件"的规定,决定分别给予郭××、柴××两名律师中止会员权利6个月的处分。

第一节　律师职业道德概述

一、职业道德概述

道德是依靠社会舆论和人的内心信念来维持的、调整人们相互关系的行为规范的总和。它以善恶、正义非正义、诚实与虚伪等道德概念来评价和调节人们的行

① 案件来源:中国律师网(http://www.acla.org.cn/article/page/detailById/20278)。

为。[①] 从社会的角度来讲,群体中的个体之间存在着差异,而且这种差异有时还很突出,个体选择独处差异并不存在,但个体之间一旦想要共同生活并组建社会,那就需要将差异限制在合理的范围内,否则共同生活的基础将不复存在,所以为了共同生活就需要有一种规则来调和大家的差异,道德也就产生了。因此,道德是群体和社会的必然产物。

职业,是指人们在社会生活中从事的专门业务和对社会承担的一定职责。自有社会分工以来,职业活动就是人类社会生活的一个主要内容。人们一经进入社会生活,便分别终身地或较长时期地从事某一种具有专门业务和特定职责的社会活动,并在这期间以此作为自己获得主要生活来源的方式。因此,职业是社会分工的产物。[②]

职业道德是指从事一定职业劳动的人们,在特定的工作和劳动中以其内心信念和特殊社会手段来维系的,以善恶进行评价的心理意识、行为原则和行为规范的总和,它是人们在从事职业的过程中形成的一种具有强制性的约束机制。在现代社会,职业道德成为社会道德的中心层次,生活的多元化和专业领域的分殊,导致职业道德的崛起,可以说它是社会生产力和社会职业分工发展的结果。[③] 现代社会,职业道德不仅包括传统意义上的德行要求,更多地表现为一种规范、一种行为准则。职业道德既是从业人员在进行职业活动时应遵循的行为规范,同时又是从业人员对社会所应承担的道德责任和义务。一般来说,职业道德主要有以下几个方面的特征:一是具体化,相对于整个社会的道德而言它更具体,这是由职业群体规模相对于社会整体规模更小所决定的;二是专业化,这是由不同职业所具有的专业特点所决定的;三是平等性,因为职业群体内部大家都从事着相同的职业,所以一般而言群体之间都是平等的关系,职业道德就不再像原来的社会整体的道德一样出现臣服君、子听父、妇从夫等不平等的等级差异,而是以专业为基础的平等。[④]

职业道德与职业活动紧密相连,受职业特点的限制,具有职业自身的特征。正如恩格斯在《路德维希·费尔巴哈和德国古典哲学的终结》一文中所指出的那样,在社会生活中,“实际上,每一个阶级,甚至每一个行业,都各有各的道德”。同样,法国伦理学家爱弥尔·涂尔干指出,“职业道德的每一个分支都是职业群体的产物,那么它们必然带有群体的性质。一般而言,所有事物都是平等的,群体的结

---

① 章武生、韩长印:《律师职业道德之比较》,《法学评论》,1998年第4期,第91页。

② 安立民:《律师职业道德养成与法学教育》,《中国法学教育研究》,2007年第4期,第90页。

③ 石梦希:《律师职业道德探析》,湘潭大学,2009年硕士学位论文。

④ 马斌:《律师职业的产生原因及其规范——以涂尔干社会分工理论为视角》,陕西师范大学,2015年硕士学位论文。

构越牢固,适用于群体的道德规范就越多,群体统摄其成员的权威就越大。群体越紧密地凝聚在一起,个体之间的联系就越紧密、越频繁。这些联系越紧密、越频繁,观念和情感的交流就越多,舆论也越容易扩散并覆盖更多的事物。显然这就是大量事物都能各就其位的缘故……所以我们可以说,职业道德越发达,它们的作用越先进,职业群体自身的组织就越稳定、越合理。”从事某种特定职业的人们,有着特定的工作方式,经受过特定的职业培训,具有特定的职业兴趣、爱好、习惯、传统和心理,结成具有特定职业关系的特定群体。因为有特定的社会责任和职业要求,就产生了和这种特定职业相关联的职业道德。不同的职业有着不同的职业道德要求。职业道德是一般社会道德在职业活动的体现,具有职业和行业的特征。①

二、律师职业概述

正如徐尔干所说,“职业道德的每一个分支都是职业群体的产物,那么它们必然带有群体的性质。”律师职业的基本属性和群体特征决定了律师职业道德的基本内容,也决定了律师职业道德与一般社会道德以及其他职业道德之间的区别。因此,学习和理解律师职业道德,必须从理解律师职业的基本属性和群体特征开始。

律师,英文 lawyer,泛指为人们提供法律帮助的人。律师作为一种职业的出现,最早可追溯到两千多年前罗马共和国时期。古罗马的“代理人”制度被认为是律师制度的起源,而在罗马共和国后期,从法学家中分化出了一批以专门从事法律咨询、代写诉状及法律文书、代理诉讼为职业的“代理人”,被称之为“律师”并得到国家法律的确认,律师制度正式确立。进入中世纪,尽管古罗马兴起的律师制度在欧洲某些国家沿袭下来,但在中世纪却极其萧条,长期没有发展。现代意义上的律师制度是 17、18 世纪资产阶级反对封建主义,要求民主、自由革命胜利的产物。资产阶级启蒙思想家,如英国的洛克,法国的伏尔泰、卢梭等人,在提出反对封建专制制度,建立民主、平等、自由的资产阶级政治制度的理论与口号的同时,在司法制度上主张建立公平的诉讼制度,实行公并审判和辩论原则,废除纠向式的野蛮审判。1769 年,英国《人身保护法》的公布,标志着现代律师制度的确立。② 古代中国作为一个农业文明国家,在高度集中统一的政治体制以及以纲常礼教为主要内容的封建性法律文化下,没有形成现代意义上的律师职业和律师制度。随着清末政府的变法和民国政府的建立,沈家本等人引进西方法律制度的同时,建立起了中国的

---

① 安立民:《律师职业道德养成与法学教育》,《中国法学教育研究》,2007 年第 4 期,第 91–92 页。

② 庄庆生:《律师制度的历史》,《法律科学》,1992 年底 1 期,第 75–76 页。

律师制度。新中国成立后,受到政治风波的影响,加上传统观念的束缚,使得律师职业在我国的发展道路倍显曲折,直至十一届三中全会后才得以步入正轨。1980年《律师暂行条例》施行,1987年中华全国律师协会成立,1996年《律师法》诞生。自此以后,中国律师职业伴随着中国社会主义市场经济的进程稳步发展。

关于律师职业的基本属性和群体特征,各国律师法有不同的表述。在我国,随着律师行业的不断发展与成熟,对律师职业的认识也不断深化,从"国家的法律工作者"到"为社会提供法律服务的执业人员",再到"为当事人提供法律服务的执业人员",逐步体现出律师职业的基本属性和群体特征。根据我国新《律师法》规定,律师是指依法取得律师执业证书,接受委托或者指定,为当事人提供法律服务的执业人员。律师应当维护当事人合法权益,维护法律正确实施,维护社会公平和正义。以我国《律师法》的相关内容为基本依据,结合世界范围内律师职业的起源和发展状况,我们认为律师作为一个职业,有以下几个方面的基本属性和群体特征。

(一)律师拥有法律专业知识和技能,提供专门法律服务

从律师职业的发展史可以看出,律师的前身就是以专门从事法律咨询、代写诉状及法律文书、代理诉讼为职业的"代理人"。律师职业属于典型的知识阶层,律师的执业活动是依靠专门的知识和技能进行的,律师必须具有法学专业背景,接受过专业技能的培训,能够熟练的运用所掌握的法学知识服务于社会。当事人对律师的依赖和信任也是基于律师在法律上的专业性,律师在法律上的专业性是律师和当事人建立关系的基础,律师依靠其法律专业知识和技能,向当事人提供服务,获取信任,赢得声誉。

当前,许多国家都实行律师职业准入制度。在我国,律师职业资格的取得必须通过国家统一的法律职业资格考试,以确保进入律师职业的人,已经接受了法学专业的良好教育以及掌握了一定法律专业技能。此外,律师职业本身还是一项强调实践性、经验性的工作。因此,在通过法律职业资格考试获得职业资格后,还需要经过一年的实习期,实习评定合格,方能"依法取得律师执业证书",成为一名真正的律师,独立执业。同时,各国法律对于冒充律师从事法律服务都是绝对禁止的,以此进一步确保法律服务的专业水准。我国《律师法》规定,"没有取得律师执业证书的人员,不得以律师名义从事法律服务业务;除法律另有规定外,不得从事诉讼代理或者辩护业务。"

(二)律师职业与民主法治息息相关

人类社会的发展和进步离不开民主与法治,律师职业的形成与民主、法治有着密不可分的联系。在古罗马时期,朴素的政治民主和法制制度是律师及律师职业得以产生的原因。现代意义上的律师制度正是在资产阶级革命中,反对封建专制,要求民主、平等、自由的产物。法国的政治思想家托克维尔认为,律师是"平衡

民主的最强大力量","(对)行将诞生的民主政治社会负有重大使命"。在现代法治社会中,由法律规定国家的政治体系、政治结构和政治权力的分配,律师作为法律职业群体中重要的组成部分,与国家的政治进程有着千丝万缕的联系。[①] 美国著名的律师、政治家威尔逊认为,律师创立了美国州政府和联邦政府的结构,并主宰了美国建国初期所有重大政治进程。从某种意义上说,律师及律师制度的产生,是统治阶级为了更好地管理国家的需要而用法律固定下来的。[②]

在中国,古代社会君主专制的政治制度,窒息了以辩论为特长,以主张平等和权利为基本形式的法律服务业的孕育和产生,这是中国古代社会之所以没有律师及律师职业的重要原因。[③] 同样,在新中国建立后的 20 世纪 50 年代末到 70 年代末长达 20 多年里,由于以阶级斗争为纲,政治运动频繁,民主法治得不到保证,以致律师制度同遭厄运。[④] 我国著名法学家江平先生多次强调,律师通过制约公权力来保障人权,律师是一个国家法治文明的标志,"律师兴则法治兴,法治兴则国家兴"。著名律师陈西有也说过,律师在推动法治建设的进程中,代表的是理性的力量,代表的是秩序的力量。

可见,现代律师职业是由于所处社会追求民主法治而产生,也是为了维护民主法治而存在,更是为了实现民主法治而发展。律师的终极价值是实现民主和法治,离开对法治精神的追求、维护和实现也就不会有律师职业的立足之地。这一点在中外现代史上已得到证实。

(三)律师职业具有社会性

《律师法》对律师是"为当事人提供法律服务的执业人员"的描述,被认为是我国立法对律师职业具有"社会性"属性的认可。律师职业的社会性是指:律师不是国家工作人员,不隶属于任何机构和组织;其业务活动是服务性的,不是公务性的;律师执业的权力完全来自当事人的授权,律师的业务来源完全依赖于律师自身的知识和能力从社会中获得,没有任何一个组织和机构为律师的生存和发展提供经济上的帮助;律师的执业行为也没有强制力。也就是说,主体身份的社会性、业务活动的服务性、执业权利的当事人授予性、执业行为效力的非强制性,这四个方面构成了律师职业社会属性内涵的完整意义。[⑤]

律师与当事人之间的委托代理关系是律师职业社会属性最集中的表现。律师

---

① 季本森:《中国律师业发展问题研究》,吉林人民出版社,2001,第 5 页。

② 谢佑平:《属性解读与制度完善:律师职业透视》,《湖南社会科学》,2003 年第 3 期,第 62 页。

③ 谢佑平:《差异与成因:中国古代"辩护士""讼师"与现代职业律师》,《比较法研究》,2003 年第 2 期,第 95 页。

④ 庄庆生:《律师制度的历史》,《法律科学》,1992 年第 1 期,第 77 页。

⑤ 司莉等著:《律师职业操守》,北京大学出版社,2013,第 31 页。

和当事人之间通过签订合同来建立联系，当事人聘请律师来维护自己的权益，律师在当事人授权范围内进行各种法律活动，两者形成委托关系，当事人是委托人，律师是受委托人。既然律师与委托人之间的关系是一种委托代理关系，根据我国《民法典》的相关规定，作为当事人的代理人，律师要使委托人明确其法律上的权利与义务，律师要运用自己的专业技能通过具体的法律行为最大限度地维护委托人的合法权益。这是律师最基本的职责。维护委托人的合法权益，是律师的第一使命。[①] 正如林达在其所著的《历史深处的忧虑》中指出的，“律师是有他的职责的，他的职责就是不论他的顾客是什么人，在收取顾客费用的同时，就提供尽善尽美的法律服务，使他的顾客能够最大限度地利用法律保护自己的公民权利”。[②]

律师职业的商业性是律师职业社会属性中的应有之义。律师所提供的法律服务在交换的市场上也是一种特殊商品，律师与当事人之间达成双向合意的社会契约并付诸实施的行为，实质上是一种商业行为。律师通过自己的知识、技能为当事人提供法律服务，当事人则通过给付金钱的方式向律师支付酬金。[③] 律师的社会属性决定了当事人和律师之间的双向选择成为可能，同时也正是律师职业的社会性属性决定了律师必然存在竞争。在市场经济环境下，律师职业存在商业性是必然的，一定程度的商业性也是律师社会性的必然体现。[④] 当然，作为一种提供法律服务的特殊行业，律师是维护国家法制和社会稳定的重要力量，它和商人有着本质的区别，绝不能把提供法律服务视作一种生意，为了发财而冀盼人们都陷入纠纷的陷阱。[⑤]

（四）律师职业具有独立性

律师职业独立性被认为是律师职业最重要、最根本的属性。律师职业与民主法治息息相关，通过制约公权力保障人权、追求正义的历史使命决定了律师必然独立于公权力。同时，律师职业能否存在和发展，很大程度上取决于能否取得委托人的信任，而委托人的信任又是建立在律师职业的独立性上。如果律师职业不具有独立性，要受制于这种要求，听命于那种声音，那就不可能真正充分地为委托人提供法律服务，而一旦如此，就失去了委托人的信任，失去了其生存发展的“衣食父母”。因此，可以说独立性是律师职业的生命线。[⑥]

---

① 许身健编：《法律诊所》，中国人民大学出版社，2014，第 59 页。

② 林达著：《历史深处的忧虑》，生活·读书·新知三联出版社，1999，第 58 页。

③ 谢佑平：《属性解读与制度完善：律师职业透视》，《湖南社会科学》，2003 年第 3 期，第 64 页。

④ 司莉等：《律师职业操守》，北京大学出版社，2013，第 31 页，第 35 页。

⑤ 阿计：《正义与金钱你为谁辩护—中国律师形象的采访与展望（上）》，《中国律师》，1996 年第 9 期，第 23 页。

⑥ 顾永忠等：《论律师的职业属》，《中国司法》，2007 年第 4 期，第 50 页。

律师职业独立就是要求律师职业应该在制度上与国家权力和拥有权力的任用分离，与其他社会组织和人员分离，保证律师的职业判断和执行行为仅仅来自律师个人，即基于事实、法律规定和职业经验、技能，不受任何组织部和个人的干预和影响。律师职业独立不仅包括宏观上整个律师行业的管理自治，还包括微观上律师个体的职业独立。律师行业的自治管理要求最大限度地减少行政权力对律师业务活动和管理活动的直接干预，而应由自治性的律师行业协会负责律师的行业管理。律师独立执业，就是指律师在执业活动中，要独立地进行辩护或代理以及独立地提出意见或建议，不受非律师左右，不受包括委托人、自己的职业机构、自己行业的管理部门和管理组织以及承办此案的法官和其他人员的非正常影响。律师对于案件包括对所有专业问题的判断来自于自己对事实的掌握和对于法律的理解，是完全依赖自己的意志独立做出的，律师自己对这种判断正确与否负责。[①]

（五）律师职业具有政治性

政治性是律师职业的天然属性。律师制度作为一个国家民主政治制度的重要组成部分，体现了人民对自由、平等和正义的追求以及国家对人权的尊重和保障。律师是推进国家法制建设，实现法治目标的重要力量之一。律师有强烈的政治使命，律师与政治的联系与生俱来，律师职业具有先天的“政治性”属性。[②] 从某种意义上说，律师及律师制度的产生，是统治阶级为了更好地管理国家的需要而用法律固定下来的。

在中国，现阶段律师职业的政治属性集中体现为“中国特色社会主义法律工作者”。这一政治属性所反映的是中国律师的职业立场和价值追求，这种立场和价值观就是要把个人的前途命运与国家和民族的前途命运紧密联系在一起，把个人的价值追求与党和人民的事业紧密联系在一起，真正做到拥护社会主义制度、拥护党的领导、拥护宪法。我国《律师法》中，有关律师“应当维护当事人合法权益，维护法律正确实施，维护社会公平和正义”“必须遵守宪法和法律”的规定，是律师职业政治性的具体表现。

三、律师职业道德概述

律师职业道德，是指从事律师职业的人，在执行律师职务、履行律师职责的过程中应遵守的道德规范和行为准则。具体包括律师工作的宗旨、指导思想、道德标准等内容，它是在律师执业活动中，通过内心信念、社会舆论和道德教育所形成的

---

① 司莉等：《律师职业操守》，北京大学出版社，2013，第126-127页。

② 陈海：《律师职业的本质属性与律师职业定位的应然性思考》，《内蒙古农业大学学报（社会科学版）》，2010年第1期，第15页。

行为规范的总合。[①] 律师职业道德是指导律师执业行为的准则,是评判律师执业行为是否符合律师职业要求的标准,是对违规律师、律师事务所追究职业责任的依据。律师职业道德是律师职业的基本属性和群体特征的具体体现,是律师实现自我管理的一个基本途径,也是律师享有良好社会地位的有效保证,直接影响着律师的社会威望和社会公信力。

自 20 世纪 80 年代我国律师制度恢复以来,伴随着我国律师管理体制的变化发展,我国律师职业道德建设也经历了一个不断变化的过程。总体上看,1996 年《律师法》施行以后,我国律师管理体制由行政管理向行业自治管理过渡,中华全国律师协会开始逐渐发挥行业管理作用。目前,我国关于律师职业道德的相关规范主要有全国人大制定的《律师法》,司法部制定的《律师和律师事务所违法行为处罚办法》以及全国律师协会制定的《律师职业道德和执业纪律规范》《律师执业行为规范》《律师职业道德基本准则》等。

正如前所述,现代社会,职业道德不仅包括传统意义上的德行要求,更多地表现为一种规范、一种行为准则。因此,职业道德在内容上可以包括两个层面:一是职业道德基本准则,这是律师职业所追求的高尚品德,具有较强的原则性和概括性,体现了较多的自律性,在我国集中表现在《律师职业道德基本准则》之中;二是执业行为规范,这是律师执业最基本的纪律约束,具有具体性和明确性,体现了较多的强制性,在我国集中表现在《律师执业行为规范》之中。职业道德基本准则和执业行为规范之间既有联系又有区别。律师执业行为规范是职业道德基本准则的具体化,是职业道德基本准则得以体现的载体,而律师职业道德基本准则是执业行为规范的确立依据,二者相互渗透、相互支撑,缺一不可。

第二节 律师职业道德基本准则

党的十八届三中全会作出的《中共中央关于全面深化改革若干重大问题的决定》明确提出,要加强律师职业道德建设;司法部也出台了《关于进一步加强律师职业道德建设的意见》,对进一步加强律师职业道德建设做出全面部署;为贯彻落实司法部工作部署,进一步加强律师职业道德建设,促进律师依法规范诚信执业,全国律师协会于 2014 年 6 月制定下发了《律师职业道德基本准则》。《律师职业道德基本准则》共分六条,分别规定了"忠诚、为民、法治、正义、诚信、敬业"六个方面。

(1)忠诚。"律师应当坚定中国特色社会主义理想信念,坚持中国特色社会主义律师制度的本质属性,拥护党的领导,拥护社会主义制度,自觉维护宪法和法律

① 王国良、黄瑞、肖萍:《中外律师制度比较研究》,江西人民出版社,2003,第 192 页。

尊严。”政治性是律师职业的天然属性。律师应当坚决抵制违反我国宪法原则、不符合我国国情的西方政治制度、法律制度和法治观念对我国律师行业的不良影响和侵蚀，自觉抵制境内外敌对势力对我国律师队伍的渗透和利用，始终坚持律师工作正确方向。

(2)为民。“律师应当始终把执业为民作为根本宗旨，全心全意为人民群众服务，通过执业活动努力维护人民群众的根本利益，维护公民、法人和其他组织的合法权益。认真履行法律援助义务，积极参加社会公益活动，自觉承担社会责任。”律师不同于商人，律师在为当事人提供勤勉尽责、优质高效法律服务的同时，律师还要具有奉献社会的精神，积极关注参与社会公益活动，应正确处理执业经济效益与社会效益、业务发展和社会责任的关系，忠实履行辩护代理职责和法律援助义务，在社会认同中实现个人价值。

(3)法治。“律师应当坚定法治信仰，牢固树立法治意识，模范遵守宪法和法律，切实维护宪法和法律尊严。在执业中坚持以事实为根据，以法律为准绳，严格依法履责，尊重司法权威，遵守诉讼规则和法庭纪律，与司法人员建立良性互动关系，维护法律正确实施，促进司法公正。”律师职业因法治而生，为法治而存。信仰法律、坚守法律底线是律师做人和做事的基本原则，律师不应受到任何法律以外因素的影响，不得以不当、错误的方式干扰案件依法办理，不得纵容、支持当事人以非法手段扰乱司法执法秩序，不得与司法人员进行不正当交往或者向其输送利益，维护法律正确实施，促进司法公正。

(4)正义。“律师应当把维护公平正义作为核心价值追求，为当事人提供勤勉尽责、优质高效的法律服务，努力维护当事人合法权益。引导当事人依法理性维权，维护社会大局稳定。依法充分履行辩护或代理职责，促进案件依法、公正解决。”律师职业与民主息息相关，律师的使命之一就是追求正义和公平。因此，律师应牢固树立使命意识，律师通过在法律的框架下的维权活动来捍卫法律的尊严、维护法律的公平、体现法律的公正，促进案件依法、公正解决，从而实现社会的公平、正义，让人民群众在每一起案件和服务事项中都能感受到公平正义。

(5)诚信。“律师应当牢固树立诚信意识，自觉遵守执业行为规范，在执业中恪尽职守、诚实守信、勤勉尽责、严格自律。积极履行合同约定义务和法定义务，维护委托人合法权益，保守在执业活动中知悉的国家机密、商业秘密和个人隐私。”律师职业存在的基础在于当事人的信任，而当事人的信任在很大程度上来自于律师的诚信。律师只有具备良好的信誉品质，才能取得委托人的信任和社会的重视，才能更好维护公民法人的合法权益，也才能真正对抗强权、保护弱者。因此，诚信乃律师的立业之本。律师应当牢固树立诚信意识，自觉遵守职业道德准则和执业行为规范，不得违反或者懈怠履行合同约定的义务，不得违反执业利益冲突限制性规定，不得利用提供服务便利牟取当事人争议的利益，不得向委托人索取额外财物或利益，不得与他人串通侵害委托人的权益，不得泄露当事人的商业秘密和个人隐私，不得采用不当方式与同行进行竞争，做社会诚信建设的表率。

(6)敬业。“律师应当热爱律师职业，珍惜律师荣誉，树立正确的执业理念，不断提高专业素质和执业水平，注重陶冶个人品行和道德情操，忠于职守，爱岗敬业，尊重同行，维护律师的个人声誉和律师行业形象。”受人之托、忠人之事应是每一名律师的信条。律师应该努力钻研业务，充分运用自己的专业知识和技能，不轻言放弃，竭尽全力，在不可能中寻找可能，及时、准确、高品质地完成工作，坚决抵制趋利化倾向和不讲职业操守、失德失信行为，加强自律，努力维护律师个人声誉和律师行业形象，忠实履行工作职责使命。

第三节　律师执业行为规范

中华全国律师协会2001年制定的《律师职业道德和执业纪律规范》和2017年修订的《律师执业行为规范》指出，律师执业行为规范主要内容包括律师与委托人的关系规范、律师与对方当事人及其律师关系规范、律师与法官、检察官、仲裁员关系规范、律师与同行关系规范、律师与执业机构及行业组织关系规范、律师业务宣传规范、律师形象规范等等，其目的在于规范律师的执业行为，维护当事人的合法权益，避免和减少律师执业风险，并确立展示律师职业群体良好形象，提高社会认可度。

一、律师与委托人或当事人的关系规范

律师与委托人或当事人的关系是律师执业行为规范中的核心，律师执业行为规范的其他内容也大多由此延伸。律师的整个职业生涯基本上都始终处于与委托人或当事人的交往之中，是否能建立起稳定持续、健康合法、相互信任的关系，不仅反映出律师的职业能力如何，也将在某种程度上预示着律师的职业前景。

(一)委托代理关系

1. 依据委托协议在委托权限内维护委托人的合法利益

律师与委托人关系的建立源于双方自愿达成的委托协议，律师应当在委托协议的授权范围内开展执业活动，如需特别授权，必须事先取得委托人的书面同意。律师作为委托人法律上的代理人，应当充分运用专业知识，依照法律和委托协议完成委托事项，维护委托人或者当事人的合法权益，在任何情况下律师均不能利用职业上的优势地位，利用故意设计不平等条款等方式限制或侵犯当事人正当权利。《律师执业行为规范》规定，律师应当与委托人就委托事项范围、内容、权限、费用、期限等进行协商，经协商达成一致后，由律师事务所与委托人签署委托协议。律师

接受委托后，应当在委托人委托的权限内开展执业活动，不得超越委托权限。

2. 诚实守信、勤勉尽责

律师与委托人或当事人关系建立后，必须立足于维护委托人的合法权益，讲究质量，追求效率，依法依约提供法律服务，力戒迟延懈怠，杜绝失职。律师应该以合作伙伴的身份与委托人进行及时有效的信息沟通，决不能凭借自己在法律知识和技能上的优势地位而无视、怠慢和藐视委托人。在刑事辩护中，有的律师每个按键的辩护词千篇一律，甚至使用通用模板；有的律师不写辩护词而临阵发挥；有的律师怕担风险，当辩不辩，甚至迎合附合公诉人意见，这些都是严重违背律师诚实守信、勤勉尽责执业规范的行为。《律师执业行为规范》规定，应当严格按照法律规定的期间、时效以及与委托人约定的时间办理委托事项。对委托人了解委托事项办理情况的要求，应当及时给予答复。

3. 依法据实，独立执业

律师向委托人出卖的是法律知识和技能，而绝不是法律和人格的尊严。律师以维护委托人的利益为首要目的，但必须以维护法律尊严为底线，两者共同统一于实现社会公平与正义。因此，律师必须具有一定的独立性。《律师执业行为规范》规定，律师与所任职律师事务所有权根据法律规定、公平正义及律师执业道德标准，选择实现委托人或者当事人目的的方案。委托事项违法、委托人利用律师提供的服务从事违法活动或者委托人故意隐瞒与案件有关的重要事实的，律师有权告知委托人并要求其整改，有权拒绝辩护或者代理，或以其他方式终止委托，并有权就已经履行事务取得律师费。

4. 客观告知风险

律师不是万能之神，而困境之中的委托人往往对律师有着强烈而过度的期许。因此，律师对受托事项中的可能性风险必须有谨慎的预判，并有义务将相关风险客观、诚实地告知委托人。这既是对委托人的尊重，也是对律师自身的保护。《律师执业行为规范》规定，律师在承办受托业务时，对已经出现的和可能出现的不可克服的困难、风险，应当及时通知委托人，并向律师事务所报告。

（二）禁止虚假承诺

客观承诺是在律师与委托人之间建立互信的基本规则。律师向委托人提出意见，应当谨慎、诚实，客观告知委托人可能出现的法律风险，禁止为了招揽业务故意误导或作出虚假承诺，禁止向委托人作出关于案件最终判决结果的必然承诺。特别是在刑事业务中，坚决不能承诺通过辩护必然获得无罪的结果。虚假或不适当的承诺，必然会损害律师与委托人之间的互信关系，而一旦承诺不能实现，双方也可能因此产生纠纷，甚至导致律师因此丢了饭碗。《律师执业行为规范》规定，律师根据委托人提供的事实和证据，依据法律规定进行分析，向委托人提出分析性意见。律师的辩护、代理意见未被采纳，不属于虚假承诺。

（三）禁止非法牟取委托人权益

除依法收取法律服务费外，律师不得与当事人进行任何形式的商业交易。这一点，在实践中有必要从严把握。即便是在某种情况下，某些商业交易行为无损甚至有益于当事人的利益，律师也应坚决避免。《律师执业行为规范》规定，律师和律师事务所不得利用提供法律服务的便利，牟取当事人争议的权益。律师和律师事务所不得违法与委托人就争议的权益产生经济上的联系，不得与委托人约定将争议标的物出售给自己；不得委托他人为自己或为自己的近亲属收购、租赁委托人与他人发生争议的标的物。律师事务所可以依法与当事人或委托人签订以回收款项或标的物为前提按照一定比例收取货币或实物作为律师费用的协议。

（四）利益冲突审查

律师不能同时对利益对立的双方都尽到忠诚义务，也不能在同时代表有利益冲突的委托人时，或者委托人与律师本人有利益冲突时作出独立判断。为了保护委托人的利益，在出现利益冲突时，律师必须回避。《律师执业行为规范》规定，律师事务所应当建立利益冲突审查制度。律师事务所在接受委托之前，应当进行利益冲突审查并作出是否接受委托决定。办理委托事务的律师与委托人之间存在利害关系或利益冲突的，不得承办该业务并应当主动提出回避。

关于存在利益冲突的情形，《律师执业行为规范》按照利益冲突的不同程度分为了两大类，一类是存在利益冲突必须无条件回避的；另一类是存在利益冲突应回避，但如果委托人明确同意的可以不回避。

第一类，有下列情形之一的，律师及律师事务所不得与当事人建立或维持委托关系：律师在同一案件中为双方当事人担任代理人，或代理与本人或者其近亲属有利益冲突的法律事务的；律师办理诉讼或者非诉讼业务，其近亲属是对方当事人的法定代表人或者代理人的；曾经亲自处理或者审理过某一事项或者案件的行政机关工作人员、审判人员、检察人员、仲裁员，成为律师后又办理该事项或者案件的；同一律师事务所的不同律师同时担任同一刑事案件的被害人的代理人和犯罪嫌疑人、被告人的辩护人，但在该县区域内只有一家律师事务所且事先征得当事人同意的除外；在民事诉讼、行政诉讼、仲裁案件中，同一律师事务所的不同律师同时担任争议双方当事人的代理人，或者本所或其工作人员为一方当事人，本所其他律师担任对方当事人的代理人的；在非诉讼业务中，除各方当事人共同委托外，同一律师事务所的律师同时担任彼此有利害关系的各方当事人的代理人的；在委托关系终止后，同一律师事务所或同一律师在同一案件后续审理或者处理中又接受对方当事人委托的；其他与上述情形相似，且依据律师执业经验和行业常识能够判断为应当主动回避且不得办理的利益冲突情形。

第二类，有下列情形之一的，律师应当告知委托人并主动提出回避，但委托人同意其代理或者继续承办的除外：接受民事诉讼、仲裁案件一方当事人的委托，而同所的其他律师是该案件中对方当事人的近亲属的；担任刑事案件犯罪嫌疑人、被告人的辩护人，而同所的其他律师是该案件被害人的近亲属的；同一律师事务所接受正在代理的诉讼案件或者非诉讼业务当事人的对方当事人所委托的其他法律业务的；律师事务所与委托人存在法律服务关系，在某一诉讼或仲裁案件中该委托人未要求该律师事务所律师担任其代理人，而该律师事务所律师担任该委托人对方当事人的代理人的；在委托关系终止后一年内，律师又就同一法律事务接受与原委托人有利害关系的对方当事人的委托的；其他与本条上述情况相似，且依据律师执业经验和行业常识能够判断的其他情形。律师和律师事务所发现存在上述情形的，应当告知委托人利益冲突的事实和可能产生的后果，由委托人决定是否建立或维持委托关系。委托人决定建立或维持委托关系的，应当签署知情同意书，表明当事人已经知悉存在利益冲突的基本事实和可能产生的法律后果，以及当事人明确同意与律师事务所及律师建立或维持委托关系。委托人知情并签署知情同意书以示豁免的，承办律师在办理案件的过程中应对各自委托人的案件信息予以保密，不得将与案件有关的信息披露给相对人的承办律师。

(五)保管委托人财产

律师受托保管委托人财产的，要由律师事务所与委托人签订书面协议，对所保管财产不得侵占、挪用。《律师执业行为规范》规定，律师事务所可以与委托人签订书面保管协议，妥善保管委托人财产，严格履行保管协议。律师事务所受委托保管委托人财产时，应当将委托人财产与律师事务所的财产、律师个人财产严格分离。

(六)转委托

律师与委托人的关系很大程度上建立在个体间的相互信任之上，此种信任便不能随意被取代或替换，因此，原则未经委托人同意是不得进行转委托的。特殊情况下，未经委托人同意进行转委托必须满足四个条件：一是受委托律师遇有突患疾病、工作调动等紧急情况不能履行委托协议；二是为了维护委托人的利益；三是应当及时告知委托人；四是非经委托人同意，不能增加其经济负担。《律师执业行为规范》规定，未经委托人同意，律师事务所不得将委托人委托的法律事务转委托其他律师事务所办理。但在紧急情况下，为维护委托人的利益可以转委托，但应当及时告知委托人。受委托律师遇有突患疾病、工作调动等紧急情况不能履行委托协议时，应当及时报告律师事务所，由律师事务所另行指定其他律师继续承办，并及时告知委托人。非经委托人的同意，不能因转委托而增加委托人的费用支出。

(七)委托关系的解除与终止

实践中，委托关系的解除与终止可分为三种情况：律师事务所单方解除或终止委托的，委托人与律师事务所协商解除协议的，委托人单方终止委托代理协议的。其中，对律师事务所单方解除或终止委托原则上是禁止的，只有特殊情况之下，才允许师事务所的单方解除或终止。《律师执业行为规范》规定，律师接受委托后，无正当理由不得拒绝辩护或者代理，或以其他方式终止委托。委托事项违法、委托人利用律师提供的服务从事违法活动或者委托人故意隐瞒与案件有关的重要事实的，律师有权告知委托人并要求其整改，有权拒绝辩护或者代理，或以其他方式终止委托，并有权就已经履行事务取得律师费。

律师事务所单方解除或终止委托的情形，又可分为“应当”和“可以”两种情况。《律师执业行为规范》规定，有下列情形之一的，律师事务所应当终止委托关系：委托人提出终止委托协议的；律师受到吊销执业证书或者停止执业处罚的，经过协商，委托人不同意更换律师的；当发现有不得与当事人建立或维持委托关系的利益冲突情形的；受委托律师因健康状况不适合继续履行委托协议的，经过协商，委托人不同意更换律师的；继续履行委托协议违反法律、法规、规章或者律协规范的。有下列情形之一，经提示委托人不纠正的，律师事务所可以解除委托协议：委托人利用律师提供的法律服务从事违法犯罪活动的；委托人要求律师完成无法实现或者不合理的目标的；委托人没有履行委托合同义务的；在事先无法预见的前提下，律师向委托人提供法律服务将会给律师带来不合理的费用负担，或给律师造成难以承受的、不合理的困难的；其他合法的理由的。

委托关系无论因何种原因而解除或终止，律师事务所都有权收取已提供服务部分的费用，当然也有义务退还当事人提供的证据、财物等。实践中，应注意避免出现因当事人拖欠律师费等原因而扣押当事人证据、财物的做法，这种做法不仅有损律师形象，也有可能因此让律师承担法律责任。《律师执业行为规范》规定，律师事务所依照前述的规定终止代理或者解除委托的，委托人与律师事务所协商解除协议的，委托人单方终止委托代理协议的，律师事务所有权收取已提供服务部分的费用。律师事务所与委托人解除委托关系后，应当退还当事人提供的资料原件、物证原物、视听资料底版等证据，并可以保留复印件存档。

二、律师参与诉讼或仲裁规范

律师乃法律之师、正义之师，自然首要的原则就是忠于宪法、法律，维护宪法和法律尊严。忠于宪法、法律，在诉讼或仲裁中就集中表现为忠于法庭、尊重法官。

（一）调查取证

作为律师，特别是刑辩律师，一方面要谨记“受人之托、忠人之事”，另一方面更不能忘记“忠于法律、忠于事实”。《律师执业行为规范》规定，律师应当依法调查取证。律师不得向司法机关或者仲裁机构提交明知是虚假的证据。相应的，我国《刑法》第三百零六条第一款规定了辩护人、诉讼代理人毁灭证据、伪造证据、妨害作证罪（俗称“律师伪证罪”），即在刑事诉讼中，辩护人、诉讼代理人毁灭、伪造证据，帮助当事人毁灭、伪造证据，威胁、引诱证人违背事实改变证言或者作伪证的,处三年以下有期徒刑或者拘役;情节严重的,处三年以上七年以下有期徒刑。

(二)尊重法庭与规范接触司法人员

尊重法庭,首要的就是要尊重法院和法庭的程序性规定,确保司法诉讼的顺利进行。《律师执业行为规范》规定,律师应当遵守法庭、仲裁庭纪律,遵守出庭时间、举证时限、提交法律文书期限及其他程序性规定。在开庭审理过程中,律师应当尊重法庭、仲裁庭。

律师尊重法庭、仲裁庭,就应当规范接触司法人员,维护法庭和法官的公正与廉洁。《律师执业行为规范》规定,律师在执业过程中,因对事实真假、证据真伪及法律适用是否正确而与诉讼相对方意见不一致的,或者为了向案件承办人提交新证据的,与案件承办人接触和交换意见应当在司法机关内指定场所。律师在办案过程中,不得与所承办案件有关的司法、仲裁人员私下接触。律师不得贿赂司法机关和仲裁机构人员,不得以许诺回报或者提供其他利益(包括物质利益和非物质形态的利益)等方式,与承办案件的司法、仲裁人员进行交易。律师不得介绍贿赂或者指使、诱导当事人行贿。我国《刑法》第三百八十九条、第三百九十条和第三百九十二条规定了行贿罪和介绍贿赂罪。

(三)庭审仪表和语态

律师在庭审中"仪表端庄、发言得体",不仅是对法庭和其他诉讼参与者的尊重,也是律师树立良好职业形象的重要方面。律师法庭着装要庄重、整洁、大方、合体,展现出律师的干练和品位。律师法庭发言要规范用语,尽量使用法言法语,避免使用夸张的肢体动作,避免使用侮辱性语言,同时也要避免"揭人所短、得理不饶人"。《律师执业行为规范》规定,律师担任辩护人、代理人参加法庭、仲裁庭审理,应当按照规定穿着律师出庭服装,佩戴律师出庭徽章,注重律师职业形象。律师在法庭或仲裁庭发言时应当举止庄重、大方,用词文明、得体。我国《律师法》也规定,在承办代理、辩护业务期间,发表、散布危害国家安全,恶意诽谤法官、检察官、仲裁员及对方当事人、第三人,严重扰乱法庭秩序的言论的,要受到相应的处罚。

三、律师与其他律师的关系规范

律师间不仅是职业共同体,亦是职业利益共同体,律师或律师事务所与律师行业总体上是一荣俱荣,一损俱损的关系。律师或律师事务所要生存、发展,律师与律师之间的相互帮助和尊重是非常重要的,而且是必须履行的义务。[①] 因此,《律师执业行为规范》第10条规定,律师应当尊重同行,公平竞争,同业互助。

---

① 司莉等:《律师职业操守》,北京大学出版社,2013,第235页。

(一)尊重与合作

律师在执业中应当相互帮助、相互尊重,不得使用挖苦、讽刺或者侮辱性的语言,不得发表恶意贬低、诋毁、损害同行声誉的言论,也不得利用转所损害原事务所的利益。《律师执业行为规范》规定,律师与其他律师之间应当相互帮助、相互尊重。在庭审或者谈判过程中各方律师应当互相尊重,不得使用挖苦、讽刺或者侮辱性的语言。律师或律师事务所不得在公众场合及媒体上发表恶意贬低、诋毁、损害同行声誉的言论。律师变更执业机构时应当维护委托人及原律师事务所的利益;律师事务所在接受转入律师时,不得损害原律师事务所的利益。

(二)禁止不正当竞争

律师之间公平竞争,是律师相互尊重在业务宣传和业务承揽方面的具体体现。公平竞争,是指市场参与者在同一市场条件下共同接受价值规律的作用和评判,并各自独立承担竞争结果的一种市场活动。[①] 律师职业具有一定的商业性,同行之间自然也就存在商业竞争。律师作为以追求公平为使命的职业,本身的执业活动就更应该遵守公平竞争的规则,包括禁止虚假宣传、虚假承诺,禁止恶意低价招揽业务等不正当竞争手段。《律师执业行为规范》第七十八条至第八十五条做了相关规定,其中第七十八条规定:“律师和律师事务所不得采用不正当手段进行业务竞争,损害其他律师及律师事务所的声誉或者其他合法权益。”第九十七条规定:“诋毁、诽谤其他律师或者律师事务所信誉、声誉;无正当理由,以低于同地区同行业收费标准为条件争揽业务,或者采用承诺给予客户、中介人、推荐人回扣、馈赠金钱、财物或者其他利益等方式争揽业务;故意在委托人与其代理律师之间制造纠纷;向委托人明示或者暗示自己或者其属的律师事务所与司法机关、政府机关、社会团体及其工作人员具有特殊关系;就法律服务结果或者诉讼结果作出虚假承诺;明示或者暗示可以帮助委托人达到不正当目的,或者以不正当的方式、手段达到委托人的目的。”第八十三条规定:“律师或律师事务所相互之间不得采用下列手段排挤竞争对手的公平竞争:串通抬高或者压低收费;为争揽业务,不正当获取其他律师和律师事务所收费报价或者其他提供法律服务的条件;泄露收费报价或者其他提供法律服务的条件等暂未公开的信息,损害相关律师事务所的合法权益。”此外,律师和律师事务所在与行政机关、行业管理部门以及企业的接触中,与司法机关及司法人员接触中,以及依照有关规定取得从事特定范围法律服务的,均不得采用不正当手段。

① 司莉等:《律师职业操守》,北京大学出版社,2013,第249页。

四、律师与所任职的律师事务所关系规范

律师的执业机构是律师事务所。依据律师法和有关行政规章的规定,律师事务所拥有对律师和律师事务所事务的管理权。律师不能独立地以个人名义承办法律事务,而应当通过律师事务所统一接受委托才能承办法律事务。律师事务所是与委托人签订委托协议的主体。律师过错给委托人造成损失的,也应当由律师事务所负责赔偿。律师是受律师事务所的指派而为委托人提供法律服务的。因此,律师的执业活动必须接受律师事务所的管理和监督。《律师执业行为规范》第八十六条至第九十七条做了相关规定,其中第八十六条规定,“律师事务所是律师的执业机构。律师事务所对本所执业律师负有教育、管理和监督的职责。”第八十九条规定,“律师承办业务,由律师事务所统一接受委托,与委托人签订书面委托合同,按照国家规定统一收取费用。”

五、律师与律师协会关系规范

我国律师制度初创以及恢复重建时期,在管理体制上都由司法行政机关对律师行业进行直接管理。从20世纪90年代,律师协会在律师管理中开始发挥越来越大的作用。目前,我国律师管理体制为司法行政机关的行政管理与律师协会行业管理“两结合”的管理模式。作为律师的自律性组织,律师协会代表着律师业的整体利益。因此,每一个律师都有义务维护律师行业协会的工作,都有义务要服务律师行业协会的管理。律师应当遵守律师协会的规范、规则,参加、完成律师协会的业务学习和考核,参加律师协会的业务研究活动和交流活动,参加律师协会组织的公益活动,服从和履行律师协会作出的决定,按时交纳会费,向律师协会报告、备案重大执业事项和职业行为等。[①]《律师执业行为规范》第九十八条至第一百零五条做了相关规定。

六、律师业务推广行为规范

执业律师及律师事务所为了扩大影响,承揽法律业务,树立法律服务品牌,以及为了实现推广业务,有效竞争的目的,自行或授权他人所进行的各种业务推广活

---

① 司莉等:《律师职业操守》,北京大学出版社,2013,第284-288页。

动,是律师及律师事务所拓展业务的必要手段。[①] 律师作为特殊的职业群体具有有限的商业属性,其业务推广与普通商业推广活动相比,自然要收到更多规则的限制。

(一)业务推广原则

关于基本原则,《律师执业行为规范》第十六条、第二十二条分别规定:“律师和律师事务所推广律师业务,应当遵守平等、诚信原则,遵守律师职业道德和执业纪律,遵守律师行业公认的行业准则,公平竞争。”“律师和律师事务所在业务推广中不得为不正当竞争行为。”

关于推广形式,《律师执业行为规范》第十七条至第二十一条规定,律师和律师事务所可以依法以广告方式宣传律师和律师事务所以及自己的业务领域和专业特长;可以通过发表学术论文、案例分析、专题解答、授课、普及法律等活动,宣传自己的专业领域;可以通过举办或者参加各种形式的专题、专业研讨会,宣传自己的专业特长;律师可以以自己或者其任职的律师事务所名义参加各种社会公益活动。

(二)律师业务推广广告

广告是极具商业性质的行为,在律师的发展史中,律师的广告在相当长的时间内被予以禁止。即便是如今,各国对律师广告也有相当严格的制约。

关于广告的主体,《律师执业行为规范》规定,律师和律师事务所为推广业务,可以发布使社会公众了解律师个人和律师事务所法律服务业务信息的广告。律师广告可以以律师个人名义发布,也可以以律师事务所名义发布。以律师个人名义发布的律师广告应当注明律师个人所任职的执业机构名称,应当载明律师执业证号。但具有下列情况之一的,律师和律师事务所不得发布律师广告:没有通过年度考核的;处于停止执业或停业整顿处罚期间的;受到通报批评、公开谴责未满一年的。

关于广告的形式,《律师执业行为规范》规定,律师发布广告应当遵守国家法律、法规、规章和本规范。律师发布广告应当具有可识别性,应当能够使社会公众辨明是律师广告。律师和律师事务所不得以有悖律师使命、有损律师形象的方式制作广告,不得采用一般商业广告的艺术夸张手段制作广告。

关于广告的内容,《律师执业行为规范》规定,律师个人广告的内容,应当限于律师的姓名、肖像、年龄、性别,学历、学位、专业、律师执业许可日期、所任职律师事务所名称、在所任职律师事务所的执业期限;收费标准、联系方法;依法能够向社会提供的法律服务业务范围;执业业绩。律师事务所广告的内容应当限于律师事务所名称、住所、电话号码、传真号码、邮政编码、电子信箱、网址;所属律师协会;所内

① 中华全国律师协会:《律师职业道德与执业基本规范》,北京大学出版社,2007,第157页。

执业律师及依法能够向社会提供的法律服务业务范围简介;执业业绩。律师广告中不得出现违反所属律师协会有关律师广告管理规定的内容。

(三)律师宣传

《律师执业行为规范》规定,律师和律师事务所不得进行歪曲事实和法律,或者可能使公众对律师产生不合理期望的宣传。律师和律师事务所可以宣传所从事的某一专业法律服务领域,但不得自我声明或者暗示其被公认或者证明为某一专业领域的权威或专家。律师和律师事务所不得进行律师之间或者律师事务所之间的比较宣传。

第四节 律师职业责任

律师的职业责任是指律师在职业过程中违反国家法律和律师职业纪律规范所应当承担的责任。律师职业责任制度的建立对于督促律师在执业过程中勤勉尽责、恪尽职守,最大限度地维护当事人的合法权益,增强律师职业的自律意识、风险意识,树立律师良好的社会形象都具有十分重大的意义。我国目前已经初步建立比较完善的律师职业责任制度,包括刑事责任、行政责任、民事责任以及律协的纪律惩戒。

一、律师的刑事责任

律师刑事责任是指律师在执业活动中初犯刑事法律而应当承担的法律后果,这是律师法律责任中最严重的责任形式。根据《律师法》的规定,律师因故意犯罪受到刑事处罚的要被吊销律师执业证书,而且以后也不能再申领律师执照从事律师业务。

(一)律师执业中常见的几种罪名

1. 行贿罪

"打官司不是打关系"。在我国这样一个"人情社会"中,作为律师一定要杜绝将打官司中的法律关系变成赤裸裸人情和金钱交易关系,这是对法律的亵渎和侮辱。我国《刑法》第三百八十九条、三百九十条、三百九十二条分别规定了行贿罪和介绍贿赂罪的情形和处罚。《刑法》第三百八十九条规定:"为谋取不正当利益,给予国家工作人员以财物的,是行贿罪。在经济往来中,违反国家规定,给予国家工作人员以财物,数额较大的,或者违反国家规定,给予国家工作人员以各种名义的回扣、手续费的,以行贿论处。因被勒索给予国家工作人员以财物,没有获得不正当利益的,不是行贿。"《刑法》第三百九十条规定:"对犯行贿罪的,处五年以下有期徒刑或者拘役，并处罚金；因行贿谋取不正当利益，情节严重的，或者使国家利益遭受重大损失的，处五年以上十年以下有期徒刑，并处罚金；情节特别严重的，或者使国家利益遭受特别重大损失的，处十年以上有期徒刑或者无期徒刑，并处罚金或者没收财产。行贿人在被追诉前主动交代行贿行为的，可以从轻或者减轻处罚。其中，犯罪较轻的，对侦破重大案件起关键作用的，或者有重大立功表现的，可以减轻或者免除处罚。”2015 年通过的刑法修正案（九）将“向有影响力的人行贿”纳入刑法范围，在刑法第三百九十条后增加一条，作为第三百九十条之一：“为谋取不正当利益，向国家工作人员的近亲属或者其他与该国家工作人员关系密切的人，或者向离职的国家工作人员或者其近亲属以及其他与其关系密切的人行贿的，处三年以下有期徒刑或者拘役，并处罚金；情节严重的，或者使国家利益遭受重大损失的，处三年以上七年以下有期徒刑，并处罚金；情节特别严重的，或者使国家利益遭受特别重大损失的，处七年以上十年以下有期徒刑，并处罚金。单位犯前款罪的，对单位判处罚金，并对其直接负责的主管人员和其他直接责任人员，处三年以下有期徒刑或者拘役，并处罚金。”《刑法》第三百九十二条规定：“向国家工作人员介绍贿赂，情节严重的，处三年以下有期徒刑或者拘役，并处罚金。介绍贿赂人在被追诉前主动交代介绍贿赂行为的，可以减轻处罚或者免除处罚。”我国《律师法》也规定，律师不得向法官、检察官、仲裁员以及其他有关工作人员行贿，介绍贿赂或者指使、诱导当事人行贿，或者以其他不正当方式影响法官、检察官、仲裁员以及其他有关工作人员依法办理案件。

2. 辩护人、诉讼代理人毁灭证据、伪造证据、妨害作证罪

“打官司就是打证据”。证据是进行诉讼的关键，但律师决不能为了片面维护当事人利益，追求胜诉，指使或诱导当事人进行伪证等触犯法律的行为。我国《刑法》第三百零六条规定：“在刑事诉讼中，辩护人、诉讼代理人毁灭、伪造证据，帮助当事人毁灭、伪造证据，威胁、引诱证人违背事实改变证言或者作伪证的，处三年以下有期徒刑或者拘役；情节严重的，处三年以上七年以下有期徒刑。辩护人、诉讼代理人提供、出示、引用的证人证言或者其他证据失实，不是有意伪造的，不属于伪造证据。”我国《律师法》也规定，律师不得故意提供虚假证据或者威胁、利诱他人提供虚假证据，妨碍对方当事人合法取得证据。

我国《刑法》第三百零六条规定的辩护人、诉讼代理人毁灭证据、伪造证据、妨害作证罪，由于多涉及律师，因此俗称“律师伪证罪”。关于此规定，在立法和司法适用中存在很大争议，备受法律界的关注，尤其在律师界对该条规定的反对呼声强烈。实践中，此规定造成对辩护律师刑事追诉权的滥用，已经成为束缚律师进行有效刑事辩护的枷锁。

3. 泄露国家秘密罪

律师虽然不是国家工作人员，但是在执业活动中有时也会接触到国家秘密文

件和资料等信息。律师对于涉及国家利益的秘密文件信息有保密的义务。我国《刑法》第三百九十八条规定:"国家机关工作人员违反保守国家秘密法的规定,故意或者过失泄露国家秘密,情节严重的,处三年以下有期徒刑或者拘役;情节特别严重的,处三年以上七年以下有期徒刑。非国家机关工作人员犯前款罪的,依照前款的规定酌情处罚。"我国《律师法》也规定,律师应当保守在执业活动中知悉的国家秘密、商业秘密,不得泄露当事人隐私。

(二)律师刑事辩护中的相关豁免

律师刑事辩护豁免权一般是指律师在法庭上的辩护言论不受法律追究的权利,即司法机关不得因律师在法庭上发表的辩护的言论而拘留、逮捕律师或追究律师的法律责任。律师刑事辩护豁免权虽然是律师特有的一种权利,但并不是特权,而是为了律师更好地履行辩护职责。当然,律师不能滥用这种权利。我国《律师法》第37条规定,律师在执业活动中的人身权利不受侵犯。律师在法庭上发表的代理、辩护意见不受法律追究。但是,发表危害国家安全、恶意诽谤他人、严重扰乱法庭秩序的言论除外。

二、律师的行政责任

律师的行政责任,是指律师、律师事务所违反国家行政法律规范,特别是《律师法》和《律师和律师事务所违法行为处罚办法》等行政法规规定的义务,实施有关行政违法行为所应承担的法律责任。由此可以看出,律师和律师事务所均可以构成行政责任的主体。律师行政责任是由有管辖权的司法行政部门来追究的,是一种具有强制性的法律责任。

(一)律师行政责任的承担方式

根据《律师法》和《律师和律师事务所违法行为处罚办法》的规定,律师承担行政责任的方式有以下几种:警告、罚款、没收违法所得、停止执业、吊销执业证书。其中,警告主要适用于情节轻微的行政违法行为;罚款和没收违法所得都属于经济性的处罚,但违法所得作为附加性处罚措施不能单独适用;停止执业和吊销执业证书都会导致律师不能从事律师职业,但前者是有期限的,后者是永久的。

根据《律师法》和《律师和律师事务所违法行为处罚办法》的规定,律师事务所承担行政责任的方式有以下几种:责令改正、罚款、没收违法所得、停业整顿、吊销执业证书。责令改正适用于律师事务所轻微违法行为;罚款和没收违法所得都属于经济性的处罚,均为可单独适用的处罚措施,同时违法所得可以并处罚款;停业整顿和吊销执业证书都会导致律师事务所停止执业活动,但前者是有期限的,后者是永久的。

(二)律师行政责任的适用情形

1. 律师适用情形

律师承担行政责任的情形,根据处罚方式由轻变重可分为三个档次:

(1)律师有下列行为之一的,由设区的市级或者直辖市的区人民政府司法行政部门给予警告,可以处五千元以下的罚款;有违法所得的,没收违法所得;情节严重的,给予停止执业三个月以下的处罚:同时在两个以上律师事务所执业的;以不正当手段承揽业务的;在同一案件中为双方当事人担任代理人,或者代理与本人及其近亲属有利益冲突的法律事务的;从人民法院、人民检察院离任后二年内担任诉讼代理人或者辩护人的;拒绝履行法律援助义务的。

(2)律师有下列行为之一的,由设区的市级或者直辖市的区人民政府司法行政部门给予警告,可以处一万元以下的罚款;有违法所得的,没收违法所得;情节严重的,给予停止执业三个月以上六个月以下的处罚:私自接受委托、收取费用,接受委托人财物或者其他利益的;接受委托后,无正当理由,拒绝辩护或者代理,不按时出庭参加诉讼或者仲裁的;利用提供法律服务的便利牟取当事人争议的权益的;泄露商业秘密或者个人隐私的。

(3)律师有下列行为之一的,由设区的市级或者直辖市的区人民政府司法行政部门给予停止执业六个月以上一年以下的处罚,可以处五万元以下的罚款;有违法所得的,没收违法所得;情节严重的,由省、自治区、直辖市人民政府司法行政部门吊销其律师执业证书;构成犯罪的,依法追究刑事责任:违反规定会见法官、检察官、仲裁员以及其他有关工作人员,或者以其他不正当方式影响依法办理案件的;向法官、检察官、仲裁员以及其他有关工作人员行贿,介绍贿赂或者指使、诱导当事人行贿的;向司法行政部门提供虚假材料或者有其他弄虚作假行为的;故意提供虚假证据或者威胁、利诱他人提供虚假证据,妨碍对方当事人合法取得证据的;接受对方当事人财物或者其他利益,与对方当事人或者第三人恶意串通,侵害委托人权益的;扰乱法庭、仲裁庭秩序,干扰诉讼、仲裁活动的正常进行的;煽动、教唆当事人采取扰乱公共秩序、危害公共安全等非法手段解决争议的;发表危害国家安全、恶意诽谤他人、严重扰乱法庭秩序的言论的;泄露国家秘密的。律师因故意犯罪受到刑事处罚的,由省、自治区、直辖市人民政府司法行政部门吊销其律师执业证书。

《律师法》第五十一条规定:"律师因违反本法规定,在受到警告处罚后一年内又发生应当给予警告处罚情形的,由设区的市级或者直辖市的区人民政府司法行政部门给予停止执业三个月以上一年以下的处罚;在受到停止执业处罚期满后二年内又发生应当给予停止执业处罚情形的,由省、自治区、直辖市人民政府司法行政部门吊销其律师执业证书。"

《律师法》第五十三条规定:"受到六个月以上停止执业处罚的律师,处罚期满未逾三年的,不得担任合伙人。"

2. 律师事务所适用情形

律师事务所有下列行为之一的，由设区的市级或者直辖市的区人民政府司法行政部门视其情节给予警告、停业整顿一个月以上六个月以下的处罚，可以处十万元以下的罚款；有违法所得的，没收违法所得；情节特别严重的，由省、自治区、直辖市人民政府司法行政部门吊销律师事务所执业证书：违反规定接受委托、收取费用的；违反法定程序办理变更名称、负责人、章程、合伙协议、住所、合伙人等重大事项的；从事法律服务以外的经营活动的；以诋毁其他律师事务所、律师或者支付介绍费等不正当手段承揽业务的；违反规定接受有利益冲突的案件的；拒绝履行法律援助义务的；向司法行政部门提供虚假材料或者有其他弄虚作假行为的；对本所律师疏于管理，造成严重后果的。律师事务所因前款违法行为受到处罚的，对其负责人视情节轻重，给予警告或者处二万元以下的罚款。

《律师法》第五十一条规定："律师事务所因违反本法规定，在受到停业整顿处罚期满后二年内又发生应当给予停业整顿处罚情形的，由省、自治区、直辖市人民政府司法行政部门吊销律师事务所执业证书。"

三、律师的民事责任

律师的民事责任，是指律师在执业活动中，因为主观上存在过错，违反有关法律、法规规定以及律师职业规范，损害了当事人合法权益，而由该律师所在的律师事务所承担的民事法律后果。根据《律师法》《律师职业行为规范》等规定，律师不能独立地以个人名义承办法律事务，而应当通过律师事务所统一接受委托才能承办法律事务。律师事务所是与委托人签订委托协议的主体。律师是受律师事务所的指派而为委托人提供法律服务的。律师过错给委托人造成损失的，也应当由律师事务所负责赔偿。律师事务所赔偿后，可以向有故意或重大过失行为的律师追偿。律师民事责任的承担方式一般由赔偿损失、支付违约金（一般在风险代理或特别约定情况下）、返还律师费、登报声明、赔礼道歉、继续履行合同等等。

律师承担民事责任的情形一般有违约行为和侵权行为两种。

（一）违约行为

律师的违约行为，是指律师在执业活动中，对其委托人不履行合同义务或履行合同义务不符合合同约定或者法律规定的行为。这里的合同义务，应该包括基于诚实信用原则的合同附随义务。

1. 未全面履行合同义务的行为

这里的"未全面履行"包括全部未履行和部分未履行。前者如无正当理由拒不出庭；后者如刑事辩护委托合同中包含刑事侦查、审查起诉、一审、二审等几个阶段，进而提供部分阶段的法律服务。

2. 不适当履行合同义务的行为

这里的“不适当履行”包括时间的不适当、主体的不适当以及形式的不适当。“时间的不适当”主要是指延迟履行的情形，例如未按规定的时间完成法律意见书；律师在失效期内接受委托，由于没有及时采取法律措施，导致时效过期，当事人丧失胜诉权。“主体的不适当”，比如合同制定由高级律师完成的法律服务，却由刚执业的新律师完成；未对责任主体进行调查，起诉错误主体，导致败诉。“形式的不适当”，比如要求以书面进行的法律论证，最后仅以口头回答进行；要求追究故意伤害刑事责任和民事赔偿责任的，律师没有提起附带民事诉讼；能够以合法方式取得的证据，律师为图方便以非法形式取得，导致有关证据的有效性受到质疑等。

（二）侵权行为

律师的侵权行为，包括对委托人的侵权和对第三人的侵权两类。

1. 律师对委托人的侵权行为

主要包括：遗失、损坏重要证据；泄露委托人的秘密或隐私；越权代理；利用职务便利谋取当事人争议的利益；应当申请证据保全或财产保全措施而未申请，导致有关证据或财产被毁损或转移，从而遭致不利法律后果；律师提供非诉讼服务时，为当事人的决策出具严重错误的法律意见，致使当事人采纳后造成重大损失。

2. 律师对第三人的侵权行为

主要包括：故意泄露第三人秘密或隐私；律师以诋毁其他律师等不正当方式争揽业务，致使其他律师或律师事务所名誉受损；妨碍对方当事人合法取得证据或威胁、利诱他人提供虚假证据、隐瞒重要事实的行为，致使有关当事人因败诉利益受损的；在办理律师见证、出具法律意见书等业务中出现错误，造成有关第三人利益受损的。

四、律师的纪律惩戒

律师的纪律惩戒，即律师的纪律处分，是指为加强律师行业的自律，律师协会对律师和律师事务所违反律师职业规范的行为作出的行业处分。这种纪律责任由律师协会的纪律惩戒委员会根据全体律师制定通过的惩戒规范，对违规律师和律师事务所进行纪律处分具有一定强制性。纪律惩戒的种类包括训诫、通报批评、公开谴责以及取消会员资格，四种形式从前至后依次加重。这种纪律责任主要是针对律师的违规执业行为，但有时也会对律师的非执业不道德行为予以纪律惩戒。律师和律师事务所都可能因违规行为遭受纪律惩戒，这里主要介绍律师违规的行为。实践中，常见的律师违反执业纪律的情形包括不尽职代理，私自收费和乱收费、虚假承诺、利益冲突等。

个人会员有下列行为之一的，由省、自治区、直辖市及设区的市律师协会给予训诫、通报批评、公开谴责：同时在两个律师事务所以上执业的或同时在律师事务所和其他法律服务机构执业的；在同一案件中为双方当事人代理的，或在同一案件中同时为委托人及与委托人有利益冲突的第三人代理、辩护的；在两个或两个以上有利害关系的案件中，分别为有利益冲突的当事人代理、辩护的；担任法律顾问期间，为顾问单位的对方当事人或者有利益冲突的当事人代理、辩护的；不按规定与委托人签订书面委托合同的；接受委托后，无正当理由，不向委托人提供约定的法律服务的，拒绝辩护或者代理的，包括：不及时调查了解案情，不及时收集、申请保全证据材料，或者无故延误参与诉讼、申请执行，逾期行使撤销权、异议权等权利，或者逾期申请办理批准、登记、变更、披露、备案、公告等手续，给委托人造成损失的；无正当理由，不按时出庭参加诉讼或者仲裁的；泄露当事人的商业秘密或者个人隐私的；私自接受委托，私自向委托人收取费用，或者收取规定、约定之外的费用或者财物的；违反律师服务收费管理规定或者收费协议约定，擅自提高收费的；超越委托权限，从事代理活动的；利用提供法律服务的便利牟取当事人利益；接受委托后，故意损害委托人利益的，或者与对方当事人、第三人恶意串通侵害委托人利益的；妨碍对方当事人合法取得证据的；为争揽业务，向委托人作虚假承诺，或者宣称与承办案件的法官、检察官、仲裁员有特殊关系的；利用媒体、广告或者其他方式进行不真实或者不适当宣传的；捏造、散布虚假事实，损害、诋毁其他律师、律师事务所声誉的；以诋毁其他律师或者支付介绍费等不正当手段争揽业务的；利用与司法机关、行政机关或者其他具有社会管理职能组织的关系，进行不正当竞争的；明示或者暗示法官、检察官、仲裁员为其介绍代理、辩护、仲裁等法律服务业务的；为阻挠当事人解除委托关系，威胁、恐吓当事人或者扣留当事人提供的材料的；假借法官、检察官、仲裁员的名义或者以联络、酬谢法官、检察官、仲裁员为由，向当事人索取财物或者其他利益的；执业期间以非律师身份从事有偿法律服务的；承办案件期间，为了不正当目的，在非工作期间、非工作场所，会见承办法官、检察官、仲裁员或者其他有关工作人员，或者违反规定单方面会见法官、检察官、仲裁员的；在事前和事后为承办案件的法官、检察官、仲裁员牟取物质的或非物质的利益的。为了承揽案件事前和事后给予有关人员物质的或非物质利益的；曾任法官、检察官的律师，离任后未满两年，担任诉讼代理人或者辩护人的，或者担任其任职期间承办案件的代理人或者辩护人的；违反规定，携带非律师人员会见在押的犯罪嫌疑人、被告人或者在押犯，或者在会见中违反有关管理规定的；因过错导致出具的法律意见书存在重大遗漏或者错误，给当事人或者第三人造成重大损失的，或者对社会公共利益造成危害的；向司法行政机关或者律师协会提供虚假材料、隐瞒重要事实或者有其他弄虚作假行为的；在受到停止执业处罚期间，或者在律师事务所被停业整顿、注销后继续执业的；因违纪行为受到行业处分后在规定的期限内拒不改正的；有其他违法或者有悖律师职业道德、公民道德规范的行为，严重损害律师职业形象的；其他应受处分的违规行为。

个人会员有下列行为之一的，由省、自治区、直辖市律师协会取消会员资格，同时报请同级司法行政机关吊销其律师执业证书：泄漏国家秘密的；向法官、检察官、仲裁员以及其他有关工作人员行贿或者指使、诱导当事人行贿的；提供虚假证据，隐瞒重要事实，或者威胁、利诱、唆使他人提供虚假证据，隐瞒重要事实的。

律师和律师事务所执业证书被吊销之决定已生效的，律师协会取消其会员资格。

参考文献

[1]波兰法律诊所基金会. 法律诊所:理念、组织与方法[M]. 许身健,译. 北京:北京大学出版社,2014.

[2]陈瑞华. 刑事诉讼的前沿问题[M]. 北京:中国人民大学出版社,2016.

[3]李傲. 互动式教学法:诊所式法律教育[M]. 北京:法律出版社,2004.

[4]李世清. 实习律师执业基本技能之刑事辩护及刑事代理[M]. 北京:中国政法大学出版社,2015.

[5]林达. 历史深处的忧虑[M]. 北京:生活·读书·新知三联书店,1999.

[6]栾兆安,张予宪. 律师文书写作技能与范例[M]. 北京:法律出版社,2013.

[7]孟军,甄贞. 刑事法律诊所教程[M]. 北京:北京师范大学出版社,2015.

[8]司莉等. 律师职业操守[M]. 北京:北京大学出版社,2013.

[9]吴燕. 未成年人刑事检察实务教程[M]. 北京:法律出版社,2016.

[10]谢安平,郭华. 未成年人刑事诉讼程序探究[M]. 北京:中国政法大学出版社,2015.

[11]徐岱. 刑事法律诊所教程[M]. 北京:高等教育出版社,2018.

[12]许身健. 法律诊所[M]. 北京:中国人民大学出版社,2014.

[13]诊所法律教育专业委员会. 刑事诊所工作手册[M]. 北京:中国长安出版社,2013.

[14]中华全国律师协会. 律师职业道德与执业基本规范[M]. 北京:北京大学出版社,2007.

[15]中华全国律师协会. 律师执业基本素养[M]. 北京:北京大学出版社,2007.

[16]朱加宁,叶连友. 中国律师办案全程实录:刑事诉讼被害人代理与附带民事诉讼[M]. 北京:法律出版社,2009.

[17]安立民. 律师职业道德养成与法学教育[J]. 中国法学教育研究,2007(04):89-103.

[18]陈瑞华. 律师刑事控告业务的发展趋势[J]. 中国律师,2018(09):79-81.

[19]陈瑞华. 程序性辩护的理论反思[J]. 法学家,2017(01):109-122+178.

[20]陈瑞华. 战略威慑理论[J]. 中国律师,2018(06):79-80.

[21]陈瑞华. 有效辩护问题的再思考[J]. 当代法学,2017,31(06):3-13.

[22]顾永忠. 论律师的职业属性[J]. 中国司法,2007(04):49-54.
[23]顾永忠. 以刑事审判为突破口带动刑事案件律师辩护全覆盖试点向纵深发展[J]. 中国律师,2019(02):15-17.
[24]江涌. 缺损与完善:未成年犯罪嫌疑人、被告人的律师辩护权探析[J]. 青少年犯罪问题,2007(03):44-48.
[25]刘根菊,王君. 刑事代理制度的理论基础[J]. 政法论坛,2003(04):65-72.
[26]刘伟. 民刑交叉案件中表见代理行为的刑事法律判断[J]. 中国刑事法杂志,2014(01):38-42.
[27]沈白路. 勇于探索,砥砺前行:我国律师制度改革与发展的历史回顾[J]. 中国律师,2019(11):62-65.
[28]史风林. 诊所法律教育中心建设的理论与展望[J]. 中国高等教育,2015(05):48-50.
[29]童德华. 刑事代理责任理论介评[J]. 法学评论,2000(03):84-88.
[30]王超,彭凤莲. 未成年案件刑事辩护专业化路径选择[J]. 河北工程大学学报(社会科学版),2016,32(02):45-46+50.
[31]吴羽. 论强制辩护在未成年人刑事案件诉讼程序中的适用[J]. 青少年犯罪问题,2015(04):76-83.
[32]谢佑平. 差异与成因:中国古代“辩护士”“讼师”与现代职业律师[J]. 比较法研究,2003(02):88-98.
[33]周羚敏. 未成年司法律师制度的几个突破点[J]. 重庆科技学院学报(社会科学版),2011(13):53-55.